國家圖書館出版品預行編目資料

中華民國憲法論 / 管歐著;林騰鷂修訂.－－修訂十二
版一刷.－－臺北市: 三民, 2010
面; 公分

ISBN 978-957-14-5367-5　(平裝)
1.中華民國憲法 2.憲法解釋 3.論述分析

581.23　　　　　　　　　　　　　　99016023

© 　中華民國憲法論

著 作 人	管　歐
修 訂 者	林騰鷂
發 行 人	劉振強
著作財產權人	三民書局股份有限公司
發 行 所	三民書局股份有限公司
	地址　臺北市復興北路386號
	電話　(02)25006600
	郵撥帳號　0009998-5
門 市 部	(復北店)臺北市復興北路386號
	(重南店)臺北市重慶南路一段61號
出版日期	增訂二版一刷　1994年10月
	修訂十版一刷　2006年8月
	修訂十一版一刷　2008年10月
	修訂十二版一刷　2010年9月
編 　 號	S 580260

行政院新聞局登記證局版臺業字第○二○○號

有著作權‧不准侵害

ISBN　978-957-14-5367-5　（平裝）

http://www.sanmin.com.tw　三民網路書店

The Constitution

中華民國
憲法論

管　歐　著
林騰鷂　修訂

三民書局

修訂十二版序

針對憲政時空、事物環境之改變，本次修訂作了相當幅度的增刪。

首先，刪除了第十五章「憲法與動員戡亂時期臨時條款」，使其不再在大學的課程中研習，而將之歸為憲法史學者研究之領域，以減輕篇幅，對應現時憲政情勢。

其次，新增立法院於二〇〇九年三月三十一日審議通過，而於二〇〇九年十二月十日在我國生效之「公民與政治權利國際公約」、「經濟社會文化權利國際公約」所規定之新人權。依馬英九總統於二〇〇九年四月二十二日公布之「公民與政治權利國際公約及經濟社會文化權利國際公約施行法」第二條之規定：「兩公約所揭示保障人權之規定，具有國內法律之效力」。因此，我國之人權保障也應如同該法第四條所規定之：「各級政府機關行使其職權，應符合兩公約有關人權保障之規定，避免侵害人權，保護人民不受他人侵害，並應積極促進各項人權之實現」。

第三，由於地方制度法之修正，乃新增省制、縣制、市制等三節有關於地方制度之論述。特別是直轄市由北、高兩市增加為臺北市、新北市、臺中市、臺南市、高雄市等五個，對地方制度之衝擊甚多，有必要加以修訂。

就在本書修訂時候，爆發了國人虐待外勞、強迫信仰回教之印尼外勞吃豬肉，以及聯合國人權委員會首度受理平埔族控告中華民國政府案❶，顯示宗教自由、種族平等、人權國際化之實踐，在我國仍有很多改進的空間，值得憲法學習者與實踐者共同努力。

林騰鷂　謹識

民國九十九年八月

---

❶　參閱，楊舒媚，〈聯合國受理平埔族告馬政府案〉，《中國時報》，民國 99 年 5 月 23 日，A2 版。

修訂十一版序

憲法的好壞不在憲法條文的美好與否，而在憲法精神是否被具體落實。所謂憲法的精神就是：

1. 主權在民
2. 人權至上
3. 公益優先
4. 多數決定
5. 依憲統治
6. 定期改選
7. 權力分立
8. 權力制衡
9. 依法行政
10. 司法獨立
11. 責任政治
12. 自治保障
13. 均權制度
14. 社會正義與福利

我國憲法源於德國威瑪憲法，體系與文字均相當美好，但也遭遇如德國威瑪憲法精神未能具體落實的窘境，因未能具體落實所採取配合當權者需要之多次憲法增修舉措，卻使我國憲法如同管歐老師在本書修訂九版序所說的「馴至憲法原有規定，幾已面目全非、體無完膚」、「憲政將形成為亂政，並非國家之福」。

本書修訂十版自民國九十五年八月發行以來，憲政仍然動盪不安。所幸二○○八年之政黨再輪替，確立了人民是憲政主人的理念，打破意識形態與族群對立的迷思，而政府要為人民服務、要受人民嚴格監督的憲政原理，更加的深入民心。這是難得的憲政成長，值得我們珍惜。本書此次修訂除了依照修正之

法律如公職人員選舉罷免法、立法院組織法、立法院各委員會組織法、立法院職權行使法等，更新修訂相關章節以外，也將新制定的法律如智慧財產法院組織法、智慧財產案件審理法等在相關章節中編入，希望能有助於人民司法受益權之充實。

林騰鷂

序於臺中市東海大學桂園

中華民國九十七年八月十一日

修訂十版序

　　管歐老師的《中華民國憲法論》一書，自民國五十六年初版以來，甚受學界之重視與學子之歡迎，至民國八十九年時已由管歐老師修訂九版，並隨著「中華民國憲法增修條文」六次之修正，在內容上不斷的有很多的更新與增添。

　　由於任務型國民大會在民國九十四年六月七日複決通過立法院於民國九十三年八月二十三日所通過之第七次憲法增修條文修正案，並由總統於民國九十四年六月十日公布修正第一、二、四、五、八條及增訂第十二條條文，致使憲法之面目與結構受到非常重大的改造與變革。其中，國民大會的組織與職權，因為憲法增修條文第一條規定停止適用憲法第二十五條至第三十四條以及第一百三十五條之規定，而消失無形了。此外，公民投票制度入憲；彈劾總統組織之改變；立法委員之選舉採行單一選區兩票制；立法委員之席次減半；立法委員之任期延為四年；領土變更決定機制之改變以及修憲程序之變更等，均使管歐老師所修第九版《中華民國憲法論》之內容與現時憲政之規範脫節，而有必要加以更新修訂與補充。

　　為了保存管歐老師原撰之精神，本修訂版儘量保留管歐老師之論述主張與體系架構，只是在內容上增添了第七次憲法增修條文之新規定，並就書中所引法律之有修正部分者，予以訂正。而對憲政實施與人權保障有重大意義的新法律如公民投票法、行政程序法、替代役實施條例、行政罰法等也加以摘引論述。另外，近年來重要的司法院大法官相關解釋，如釋字第四九九號解釋關於修憲之界限；釋字第五〇九號解釋對言論自由採最大寬容與保護原則；釋字第五八五號解釋賦予立法院有限度的調查權；釋字第五九六號解釋之由大法官行使暫時處分權；釋字第六〇一號解釋認定大法官在任期中是屬於憲法第八十條所稱之法官等等，均對憲法之運作，產生重大影響。因此，也在本修訂版中，增加評述解說。

　　第七次憲法增修條文修正迄今不到一年，陳水扁總統又在總統府內設置憲改組織，推動憲改，而若干立法委員為了自己選舉前途，也有增加立法委員席

次及推動內閣制之修憲呼聲。茲值此際修訂管歐老師《中華民國憲法論》之時，又出現一百一十二位立法委員連署提出對陳水扁總統之罷免案，憲政情勢激烈動盪，令人更加能夠認同管歐老師在修訂九版序中所說的：「憲法為萬法的法源所在」，如果一再任意、頻繁的修改，則「對於憲法為國家根本大法的最高性，固定性，及國人尊重及遵守憲法的信心，不無負面影響！」

林騰鷂
序於臺中市東海大學桂園
中華民國九十五年七月一日

修訂九版序

　　中華民國憲法增修條文，在憲政演進的歷程中，具有承先啟後繼往開來的重要作用；就各民主國家修憲的例規言之，修憲恆有時期的限制，例如在憲法施行日起或若干年內不得修憲，或在戒嚴期間內不得修憲；亦有修憲事項的限制，例如共和政體或國家重要體制，不得修改變更等是，要在維護憲法的崇高性及固定性，否則，憲政將形成為亂政，並非國家之福。

　　中華民國憲法之修正，則並無任何限制，前由第一屆國民大會第二次臨時會於民國八十年五月一日動員戡亂時期臨時條款廢止之時，為「因應國家統一前之需要」，依照修憲程序，通過憲法增修條文，以鞏固國權，維護憲政，誠有其必要，乃為國人所共識。

　　但至民國八十九年四月二十五日總統所公布之「中華民國憲法增修條文」為止，在短暫八年餘的期間內已將憲法條文增修六次，其增修頻率之高，增修幅度之廣，以及每次修正又將前次的修改內容，大量予以改變，馴至憲法原有規定，幾已面目全非，體無完膚，此種修憲現象，實為現代民主國家所僅見，對於憲法為國家根本大法的最高性，固定性，及國人尊重及遵守憲法的信心，不無負面影響！

　　惟憲法為萬法的法源所在，其增修條文與憲法本文有依存關係，或排斥而優先適用，或補充憲法原有規定之未周，因而本書《中華民國憲法論》，幾於每次憲法增修條文之後，即予以全部研究，整體修訂，闡發其旨趣，敘明其得失，雖係個人之管見，應為國人所認同，並望恪遵憲旨，鄭重增修，宏揚憲政，促進國是。（按：第八次修訂本並無序文）

管　歐

序於臺北市管四維堂思親室

—— 嚴慈義訓，永誌不忘

中華民國八十九年八月二十二日

附註：本書引述之國籍法、總統副總統選舉罷免法、軍事審判法、立法院議事規則、立法院
　　　各委員會組織法、行政法院組織法等法規條文順序、內容均有異動，爰配合調整，特
　　　此註明。

初版序

　　中華民國憲法為五權憲法，亦為現代民主法治國家中較新穎較進步之憲法，惟其獨特之優點，尚有待於闡揚，尤須探求憲旨，以適應國家之實際需要，是在憲法學者及國人無可旁貸之責任。

　　余於民國四十七年間為臺灣省訓練團撰寫《中華民國憲法要旨》一書，作為團內共同課程教材之一，並在團兼講憲法多年，深覺憲法之理論與實際，猶有闡發研討融會貫通之必要，原擬另著《中國憲法之理論與實際》一書，以就教國人，惟因供職行政院，既感案牘之勞形；兼在大學執教，復覺分身於解惑，致無餘暇著述，耿然於懷！茲應三民書局之請，撰寫《中華民國憲法論》一書，命意構思，大抵以前著之《中華民國憲法要旨》為藍本，仍以憲法之章節條文為經，而以有關之理論及實際問題為緯，期能體系分明，脈絡相貫，而於憲旨之闡發，問題之探討，法例之徵引，內容之充實，則遠過之。敝帚自珍，用敢問世。

　　抑尚有進者：余成年入北平朝陽大學研習法律時，　先嚴海峯公諱紹仲馳諭誥勉：「古人謂：讀書萬卷不讀律，致君堯舜總無術；現為民主時代。主權在民，讀書萬卷不讀律，發揚民治總無術。」憲法為國家根本大法，亦為立國建國之最高準繩，憲政之推進，與民治之發揚，實有不可分性，而具有互為因果之關係。猶憶嚴諭在耳，深慚德業無成！本書之作，如於憲政之光大，民治之發揚，有所裨益，或亦為思親與報國之表徵於萬一乎？是為序！

管　歐

序於臺北管四維堂思親室

中華民國五十六年舊曆五月二日

紀念　先父九二誕辰

中華民國憲法論

目　次

第一章　憲法之序言及總綱

第二章　人民之權利義務

第三章　國民大會

第四章　總　統

第五章　行　政

第六章　立　法

第七章 司 法

第八章 考 試

第九章　監　察

第十章　中央與地方之權限

第十一章　地方制度

第十二章　選舉、罷免、創制、複決、公民投票

第十三章　基本國策

第十四章　憲法之施行及修改

第十五章　憲法與憲法增修條文

附　錄

第一章　憲法之序言及總綱

第一節　概　說

第一項　憲法之概念

第一款　憲法之意義

「憲法」一詞，散見吾國古時典籍，如《尚書》謂：「率古作事，慎乃憲」；「監於先王成憲，其永無愆」；《管子》曰：「有一體之治，故能出號令，明憲法矣」；《國語》：「賞善罰姦，國之憲法」；〈韓非定法篇〉：「法者，憲令著於官府，刑罰必在民心」；《中庸》：「憲章文武」；《晉書》：「憲令稍增，科條無限」；「稽古憲章，大釐制度」；《唐書》：「永垂憲則，貽範後昆」等是。惟當時所謂「憲」、「憲令」、或「憲法」，乃國家一般法令刑律之意，並無根本大法之義。

其在英文 "Constitution" 一字，實係淵源於拉丁文義「組織」、「政體」及「制度」之意思。十七世紀以前，憲法之涵義，包括國王宣布之法律，各種宣言及議案，範圍極廣，演變所及，至十八世紀以來，憲法始僅指國家根本大法而言，如美國之獨立，法國之大革命，所制定之憲法均是；我中華民國之憲法亦然。

關於憲法之意義，有實質的意義與形式的意義之分：

所謂實質意義的憲法，乃指國家垂統施政，必有其重要制度，法令規範，以為依據，無憲法之名，而有憲法之實，因之，國無古今中外，均無

不有其實質意義的憲法，此殆與不成文憲法之意義相當。

　　所謂形式意義的憲法，乃指國家之重要制度及基本事項，由制憲機關，依制憲程序，以制成形式之法典，定名為憲法者而言，此殆與成文憲法之意義相當，形式意義的憲法，恆具有憲法的實質意義，近代各國憲法大抵皆然。

　　至何謂成文憲法與不成文憲法，容於第三項「憲法之種類」中另述之。

　　關於憲法之定義，學說頗多，大抵側重於實質意義的憲法，亦有兼及形式意義的憲法者，略舉如下：

　　一、希臘學者亞里斯多德 (Aristotle) 謂：「憲法是表示國家各種職務的組織，並規定何者是統治團體，何者為社會的目的。」

　　二、德國學者耶律芮克 (George Jellinek) 謂：「憲法是規定國家最高機關之組織產生，及其相互關係，活動之範圍，與各部門對於國家所處地位之法律。」

　　三、美國法官密勒 (Judge Miller) 謂：「憲法是一種成文之文件，用以建立、限制、與劃分政府之根本權力，並使其可以有效造福於國家。」

　　四、美國政治學家麥因托斯 (Meintosh) 謂：「所謂國家之憲法，乃指規定高級官吏之最重要權力，及人民最根本的特權的成文或不成文法律的全體。」

　　五、英國學者戴雪 (Dicey) 謂：「憲法是規定政府組織，及人民與政府間各種權利與義務的根本規則與法律。」

　　以上是各國學者對於憲法意義所為之簡單闡釋。 國父孫中山先生謂：「憲法者，國家之構成法，亦即人民權利之保障書也」（見吳宗慈著《中華民國憲法史》上篇序文）；又謂：「憲法是一部大機器，就是調和自由和統治的機器」（見民權主義）。對於憲法意義之表明，尤為言簡意賅。

　　茲綜括憲法之意義：憲法者，乃規定國家基本組織，及國家與人民相互間之基本權利義務，以及其他重要制度之根本大法也。析述其意義於後：

第一、憲法是規定國家之基本組織

國家之機關甚多，等級之高低，職權之大小，彼此不同，有為構成國家組織所必不可缺少者，亦有不必設置或得以裁併者，憲法固然不能將各級機關之組織及其職權，一一列舉規定於其中，惟關於構成國家之基本組織，必須有所規定，有組織則必有其職權，亦得謂為國家之基本組織及其職權，憲法必須予以規定，否則，國家之整個體制，即將失其依據。就中華民國憲法言，例如關於國民大會之組織及其職權（民國九十四年六月十日修正公布之憲法增修條文第一條第一項、第二項已將有關國民大會之組織與職權規定，全部停止適用），總統、副總統之地位及其職權，以及行使五種治權之最高機關，如行政、立法、司法、考試、監察五院之組織及其職權，憲法必須予以規定，惟此僅屬於原則性及綱要式的規定，至於各該組織之詳細內容及其職權之行使，則另以法律規定之。

所謂國家之組織，固然是中央政府之組織，至於地方政府之組織，在各國往時之憲法，除聯邦國家外，頗少有規定於憲法中者，惟近代趨勢，則地方制度，亦多規定及之，我國憲法亦有地方制度一章，對於省、縣政府及省、縣議會之組織，暨其他有關地方制度之重要事項，亦有原則性之規定。不過，因為憲法增修條文之多次修正，地方政府之組織已非憲法本文中之規定者。詳可參本書第十一章地方制度有關之說明。

第二、憲法是規定國家與人民相互間之基本權利義務

各國之憲政運動，大抵是人民要求國家保障其權利為其主要目的，所以各國之憲法，無不規定人民之權利。惟人民之權利，種類至多，亦難於憲法中列舉無餘，憲法所規定者，亦僅以人民最重要之基本權利為限，權利與義務，乃相因而生，所以憲法亦是規定人民之義務。

憲法所規定者，乃國家與人民相互間之基本權利義務，係以公法上之權利義務為其主旨，其性質側重公權利與公的義務，至屬於私法上之私權利及私的義務，如民法上私人相互間之權利義務，並非憲法規定之主要目

的所在，申言之，國家在某種範圍，不得限制人民之權利，這便是憲法對於人民權利之保障；人民在某種限度以內，對於國家須盡其責任，這便是憲法規定人民之義務。至關於人民權利義務之種類、範圍，及其所受保障之限度及方法，各國憲法之規定則並不一致。

中山先生謂：「憲法者，國家之構成法，亦即人民權利之保障書也。」此正足以充分說明憲法是規定國家之基本組織，及規定國家與人民相互間之基本權利義務。

第三、憲法是規定國家之重要制度

憲法除規定國家之基本組織，及人民之基本權利義務以外，其他關於國家之重要制度，亦多予以規定，例如：國家之政體，為君主？抑為民主？中央政制為總統制？抑為內閣制？中央與地方權限之劃分，採中央集權制？抑為地方分權制？抑或採行均權制度？關於民意機關之組織、國籍之確定、領土之變更、國旗之定式、乃至國都之所在，及國家基本國策之釐訂等重要事項，各國憲法大都有所規定。

第四、憲法是國家根本大法

憲法既是規定國家基本組織，國家與人民間之基本權利義務，及其他重要制度，所以是國家之根本大法。換言之，憲法在國內法具有優越性，有最高之效力，國內其他一般的普通的法律，均須根據憲法而制定，或在憲法所容許之範圍內，而始有其存在，不得與憲法相牴觸，如一般法律與憲法有所牴觸時，一般法律即喪失其效力，我國憲法第一百七十一條第一項規定：「法律與憲法牴觸者無效」，即是表示憲法之優越性，及具有其最高之效力。

第二款 憲法與法律之區別

為使憲法之意義，更臻明瞭起見，關於憲法與一般法律之區別，應有所說明。至於憲法與法律之關係，另於第十四章第四節中述之。

法律之概念，有時包括憲法在內，通常所稱「國法」，或泛稱法律，大抵兼指國家之憲法及其他法律而言，憲法僅是國家法律中之一種，不過憲法為國家之根本大法，對於憲法而稱其他法律，則稱為一般法律或普通法律，或僅泛稱法律而已；但是有時則將憲法與法律並稱，憲法並不包括於法律範圍之內，亦可謂就法律的廣義言之，包括憲法在內；若就法律的狹義言之，則不包括憲法在內，我國憲法第一百七十條規定：「本憲法所稱之法律，謂經立法院通過，總統公布之法律」，係指憲法與法律有別，亦即法律並不包括憲法在內。又此所謂法律，乃指形式意義的法律，若就法律的實質意義言之，法律是以國家權力而強制實行的人類生活規範。

若就法律不包括憲法在內之狹義觀點而言，則憲法與法律之區別，約如下述：

第一、制定、修正之機關不同

各國制定憲法之機關與制定一般法律之機關，多不相同，一般法律則大抵由國會制定之，其在我國，現行中華民國憲法係由制憲之國民大會所制定，一般法律則由立法院制定之。

關於憲法與一般法律之修正，其機關亦彼此有異，我國憲法修正之權，依憲法第一百七十四條規定，原屬於國民大會，立法院雖得提出憲法之修正案，惟仍須由國民大會予以複決（憲法第二七條第一項第三、四款），至於一般法律修正之權，則屬於立法院。不過，民國九十四年六月十日修正公布之憲法增修條文第一條第一項，則將憲法之修正，規定為由中華民國自由地區選舉人於立法院提出憲法修正案，經公告半年，應於三個月內投票複決，不再適用憲法第一百七十四條規定由國民大會直接修正或由國民大會複決立法院所提憲法修正案之方式。另外，民國九十四年六月十日修正公布之憲法增修條文第十二條又明白規定憲法修正之公民投票複決門檻，由公民為修憲之最後決定。

第二、制定、修正之程序不同

各國制定憲法之程序，亦每較制定一般法律之程序為繁重，我國亦然，中華民國憲法係由制憲之國民大會，經過多時而極曲折繁重之程序，始得議決通過，其詳細情形，當於本書第十四章關於憲法之制定一節中另述之；至於一般法律，則係經由立法院三讀會通過，以完成其立法程序。

憲法之修正程序，亦難於一般法律之修正程序，我國關於修正憲法之程序，在憲法上有極繁重程序之規定（民國九十四年六月十日修正公布之憲法增修條文第一條、第一二條），至於一般法律之修正程序，則與一般法律之制定程序相同。

第三、規定之詳略不同

憲法上規定之內容，是一般性的、原則性的及基本性的事項，且恆為概括之規定；至於一般法律所規定之內容，則多係就個別事項，而為詳細及具體之規定。

就我國憲法言，第十九條規定：「人民有依法律納稅之義務」，此僅為原則性及基本性規定，必須根據其規定，以分別制定各種稅法，如所得稅法、加值型及非加值型營業稅法、契稅條例、貨物稅條例等法律，就納稅之有關事項，為詳細具體之規定，俾便於實施；又如憲法第二十條規定：「人民有依法律服兵役之義務」，亦僅概括的規定人民有服兵役之義務而已，必須另行制定兵役法、兵役法施行法、替代役實施條例，及妨害兵役治罪條例等法律，就兵役義務之有關事項，為詳細具體之規定，以便施行。

第四、效力之強弱不同

憲法為國家根本大法，具有最高之效力，較一般法律之效力為優強，法律與憲法牴觸者無效，已見前述；至於法律與憲法有無牴觸時，則由司法院解釋之（憲法第一七一條）。

以上所述憲法與法律之區別，關於制定機關及制定程序之不同，可謂

為二者形式上之區別；關於規定詳略及效力強弱之不同，可謂為二者實質上之區別。又上述關於二者之區別，乃指剛性憲法而言，柔性憲法則否，至何謂剛性憲法與柔性憲法，當於「憲法之種類」一項中詳述之。

第三款　憲法與命令之區別

憲法、法律與命令，均為國家對內之公的意思表示。憲法及法律之意義，已見前述，憲法條文中有「命令」一詞之用語（憲法第三七、四三、七八、九五、一七二條），惟並未明定其意義，就法理言之，命令乃是各機關本於職權具有強制力量之公的意思表示。

命令固恆基於法律而發布，惟亦有直接或間接基於憲法而發布之者，是為命令與憲法之淵源關係，命令僅得在憲法所容許之範圍內，有其存在，憲法為主，命令為從，是為主從關係。

關於憲法與命令之區別，得比照憲法與法律之區別而說明之：

第一、制定、修正之機關不同

制定憲法之機關為國民大會，修正時則由立法院提案、公民投票複決，命令之制定、發布及修正，則任何機關在其職權範圍以內，均得為之。

第二、制定、修正之程序不同

制定憲法之程序極為繁重，其修改時，應依憲法增修條文第一條、第十二條規定之程序，始得為之，命令之制定、發布及修改，則依行政程序法第一百五十條至第一百六十二條有關法規命令及行政規則之規定。

第三、規定之詳略不同

憲法所規定之事項，恆為原則性、基本性的簡略規定，命令若係實現憲法所規定之事項而發布，除單純命令例如公布法律外，若為規章性質之命令，如規程、規則、細則、辦法、綱要、標準或準則（參照中央法規標準法第三條），則須依行政程序法有關法規命令之相關規範，詳細具體規定。

第四、效力之強弱不同

　　憲法之效力較命令為強，命令與憲法牴觸者無效（憲法第一七二條）；命令固亦不得牴觸法律，其效力弱於法律為原則，惟總統依據中華民國憲法增修條文所發布之緊急命令，為必要之處置，及政府依據國防法及全民防衛動員準備法發布之命令，則得牴觸法律，是為例外。

第二項　憲法之特質

第一款　一般憲法之特質

　　關於憲法之特質，得分為一般憲法之特質及五權憲法之特質二款以說明之。

　　所謂一般憲法之特質，乃指各國憲法在性質上所通常具有之特點而言。憲法與狹義的法律，固然有別，惟就法律之廣義言之，則憲法之性質，約如下述：

第一、憲法為國內公法性質

　　凡法律為一個國家所制定，其行使之區域，僅以一國之領域為其範圍者為國內法；若法律為一般國際社會所公認之法則，其行使之區域，並不以一國之領域為限，而於國家與國家之相互間亦可以行使者為國際法。憲法乃基於一個國家主權者所制定之法，施行於一國領域之內，僅於其本國內有其行使之效力，而非適用於國際間之法，故其性質為國內法。

　　憲法乃是規定國家與人民相互間公權關係之法，而非規定個人相互間或個人與國家間私權關係之法，故其性質為公法而非私法。

　　綜括言之，憲法為國內公法性質，此與國內法之有為私法性質如民法者不同。惟國內公法不一，如行政法、刑法、刑事訴訟法、民事訴訟法、行政訴訟法等均是，故憲法乃為國內法中具有公法性質者之一種。

第二、憲法具有最高性

國家所為公的意思表現，就法律上縱的等級言之，依其效力之強弱，得分為三個等級，憲法為國家之根本大法，其效力最強，為第一級；法律不得牴觸憲法，僅得在憲法所容許之範圍內，有其存在，其效力次於憲法，屬於第二級；命令不得牴觸憲法，亦不得牴觸法律，其效力又次於法律，屬於第三級。故就憲法在國家法律上之地位及效力言，乃具有最高性，此於前項憲法之意義一款中關於「憲法是國家根本大法」，及憲法與法律之區別一款中，關於憲法與法律「效力之強弱不同」，已屢有闡述。

第三、憲法富有政治性

就一般憲法之產生淵源，及其演變之沿革言，大抵基於民權思想之激盪，人民政治慾望之提高，而各國憲法之所規定者，亦大抵為國家之重要政治制度，國家政權或政治有所重大變動或更易，而憲法亦不免有所修改，此尤於各國之革命事件發生，新興之政權成立後，恆廢棄原有之憲法，而制頒新憲，以為其立國建國之基礎所在，要之，無論任何國家之重要政治制度，恆表現或反映於其憲法之中，此乃由於憲法為國家之根本大法，其富有政治性，乃為當然之現象。

第四、憲法具有固定性

憲法固富於政治性，惟並非謂政治有所變動，而憲法即隨之變動，因制定憲法之目的，乃在確立國本，其本旨乃在以憲法所規定者垂諸久遠，成為定制，至於其後國家因革命事件或其他重大變故，而致憲法有所修改，或廢止舊憲另訂新憲之情事發生，乃為制定憲法當時所不及料，亦非制憲當時之所願意，故憲法之本質，應具有其固定性，亦得謂為穩定性。

不特此也，憲法之制定及修改，恆由特定之機關為之，其制定及修改之程序，亦遠較一般法律為繁難，故應具有固定性，而不可輕言修改，以致影響其根本性，憲法因有其固定性，故能表現其優越與尊嚴，而為國人

所共同遵守之法典。

第五、憲法具有適應性

憲法雖具有固定性，惟並非消極的及機械的以硬性的適用其憲法條文為滿足，而係積極的，機動的，以適應實際的需要，俾得貫徹憲法之意旨為其依歸，各國憲法之條文內容，大抵簡潔概括，僅為原則性、基本性、及一般性之規定者，一則在使憲法之本身，有其固定性；二則在使憲法之施行，有其適應性；惟其具有固定性，不致輕言修改，以動搖國本；惟其具有適應性，所以條文簡單省略，俾能適應事實之需要，而始能保持其固定性。故憲法一方面具有固定性，一方面亦具有適應性，此二者似相反而實相成，以構成憲法所具有之特性。

對於具有固定性之憲法，如何使其同時具有適應性，以適應國家之特殊需要，各國所採取之方法，大抵為：廢止舊有憲法，另行制定憲法；或修改現有憲法中之某部分條文；或運用解釋憲法之方法，以濟其窮；或根據憲法之精神，另行制定法律或頒布命令，以補憲法之不足；或對於憲法原有規定之若干部分，認為暫不適用而更能貫徹制憲之精神及符合國家之利益時，得另訂條款，以暫行排除憲法有關條文之適用，例如我國在動員戡亂時期，由有權修改憲法之國民大會，本於憲政體制，以制定動員戡亂時期臨時條款，嗣後並廢止臨時條款，另訂中華民國憲法增修條文，以為適用是。其詳當於第十五章「憲法與憲法增修條文」中另述之。

第二款　五權憲法之特質

我中華民國憲法為五權憲法，除具有一般憲法之特質外，尚具有其獨特的、個別的特質，而為一般憲法所無者，舉其最顯著如下：

第一、權能劃分是憲政之基本原則

近代歐美民主政治最大之弊端，便是人民怕政府之權力太大，人民管制不了，因此不許政府擁有充分之權力，而加以各種之限制，結果徒使政

府不能做事，而變成無能之政府。　中山先生有鑒於此，主張國家之政治，權與能應予分開，人民有權，即是：選舉、罷免、創制、複決四種政權，是為民權；政府有能，即是：行政、立法、司法、考試、監察五種治權，是為政府權。用人民之四個政權，管理政府之五個治權，猶如一部機器，既可推出去，亦可拉回來，人民便不怕政府專橫而不能管理，同時亦不致使政府無能而廢弛國事，有這種權能劃分之基本原則，方能補救一般民主政治之缺點。因之，權能劃分即是政權與治權劃分，而所謂政權，有其特殊之涵義，此與通常觀念，凡統治執政或掌理國事，即所謂「政權」者不同。

第二、地方自治是憲政之基礎

中山先生謂：「地方自治者，國之礎石也，礎不堅，則國不固」（中山先生講：地方自治為建國之礎石）；又謂：「地方自治乃建設國家之基礎，民國建設後，政治尚未完善，政治之所以不完善，實由於地方自治未發達；若地方自治已發達，則政治即可完善，而國家即可鞏固」（中山先生講：辦理地方自治是人民的責任）。我憲法在基本國策一章中教育文化一節，揭櫫教育文化應以發展國民之自治精神為主旨（憲法第一五八條），憲法其他各章，如「中央與地方之權限」（第十章），及「地方制度」（第十一章）等章各條，對於地方自治之規定，尤為詳細。

綜括憲法本文關於地方自治之規定，乃係：㈠以省、縣（市）為實行地方自治之區域；㈡以省、縣（市）政府為地方自治之行政機關，辦理自治事項；㈢以省、縣（市）議會為地方自治之立法機關，代表地方民意；㈣以均權制度為劃分中央與地方之權限，為地方自治職權行使之原則；㈤以省縣自治通則為地方自治之基本法律，為實施地方自治之依據；㈥以人民行使四種政權，為地方自治之方法；㈦以實現全民政治，為地方自治之最高目標。凡此諸端，可謂憲政為地方自治之理想，地方自治為憲政之實行，亦可謂憲政為地方自治之目的，地方自治則為憲政之基礎及實施憲政之方法。不過，憲法本文中關於地方自治之規定，因憲法增修條文之多次修正，而有甚多已不適用，其詳將於本書第十一章地方制度中說明。

第三、五權分立是憲政之運用

歐美各國之民主憲政，大多數是實行立法、行政、司法三權分立之制度，以行使立法之議會，兼管彈劾權，不免導致國會專橫之弊；以行政機關兼管考試職權，亦難杜倖進之途，而有任用私人之流弊；且三權分立之主旨，在於互相發生牽制作用，與均衡其權力，其目的是消極的對於政府專橫的防止。

我國五權憲法所規定之憲政制度，是五權分立，將考試由行政權內劃出，監察由立法權內劃出，以與行政、立法、司法三權分立，各別平等獨立，以行使其職權，合之則為五權憲法之整體政府，在運用上不是以互相制衡的作用為其主旨，而是政府職務的分配，注重於彼此之分工合作，其目的是積極的使政府成為萬能政府。

第四、實現全民政治，是憲政之完成

現代歐美之民主政治，是代議制度，即是由人民選舉議員，以代表人民立法，參預國事，此種制度，不能謂為真正之民主政治，僅得謂為間接民權，歐美少數國家如瑞士，本亦實行直接民權，但不澈底，亦不普遍。我五權憲法遵循　中山先生之遺教，不主張採用完全之代議制度，而主張直接民權。直接民權共有四種，即是：選舉、罷免、創制、複決四權，一完全自治之縣，其國民有直接選舉官員之權，有直接罷免官員之權，有直接創制法律之權，有直接複決法律之權（參照建國大綱第九條、憲法第一七條、第一二三條）；至於中央則由各地區、團體選舉國民大會代表組織之國民大會，代表全國國民行使政權，對於中央政府官員有選舉權，有罷免權；對於中央法律有創制權，有複決權（參照建國大綱第二四條、憲法第二五條至第二七條），人民有四種政權之充分的普遍的行使，始能實現全民政治，始得謂為憲政之完成。不過，民國三十六年十二月二十五日施行之中華民國憲法並未完全採取　中山先生關於五權憲法之遺教，憲政之實施，仍非十分理想，全民政治之理念，仍未在現時之憲政生活中被貫徹，而有

待全民之努力。

五權憲法之特質，除以上所述者外，尚有特質三點，即是：

一、**採均權制度**　五權憲法之憲政，對於中央與地方權限之劃分，是採取均權制度，凡事務有全國一致之性質者，劃歸中央；有因地制宜之性質者，劃歸地方，不偏於中央集權，或地方分權（憲法第十章）。

二、**採考試用人制度**　五權憲法之憲政，關於公務人員之選拔，實行公開競爭之考試制度，非經考試銓定資格者，不得任用（憲法第八五條、第八六條）。

三、**規定基本國策**　五權憲法之憲政，關於基本國策，如：國防、外交、國民經濟、社會安全、教育文化，及邊疆地區之國家基本政策，均有原則性之規定，以為政府施政之最高準繩（憲法第十三章）。

第三項　憲法之種類

第一款　憲法分類之標準

關於憲法之種類，因觀點不同，遂得為各種之分類，其最普遍者約如下述：

第一、成文憲法與不成文憲法

就憲法形式上為分類之標準，得分為成文憲法與不成文憲法：

一、**成文憲法**　凡關於國家之基本組織等重要事項，用統一性、綜合性所編制之獨立法典，以文書明白規定而成之憲法，謂之為成文憲法，此與形式意義的憲法相當，現在各國之憲法，多為成文憲法，我中華民國憲法亦然。

所謂獨立之編制法典，固恆為統一性、綜合性之一種文書所編制而成，如美國現行憲法係由一七八七年所頒布，為一種文書之憲法是，惟亦有制定為數種法典者，如法國第三共和憲法乃合一八七五年二月至七月所公布之三種法律而成。

又成文憲法之國家，固均係以憲法所明文規定者為其依據，惟亦有所謂憲法習慣，例如美國法院對於法律之審查權，並非憲法條文所規定，乃為歷年來所形成之習慣，而視為具有憲法上之效力。

二、**不成文憲法**　關於國家之基本組織等事項，僅散見於各種單行法規及事實之習慣，並無統一性及綜合性之整個獨立法典，此與實質意義的憲法相當，例如英國憲法即係不成文憲法。英國憲法之構成，約可分為四部分：㈠國家頒布之重要文件，如一二一五年之大憲章 (Magna Carta)，一六二八年之權利請願書 (Petition of Rights)，一六八九年之權利典章 (Bill of Rights) 等屬之；㈡國會制定之法律，如一六七九年之出庭狀法 (Writ of Habeas Corpus)，一七○一年之皇位繼承法 (Act of Settlement)，一八三二年、一八六七年、一八八四年三次之選舉改革法 (Reform Acts)，一八八八年之地方政府法 (Local Government Act)，一八九一年之議會法 (Parliament Act)，一九一八年及一九二八年之國民代表法 (Representation of the People Act) 等屬之；㈢普通法 (Common Law)，即法院所為之判決實例，援引既久，致有通行全國之效力；㈣歷年來所沿用之政治習慣，亦即憲法慣例 (Constitution Conventions)，如國王對於議會所通過之法案，久不行使其否決權，內閣不為下院所信任，若不解散之，即自行辭職，國會每年至少須開會一次等均屬之。

成文憲法與不成文憲法互有優劣：成文憲法規定明確，眾所共知，易於遵守，不致為人誤解，是其優點；但是以固定的及有限的條文，頗難以完全適合政治社會之實際變化，以符合需要，是其所短；至於不成文憲法之優劣，則適與成文憲法之優劣相反，申言之，不成文憲法，雖於政治上之實際變化，較易適合，但因無明確之規定，容易被人曲解，所以不成文憲法之國家，多由於歷史文化之長成，及國民法治觀念之普遍，相沿成習，然後可以適用不成文憲法。

第二、欽定憲法、協定憲法與民定憲法

就憲法制定之方法為分類之標準，得分為欽定憲法、協定憲法與民定

憲法：

　　一、**欽定憲法**　凡憲法由於君主單獨的、專斷的所制定者，為欽定憲法，如第二次世界大戰以前日本之憲法，及我國於前清末季光緒三十四年所頒布之憲法大綱均是。

　　二、**協定憲法**　凡憲法由於國君與人民或其他代表共同協議而定之者，為協定憲法，如一八五〇年普魯士憲法由普王擬定，交議會修正，再由普王公布施行者是。

　　三、**民定憲法**　凡憲法之制定，完全出於人民意思，或由人民代表所制定者，為民定憲法，我國現行之中華民國憲法，即為民定憲法。

　　民定憲法之情形有三，即：㈠由普通議會制定，如前法國第三共和憲法；㈡由公民直接投票表決，如法國現行憲法，雖由國民大會制定，但最後須經由公民直接投票決定；㈢由人民所選出之特別制憲團體或機關所制定，如美國及我國現行憲法均是。

　　就各國之國體及政體之沿革及趨勢言之，大抵由君主而趨向於民主，由專制而趨向於共和，故憲法所由產生之方法，亦大抵由欽定憲法而趨向於協定憲法，更由協定憲法而趨向於民定憲法，此三種憲法可以反映時代之背景及各國政治潮流趨勢之所在。而現代各國之憲法，完全屬於欽定憲法者，幾已絕跡；屬於協定憲法者，亦係少數國家；屬於民定憲法者，則已為極普遍之現象。

第三、剛性憲法與柔性憲法

　　就憲法修改之難易為分類之標準，得分為剛性憲法與柔性憲法：

　　一、**剛性憲法**　剛性憲法是指憲法之修正，不依普通之立法程序，而另由特別機關依特別程序始得修正之憲法，一般成文憲法，均於憲法中明文規定修改憲法之程序，較普通憲法為繁難者，均為剛性憲法，我國憲法亦然（民國九十四年六月十日公布之憲法增修條文第一條、第一二條）。

　　二、**柔性憲法**　柔性憲法是指憲法修改之機關及程序，均與普通之立法程序相同，並無特別之規定者而言，不成文憲法之國家，憲法修改之程

序，與普通法律相同，自屬柔性憲法，例如英國並無成文憲法，其憲法與法律之區別，無明顯之界限，立法機關制定新法律，如與國家根本制度，縱有所牴觸，亦仍可發生其效力，而使國家根本制度為之改變，故英國憲法亦即為柔性憲法。

剛性憲法與柔性憲法互有優劣。剛性憲法之優點：㈠憲法條文明確完備，不易發生疑義；㈡政府各機關之權限，有明顯之規定，不致互相侵越；㈢人民之自由權利，得到憲法之保障，不致橫被侵害；㈣憲法之修改有繁重之程序，不致輕易變動，足以維護憲法之尊嚴。但其缺點，則每因其修改不易，難以適應國家之急遽事變及社會上之迅速進化。

柔性憲法之優劣，則適與剛性憲法相反，概括言之，其優點在於足以適應國家之劇變及社會之進化；但因缺乏其固定性，國家之根本組織，有變動頻繁之虞，是其缺點。

第四、三權憲法與五權憲法

就憲法規定之政府組織及職權分配為分類之標準，得分為三權憲法與五權憲法：

一、**三權憲法**　憲法所規定之政府組織，分別由行政、立法、司法三種機關行使之，互相牽制，以發生均衡之作用者，為三權憲法，現代各立憲國家，均為三權憲法。

二、**五權憲法**　憲法所規定之政府職權，分別由行政、立法、司法、考試、監察五種機關行使之，其作用不在互相制衡，而重在分工合作者，為五權憲法，現代採行五權憲法者，惟獨我國，我國現行之中華民國憲法，雖並未以「五權憲法」命名，惟其本質實即係五權憲法。

綜上所述，我國憲法之歸類，則為成文憲法、民定憲法、剛性憲法及五權憲法，至於三權憲法與五權憲法之詳細區別，及彼此之優劣如何，容於次款再述之。

關於憲法之種類，除以上所述者外，尚有下列之分類：

一、**聯邦憲法與單一制憲法**　此以國家是否為聯邦制或單一制為憲法

分類之標準。前者指聯邦制國家之憲法,其聯邦之整體及構成聯邦之各邦,亦各有其憲法;後者指單一制國家之憲法,僅有國憲,至於構成國家之各行政區域,則並無個別憲法之存在。

二、**總統制憲法、內閣制憲法與委員制憲法** 此以國家行政權之歸屬為憲法分類之標準。其憲法規定國家行政權屬於總統行使者,為總統制憲法;憲法規定行政權由內閣行使者為內閣制憲法;若憲法規定行政權由委員制行使者,則為委員會制憲法。

三、**近世紀憲法與現時代憲法** 此以憲法所規定之內容,是否符合現代國家之思想及要求,為憲法分類之標準。前者所規定之內容,其主旨在機械的釐訂政府本身之組織,及消極的約束政府本身之行動,以及認為人民之權利絕對的不得以法律予以限制,如十八世紀至十九世紀時期各國之憲法是;後者所規定之內容,其主旨在機動的得以調節政府之機能,及積極的使政府對於事實上之需要得以肆應,以及認為人民之權利,在顧全國家及社會之公眾利益下,非不得以法律予以限制,現時代各國之憲法,多呈現此種趨勢。

四、**平時憲法與戰時憲法** 此以憲法是否適用於平時或戰時為其分類之標準。前者所規定之內容,僅為國家在平時所依據之根本法,後者則為國家處於戰爭或非常時期所依據之根本大法,例如我中華民國憲法,固在平時及戰時均有其適用,惟現已廢止之動員戡亂時期臨時條款,則實具有戰時憲法之性質。

以上係就憲法所為之大體分類,各國無論實行何種憲法,要均係憲政國家,所謂憲政國家,乃指國家之政治設施,係以憲法為其依據,所以實行憲法,亦可謂實行憲政。

第二款　五權憲法與三權憲法之區別

中華民國憲法為五權憲法,關於五權憲法之特質,已見前述,茲述五權憲法與三權憲法之區別:

第一、性質不同

五權憲法之行政、立法、司法、考試、監察五權，為政府所享有，亦即為政府權，屬於治權之性質，乃與人民所享有之選舉、罷免、創制、複決四種政權相對稱；三權憲法在基本理論上無所謂政權與治權之劃分，其行政、立法、司法三權究為政權之性質？抑為治權之性質？殊屬混淆不清。

所應注意者， 中山先生所主張五權憲法之遺教，行使立法權之立法院，本是屬於治權機關，並非政權機關性質；但依憲法之規定，立法院由人民選舉之立法委員組織之，代表人民行使立法權，又有對於行政院院長人選之同意權，及對於行政院移請覆議案件，予以否決而迫使行政院院長辭職之權，這便是屬於政權的性質（參照司法院大法官釋字第七六號解釋）；現依憲法增修條文之規定，行政院院長由總統任命之，毋須經立法院之同意，立法院亦無以覆議案之維持原案，而迫使行政院院長辭職，惟應即接受該決議，且有對行政院院長提出不信任案之權（憲法增修條文第三條），是亦屬於政權之性質。依照 中山先生權能劃分之理論，中央政權應由國民大會代表全國國民行使之，立法院所行使之職權，應以屬於治權之性質為宜，否則，便是混淆政權與治權之性質，與 中山先生所主張五權憲法之遺教，未能完全符合。

至於監察院在憲法增修條文第七條（原第六條）規定施行前，監察院之監察委員，由各省、市議會、蒙古、西藏地方議會及華僑團體選舉之，總統提名司法、考試兩院院長、副院長及大法官與考試委員，均須經監察院同意任命之，原亦屬於政權之性質，所以司法院釋字第七六號解釋，認為監察院與其他中央民意機構共同相當於民主國家之國會，惟於憲法增修條文規定施行後，監察院已非中央民意機構，其地位及職權亦有所變更，上開解釋自不再適用於監察院（參照司法院大法官釋字第三二五號解釋）。因之，監察權已非政權，而有特殊治權之性質，而與行政院所掌理之行政權有別。詳可參閱本書第九章之說明。

第二、權力分配不同

五權憲法以行政、立法、司法、考試、監察五權分立為其內容，考試權由行政權之範圍劃出而獨立，監察權由立法權之範圍劃出而獨立；三權憲法則以行政、立法、司法三權分立為其內容，行政兼掌考試，考試權是屬於行政權之範圍；議會兼掌彈劾監察，監察權是屬於立法權之範圍。是五權憲法與三權憲法對於政府權力之分配，彼此不同。

第三、作用不同

五權憲法，行政、立法、司法、考試、監察五權之分立，是國家職務之分配，其作用是分工合作，在事實上雖不無彼此制衡作用於其間，惟其主旨，則不注重其制衡作用；三權憲法，行政、立法、司法三權之分立，其主要作用則在互相牽制，使這三種權力得其制衡 (Check and balance)。

又三權分立之主旨，固在制衡作用，惟三權分立如不嚴格，則其結果為三權偏於一權，例如英國是偏於行政權之國家，換言之，其權力偏重於內閣，因英國國會在外表上固能決定一切，似屬國會萬能，但國會立法，實際上乃由內閣所領導，因為內閣首相即係國會多數黨之領袖，內閣閣員亦係由國會議員兼任，凡由內閣提出之法案，國會均予以通過，其內閣握有極大之行政權，可以操縱一切，故英國有「行政國」之稱；至於法國在第五共和憲法頒行以前，其情形則與英國相異，當時法國是立法權專橫之國家，內閣力量脆弱，惟國會之意旨是從，而國會多黨林立，內閣因難以獲得國會之信任而時常倒閣，致被譏為「短命內閣」，所以法國當時有「立法國」之稱。

第四、目的不同

五權憲法，行政、立法、司法、考試、監察五權之分立，其作用既是分工合作，其目的乃在使政府成為萬能政府；三權憲法，行政、立法、司法之分立，其作用既是彼此權力之互相制衡，因之其目的乃在防止政府之

專橫，並非以政府成為萬能政府為其目的。故採用五權分立制，足以救濟三權鼎立之弊。

五權憲法與三權憲法之區別，既如上述，並參酌前述關於五權憲法之特質，即可明瞭五權憲法優點之所在，概括言之：

一、五權憲法之權能劃分，則人民有權，政府有能，以人民之權管理政府之能，一方面政府不致流於專橫，一方面政府可成為萬能政府。

二、五權憲法因須以地方自治為其基礎，則憲政不致流於形式，而能實現全民政治，成為真正的民有、民治、民享之國家。

三、五權分立，行政不兼管考試，可以免除任用缺乏資歷人員之流弊，且足以救濟選舉制度之窮；立法不兼管監察，可以免除任意牽制行政之流弊，足以防止立法之專橫。

四、五權之行使，其主旨在於合作，而非制衡；在於互助，而非對立；就職務之分配言，雖為五權分立，就政治之體制言，則為整個之中央政府，而能收分工合作之功效。

第四項　憲法之功能

第一款　憲法功能之規定

世界各國均有憲法為其根本大法，因其作用深遠，功能重大，就我中華民國憲法言之，得分為憲法功能之規定及憲法功能之展望以說明之，茲先述關於憲法功能之規定：

憲法序言中謂：「為鞏固國權，保障民權，奠定社會安寧，增進人民福利，制定本憲法」，是為制憲目的之所在，亦即憲法功能之所在，得謂為憲法概括的功能，若就其規定之內容，分析言之，則為：

第一、建國立國之最高準據

此即　中山先生所稱：「憲法者，國家之構成法。……」，諸如憲法關於國體之規定：「中華民國基於三民主義，為民有、民治、民享之民主共和

國」，關於政體者，為政權與治權之劃分，中央以國民大會代表全國國民行使政權，以五院行使五種治權，而以總統為國家元首；中央與地方權限之劃分，採取均權制度，而以地方自治為建國之礎石，凡此，均為建國立國之最高準據，亦即為鞏固國權之功能所在。

第二、人民權利之堅強保障

此即　中山先生所稱：「憲法者，……人民權利之保障書也」，憲法中有「人民之權利義務」（第二章）之專章規定，為例示性的列舉各種權利，並採憲法直接保障主義，非具有法定原因所必要者外，不得以法律限制之，凡公務員違法侵害人民之自由或權利者，應負懲戒、刑事及民事責任，被害人民並得依法律向國家請求賠償（參照國家賠償法），是即為保障民權之功能所在。

第三、法律命令之有效規範

法律與命令，無論直接或間接淵源於憲法而產生，僅在憲法容許之限度內，始得有效存在，法律或命令與憲法牴觸者無效，所以憲法是法律與命令的有效規範。

第四、基本國策之指導途徑

國家政治，經緯萬端，施政決策，必須有所抉擇，憲法有基本國策一章（第十三章）之規定，列有國防、外交、國民經濟、社會安全、教育文化及邊疆地區等基本國策事項。換言之，此等國策事項，受憲法之保障，非修改憲法，不得變更之，可謂基本國策之指導途徑，此於制定憲法之目的，尤其為奠定社會安寧，增進人民福利之功能所在。

第二款　憲法功能之展望

就憲法演進之趨勢言之，則憲法可能發生之功能，約如下述：

第一、民主法治之強化

民主法治為憲政之中心思想，所謂民主政治為民意政治，責任政治；所謂法治，不僅司法方面須依法審判，即國家其他各種治權之行使，亦須以法為其依歸，憲法既為國家根本大法，則健全民主，促進法治，必將強化其功能，以宏揚憲政。

第二、直接民權之伸張

人民有選舉、罷免、創制、複決四種政權，是為直接民權，選舉、罷免兩權之行使，已規定於多種法律之中；創制、複決兩權之行使，依憲法之規定，亦必將以法律定之（憲法第一三六條）；又憲法規定縣民關於縣自治事項，依法律行使創制、複決之權（憲法第一二三條），省縣自治法規定省民、縣（市）民、鄉（鎮、市）民對於地方自治事項有依法行使創制、複決之權（省縣自治法第一〇條第三款），要為直接民權之伸張。為了在臺灣地區伸張直接民權，民國八十一年第二次修正之憲法增修條文第十七條，亦即民國八十三年第三次修正之憲法增修條文第八條規定，授權立法院制定地方自治之法律。立法院也於民國八十三年七月時分別制定了省縣自治法與直轄市自治法，由臺灣省省民、臺北市市民、高雄市市民分別選出其省（市）議員、省（市）長，實施了直接民權。不過，此一直接民權之實施，因民國八十六年第四次修正之憲法增修條文第九條規定改變了省之自治法人地位；而實施沒有幾年的省縣自治法、直轄市自治法乃於民國八十八年四月十四日被廢止了，代之而起的是地方制度法。但依此地方制度法，省已非地方自治法人，省民已無直接民權可行使。現時，直接民權之實施，依地方制度法之規定，限於直轄市、縣（市）、鄉（鎮、市）之地方自治團體。

第三、行政職權範圍之擴大

憲法對於立法、司法、考試、監察四院之職權，均為列舉之規定，對於行政院之職權則否，僅得為概括之認定，凡國家之剩餘事權，及社會之

新興事業，而與憲法不相牴觸者，要均屬於行政範圍，方成為有能之政府，此種行政職權範圍之擴大，乃為憲法功能演進之趨勢所在。

第四、緊急事變處置授權之加強

各國對於緊急事變，恆有授權法以授權政府為急速之處置，我國有國防法及全民防衛動員準備法授權政府於必要時得發布動員命令，惟尚不足適應，憲法第四十三條有總統得依緊急命令法發布緊急命令，為必要之處置，此項緊急命令法，並未制定，在動員戡亂時期，依臨時條款授權總統為避免國家或人民遭遇緊急危難，或應付財政經濟上重大變故，得經行政院會議之決議，為緊急處分，不受憲法第三十九條或第四十三條所規定程序之限制；動員戡亂時期終止及臨時條款廢止，則依中華民國憲法增修條文第二條第三項之規定，授權總統發布緊急命令，為必要之處置，不受憲法第四十三條之限制。此種關於緊急事變處置授權之加強，亦為憲法功能演進之趨勢。

第五、世界大同理想之促進

中山先生謂：「我們將來能夠治國平天下，便要先恢復民族主義和民族地位，用固有的道德和平做基礎，去統一世界，成一個大同之治」（見民族主義）。先總統　蔣公謂：「三民主義的新中國，乃天下為公的大同世界之真基礎，　總理三民主義，不僅可以救中國，而且可以救世界。　總理革命之目的，不僅要建立中華民國，而且要實現世界大同，但是一定要先建立起三民主義的中國，然後才可以促進世界大同。」（先總統講總理遺教第六講──研究總理遺教之結論）

現行憲法係依據　中山先生之遺教所制定，中華民國為基於三民主義之民主共和國，憲法規定中華民國之國防，以保護國家安全，維護世界和平為目的，外交應本獨立自主之精神，平等互惠之原則，敦睦邦交，尊重條約及聯合國憲章，以保護僑民利益，促進國際合作，提倡國際正義，確保世界和平，基於憲法此種規定，則世界和平之確保，國際正義之提倡，

國際關係之促進，更進而足以促使世界大同崇高理想之實現，亦實為憲法功能所展望的遠景所在。

第二節　憲法之序言

第一項　序言之涵義

各國憲法多於憲法條文之前，冠以一段序言，幾成為慣例，此種序言，學者有稱之為弁言、前言、前文、或序文者，用語雖有不同，其涵義則屬一致。

憲法之序言，創始於一七八七年之美國憲法，其憲法條文之前，首先揭示：「美國國民為建設更完善之合眾國，以樹立正義，奠定國內治安，籌設公共國防，增進全民之福利，並謀人民永久享受自由之幸福起見，爰制定美利堅合眾國憲法如左：」其後各國憲法多仿其體例，於篇首載有序言，例如：

一、瑞士於一八七四年公布之憲法，其序言為：「祈全能之上帝垂鑒！瑞士聯邦為鞏固同盟諸州間之團結，並維持及促進瑞士人民之統一、力量、及榮譽，制定憲法，頒布全國。」而在一九九九年四月十八日被接受的瑞士憲法（Federal Constitution of the Swiss Confederation——英文版可在 http://confinder.richmond.edu 網址中找出）之序文則重新為下列宣示：「以全能上帝之名，我們瑞士人民與各邦，深知我們對造物者的責任，決心重新我們的結盟，共同強化自由與民主，獨立與和平，並開放的面向世界。我們決定生活在相互尊重的多樣性統一體。我們知悉我們的共同成就及我們對下一世代的責任，也知道只有那些運用自由的人才能保持自由，而人民的力量是要用其最弱勢人民的福利來衡量。現在，因此，我們接受下列憲法條文。」

二、法國於一九五八年制定之憲法，其序言為：「法國人民對於一七八

九年人權宣言所規定，並經一九四六年憲法序文所確認，而又加以充實之
人權及國民主權的原則，鄭重申明，恪遵不渝。基於此等原則及人民之自
由決定，共和國對於願與共和國結合之海外屬地，提議建立基於自由、平
等、博愛之共同理想，並以促進屬地民主發展為目的之新政制。」

　　此外如：日本憲法（一九四六年十一月三日公布）、德意志聯邦共和國
憲法（一九四九年五月八日制定，同年五月二十三日施行），均有較為詳細
之序言，對於制憲之經過、機關、及其主旨所在，均明白揭櫫，不僅為昭
示國人，亦所以取信於世界。

　　各國憲法之序言內容，詳略雖有不同，惟其涵義大抵如下：

第一、揭示憲法之制定機關

　　憲法為立國建國之基本法典，憲法之制定機關，必須具有合法之權源，
或為特設之機關，或為國民之代表，其擁有制憲之權力，要為全國人民所
公認，從而其所產生之憲法，應為國人所共同遵守。

第二、揭示憲法之依據原則

　　各國所依循之主義未必相同，所推行之基本國策，亦有所異，各國認
為其立國建國之原則，具有永恆性及基本性，自應於憲法序言中予以揭示，
以表明其特殊之重要性，藉以加強其瞭解。

第三、揭示制憲之主要目的

　　國家之目的，原是隨時代之演進而不盡同，且其目的為多方面的而非
單純，惟其最主要及其最終之目的，在制定憲法時，應有所規定，而於憲
法序言中予以揭示，懸鵠以赴，以期完成其任務，達到其目的。

第二項　序言之內容

　　憲法序言之涵義，既如上述，茲申述我中華民國憲法之序言：
　　「中華民國國民大會受全體國民之付託，依據　孫中山先生創立中華

民國之遺教，為鞏固國權，保障民權，奠定社會安寧，增進人民福利，制定本憲法，頒行全國，永矢咸遵。」

此為我憲法序言所規定之內容，雖僅為六十六字，惟已包括上述有關憲法序言之涵義在內，分析言之：

第一、表明憲法之制定機關

憲法序言表明憲法之制定機關，為中華民國國民大會，而國民大會制定本憲法，係受全體國民之付託，換言之，國民大會制憲之權力，係淵源於全體國民，因國民大會代表，係由全體國民選舉所產生，以代表民意，而制定憲法，故中華民國憲法之制定，乃出自全體國民之公意，其間雖經過國民政府邀請各黨各派及無黨無派之社會賢達，舉行政治協商會議，以議決憲法草案之修改原則，惟最後仍係由制憲之國民大會，於民國三十五年十二月二十五日通過，由國民政府於三十六年一月一日公布，並於同年十二月二十五日開始施行，其為民定憲法，極為明顯。至於制定憲法之詳細情形，當於第十四章憲法之制定一節中另述之。

第二、表明憲法之依據原則

憲法之序言，表明係依據　孫中山先生創立中華民國之遺教，而制定本憲法。　中山先生致力國民革命，凡四十年，其目的在求中國之自由平等，其所有之遺教，浩如煙海，博大精深，而其與憲法之關係最為密切者，則為建國方略、建國大綱、三民主義、五權憲法、及中國國民黨第一次全國代表大會宣言，其為憲法所依據之基本原則，例如：政權治權之劃分，五種治權之分立，均權制度之確立，地方自治之實施等事項，均為極顯著之犖犖大者，概括言之，三民主義為立國建國之最高原則，此於憲法第一條已明文規定：「中華民國基於三民主義，為民有、民治、民享之民主共和國。」五權憲法則為政治制度之基本綱領，均為現行憲法所依據之原則。

第三、表明制憲之目的

憲法之序言，說明：「為鞏固國權，保障民權，奠定社會安寧，增進人民福利，制定本憲法」，是即為制定憲法之目的，而將憲法「頒行全國，永矢咸遵」，始能貫徹制憲之目的。

第三節　憲法之總綱

第一項　概　說

近代各國憲法多有總綱一章，舉凡關於國體、人民、領土、主權等一般性之基本原則，均歸納於總綱之內，以為規定。因國家之構成要素有三：即人民、領土、主權，憲法既為國家之根本大法，對於構成國家之要素，自必須有所規定，以為憲法其他部分條款之綱領，我憲法亦然，總綱內共有六條，分別規定國體、主權、人民、領土，並對於民族地位及國旗定式亦規定及之。

惟各國憲法多有明文規定國家之首都所在地者，例如：土耳其憲法第二條：「安哥拉定為首都」；西班牙憲法第五條：「本共和國首都設於瑪德里」；埃及憲法第一百三十九條：「開羅為埃及國之首都」；法國一八七九年憲法，並有關於定都巴黎之專章規定。所謂首都乃中央政府所在地，明定於憲法，乃以憲法保障首都之固定性，並以免除國內割據自雄者僭稱首都之所在，藉以阻遏叛亂，鞏固中央。我憲法僅於第三十一條規定：「國民大會之開會地點，在中央政府所在地」，而中央政府究為何處，則於總綱中並未規定，因制憲之當時，對於國都之所在，主張紛歧，有主張定都南京者，有主張定都北平者，亦有主張定都西安、蘭州或武昌者，尤以主張定都南京或北平者爭論最烈，理由各執，故制憲之國民大會乃將憲法原草案中「中華民國定都於南京」之一條，予以刪除，憲法雖未明定首都之所在，惟因民國

元年，孫中山先生即就任臨時大總統於南京，並堅主奠都南京，十七年國民革命軍北伐成功，全國統一，事實上國家有永久定都於南京之意思，且為當時中央政府之所在地，故南京為國家之首都。

第二項　國　體

憲法第一條規定：「中華民國基於三民主義，為民有、民治、民享之民主共和國」，此係關於國體之規定。所謂國體，乃指國家之根本制度而言，國體 (Forms of State) 與政體 (Forms of Government) 不同，凡以主權所在為國體分類之標準，主權在於君主一人者，為君主國體；主權在於少數人者，為貴族國體；主權在於全體國民者，為民主國體。至於主權之行使有無限制，則為政體分類之標準，主權之行使不受任何法律之拘束者為專制政體；主權之行使，須受憲法之限制者為立憲政體。我國就國體言，則為民主共和國；就政體言，則為立憲政體。

惟各國之立國主義各不相同，我國則係基於三民主義，為民有、民治、民享之民主共和國。民有、民治、民享本為美國總統林肯所倡導 "of the people, by the people, and for the people" 之譯語，與三民主義中民族、民權、民生之涵義相當，惟學者亦有訾議以外國人所倡之口號，冠於我國國體之上，並非妥適者，而認為民國二十五年五月五日所公布之憲法草案（即簡稱五五憲草）第一條所規定之國體，為「中華民國為三民主義共和國」，較為簡明切當，正大得體。

以三民主義為立國之主義，規定於憲法，有持反對之見解者，其理由為：

一、國體有永久性，主義則須適應時代之需求，以之冠為國體，有欠適宜。

二、民族主義與民生主義，均與國體無關，冠於國體之上，殊嫌牽強。

三、三民主義僅為中國國民黨所奉行之主義，國內尚有其他政黨，若各以其主義定為國體，則國體將失其固定性。

四、三民主義既僅為中國國民黨所奉行之主義，而非其他合法各政黨

共同奉行之主義，未便強其他各黨以從同。

　　五、即就中國國民黨而言，以主義定國體，未脫訓政遺跡，不合憲政常軌。

　　六、主義之涵義廣泛，解釋不一，即難免發生國體問題之爭議。

　　七、三民主義既列入憲典，則為全國之惟一信條，與人民言論、著作、信仰等自由之主旨相背。

　　八、　孫中山先生之遺教，已明定於憲法序言及條文之內，不必再有此空泛之規定，以冠於國體之上。

　　以上對於憲法規定以三民主義為立國之主義，所持之反對見解，似是而實非，因民國之肇造，即係基於革命之三民主義，不僅適合我國之國情，且極合於時代之需要，亦非中國國民黨一黨私有之主義，而應為全國國民所服膺之圭臬及應遵循之途徑。且五權憲法必須以三民主義為依歸，不僅其精神不得違背三民主義，即其內容亦必須本於三民主義以為制定。以憲法明定中華民國之國體，為基於三民主義之民主共和國，即所以明示立國之最高原則。而三民主義立國之最高原則，概括言之：其屬於民族主義方面者，對內實現民族平等，對外促進世界大同，此民族主義之國家，而非帝國主義之國家也；其屬於民權主義方面者，國民有直接選舉並罷免官員之權，有直接創制並複決法律之權，此民權主義之國家而非純粹代議政治之國家也；其屬於民生主義方面者，平均地權，以期耕者有其田，節制資本，以謀國計民生之均足，此民生主義之國家，而非資本主義或共產主義之國家也。綜括民族民權民生三者，而為基於三民主義之民有民治民享之民主共和國家，是即為憲法所以規定國體之理由。

　　且各國以其民族所信仰之主義，規定於其憲法之中，以定其國體者，其例亦多，如：一九三六年蘇聯憲法第一條規定：「蘇維埃社會主義共和國聯邦，為農工社會主義之國家」；一九四五年土耳其憲法第二條規定：「土耳其為共和主義、民族主義、民權主義、國家社會主義、政教分離主義又革命主義之國家」；一九四六年法國憲法第一條規定：「法蘭西為一不可分，超宗教的民主社會共和國」；一九四七年義大利憲法第一條規定：「義大利

為基於勞動之民主共和國」等均是，因之，我國憲法第一條中冠以三民主義於國體之上，乃為應有之必要規定。

第三項　主　權

「中華民國之主權屬於國民全體」，此為憲法第二條所明定。主權為構成國家要素之一，國家有人民，有土地，若無主權，即喪失其自主之權能，亦僅為異國統治之殖民地而已，尚不足以成為國家，故一個完全獨立之國家，必須具有完整獨立之主權。

茲將主權之性質，主權之歸屬，主權之行使，主權與統治權之區別，及主權理論之新發展，分述如後：

第一、主權之性質

國家之主權，有其永久性，隨國家存在而存在，有國家即有其主權；主權有最高性，不得再有其他權力以駕凌其上；主權有其統一性，不得分割或讓與捨棄，在一國之內，不得有兩個以上之主權或兩個以上中央政府之存在；主權有其獨立性，一個國家之主權，不得受外國主權之支配，以侵犯干涉或限制本國之主權，否則，不得謂為一個完全獨立之國家。

第二、主權之歸屬

憲法第二條規定：「中華民國之主權屬於國民全體」，此係規定主權之歸屬，而非規定主權之行使。民國元年三月十一日公布之中華民國臨時約法第二條，及民國二十年六月一日公布之中華民國訓政時期約法第二條均有同樣條文之規定，且　中山先生曾謂：「在南京訂出來的民國約法裡頭，祇有『中華民國主權屬於國民全體』的那一條，是兄弟所主張的」（見　中山先生講五權憲法），足見憲法規定中華民國之主權，屬於國民全體之重要性。換言之，我國之主權，乃屬於全體國民，而非任何一部分人民或個人所有，亦非國民大會或政府機關所有。

關於主權之歸屬，自其發展之沿革言之，係由君主主權說逐漸演進而

為國民主權說，主權屬於君主者，為君主國家；主權屬於國民者，為民主國家，以主權之歸屬，為區別國體為君主國抑為民主國之標準。惟現代君主國家亦有於憲法中規定主權屬於國民者，例如：日本為君主國家，於昭和二十一年（西元一九四六年）十一月三日公布之憲法，其序言中有：「茲特宣告主權屬於國民，確定此項憲法。」並於其憲法第一條規定：「天皇為日本國之象徵，及日本國民統合之象徵，其地位基於主權所在之日本國民之總意。」要之，主權既為構成國家要素之一，無論其歸屬如何，在憲法中必有所規定，幾為現代各國之通例（參照美國憲法序言、瑞士憲法第三條、比利時憲法第二五條、法國憲法第三條第一項、德國憲法第二條第二項、義大利憲法第一條第二項、韓國憲法第二條、泰國憲法第三條、菲律賓憲法第二條第一項、土耳其憲法第三條、巴西憲法第一條、巴拿馬憲法第二條）。

第三、主權之行使

憲法規定中華民國之主權，歸屬於國民全體，已如上述，惟主權由何機關及何人行使，則並未有明文規定。主權既屬於國民全體，則國家之一切權力，均淵源於國民，亦即國家任何機關或個人行使其公法上之職權，均係直接或間接淵源於人民，例如：國民大會代表由全國人民所直接選出，以代表全國國民行使政權（憲法第二五條），立法院由人民直接選舉之立法委員組織之，代表人民行使立法權（憲法第六二條），省議會及縣議會，由省民、縣民直接選舉之省議員及縣議員，以行使省、縣之立法權，省長及縣長，亦由省民、縣民直接選舉之，以執行其省政及縣政（憲法第一一三條、第一二四條、第一二六條），其權力均係直接淵源於人民者也；憲法增修前總統、副總統係由國民大會選舉之（憲法第二七條第一項第一款），監察院之監察委員，係由各省市議會、蒙古、西藏地方議會及華僑團體選舉之（憲法第九一條），其權力均係間接淵源於人民者也。憲法增修條文後，總統、副總統由中華民國自由地區人民直接選舉之，自中華民國八十五年第九任總統、副總統選舉實施（憲法增修條文第二條第一項），自足表現「主

權在民」之意旨；至於監察院設監察委員，民國八十一年第二次修正憲法增修條文時改由總統提名，經國民大會同意任命之，民國八十九年第六次修正憲法增修條文時又改為由總統提名，經立法院同意任命之。省設省政府，其委員及主席，均由行政院院長提請總統任命之（憲法增修條文第七條第二項、第九條第一項第一款），雖非由於人民之選舉所產生，惟於主權屬於國民全體之基本原則，仍無影響。要之，主權既為全體國民所有，則主權之行使，雖假手於國家各種機關以行使之，亦係出於國民全體所賦予。至於國民以投票方式所行使之選舉、罷免、創制、複決四種政權，即為國民自己所行使其主權之表現。

第四、主權與統治權之區別

關於主權與統治權有無區別，學說不一：㈠有謂主權係指國家對外之權力而言，所以謂主權獨立；統治權係指國家對內之權力而言，所以謂統治權至高無上；㈡有謂　中山先生主張國家之權力，分為政權與治權，選舉、罷免、創制、複決四權，為人民所享有，是為政權；行政、立法、司法、考試、監察五權，為政府所享有，是為治權，而認為主權是與政權相當，統治權是與治權相當；㈢有謂主權與統治權性質相同，僅係對於一物而為二面之觀察，其用語致有差異，自其歸屬之靜態言之，是為主權；自其作用之動態言之，是為統治權。以上各說，均有所見，惟主權與統治權，乃二而一者，因國家之統治權，係淵源於人民之主權而為活動，而統治權之行使，對內是最高的，對外是獨立的，這便是稱為國家之主權。

第五、主權理論之新發展

有關主權之理論與觀念，自二十世紀的第二次世界大戰以後，日漸受到挑戰；並隨著國際政經情勢之異變，而有新的發展。其中，引人注意的有下列理論❶：

㈠主權的可讓渡理論

---

❶　陳新民，《中華民國憲法釋論》，修正 4 版，頁 78–83。

主權的最高性原為主權理論之核心，意指他國主權不可以凌駕於本國主權之上。但第二次世界大戰後卻漸漸發展出國家主權可讓渡性的觀念。如在一九五五年三月十五日之德國聯邦共和國基本法第二十四條第一項規定，德國聯邦得依法律將其主權移轉到國際組織之手上。依此，國際組織如歐洲經濟共同體，可獲得德國聯邦之立法權，也可行德國聯邦之行政權力。德國學界稱此主權移轉現象為「主權突破」(Souveränitätsdurchbrechung)。

㈡主權限制理論

主權限制理論亦發展於第二次世界大戰後。基於國際和平目的，許多國家的憲法都明定願意遵守國際公法與聯合國憲章，使主權受到限制❷。例如：

1.我國憲法第一百四十一條規定：「中華民國之外交，應本獨立自主之精神，平等互惠之原則，敦睦邦交，尊重條約及聯合國憲章，以保護僑民權益，促進國際合作，提倡國際正義，確保世界和平。」

2.二〇〇二年七月二十六日修訂之德國聯邦基本法第二十四條第二項規定：「為維護和平，聯邦得加入互保之集體安全體系；為此，聯邦得同意限制其主權。」

㈢主權分裂理論

主權分裂理論之產生，起源於一九四五年德國敗亡後，失去主權。因英、美、法、蘇四占領國的相持不下，德國人民乃於一九四九年分別在東、西德地區頒布憲法，成立政府，且均主張擁有代表全德國之主權，暫時維持主權不可分之理論。但因共產世界與自由世界之對峙時間日久，東德與西德政府為了使兩德之關係正常化及使國家因雙方之接觸而得統一起見，乃於一九七二年十二月二十一日簽訂「兩德基礎關係的條約」，承認雙方在各別管領土地上的合法地位，亦即在國內、外均有最高自主權。因此條約的簽訂，使德國主權一分為二而成為主權分裂理論的最佳例證。我國學者

---

❷　主權之限制，德國學者認為，可來自於國際公法與來自於超越國界之人權理念。因此，國際社會不只有權利，甚且有義務，對某一國之重大、持續違反人權之行為，進行干預。參閱，Hartmut Maurer, a.a.O., §1 Rn. 9.

認為在海峽兩岸對立分治之情況下，德國當年分裂時的主權分裂理論，有援用於我國之價值❸。

第四項　國　民

憲法第三條規定：「具有中華民國國籍者為中華民國國民。」人民為構成國家之要素，國家對於其人民所行使之統治權力，稱為人民主權 (Personal Sovereignty)，若就人民具有國籍一點著眼，則可稱為國民，故國民以具有國籍為其要素。各國於其憲法中，亦列有關於其國民應具有其國籍之規定（參照瑞士憲法第四四條、比利時憲法第四條、日本憲法第一〇條）。

茲將國民之意義，國民具備之要件及國籍之取得、喪失及回復，分述於後：

第一、國民之意義

所謂國民，乃指具有國籍之人民而言，我國憲法及其他法令中，常有用「國民」及「人民」之名詞，用語殊不一致，大體言之，人民是一般的廣泛的名稱，若就人民具有國籍而言，則稱之為國民，憲法第二章各條有關人民權利義務之規定，以及其他各條所用「人民」一詞（參照憲法第四八條、第六二條、第一四三條、第一五二條），均係指具有中華民國國籍之人民而言，其用語雖不一致，其主旨則屬相同。

現行法令中又常有「公民」一名詞，其與「國民」及「人民」之區別：公民是指享有國家公法上權利，及負擔公法上義務之國民或人民而言，因國民或人民並非人人均享有公權或負擔公法上義務,例如尚未成年之兒童，或因犯罪而被褫奪公權之人，均不得享有選舉權、罷免權、創制權、複決權及為公務員的權利，亦無服兵役之義務。至於在我國境內之外國人，既未具有中華民國之國籍，自不得謂為中華民國之國民，更不得謂為中華民國之公民，惟外國人雖非我國之公民，但依法令、條約或國際慣例，仍得享有某種公法上之權利，如訴願權、訴訟權是，亦有負擔公法上之義務者，

---

❸　陳新民，同上註，頁 81–83。

如納稅之義務等是。

第二、國民具備之要件

依憲法第三條規定，中華民國國民，以具有中華民國國籍為其要件，亦即國籍為國民所應具備之要件，國籍乃是國家與人民間之政治及法律關係之連鎖，凡國民對於國家一方享有種種權利，一方則負有種種義務，而權利與義務之淵源，均係由於國籍的關係。更就國家方面言：凡國家欲達到施政之目的，必先明瞭人民之身分，以定其對於國家之關係，例如：國家對於本國人民，則賦予參與國政之權利，同時又課以服兵役等義務，對於外國人則否。所謂人民之身分，即是因法律規定之結果，而認定其屬於某種特定集合體之人，個人屬於某一特定國家之事實，稱為國籍。

第三、國籍之取得、喪失及回復

關於國籍之取得、喪失及回復，則依國籍法及國籍法施行細則之規定（國籍法九十五年一月二十七日修正公布，國籍法施行細則由內政部於民國九十年二月一日發布全文十八條，民國九十三年、九十四年及九十七年另有部分條文修正）。

一、**國籍之取得**　關於國籍之取得，可分二類，即：

㈠固有國籍　乃指因出生之事實，即當然享有之國籍，其中又有二主義，即血統主義及屬地主義是，我國籍法規定固有國籍，乃以血統主義為主，而以出生地主義為救濟之方法，採血統主義之理由，大抵為：⑴本國人口繁衍稠密，已毋庸接受外來之移民，以認為內國之國民；⑵華僑向國外發展者甚眾，對於祖國政治上及經濟上均甚有裨益，不可不用血統主義以保存其本身及其子女等之國籍；⑶為保持民族精神起見，血統主義殊有採取之必要。

茲將國籍法關於血統主義及出生地主義之規定，分述如下：

1.血統主義　國籍法第二條第一項關於血統主義之規定，共有二款，即下列各人屬於中華民國國籍：

⑴出生時父或母為中華民國國民。

⑵出生於父或母死亡後，其父或母死亡時為中華民國國民。

　2.出生地主義　國籍法第二條第一項第三款規定:「出生於中華民國領域內，父母均無可考，或均無國籍者」亦屬中華民國國籍，此即所以避免無國籍者之發生也。

㈡取得國籍　乃指外國人因出生以外之其他事實，而取得中國之國籍也，得概稱為歸化。歸化者亦屬中華民國國籍（參照國籍法第二條第一項第四款）。

歸化情形多端，有一般歸化、特殊歸化及有殊勳者之歸化等區別，惟外國人或無國籍人歸化者擔任公職，有其法定之限制（參照同法第三條至第一〇條）。

二、**國籍之喪失**　國籍之喪失云者，指個人為取得他國之國籍，而脫離其原有之國籍而言。中華民國國民有下列各款情形之一者，經內政部許可，喪失中華民國國籍（同法第一一條）：

㈠生父為外國人，經其生父認領者。

㈡父無可考或生父未認領，母為外國人者。

㈢為外國人之配偶者。

㈣為外國人之養子女者。

㈤年滿二十歲，依中華民國法律有行為能力人，自願取得外國國籍者。

依前項規定喪失中華民國國籍者，其未成年子女，經內政部許可，隨同喪失中華民國國籍。

惟喪失國籍之許可，亦有其法定之限制（參照同法第一二、一三條）。

三、**國籍之回復**　本係中國人，因喪失中華民國國籍而為外國人，再行取得中國國籍者，是為國籍之回復。依法申請回復中華民國國籍者，應向內政部為之並自許可之日起回復中華民國國籍；但國籍喪失之回復，亦有其法定之限制（參照同法第一七、一八條）。

至於中華民國國民取得外國國籍者,不得擔任中華民國之法定公職(參照同法第二〇條)，即所以表徵國籍與國民的重要性。憲政實例上，即有李

慶安女士取得美國國籍而於就任臺北市議員、立法委員時，未聲明放棄，致喪失其立法委員資格。

第五項　領　土

領土亦為構成國家要素之一，凡為國家統治權所行使範圍之土地，是為領土，國家在其領土以內，一方面可以積極的行使本國之統治權，他方面可以消極的排除外國統治權之行使，若僅有人民而無領土，則人民無所附麗；僅有主權而無領土，亦僅係流亡政府，均不稱其為國家，國家對於其領土所行使之統治權力，稱為領土主權 (Territorial Sovereignty)。

至於領土之涵義，則因時代之演進，而包涵亦廣，除指一定土地的地面、地下之外，應同時包括領海及領空，在一定的領海及領空之內，凡為國家統治權力所及之範圍，亦即為國家之領土，合領土、領海及領空而言，亦得概稱之為領域。

領土與私人所有土地之性質不同，國家之領土，固然是多數私人所有之土地積聚而成，惟領土乃僅指國家統治權行使之範圍而言，與私人對於其所有土地，有使用收益及處分之權者有別，故外國人若依法於駐在國雖取得私人之土地所有權，於駐在國對於領土上統治權之行使，並無影響。

國家領土與由領土內劃分而來之地方自治區域的觀念，亦不相同，因：㈠領土之得喪、變更，恆涉及國界問題及國際關係；地方自治區域之劃定或變更，僅基於國家單方面之意思決定即可，㈡國家於其領土內所行使之領土主權，具有最高性，不得再有其他權力駕凌其上，而有所限制；至於地方自治區域內之地方自治機關行使地方自治職權，仍受國家及上級自治機關之依法監督。惟領土與地方自治區域亦有相同之點，即是：㈠均以一定土地為行使公權力之區域，㈡均與區域內之人民發生公法關係，㈢均不排除區域內私有土地權利之存在。

國家固須以領土為其構成要素，惟其領土的廣狹，則並無一定之標準，換言之，須有若干面積之領土，始得構成為國家，則並無限制。領土因為國家構成之要素，故不可輕易變更，惟亦非絕對不能變更，國家往往因戰

爭、合併、割讓、買賣、分裂或交換等方法，而取得或喪失領土之一部分者，是為領土之變更，此種變更，各國在憲法上恆有限制之規定，得別為二，即一為憲法之限制，一為法律之限制：

一、憲法限制主義 乃謂領土之變更，僅有修正憲法之機關依照修正憲法之程序，始得為之，並非行政機關或立法機關所得逕為變更，惟亦非謂須將憲法本身予以修正，始得為領土之變更也。近世各國憲法，如德國、捷克，均係採取憲法限制主義（參照德國威瑪憲法第一八條、捷克憲法第三條）。

二、法律限制主義 乃謂領土之變更，非行政機關所得擅自為之，僅有立法機關依照立法程序，始得為變更領土之決議，惟並非謂另有關於變更領土之法律也。各國採用法律限制主義者，例如義大利一八四八年公布之憲法第五條規定：「關於改變領土之條約，非經兩院認可後，不得行之。」

我國憲法第四條規定：「中華民國領土，依其固有之疆域，非經國民大會之決議，不得變更之」，一則規定領土之範圍，是中華民國固有之疆域；一則規定領土變更之程序，必須經過國民大會之決議，因國民大會係代表全國國民行使政權機關，經其決議，始得變更，以昭鄭重。而國民大會又為有權修改憲法之機關，以修憲機關始有權為變更領土之決議，故我國關於領土之變更，原係採取憲法限制主義。惟憲法增修條文（民國八十九年之第六次修憲）第一條第二項第二款規定國民大會複決立法院所提之領土變更案，依增修條文第四條第五項之規定：「中華民國領土，依其固有之疆域，非經全體立法委員四分之一之提議，全體立法委員四分之三之出席，及出席委員四分之三之決議，並提經國民大會代表總額三分之二之出席，出席代表四分之三之複決同意，不得變更之」。民國九十四年六月十日總統令修正公布之憲法增修條文第一條則將領土之變更規定改為由中華民國自由地區選舉人於立法院提出領土變更案，經公告半年，應於三個月內投票複決之。是我國關於領土之變更，不啻兼採法律限制主義及憲法限制主義的精神。

各國憲法關於領土範圍之規定，有列舉主義與概括主義兩種：所謂列

舉主義，乃將構成國家領土之每一個地區構成單位名稱，一一規定於憲法之中，例如瑞士、比利時、德國等國憲法是（參照瑞士憲法第一條、比利時憲法第一條、德國憲法第二三條）；所謂概括主義，僅是概括的規定領土之範圍，而非就國內每個地區單位名稱規定於憲法之內，例如韓國、菲律賓、巴西、巴拿馬等國憲法是（參照韓國憲法第四條、菲律賓憲法第一條、巴西憲法第一條、巴拿馬憲法第三條）。

我國憲法僅規定：「中華民國領土，依其固有之疆域」，即是採概括主義。所謂「固有之疆域」，是以歷史之事實，為國家領土疆域勘定之標準，其意義一則是固有之領土，不願喪失；一則對於他國之領土，亦不願奪取。

中華民國領土，憲法第四條不採列舉方式，而為「依其固有之疆域」的概括規定，並設「非經國民大會之決議，不得變更」的嚴謹限制，有其政治上及歷史上之理由，其所稱固有疆域範圍之界定，為重大之政治問題，依權力分立之憲政原則，不受司法審查，因而涉及領土範圍之界定疑義，不應由行使司法權之釋憲機關予以解釋（參照司法院大法官釋字第三二八號解釋）。不過，在此要指出的是，民國九十四年六月十日總統令修正公布之憲法增修條文第一條規定不適用憲法第四條之規定，但未指明僅是程序規定，將容易被人誤解，憲法第四條中「……領土，依其固有之疆域」是否也一併的不適用。

關於領土範圍之規定，列舉主義與概括主義，互有得失，列舉主義之優點，即是概括主義之劣點，反之，概括主義之優點，即是列舉主義之劣點。

一、列舉主義之優點 ㈠將各地區逐一明白規定於憲法之中，使國民易於明瞭領土之範圍，某一地區是本國領土，某一地區非本國之領土；㈡領土是構成國家要素之一，在憲法中明白規定，就國內言，可以喚使國民之愛護，就國外言，可以引起國際之尊重，而杜他國之覬覦；㈢假如領土有所變更，則變更前後之領土位置、方向、大小、疆界等，均可比照勘察，易於明瞭。

二、概括主義之優點 ㈠可免列舉式之掛漏，藉以消弭無謂之糾紛；

㈡若採列舉主義，則領土有所變更，勢必修改憲法，若採概括主義，則領土之變更，不致影響憲法之原有規定。

第六項　民　族

憲法第五條規定:「中華民國各民族一律平等。」所謂民族，乃指人民之種族而言。就構成國家之分子之個人而言，謂之人民；就構成國家之每個群體而言，謂之民族，茲將民族與國家之區別，憲法規定民族平等之理由，及憲法其他各條有關民族之規定，分述如下:

第一、民族與國家之區別

民族與國家有何區別，有不同之見解: 有認為二者之區別，在於政治組織之有無，民族是無政治組織的，國家是有政治組織的；有認為兩者之區別，不僅是政治組織之有無，且在於人民之多寡，民族不過僅是構成國家的一部分之人民而已。此兩種見解，僅是說明彼此區別之小部分，而不能說明其區別的全部，然則二者之區別何在?

一、造成之原因不同　民族是由於天然力的血統、生活、語言、宗教、風俗習慣等要素造成的，其中尤以血統為構成民族之主要因素；國家則大抵是用人為的武力所造成。換言之，由於王道自然力結合而成的是民族，民族既以自然力為基礎，所以民族是無強制性的；由於霸道人為力所結合而成的便是國家，國家既以人為力為基礎，所以國家是帶有強制性的。

二、構成之範圍不同　構成民族之範圍，與構成國家之範圍，有彼此相同者，即是一個國家為一個民族所構成，一個民族組織一個國家，例如英國為一個盎格魯撒克遜民族所構成，日本為一個大和民族所構成是；但是一個國家亦可以同時為幾個民族所構成，例如我國由漢、滿、蒙、回、藏，五大民族所構成，而演進為中華大民族；又一個民族同時亦可以分別構成幾個國家，例如阿拉伯民族分別為組成伊朗、敘利亞、及約旦各國家之主要分子。

三、法律之關係不同　民族既是自然力之結合，在一個民族內各個分

子之相互間，無所謂統治者與被統治者之法律關係；國家既是人民政治之組織體，在法律上規定有統治者與被統治者之關係。

第二、憲法規定民族平等之理由

現代各國有將民族平等之意旨規定於憲法中者（參照義大利憲法第六條、蘇聯憲法第一二三條），我國憲法規定：「中華民國各民族一律平等」，其理由為：

一、**貫徹民族主義之精神**　我國係以三民主義為立國之基礎，其中民族主義之精神，對外在求國家之地位平等，對內在求國內各民族之地位一律平等，所謂各民族一律平等，即指各民族之地位平等而言，無論政治上或法律上之地位，均包括之，此足以表示其貫徹民族主義之精神。

二、**泯除各民族間之歧見**　我國為複式民族之國家，通常所謂漢、滿、蒙、回、藏五大民族，尚有苗、瑤、獞、黎、番、夷等多類之少數民族，歷史淵源甚久，情感因素融和，惟有時人民，仍不免有種族意識存在於其間，如所謂種族優劣，或民族多寡等觀念，間或引起紛擾或摩擦，而影響團結者，茲於憲法中規定各民族一律平等，對於各民族相互間之歧見，足以泯除，進而促成團結，增強國力。

三、**促進大中華民族之形成**　我國雖包括多種民族，惟相處素稱融洽，尤富於同化力，民族之意識及界限，已日趨淡漠，茲於憲法上規定各民族之地位平等，則在政治上法律上一視同仁，毫無軒輊，推演所及，勢必形成為一大中華民族，更進而成為整個的中華國族。

第三、憲法其他各條有關民族之規定

憲法有關民族規定之條文，除上述第五條「中華民國各民族一律平等」之規定外，尚有下列數條，其規定之重點，雖彼此有別，惟其貫徹民族地位平等之意旨則屬一貫，析述之：

一、憲法第七條規定：「中華民國人民，無分……種族……在法律上一律平等」，此指人民個人之地位平等而言，亦即係保障個人之平等地位，不

因種族而有所差異，與第五條所規定者，係指民族的平等地位，彼此不同。

　　二、憲法第二十六條第四款之規定，關於各民族在邊疆地區選出之國民大會代表，其名額以法律定之；第六十四條第一項第四款之規定，關於各民族在邊疆地區選出之立法院立法委員名額之分配，以法律定之。不過，這些條文已因憲法增修條文之規定而不適用。第一百六十八條規定：「國家對於邊疆地區各民族之地位，應予以合法之保障，……」；第一百六十九條規定：「國家對於邊疆地區各民族之教育、文化、交通、水利、衛生及其他經濟、社會事業，應積極舉辦，並扶助其發展，……」，此四條雖均有關於民族之規定，惟係僅指邊疆地區之民族及特定事項而言，較之第五條所規定「各民族一律平等」之為一般性、原則性者有所不同。

　　三、憲法第一百五十六條規定：「國家為奠定民族生存發展之基礎，應保護母性，並實施婦女、兒童福利政策」；第一百五十七條規定：「國家為增進民族健康，應普遍推行衛生保健事業及公醫制度。」此兩條所謂民族，其涵義殊為概括；其範圍極為廣泛，幾含有整個的中華國族之意義在內，與第五條之所規定者，僅側重於各個民族之地位平等者，其主旨亦自有差別。

　　四、憲法增修條文第十條第十二項前段：「國家應依民族意願，保障原住民族之地位及政治參與，並對其教育文化、交通水利、衛生醫療、經濟土地及社會福利事業予以保障扶助並促其發展。」所謂「原住民族」，實即少數民族；而原始居住之人民，究自何時開始？已難考證，爭議亦多，不如逕稱為「少數民族」為宜，惟無論使用何種稱謂，要為憲法對於有關民族權益之規定。

第七項　國　旗

　　國旗為國家之標識，恆象徵立國之精神，例如法國之國旗為藍白紅三色，以象徵其自由、平等、博愛之意是；又有以國旗表示其國家之構成單位者，例如美國現在之國旗以五十個星綴為星條，藉以表示五十個州以組成為美合眾國聯邦是。國旗既為國家之象徵，在國際間即認國旗為一國之

代表，故各國憲法多有關於國旗之規定（參照比利時憲法第一二五條、法國憲法第二條、德國憲法第二二條、義大利憲法第一二條、菲律賓憲法第一四條第一項、巴西憲法第一九五條）。

我國憲法第六條規定：「中華民國國旗定為紅地，左上角青天白日。」關於我國國旗之式樣及顏色，自歷史上之沿革言之，頗多變遷。在海禁未開以前，原無定式之國旗，清末海關為徵收關稅之便利計，乃以黃龍旗為國旗，辛亥革命起義時，各省所用旗幟極不一致：武漢用十八角星旗，雲南用九星旗，廣東貴州等省用青天白日旗，江蘇用五色旗，亦有使用井字旗者。迨至民國元年民國臨時政府在南京成立，一月三日臨時參議院議決以五色旗為國旗，取紅、黃、藍、白、黑五色，代表漢、滿、蒙、回、藏五族共和之意，以武昌首義所用之鐵血十八星旗為陸軍旗，以青天白日旗為海軍旗。 孫中山先生對於此五色國旗之決議認為不可，當以青天白日滿地紅為國旗，曾咨覆臨時參議院，詳述理由，謂：「青天白日，取義宏美。中國為遠東大國，日出東方為恆星之最者；且青天白日示光明正照，自由平等之義，著於赤幟，亦為三色，其主張之理由尚多。……」（參照《國父年譜初稿》上冊第三〇〇頁）。

憲法規定青天白日滿地紅旗為國旗，正符合 中山先生之原有主張，若就國旗構成之內容及形態分析言之：青天表徵純潔和平，以示民族自由之意；白日表徵光明磊落，大公無私，以示民權平等之意；紅地表徵熱烈奮發，以示民生康樂及博愛之意。

國旗既有象徵國家之作用，故應予尊重，其制式及使用，須依法律之規定，政府機關學校團體及軍事部隊，應於適當地點，樹立旗桿，每日升降國旗；國民遇升降國旗時，應就地肅立，注目致敬；又國徽亦係代表國家之象徵，與國旗相同，中華民國之國徽則定為青天白日，凡工廠或商店製售之國徽、國旗，不合標準者，應由當地政府嚴行取締或糾正之，國徽國旗式樣不得作為商業上專用標記，或製為一切不莊嚴之用品（參照中華民國國徽國旗法第一〇條、第一二條、第一八條、第二一條）。如意圖侮辱中華民國而公然損壞、除去或污辱中華民國之國徽、國旗者，處一年以下

有期徒刑，拘役或三百元以下罰金（參照刑法第一六〇條）；不僅對於本國國旗、國徽如此，即對外國之國旗、國章而有上述之行為者，則構成妨害國交罪，予以同樣之處罰（參照刑法第一一八條）。

　　此外各國憲法有國歌之規定，或以法律規定之；因國歌以文字及聲音代表國家之象徵，與國旗以顏色及形態代表國家之象徵，其性質及作用彼此相同，我國憲法中則無關於國歌之規定，亦另無有關國歌之法律，殊有制定「中華民國國歌法」之必要。

本章自習題目

一、憲法之意義如何？試申述之。

二、憲法與法律有何區別？試比較言之。

三、憲法與命令有何關係？區別何在？

四、就一般憲法言之，其特質如何？試舉以對。

五、五權憲法之特質何在？試說明之。

六、說明成文憲法與不成文憲法之意義及其優劣。

七、剛性憲法與柔性憲法之區別何在？優劣如何？

八、試就憲法分類之標準，說明我國憲法之屬類。

九、五權憲法與三權憲法比較，其區別何在？試述其要。

十、憲法之功能如何？試述其要。

十一、申述我國憲法序言之涵義。

十二、我國憲法對於中華民國之國體，如何規定？試申述之。

十三、試述中華民國主權之歸屬及其行使方法。

十四、主權與統治權有何區別？試抒所見以對。

十五、自二十世紀第二次世界大戰以後，主權理論有何新發展？試分述之。

十六、試述國民之意義及與「公民」之區別。

十七、國民與國籍有何關係？試申言之。

十八、各國憲法關於領土之變更，採取何種主義以限制之？試述以對。

十九、我國憲法對於領土之範圍，採概括規定，試評其得失。

二十、民族與國家有何區別？試申述之。

二一、我國憲法規定國內各民族一律平等，其理由何在？試析述之。

二二、國家構成之要素，為人民、領土、主權三者，我憲法如何分別規定？試言其要。

二三、試述國旗與國家之關係。

第二章　人民之權利義務

第一節　概　說

中山先生謂:「憲法者,政府之構成法,人民權利之保障書也。」因憲政運動實為民權與君權,民主與專制之鬥爭史,故各國憲法莫不將人民之基本權利規定於其內,遠如英國一二一五年大憲章 (Magna Carta)、一六二八年權利請願書 (Petition of Rights)、一六八九年權利典章 (Bill of Rights)等文書,以及一七八七年美國憲法於一七九一年所增訂之權利規定、一七八九年法國人權宣言,均有關於人民權利之規定,因之近代各國憲法以人民之權利,為其規定之重要內容,乃所習見。

惟權利與義務,係一體之兩面,享有權利者,其反面即為義務;而負擔義務者,其反面即係享有權利,人民對於國家既享有權利,亦有其應負之義務。關於權利與義務,亦得謂為權力與責任,二者有其對等關係,因:「權利與義務或權力與責任,實際上都是一件事的兩方面,其關係是對等的,在民主生活中,個人享有權利,同時亦有伴隨而來之義務;個人行使權力,同時亦負有伴隨而來之責任,而且權利有多少,義務便有多少;權力有多大,責任便有多大。因為權利與義務或權力與責任是對等的,所以個人應該主張正當的權利,同時必須履行相等的義務;個人應該行使正當的權力,同時必須承擔相等的責任。決不可衹享權利,不盡義務;衹爭權力,不盡責任」(見　蔣總統四十六年十二月二十五日行憲十週年紀念講詞)。因之,憲法對於人民之基本義務,亦規定及之。

國家對於人民之權利,不得任意予以侵害,是為權利之保障;國家對

於人民之義務，亦不得任意使其負擔，是為義務之限度。各國憲法對於人民權利之保障，及其應賦予之義務，幾莫不有明文規定，我國憲法亦然。惟憲法所規定人民之權利義務，亦僅以最顯著最基本者為限，而非將人民所有之權利義務，均包括在內。換言之，憲法第二章「人民之權利義務」，僅係有關人民對國家享有何種公權利與負擔何種公義務之基本規定而已，並非謂除上開規定外，人民別無其他公權利或公義務，若憲法以外之其他法律規定有關於公權利或公義務時，其公權利仍應予以保障，其公義務人民仍應遵守履行。

又憲法所規定人民之權利義務，不僅以人民與國家間之公的權利及公的義務為限，即人民相互間之私的權利，及私的義務，亦包括於其內，例如人民之自由權、生存權、工作權及財產權，有屬於私法範圍者，國家應予保障，權利既與義務有對待關係，一方面既係保障人民之權利，亦即一方面促使人民之履行義務也。

另外，第二次世界大戰以後各國所議定簽署之保障人權文件，如一九四八年世界人權宣言、一九七六年經濟社會文化權利國際公約、一九七六年公民與政治權利國際公約，以及一九六二年關於社會政策之基本目標與標準公約中，又增加了許多新理念之人權，如隱私權、國籍權、返國權、離國權、休息權、休閒權、休假權、健康權、文化權、環境權及資訊權等❶。我國在一九六七年十月五日即已由常駐聯合國代表在公民與政治權利國際公約及經濟社會文化權利國際公約之兩公約上簽字。但因聯合國大會在一九七一年十月二十五日通過二七五八號決議，使我國失去代表中國之權，也無法再參加聯合國之活動。直至二〇〇九年三月三十一日，立法院才審議通過此兩公約。馬英九總統於二〇〇九年五月十四日正式簽署這兩大公

---

❶　有學者稱此為國際基本權，亦有稱之為人權的世界化趨勢。又除了上述聯合國大會所通過之人權公約以外，歐洲地區、美洲地區、非洲地區均有其各別的人權規範。特別是二〇〇〇年之「歐洲聯盟基本權利憲章」規定了很多新的人權。參閱，廖福特，〈歐洲聯盟基本權利憲章〉，刊於氏著，《歐洲人權法》，學林文化事業有限公司，民國 92 年 5 月 1 版，頁 381–435。

約的中英文批准書，並在二〇〇九年四月二十二日公布「公民與政治權利國際公約及經濟社會文化權利國際公約施行法」，明定自二〇〇九年十二月十日生效。此施行法第二條規定：「兩公約所揭示保障人權之規定，具有國內法律之效力」；第四條又規定：「各級政府機關行使其職權，應符合兩公約有關人權保障之規定，避免侵害人權，保護人民不受他人侵害，並應積極促進各項人權之實現」。因此，在我國所保障之人權已不僅限於憲法本文或憲法增修條文所規定者，而是更要含括上述世界人權宣言及兩大人權公約所規定保障之人權。

第二節　人民之權利

第一項　權利之種類

第一款　權利種類之規定方式

關於人民之權利，亦得簡稱或泛稱為人權。自從法國一七八九年大革命時所揭櫫及一九四六年憲法序言所確認之人權原則，美國一七九八年修正憲法十條，成立「人權法案」，聯合國一九四八年所通過之「世界人權宣言」及歐洲聯盟於二〇〇四年六月十八日所通過之「歐洲憲法」第二部分。各國多以人權列入憲章之內，惟詳略不同。就人民權利之種類而言，可分為規定之方式及權利內容之分類二點以說明之，茲先述關於人民權利種類之規定方式，次款則述權利內容之分類。

各國憲法對於人民權利種類之規定，方式不一：

第一、列舉規定

舉凡關於人民之權利，一一列舉規定於憲法之中，其優點為使人瞭然何者為人民之權利，何者則否，其為權利者，則應予保障；其非權利，則

不在保障之列。種類明確，適用方便；其缺點則為難列舉無遺。且權利之性質，有未免常隨時代而異其觀念，其應保障與否，亦隨時代而有不同，昔之所謂權利者，現今則否；而昔日認為並非權利者，現在則認為應屬於權利之範圍，而應予以保障，若將權利之種類，硬性的列舉規定於憲法之內，自難適應事實之需要。

第二、概括規定

憲法中僅規定人民之權利應予保障，而不列舉其權利之種類，其優點在適用靈活；其缺點則有欠明確，易滋疑義，何者為人民之權利，必須另由法律以為規定，或藉解釋以濟其窮。

第三、折衷規定

折衷規定亦可謂例示規定，憲法上對於人民之權利，既為例示的列舉，復為概括的規定，以概其餘，此種規定方式，具有上述二種方式之優點而無其短。例如美國憲法修正案第九條規定：「不得因本憲法列舉某種權利而認為人民所保留之其他權利，可以被取消或忽視」；葡萄牙憲法第八條第二十款規定：「凡人民所享有之權利與保障，其未詳載本憲法及本國法律者，亦應認為有效；惟享有是項權利，應以不侵害第三者之權利與利益及道德為限」，皆係採取列舉與概括之混合方式，亦即係例示的折衷規定，其較之採取單純的列舉規定，或單純的概括規定，自屬完善。

我憲法對於人民權利之種類，係採折衷規定，除於第七條至第十八條列舉人民各種基本權利外，復於第二十二條規定：「凡人民之其他自由及權利，不妨害社會秩序公共利益者，均受憲法之保障」，所謂：「其他自由及權利」，乃指除各條所列舉者以外之自由及權利而言，例如姓名權為人格權之一種，人之姓名為其人格之表現，故如何命名，為人民之自由，應為憲法第二十二條所保障（司法院大法官釋字第三九九號解釋），又如隱私權為個人不可或缺之基本權利，而受憲法第二十二條之保障（司法院大法官釋字第六〇三號解釋），另如婚姻自由權、職業自由權等是，斯即兼採概括之規定。

第二款　權利內容之分類

憲法關於人民權利種類之規定，就其內容言之，可大別為平等權、自由權、受益權、及參政權四類：

第一目　平等權

平等權乃謂一切人民在法律上均為同等待遇，享受同等之權利，並負擔同等之義務，所謂：「法律之前，人人平等」者是。平等與自由，常相提並論，實則有平等始有自由可言，能自由斯可平等，彼此實互為因果。又所謂平等，乃指人民在法律上所得享有之地位或機會而言，即此種地位或機會，不得為任何人所私有，其出發點均屬相同，換言之，各人在同一之條件或相同之情形下，法律所賦予之地位或機會，彼此均屬相等，是為真平等；若各人本於其聰明才力，所造就不同之成果，自難強其相同，否則即為假平等，而非平等之真諦。

憲法上所謂平等，乃指法律上之平等，而非指人民各個天賦才力之平等，此在各國憲法有關條文之規定，即可知其真義所在，例如：法國憲法第六條規定：「法律對於任何人，其保護或懲罰，應為平等」；美國憲法修正案第十四條規定：「各州對於其所管轄內之任何人，不得拒絕法律的平等保護」；前德國憲法第三條規定：「人民於法律上均為平等」，皆係此義。

我憲法第七條規定：「中華民國人民，無分男女、宗教、種族、階級、黨派，在法律上一律平等。」本條所定之平等權，係為保障人民在法律上地位之實質平等，並不限制授權主管機關斟酌具體案件事實上之差異及立法之目的，而為合理之不同處置（參照司法院大法官釋字第二一一號解釋）。申言之：憲法第七條平等原則，並非指絕對、機械之形式上平等，而係保障人民在法律上地位之實質上平等，立法機關基於憲法之價值體系及立法目的，自得斟酌規範事物性質之差異而為合理之區別對待，促進民生福祉，乃憲法基本原則之一，此觀憲法前言、第一條、基本國策及憲法增修條文第十條之規定自明。立法者基於社會政策考量，尚非不得制定法律，將福

利資源為限定性之分配。其立法意旨與憲法第七條平等原則尚無牴觸（參照司法院大法官釋字第四八五號解釋前段）。同樣的，在大法官釋字第六一八號解釋，亦以此意旨，對於原設籍大陸地區人民設籍臺灣地區未滿十年者，就擔任公務人員之資格與其他臺灣地區人民予以區別對待，認亦屬合理。

　　由此可知，所謂在法律上一律平等，並非機械式的絕對平等，而是機動式、相對的平等。因此，在合乎正義的理念下，針對情勢、事實上之差異而為適當的差別對待，亦是合乎平等之理念的。例如，在法律上對老、弱、殘、廢、婦女、兒童等社會弱者，給予較一般人要好的待遇，自不違反平等權之原則。

　　如上所述，自然人之平等權是否亦適用於法人及外國人呢？學者基於人權保障理念，國際法上互惠原則多肯認之。但以本質上合於法人可享有之財產權、訴訟程序權等為限，至於專屬於本國自然人之參政平等權、受教育機會平等之人權則不在保障之內❷。

　　總而言之，平等權之理念經過數世紀之演變，已經從昔日之政治、法律上形式地位之平等，提昇至所得、財富、生活等實質機會之公平分享，尤其教育機會之均等，使貧苦的小孩亦有人格發展機會，可以改變其經濟狀況與社會地位，而使人為之不平等現象，日益減少❸。

　　至於，平等權之種類，可分析於次：

第一、男女平等

　　男女平等乃謂人民不得因男女之性別，而在法律上有不平等之待遇，並非男尊女卑，或重男輕女，即通常所謂男女平權。無論在私權或公權方面，男女均處於平等地位，例如私權上男女婚姻與繼承之平等，公權上男女參政之相同。惟憲法固規定男女平等之原則，但因鑒於我國過去重男輕

---

❷　參閱，陳新民，前揭書，頁 135–137；陳慈陽，前揭書，頁 375–380。

❸　關於平等權重心之轉移另請參閱，陳新民，前揭書，頁 198；林騰鷂，〈生活機會的公平分享〉，《中國時報》，民國 92 年 5 月 21 日，15 版。

女之積習，為扶植女權起見，對於婦女有特別保障及優待之規定，例如：對於各種選舉，應規定婦女之當選名額（憲法第一三四條）；對於婦女勞工及母性，應特別予以保護（憲法第一五三條第二項、第一五六條）。國家應維護婦女之人格尊嚴，保障婦女之人身安全，消除性別歧視，促進兩性地位之實質平等（憲法增修條文第一〇條第六項）。此乃為貫徹男女平等之主旨所為之規定，並非與男女平等之原則有所違反。又為落實兩性地位之實質平等，立法院分別制定了「性別工作平等法」及「性別平等教育法」。民國九十六年一月五日立法院又通過「消除對婦女一切形式歧視公約」，使男女平等之理念合於國際公約。不過，美中不足的是，民國八十九年制定公布的「特殊境遇婦女家庭扶助條例」卻沒有男女平等原則。因為會遭遇該條例所述特殊境遇的，不僅是婦女。在現代社會中，男性亦有可能遭遇。因此，該條例應改名為「特殊境遇國民家庭扶助條例」，始較符合男女平等原則。本書此一意見，獲得認同，立法院乃於民國九十八年一月十二日將「特殊境遇婦女家庭扶助條例」名稱修正為「特殊境遇家庭扶助條例」，並由馬英九總統於民國九十八年一月二十三日公布施行。

　　不過，值得重視的是，在女性全面獲得政治、經濟、教育、社會、工作權益之保障，但未相對承擔兵役義務之情況下，已使男性之就學權、參與公職考試權，因兵役問題，受到相當嚴重之障礙，而使兩性公平參與社會競爭的機制發生不利於男性的現象。特別是各種選舉均規定有婦女當選保障名額，已漸為學者所不贊同，認有保護過當之嫌❹。

　　另外，在家庭與社會地位平等方面，司法院大法官與相關法律，亦使婦女享有與男子平等之私權，特別是大法官釋字第三六五號解釋，使女性對未成年子女親權之行使，有與男性同一之地位，對憲法上消除性別歧視，促進男女社會地位之平等，有重大的助益。又為了保障婦女之財產平等地

❹　參閱，薩孟武，《中國憲法新論》，三民書局，民國 79 年 11 月，頁 79；林騰鷂，《中華民國憲法》，三民書局，民國 94 年 8 月，頁 62；陳愛娥，〈除了立法委員席次減半〉，《台灣本土法學雜誌》，第 63 期，民國 93 年，10 月號，頁 2。

位，大法官釋字第四一〇號解釋，認為民國七十四年六月民法親屬編施行法修正前，已發生而現仍存在之聯合財產如仍屬於夫方享有，則為違反憲法保障男女平等之意旨，要求有關機關應盡速於民法親屬編施行法之相關規定檢討修正。再者，大法官釋字第四五二號解釋，認為民法第一千零二條關於夫妻住所之規定，未能兼顧他方選擇住所及個案情況，違反憲法保障之男女平等權。另外，大法官釋字第四五七號解釋認為，榮民配耕之農場耕地僅限榮民之子繼承，排除其已婚女兒繼承權，違反憲法保障之男女平等原則。

因此，民國八十七年修正公布民法親屬編條文時，刪除民法第九百八十七條、九百九十四條關於女子再婚應自婚姻關係消滅後六個月始可為之之規定。因為此一規定是違反男女平等原則的。在過去沒有科學儀器可以鑑定再婚前後婚姻所懷子女歸屬何人之情形，或許情有可原，但現在以DNA 採樣技術已可正確判斷子女身分歸屬之情形，此一限制女子六個月不得再婚之規定則是不合時宜，違反男女平等原則的。又民法第一千條妻冠夫姓以及民法第一千零二條妻以夫之住所為住所之規定，也都於民國八十七年民法親屬編修正時，修改為夫妻得以書面約定姓氏及協議住所之合乎男女平等原則之規定。又對子女之姓，民國九十九年又修正民法第一千零五十九條第一項，規定：「父母於子女出生登記前，應以書面約定子女從父姓或母姓。未約定或約定不成者，於戶政事務所抽籤決定之」同條第二項規定：「子女經出生登記後，於未成年前，得由父母以書面約定變更為父姓或母姓。」同條第三項規定：「子女已成年者，得變更為父姓或母姓。」同條第四項又規定：「前二項之變更，各以一次為限。」同條第五項則規定：「有下列各款情形之一，法院得依父母之一方或子女之請求，為子女之利益，宣告變更子女之姓氏為父姓或母姓：一、父母離婚者。二、父母之一方或雙方死亡者。三、父母之一方或雙方生死不明滿三年者。四、父母之一方顯有未盡保護或教養義務之情事者。」依此，男女平等原則獲得進一步的落實。另外，民國九十六年十二月十二日公布之祭祀公業條例第四條第二項也規定，女子未出嫁者，得為派下員，使數千年來女子不得為祭祀公業派

下員之規矩被打破了。男女平等原則更加獲得法律保障。

第二、宗教平等

宗教平等乃謂不問為何種宗教，例如：回教、佛教、道教、基督教、天主教等，在法律上均受同等保障，而無國教與否之分；至於假宗教之名，而為邪說淫詞，以妨害善良風俗或公共秩序者，則不在法律保護之列，自無主張平等之餘地。

憲法第七條規定宗教平等之原則，復在第十三條規定人民有信仰宗教之自由，其著眼點雖有不同，一則就宗教之本身及其地位而言，一則就各人之信仰及其表現而言，惟其尊重宗教之意旨，則屬一貫。

又為維護宗教平等，大法官釋字第五七三號解釋指出，「監督寺廟條例」第一條、第二條第一項、第八條規範之對象，僅適用於部分宗教，與憲法上國家對於宗教應謹守中立之原則及宗教平等原則相悖。因此宣告「監督寺廟條例」第八條及第二條第一項自該解釋公布日（民國九十三年二月二十七日）起，至遲於屆滿二年時，失其效力。

第三、種族平等

關於中華民國各民族一律平等，憲法第五條原已有明文規定，係指各民族整體之平等地位而言，本條規定人民無分種族，在法律上一律平等，乃指屬於各種族內每個人民之地位而言，即不問其屬於何種族，均不得予以歧視（並參照憲法第二六條、第六四條、第一六八條、第一六九條等）。又為促進種族之實質平等，憲法增修條文第十條更規定了對自由地區之少數民族，即原住民，的地位與政治參與，並對其教育、文化、社會福利及經濟事業，給予扶助並促進其發展。根據此一憲法授權，立法院陸續制定了「原住民身分法」、「原住民教育法」、「原住民工作權保障法」、「原住民族基本法」、「原住民族傳統智慧創作保護條例」、「行政院原住民族委員會組織條例」、「原住民族文化事業基金會設置條例」，以促進原住民之身分、文化、政治、教育、智財權與工作權地位之平等。此外，民國九十九年一月

二十七日公布施行之「客家基本法」，亦保障客家族群集體利益。不過，客家族群是否屬於憲法增修條文第十條所規定之「少數民族」，不無爭議餘地。

第四、階級平等

階級平等乃謂人民無貴賤、貧富、勞資、主雇等階級之對立，此與其他國家有所謂「貴族階級」或「階級專政」者迥異。我憲法不僅規定人民無分階級，在法律上一律平等，並對於各階級之協調合作，以促進生產事業之發展，及確保社會之安全，亦有所規定（參照憲法第一五三條至第一五五條）。

第五、黨派平等

所謂「黨派」，係指政黨而言，事實上單純之派系，則不包括在內。現代民主憲政國家為政黨政治，凡國家內合法之政黨，在法律上之地位一律平等，而不得有所歧視，各黨派雖得以其主義政綱以爭取政權，惟與「一黨專政」者有別。

各國尚少專屬性之政黨法，我國亦無，僅於人民團體法規定，政治團體符合下列規定之一者，為政黨（該法第四五條）：

一、全國性政治團體以推薦候選人參加公職人員選舉為目的，依本法規定設立政黨，並報請中央主管機關備案者。

二、已立案之全國性政治團體，以推薦候選人參加公職人員選舉為目的者。

政黨以全國行政區域為其組織區域，不得成立區域性政黨，但得設分支機構（該法第四七條）。

關於黨派在法律上一律平等之規定，為各國憲法之所無，我國建國之程序，由軍政時期而入訓政時期，再進而為憲政時期，以行憲法之治，憲法第七條明文規定黨派在法律上一律平等，足以表示訓政時期以黨治國之中國國民黨還政於民，及天下為公之至意。又為落實黨派平等，憲法並以下列條文要求公務員、黨派及個人遵守並貫徹，即：

　　一、憲法第八十條規定:「法官須超出黨派以外，依據法律獨立審判，不受任何干涉。」

　　二、憲法第八十八條規定:「考試委員須超出黨派以外，依據法律獨立行使職權。」

　　三、憲法增修條文第七條第五項規定:「監察委員須超出黨派以外，依據法律獨立行使職權。」

　　四、憲法第一百三十八條規定:「全國陸海空軍，須超出個人、地域及黨派關係以外，效忠國家，愛護人民。」

　　五、憲法第一百三十九條規定:「任何黨派及個人不得以武裝力量為政爭之工具。」

　　近年來，政黨對政治、經濟、社會生活之影響日益重大，制定政黨法之呼聲日高，故立法院也有很多「政黨法」草案之提起，但至今尚未能有共識而獲通過。不過，民國九十八年六月十日公布之「公務人員行政中立法」又分別規定:公務人員不得兼任政黨或其他政治團體之職務、不得介入黨政派系紛爭，使公務人員對於各黨派要維持政治中立，間接達成對各黨派之平等對待。

第二目　自由權

　　自十七世紀以後，由於學者之鼓吹，如洛克 (John Locke, 1632–1704) 的《政府論》，孟德斯鳩 (Charles Louis de Montesquieu, 1689–1755) 的《法意》，盧梭 (Jean J. Rosseau, 1712–1778) 的《民約論》，均帶動了爭取自由人權之風潮，引發了美國獨立與法國之民權革命運動。近代各立憲國家也隨之將自由權列入憲法中，作為最主要的人權之一。

　　自由權的意義可從兩方面來看，一是從消極面來看，自由是一種自由於國家之外的身分，不受國家統治、干涉的意思。另一是從積極面來看，自由是一種自行、自在處理自己事務，成就自我人格，實現個人人生目的之權利。失去了自由，人生就沒有什麼意義了，故有人說:「不自由，毋寧死。」由此，可見自由之重要性。

　　自由既然這麼重要，那要如何加以保障呢？各國憲法所規定之保障方式有二，一是只對行政權加以限制，以保障人民的自由，另一是不只對行政權，且又對立法權設加限制，來保障人民的自由。例如，美國憲法增修條文第一條即明文規定：「國會不得制定關於下列事項之法律。㈠確立宗教或禁止信教自由，㈡削奪人民言論或出版之自由，㈢削奪人民和平集會及向政府陳述救濟之請願權利。」這種不但不許政府發布命令，且又不許國會制定法律以限制信教、言論、出版、集會、請願等自由之保障方式，學者稱為自由之憲法直接保障主義。至於我國及世界其他各國憲法對於自由權之保障，大都採取第一種方式，即學者所稱之憲法間接保障方式。具體的說，就是限制行政權以命令方式侵犯、干涉人民自由，但若由立法機關制定法律，則得限制人民之自由。這種人民的自由得依法律限制的意思就是說人民的自由非經人民代表的議決同意，不得限制之。換言之，國家要限制人民的自由，須依法律，須得人民同意。這種由憲法規定非依法律不得限制人民自由的方式，並不是由憲法直接保障自由，而是由憲法委諸人民代表制定法律，而透過法律間接保障了人民的自由，故又稱自由之憲法間接保障主義。

　　自由權得依法律限制之，但並非立法機關任意制定法律就可加以限制，法律若違反憲法其他明文規定，或不合乎憲法第二十三條所列舉的「防止妨礙他人自由、避免緊急危難、維持社會秩序或增進公共利益」所必要之情形下，限制自由，則又不為憲法所容許了❺。故大法官釋字第一六六號及釋字第二五一號之解釋中，分別認立法院所通過之「違警罰法」，規定警察官署所裁決之拘留、罰役，係對於人民身體自由所為之處罰，違反憲法第八條所定應由法院依法定程序處罰之意旨。

　　人民之自由權種類非常繁多，憲法僅就最重要、最容易受侵害，且為

❺　學者分析憲法第二十三條之內容，為公益動機、法律保留與比例原則。參閱，陳新民，前揭書，頁159-173。筆者認為，憲法第二十三條可用白話的三要原則來表示。那就是要限制人民之自由，第一、要有理由，第二、要依法律，第三、要有必要。透過白話的方式來解說，比較容易被民眾所理解。

各國憲法多有規定之自由權，加以列舉保障；至於未列舉指明之其他自由權，如吃飯、睡覺、運動、休閒等自由，則又以憲法第二十二條規定：「凡人民之其他自由及權利，不妨害社會秩序公共利益者，均受憲法之保障」之方式，加以概括保障，以防掛一漏萬，保障不全之弊。茲先就憲法所列舉保障之自由權析述如次：

第一、身體自由

身體自由亦即人身不可侵犯權。又為人民一切自由之基礎，因身體既不自由，則其他自由既無所附麗，所謂皮之不存，毛將焉附？關於人民之身體自由，其中又可分為二種情形：

一、**不得非法逮捕、拘禁、審問或處罰** 此為憲法第八條所規定，即：

「人民身體之自由應予保障，除現行犯之逮捕由法律另定外，非經司法或警察機關依法定程序，不得逮捕拘禁。非由法院依法定程序，不得審問處罰。非依法定程序之逮捕、拘禁、審問、處罰，得拒絕之。

人民因犯罪嫌疑被逮捕拘禁時，其逮捕拘禁機關應將逮捕拘禁原因，以書面告知本人及其本人指定之親友，並至遲於二十四小時內移送該管法院審問。本人或他人亦得聲請該管法院，於二十四小時內向逮捕之機關提審。

法院對於前項聲請，不得拒絕，並不得先令逮捕拘禁之機關查覆。逮捕拘禁之機關，對於法院之提審，不得拒絕或遲延。

人民遭受任何機關非法逮捕拘禁時，其本人或他人得向法院聲請追究，法院不得拒絕，並應於二十四小時內向逮捕拘禁之機關追究，依法處理。」

依上述憲法第八條各項之規定，則對於人民之身體、自由，除現行犯之逮捕，由法律另定外，亦即依照刑事訴訟法第八十八條之規定，現行犯不問何人，得逕行逮捕之；至於所謂現行犯，係指犯罪在實施中或實施後即時發覺者而言；若有下列情形之一者，以現行犯論，即：㈠被追呼為犯罪人者，㈡因持有兇器、贓物或其他物件，或於身體、衣服等處露有犯罪痕跡，顯可疑為犯罪人者。除此之外，則關於人民之逮捕、拘禁、審問、處罰，必須具有下列要件：

㈠須為法定機關　對於人民有逮捕拘禁之權者，為司法或警察機關。而所謂警察機關，依大法官釋字第五八八號解釋，並非僅指組織法上之「形式警察」之意，凡法律規定，以維持社會秩序或增進公共利益為目的，賦予其機關或人員使用干預、取締手段者均屬之。是以行政執行法所規定行政執行處執行員亦為憲法第八條所規定之「警察」。有審問處罰之權者，為法院。所謂司法機關，自包括檢察機關在內。依大法官釋字第三九二號解釋，司法機關，非僅指憲法第七十七條之司法機關而言，而係包括檢察機關在內之廣義司法機關。不過，該號解釋又表示修正前之刑事訴訟法分別賦予檢察官羈押被告之權以及檢察官撤銷羈押、停止羈押、再執行羈押、繼續羈押及其他有關羈押被告各項處分之權，則與憲法第八條第二項規定之意旨均有不符。是以，現在檢察官並無羈押被告之權，而是只有法院才有決定羈押被告之權。

㈡須依法定程序　即係法定機關對於人民之逮捕、拘禁、審問或處罰，亦須依法定程序為之，申言之，憲法第八條第一項中所稱「依法定程序」，係指凡限制人民身體自由之處置，不問其是否屬於刑事被告之身分，國家機關所依據之程序，須以法律規定，其內容更須實質正當，並符合憲法第二十三條所定「得以法律限制人民自由權利之相關條件」（參照司法院大法官釋字第一六六號、第二五一號、第三八四號解釋）。而此一法定程序，在刑事訴訟法第八章被告之傳喚及拘提，第九章被告之訊問及被告之羈押等有非常明白詳細的規定，值得特別注意。

不過，憲法第八條第一項、第二項所規定之「審問」，係指法院審理之訊問，其無審判權者既不得為之，則此兩項所稱之「法院」，當指有審判權之法官所構成之獨任或合議之法院之謂（參照司法院大法官釋字第三九二號解釋）。亦即法院始有審問之權。而對於法院之審問，刑事訴訟法第九十五條明白規定，被告人民應有受告知所犯罪名之權利，有保持緘默之權利，得請求調查有利證據之權利。另依刑事訴訟法第一百八十五條、第一百八十六條規定，法院在訊問證人時，應告知證人，其與被告或自訴人有親屬關係者，有拒絕證言之權利。

㈢須因法定原因　須人民因犯罪嫌疑，而認為有逮捕拘禁之必要者，始得予以逮捕拘禁，此參照刑事訴訟法有關逮捕拘禁各條之規定而自明。

㈣須於法定時間移送提審或處理　逮捕拘禁機關須至遲於二十四小時內移送該管法院審問，本人或他人亦得聲請該管法院，於二十四小時內向逮捕之機關提審，至於提審應依提審法之規定。又法院對於人民遭受非法逮捕拘禁之聲請追究時，應於二十四小時內向逮捕拘禁之機關追究，依法處理。

上述憲法第八條第二項所定「至遲於二十四小時內移送該管法院審問」句中「二十四小時」之時限，不包括因交通障礙或其他不可抗力之事由所生不得已之遲滯，以及在途解送等時間在內，惟其間不得有不必要之遲延，亦不適用訴訟法上關於扣除在途期間之規定（參照司法院大法官釋字第一三○號解釋）。換言之，上述之二十四小時，係指其客觀上確得為偵查之進行而言，司法院釋字第一三○號之解釋固仍有其適用，其他若有符合憲法規定意旨之法定障礙事由者，自亦不應予以計入（參照司法院大法官釋字第三九二號解釋末段）。

又憲法第八條第二項之規定，係指人民受法院以外機關之逮捕拘禁而言，不包括刑事訴訟法第一百零八條第一項之法院裁定延長羈押在內，故法院所為之羈押，不發生另以書面告知並據以聲請提審之問題，亦即上述刑事訴訟法關於法院裁定延長羈押之規定，與憲法第八條並無牴觸（司法院大法官釋字第二三三號解釋）。

人身自由權為基礎人權，如無人身自由，則行動自由、集會結社自由、工作自由或財產自由均無法受到保障。又隨著時代之演進、科技之發展，單單身體自由之保障，仍然無法阻絕國家或私人對人身自由、人身自主完整權的侵害。因此，國家之刑求、苛刑、桎梏、打針、抽血，使他人為奴隸，為營利而為人體與器官複製或甚至為非法之人之複製、基因改造等均為文明國家所不許可❻。特別是歐洲聯盟基本權利憲章第三條規定了人身完整權 (Right to the integrity of the Person)；第四條規定了禁止酷刑與不人

---

❻　參閱陳新民，前揭書，頁 207、210。

道或羞辱之待遇、懲罰 (Prohibition of torture and inhuman or degrading treatment or Punishment)；第五條規定了禁止奴隸與強制勞動 (Prohibition of slavery and forced labour)，這些都使人身自由之保障更加衍生、深入與擴大。

由於對人民身體自由之限制與處罰，影響人民甚為鉅大，因此，近年來，大法官亦作出重要解釋以保障人民之身體自由。例如：

1. 大法官釋字第五三五號解釋謂，警察臨檢實施之手段，無論其名稱為檢查、路檢、取締或盤查，均影響人民行動自由、財產權及隱私權等甚鉅，應恪遵法治國家警察執勤之原則。

因此，警察勤務條例有關臨檢之規定，並無授權警察人員得不顧時間、地點及對象任意臨檢、取締或隨機檢查、盤查之立法本意。除法律另有規定外，警察人員執行場所之臨檢勤務，應限於已發生危害或依客觀、合理判斷易生危害之處所、交通工具或公共場所為之，其中處所為私人居住之空間者，並應受住宅相同之保障；對人實施之臨檢則須以有相當理由足認其行為已構成或即將發生危害者為限，且均應遵守比例原則，不得逾越必要程度。臨檢進行前應對在場者告以實施之事由，並出示證件表明其為執行人員之身分。臨檢應於現場實施，非經受臨檢人同意或無從確定其身分或現場為之對該受臨檢人將有不利影響或妨礙交通、安寧者，不得要求其同行至警察局、所進行盤查。其因發現違法事實，應依法定程序處理者外，身分一經查明，即應任其離去，不得稽延。

2. 大法官釋字第五六七號解釋謂，人民身體之自由應予保障，非由法院依法定程序，不得審問、處罰，憲法第八條設有明文。戒嚴時期在戒嚴地域內，最高司令官固得於必要範圍內以命令限制人民部分之自由，惟關於限制人身自由之處罰，仍應以法律規定，且其內容須實質正當，並經審判程序，始得為之。

3. 大法官釋字第五八八號解釋認為，民眾拒不為公法上的金錢給付，如不繳稅款、罰鍰或健保費時，如有不報告自己財產狀況或作假報告，且又不提供擔保時，行政執行處依行政執行法第十七條規定，雖可聲請法院為拘提管收之裁定，但法院在受理管收聲請作出裁定前，必須經過當面審

問的程序，不能只靠書面審理，且要讓到場涉案人有說明防禦機會並立即作出裁定，否則有違反比例原則，超過必要程度的違憲而侵犯人身自由。

4.大法官釋字第六三六號解釋指出，檢肅流氓條例第十三條第二項但書關於法院毋庸諭知感訓期間之規定，有導致受感訓處分人身體自由遭受過度剝奪之虞，要求相關機關檢討修正。

5.大法官釋字第六六二號解釋，認為數罪併罰定應執行刑逾有期徒刑六個月，縱使准予易科罰金，並不當然導致鼓勵犯罪之結果，如一律不許易科罰金，實屬對人民身體自由之過度限制，而宣告刑法第四十一條第二項之規定與憲法第二十三條規定有違。

6.大法官釋字第六六四號解釋，認為「少年事件處理法」第二十六條第二款及第四十二條第一項第四款規定，就限制經常逃學或逃家虞犯少年人身自由部分，不符憲法第二十三條之比例原則，而宣告其為違憲並使其失效。

7.大法官釋字第六六九號解釋，重申大法官釋字第六四六號、第五五一號、第五四四號解釋意旨所指出的，刑罰對人身自由之限制與其所欲維護之法益，仍須合乎比例之關係，認為未經許可製造、販售、運輸具殺傷力之空氣槍為處罰要件，不論行為人犯罪情節之輕重，均以無期徒刑或五年以上有期徒刑之重度自由刑相繩，有違憲法第二十三條之比例原則。

另外，值得注意的是，立法院於民國九十九年四月二十三日三讀通過「刑事妥速審判法」，對於人身自由之保障有更進一步的規範。依照刑事妥速審判法之規定，重大刑案在判決確立前，羈押期間累計不得逾八年，逾八年若未判決確定者視為撤銷羈押，法院應將被告釋放。又重罪犯（最重本刑為死刑、無期徒刑或十年以上有期徒刑者）審判期間延長羈押，第一、二審各以六次為限（最長可各羈押十五個月），第三審以一次為限（最長可羈押五個月）❼。不過，為使各級法院妥適因應，刑事妥速審判法也規定，

---

❼　對此，輿論有不同的看法，指出：「有什麼道理讓輕罪羈押的期限放在刑事訴訟法中規定，重罪羈押移到具有特別法性質的速審法？」。參閱，〈妥速審判法不可成為塗銷重案的立可白〉，《聯合報》社論，民國99年4月25日，A2版。

上述重罪羈押不得逾八年的條文，自刑事妥速審判法公布二年後才實施。因此，因重罪而受羈押被告之人身自由，可望於民國一百零一年五月以後，獲得較良好之保障。

8.大法官釋字第六七七號解釋，認為監獄行刑法第八十三條第一項關於受刑人執行期滿，除必須繼續執行強制身心治療或輔導教育處分外，應在刑期終了第二天中午前釋放之規定違憲，因國家對受刑人的刑罰權在執行期滿即消滅，若到第二天才放人，已侵害受刑人的身體自由，故大法官宣告此一規定自民國九十九年六月一日起失效。又戒治處分執行條例第二十七條、保安處分執行法第二十六條第一項的相似規定，雖未被宣告違憲，但法務部基於平等原則及考量收容人權益，也通令全國各監獄及其他矯正機關，自民國九十九年六月一日起依大法官釋字第六七七號解釋文內容，於刑期終了當日前釋放服刑期滿之受刑人與戒治處分或保安處分之被收容人。

二、不受軍事審判　憲法第九條規定：「人民除現役軍人外，不受軍事審判。」依軍事審判法第一條之規定，現役軍人犯陸海空軍刑法或其特別法之罪，依本法之規定追訴審判之，其在戰時犯陸海空軍刑法或其特別法以外之罪者亦同。其所稱現役軍人，謂依兵役法或其他法律服現役之軍官、士官、士兵，及其所稱之視同現役軍人，始受軍事審判（參照軍事審判法第一條至第三條），一般人民若非現役軍人，即與軍人之身分不同，自不應受軍事審判。且軍事審判法與一般刑事案件所適用之刑事訴訟法相較，其程序仍有繁簡之別，對於被告之保護，亦不無周密與否之分。故人民除現役軍人外，不受軍法審判，即係對於人身之保障及人權之重視。

不特此也：依國家安全法第八條第一項「非現役軍人，不受軍事審判」，第二項規定：「現役軍人犯罪，由軍法機關追訴審判。但所犯為陸海空軍刑法及其特別法以外之罪，而屬刑法第六十一條所列各罪者，不在此限。」是雖為現役軍人犯罪，而有上述但書情形，仍不受軍事審判，自更足貫徹憲法第九條規定之主旨，加強人身之保障。

所應說明者：憲法第八條第一項規定，人民身體之自由應予保障，非由法院依法定程序，不得處罰；憲法第十六條並規定人民有訴訟之權，現

役軍人亦為人民，自應同受上開規定之保障，又憲法第九條規定：「人民除現役軍人外，不受軍事審判」，乃因現役軍人負有保衛國家之特別義務，基於國家安全與軍事需要，對其犯罪行為，得設軍事審判之特別訴訟程序，非謂軍事審判對於軍人之犯罪有專屬之審判權。至軍事審判之建制，憲法未設明文規定，雖得以法律定之，惟軍事審判所行使者，亦屬國家刑罰權之一種，其發動與運作，必須符合正當法律程序之最低要求，包括獨立、公正之審判機關與程序，並不得違背憲法第七十七條、第八十條等有關司法權建制之憲政原理；規定軍事審判程序之法律涉及軍人權利之限制者，亦應遵守憲法第二十三條之比例原則，本於憲法保障人身自由、人民訴訟權利及第七十七條之意旨，在平時經終審軍事審判機關宣告有期徒刑以上之案件，應許被告直接向普通法院以判決違背為理由請求救濟。且為貫徹審判獨立原則，關於軍事審判之審檢分立，參與審判軍官之選任標準，及軍法官之身分保障等事項，亦應一併檢討改進（參照司法院大法官釋字第四三六號解釋）。為了符合此項解釋意旨，立法院乃修正軍事審判法，刪除「國防部為最高軍事審判機關」之規定，使軍事法院獨立於部隊軍令系統之外，使軍事審判不受軍事指揮官之影響，以保障受審軍人之權益。另外，受審軍人依軍事審判法第一百八十一條規定，如不服最高軍事法院宣告有期徒刑以上，或高等軍事法院宣告死刑、無期徒刑之上訴判決者，得向司法院之最高法院提起上訴。

第二、居住遷徙自由

憲法第十條規定：「人民有居住及遷徙之自由」，旨在保障人民有任意移居或旅行各地之權利，若欲對人民之自由權利加以限制，必須符合憲法第二十三條所定必要之程度，並以法律定之或經立法機關明確授權由行政機關以命令訂定居住及遷徙之自由（參照司法院大法官釋字第四四三號解釋前段），分析言之，即為居住自由及遷徙自由。

一、**居住自由**　居住自由亦得稱為居住處所不可侵犯權，即人民居住之處所，不受侵害之意，其中包括：㈠不得無故侵入，㈡不得無故搜索，

㈢不得無故封錮。即如公務人員非依法律如刑事訴訟法、強制執行法及行政執行法等，亦不得擅行侵入、搜索或封錮。

所謂居住自由，並不以久住之意思，住於一定地域者之住居為限，亦不僅以因特定行為所選定之居所為其適用範圍（參照民法第二〇條、第二三條），即令暫時棲身之居寓房舍或旅社，非得居住人之同意，亦不得侵入、搜索或封錮，刑法亦有妨害居住自由罪之規定（參照刑法第三〇七條），是為對於居住自由之保障。

人民之居住自由固受保障，但並非毫無限制，依各種法律之規定，即有下列情形之限制：

1.依戒嚴法第十一條第八款之規定，在戒嚴地域內，戒嚴最高司法官對於建築物、船舶及認為可疑之住宅，得施行檢查。

2.戒嚴法第十一條第九款規定，寄居於戒嚴地域內，戒嚴最高司令官於必要時得令其退出。

3.為避免緊急危險及維持社會秩序，亦可限制人民居住自由，如行政執行法第四十條即規定，對於住宅、建築物或其他處所之進入，以人民之生命、身體、財產危害迫切，非進入不能救護者為限。由此反面以觀，如危害迫切，即可進入民宅實施救護。

4.人民如濫用居住自由，將居住處所供人為違法之使用者，也會遭受處罰。如刑法第二百五十九條第一項規定：「意圖營利，為人施打嗎啡，或以館舍供人吸食鴉片或其化合質料者，處一年以上七年以下有期徒刑，得併科一千元以下罰金。」同法第二百六十八條也規定：「意圖營利，供給賭博場所或聚眾賭博者，處三年以下有期徒刑，得併科三千元以下罰金。」

二、遷徙自由　遷徙自由亦得謂通行之自由。居住為靜止的所在，遷徙為移動的所在，人民日常生活，勢難固定於某一處所，有須移動不居，遷徙靡定。所謂遷徙，並不以由甲地而遷移於乙地以永久定居之意為限，即短時之旅行遊覽、訪問等行動均屬之。

遷徙得分為國內的遷徙及國外的遷徙，原則上固均應自由，也受國際人權公約之保障❽。惟各國法律，亦每有加以適當之限制者，例如國內之

遷徙者，須依戶籍法之規定，而為遷出遷入之申報登記；國外之遷徙者，須依護照條例與入出國及移民法之規定，而為核准簽證及許可入出國是。又依戒嚴法之規定，寄居於戒嚴地域內者，必要時得命其退出，並得對其遷入限制或禁止之（參照戒嚴法第一一條第九款）。

又關於人民之遷徙自由，大法官分別作出釋字第二六五號、第四四三號、第四五四號及第五五八號等解釋，值得特別注意。

第三、意見自由

憲法第十一條規定：「人民有言論、講學、著作及出版之自由」，分析言之，即為：言論自由、講學自由、著作自由及出版自由。得概括稱之為意見自由，亦有稱之為思想自由者。惟所謂思想，係指蘊藏於人心之內部意識；他人不得而知，亦無從而干涉，即無所謂自由與否之分，若以內部之思想，表現於外部，是即所謂意見。其以口頭言詞表現其意見者，謂之言論；以意見講授研討者，謂之講學；以文字圖畫發表其意見者，謂之著作；以印刷傳布其意見者，謂之出版；因之，言論、講學、著作、出版四者之自由，謂之為意見自由，較之思想自由一詞，為更具體而切合實際。而此意見自由具有兩種意涵，一為表示意見有自由，二為不表示意見亦有自由。此因不發表言論，表示意見或態度，為維護個人隱私與尊嚴之所必要，自不應強迫其表示意見。大法官釋字第五七七號解釋意旨，除保障積極之表意自由外，尚保障消極之不表意自由。大法官釋字第六〇三號解釋進一步指出，不表意之理由多端，其涉及道德、倫理、正義、良心、信仰等內心之信念與價值，攸關人民內在精神活動及自主決定權，乃個人主體性維護及人格自由完整發展所不可或缺，亦與維護人性尊嚴關係密切。不過，大法官釋字第六五六號解釋認為：「所謂回復名譽之適當處分，如屬以判決命加害人公開道歉，而未涉及加害人自我羞辱等損及人性尊嚴之情事

---

❽　如一九四八年之世界人權宣言第十三條第一項規定：「人人在一國境內有自由遷徙之權。」同條第二項規定國外遷徙自由，即：「人人有權離去任何國家，連其本國在內，並有權歸返其本國。」

者，即未違背憲法第二十三條比例原則，而不牴觸憲法對不表意自由之保障。」另大法官釋字第三六四號解釋對言論自由保障之範圍，更明白的宣示，以廣播及電視方式表達意見，屬於憲法第十一條所保障言論自由之範圍。其實不僅如此，凡是以語文、音樂、戲劇、舞蹈、美術、攝影、圖形、視聽、錄音、建築、電腦程式等方式來表現意見，也都在言論、講學、著作等表現自由之保障範圍。

言論自由為人民之基本權利，憲法第十一條有明文保障，國家應給予最大限度之維護，俾其實現自我、溝通意見、追求真理及監督各種政治或社會活動之功能得以發揮。惟為兼顧對個人名譽、隱私及公共利益之保護，法律尚非不得對言論自由依其傳播方式為合理之限制（司法院大法官釋字第五○九號解釋前段）。

又憲法第十一條關於講學自由之規定，係對學術自由之制度保障；就大學教育而言，應包含研究自由、教學自由及學習自由等事項，大學法第一條第二項規定：「大學應受學術自由之保障，並在法律規定範圍內，享有自治權」，其自治權之範圍，應包含直接涉及研究與教學之學術重要事項（司法院大法官釋字第三八○號解釋前段），足見講學自由涵義之廣泛。另外，大法官作出第四五○號解釋，謂大學自治屬於憲法第十一條講學自由之保障範圍。而大法官釋字第五六三號解釋更再次明確表示，憲法第十一條之講學自由賦予大學教學、研究與學習之自由，並於直接關涉教學、研究之學術事項，享有自治權。

言論、講學、著作及出版之自由，關係人類思想之啟發，科學之發展，及文化之進步甚鉅，故應予以保障，惟此等意見表現之自由，各國亦制定法律，以規定其範圍，及其所應遵循之程序者，例如我國現行之著作權法除了強調著作財產權❾之保障外，也規定了著作人格權❿之種種保障與程

---

❾　著作財產權依著作權法第二十二至二十九條之一之規定，共有著作人之自行重製權、公開口述權、公開播送權、公開上映權、公開演出權、公開傳輸權、公開展示權、改作或編輯著作權及出租著作權等多種。

❿　著作人格權為依著作權法第十五條之著作人有公開發表著作之權；依第十六條

序。又在戒嚴地域內，如認為與軍事有妨害者，並得對於言論、講學、雜誌、圖畫及其他出版物予以取締（參照戒嚴法第一一條第一款）。又因兩岸關係複雜，臺灣地區及大陸地區人民關係條例第三十七條規定，大陸地區出版品、電影片、錄影節目及廣播電視節目，經主管機關許可，才得進入臺灣地區，或在臺灣地區發行、銷售、製作或播映、展覽或觀摩。

第四、秘密通訊自由

憲法第十二條規定：「人民有秘密通訊之自由。」得簡稱為通訊自由。因通訊自由，應不限於秘密之通訊，即非屬秘密之一般通訊，尤應保障其自由。憲法規定「秘密通訊」字樣，其意殆因秘密通訊，尚且予以自由之保障，則一般通訊之應予自由，更無論矣。

所謂通訊，凡用書函、電報、電話等工具或方法均屬之。通訊為意見之傳達，思想之溝通，消息之傳播，與文化之交流，關係甚切，小之於私人之利害攸關，大之為社會之公益所繫，故對於通訊之自由，應予保障。

關於通訊自由，其涵義有二：其一為人民之通訊，不得無故被人扣押或隱匿，其二為通訊之內容，不得無故被人拆閱。因之，若「在郵務或電報機關執行職務之公務員，開拆或隱匿投寄之郵件或電報者」，則構成瀆職罪（刑法第一三三條）；「無故開拆或隱匿他人之封緘信函、文書或圖畫者」，則構成妨害秘密罪（刑法第三一五條）。

通訊自由固為現代民主國家認為係人民之權利，而在憲法上明文規定予以保障，惟亦有其限度，換言之，在特殊情形之下，仍得依法律之規定，對於通訊自由予以適當之限制，例如：父母對於未成年之子女，因行使其監護權，而拆閱其書信；法院檢察官為偵查犯罪而拆閱書信；監所人員對於人犯之書信予以檢查❶；戒嚴地域內最高司令官之拆閱郵信電報，必要

之著作人有於著作之原件或其重製物上或於著作公開發表時，有表示其本名、別名或不具名之權利；依第十六條之共同著作之著作人格權。

❶ 值得注意的是，大法官釋字第六五四號解釋指出，羈押法第二十三條第三項規定，律師接見羈押被告時，有同條第二項應監視之適用，不問是否為達成羈押

時並得扣留或沒收之；郵局得拆閱小件包裹及無法投遞之郵件，在民法、刑事訴訟法、羈押法、監獄行刑法、戒嚴法及郵政法中均有規定，以資依據。

又為保障人民秘密通訊自由不受非法侵害，政府已制定公布「通訊保障及監察法」，其第二條第一項規定通訊監察，除為確保國家安全，維持社會秩序所必要者外，不得為之。

第五、信教自由

憲法第十三條規定：「人民有信仰宗教之自由」，係指人民有信仰與不信仰任何宗教之自由，以及參與或不參與宗教活動之自由，國家不得對特定之宗教加以獎勵或禁制，或對人民特定信仰畀予優待或不利益（參照司法院大法官釋字第四九〇號解釋中段），是為信教自由權，其涵義有四，即：

一、**人民有信仰宗教與否之自由**　國家對於人民之宗教信仰，有予以限制者，此在政教合一之國家，以某種宗教為其國教，而以憲法或法律規定，強迫其人民信奉其國教，遵守其宗教儀式，否則，即不得享受法律上同等權利，是為國教制，人民無信教自由之可言，如回教國家是。

至於在政教分離之國家，則人民有信仰任何宗教之自由，亦有不信仰任何宗教之自由，國家不得強迫人民信奉某種宗教或不信奉某種宗教，對於宗教之信仰與否，法律上不得予以歧視，亦不得賦予宗教團體以某種特權，或由國庫予以經費之補助，其信仰宗教之自由，於憲法上明文規定（參照美國憲法增訂第四條、一九九九年瑞士憲法第一五條、日本憲法第二〇條、韓國憲法第一二條）。關於宗教之信仰問題，在西歐國家素為重視，有引發為宗教戰爭者，故每於憲法或法律規定其宗教之信仰。我國自古迄今，向無宗教之顯明畛域，尤少宗教之糾紛發生，憲法規定人民有信仰宗教之自由，要所以表示國家重視人民自由之意旨。

二、**人民有履行宗教儀節與否之自由**　此指人民有履行其所信仰之宗

目的或維持押所秩序之所必要，亦予以監聽錄音，違反憲法第二十三條比例原則之規定，乃宣告羈押法第二十三條第三項自民國九十八年五月一日起失其效力，以保障羈押被告與律師之通訊及意見溝通之自由。

教儀節之自由，國家不得強迫人民履行任何宗教之儀節。我國刑法規定對於壇廟、寺院、教堂、墳墓、或公眾紀念處所公然侮辱者，或妨害喪葬、祭禮、說教、禮拜者，均構成褻瀆祀典罪（參照刑法第二四六條），亦即所以保障人民有履行宗教儀節之自由。

　　三、人民有傳教、吸收信徒及創設宗教自由　信教自由若無傳教、吸收信徒及創設宗教自由，則該宗教將無以延續傳承，自非憲法保障信仰宗教自由之本旨。因此，如有國家妨害人民傳教、吸收信徒及創設宗教自由，常被認為是宗教不自由之國家。我國為保障人民此一傳教自由，尚在刑法第二百四十六條第二項規定，妨害說教、禮拜者，處六月以下有期徒刑、拘役或三百元以下罰金。

　　四、人民有使他們的孩子能按照他們自己的信仰接受宗教的自由　在我國有法律效力的公民與政治權利國際公約第十八條第四項對此明文規定，此公約締約各國要承擔此一保障宗教自由的義務。

　　值得注意的是，大法官作出釋字第五七三號解釋，對宗教組織之自主性以及國家對宗教應謹守中立原則及平等對待原則有相當深入之說明。該號解釋謂：「人民之宗教信仰自由及財產權，均受憲法之保障，憲法第十三條與第十五條定有明文。宗教團體管理、處分其財產，國家固非不得以法律加以規範，惟應符合憲法第二十三條規定之比例原則及法律明確性原則。監督寺廟條例第八條就同條例第三條各款所列以外之寺廟處分或變更其不動產及法物，規定須經所屬教會之決議，並呈請該管官署許可，未顧及宗教組織之自主性、內部管理機制之差異性，以及為宗教傳布目的所為財產經營之需要，對該等寺廟之宗教組織自主權及財產處分權加以限制，妨礙宗教活動自由已逾越必要之程度；且其規定應呈請該管官署許可部分，就申請之程序及許可之要件，均付諸闕如，已違反法律明確性原則，遑論採取官署事前許可之管制手段是否確有其必要性，與上開憲法規定及保障人民自由權利之意旨，均有所牴觸；又依同條例第一條及第二條第一項規定，第八條規範之對象，僅適用於部分宗教，亦與憲法上國家對宗教應謹守中立之原則及宗教平等原則相悖。」

第六、集會結社自由

憲法第十四條規定：「人民有集會及結社之自由」，是即為集會結社自由權。集會結社均為現代國家人民集體生活之方式，無論為政治性、文化性或為其他目的，要均有其自由，各國憲法多以明文規定之（參照美國憲法增訂第一條、一九九九年瑞士憲法第二二條、第二三條、日本憲法第二一條第一項）。

在我國有法律效力的公民與政治權利國際公約第二十一條則更明確的界定了人民之集會權，亦即人民和平集會的權利應被承認。而對此和平集會權利的行使不得加以限制，除非法律有規定以及在民主社會中，為了維護國家安全、公共安全、公共秩序、保護公共衛生或道德或保護他人的權利和自由之所必要，才得加以限制。

至於結社自由，公民與政治權利國際公約第二十二條除了重申人人有權享有與他人結社的自由以外，更特別規定，可因為維護國家安全、公共安全、公共秩序、公共衛生、公共道德或他人權利、自由之必要，依法律對結社自由加以限制，且不應禁止各國對軍隊或警察成員行使結社自由權利，加以合法的限制。

關於人民之集會結社，各國亦每有以法律規定之者，其須事前向主管機關報告或須得許可者，是為預防制；如事前不須報告或不必經過許可，僅於集會結社之後，如有違法行為，而始予制裁者，是為追懲制。我國現行之集會遊行法及人民團體法對於人民之集會結社，須事前報經主管機關之許可，可謂採預防制，在戒嚴地域內，最高司令官得停止人民之集會結社，必要時並得解散之（參照戒嚴法第一一條第一款）。

依集會遊行法之規定，為保障人民集會遊行之自由，維持社會秩序，特制定本法。所稱集會，係指於公共場所或公眾得出入之場所舉行會議、演說或其他聚眾活動；所謂遊行，係指於市街道路巷弄或其他公共場所或公眾得出入之場所之集體行進（本法第一、二條）。對於合法舉行之集會遊行，不得以強暴脅迫或其他非法方法予以妨害（本法第五條）。

　　憲法第十四條規定人民有集會之自由,此與憲法第十一條規定之言論、講學、著作及出版之自由，均屬表現自由之範疇，為實現民主政治最重要的基本人權，國家為保障人民之集會自由，應提供適當集會場所，並保護集會遊行之安全，使其得以順利進行，以法律限制集會遊行之權利，必須符合明確性原則，與憲法第二十三條之規定（參照司法院大法官釋字第四四五號解釋前段），是即對於人民集會遊行之保障。

　　再依人民團體法之規定，人民團體之組織與活動，依本法之規定，其他法律有特別規定者，適用其規定（本法第一條），人民團體分為三種，即：職業團體、社會團體及政治團體（本法第四、三五、三九、四四條）。規範各人民團體之法定組織，即所以加強人民結社之保障。

　　憲法第十四條規定人民有結社自由，旨在保障人民為特定目的，以共同之意思組成團體並參與其活動之自由。其中關於團體名稱之選定，攸關其存在之目的、性質、成員之認同及與其他團體之識別，自屬結社自由保障之範圍，對團體名稱選用之限制，亦須符合憲法第二十三條所定之要件，以法律或法律明確授權之命令，始得為之（司法院大法官釋字第四七九號解釋前段）。

　　值得注意的是,民國九十七年六月二十日大法官釋字第六四四號解釋，又使人民之結社自由，獲得更大範圍之保障。該號解釋謂：「人民團體法第二條規定……乃使主管機關於許可設立人民團體以前，得就人民『主張共產主義，或主張分裂國土』之政治上言論而為審查，並作為不予許可設立人民團體之理由，顯已逾越必要之程序，與憲法保障人民結社自由與言論自由之意旨不符。」

第三目　受益權

　　受益權乃指人民為自己之利益，而請求國家為一定之作為，以享受其利益之權利，換言之，人民要求國家行使其統治權，從而得享受某種利益的權利。憲法第十五條規定：「人民之生存權、工作權及財產權,應予保障」；第十六條規定：「人民有請願、訴願及訴訟之權」；第二十一條規定：「人民

有受國民教育之權利與義務」，此等權利，得概稱之為受益權，這種人民可以積極的要求國家行為以享受利益之權利，就是受益人權，是一種人民的積極權利。與自由之為消極權利有很大之不同。一九四八年世界人權宣言第二十二條更明白宣示：「人既為社會之一員，自有享受社會保障，並有權享受個人尊嚴及人格自由發展所必須之經濟、社會及文化上之各種權利。」更使受益人權之保障，有了國際化的基礎。

由上可知，受益人權是要使你在社會生活中獲得個人尊嚴及人格自由發展所必須之經濟、社會及文化上之各種權利。因此，受益人權之種類非常繁多，除了受益意義的生存權以外，尚有經濟上受益權、社會上受益權、教育上受益權、文化上受益權、行政上受益權及司法上受益權等。這些受益人權，是由日常生活需要的層面來分類，是二十世紀上半葉以前各國憲法所主張強調的。但自二十世紀下半葉以後，許多國際人權公約、地區性人權公約，則又增加了生活上很重要的受益人權如健康上受益權，環境上受益權，以及從個人身分層面來分類強調並加以保障的受益人權。例如，世界人權宣言第二十五條對於失業、患病、殘廢、寡居、衰老之人或兒童等身分者，提供社會保護，又如歐洲聯盟基本權利憲章在第二十四條規定了兒童權 (The right of child)；在第二十五條規定了老人權利 (The right of the elderly)；在第二十六條規定了身心障礙者之權利；在第三十八條規定了消費者之權利等是。茲分別說明於次：

第一、行政上之受益權

所謂行政上之受益權，乃指單純的依行政上之程序，以請求國家為某種行為，因而享受其利益之權利，其中得分：

一、**請願權**　人民有請願之權 (憲法第一六條)。所謂請願乃人民對於國家政策、公共利益，或對於其權益之維護，得按其性質，向民意機關或主管行政機關表示其願望之權利。其請願事項，不得牴觸憲法或干預審判；對於依法應提起訴訟之事項，不得請願。其權利之行使程序，依請願法之規定。

二、**訴願權**　人民有訴願之權（憲法第一六條），所謂訴願，乃人民對於中央或地方機關之違法或不當處分，致損害其權利或利益，而請求救濟之權。換言之，訴願乃人民對於行政機關請求其為行政處分之再審查之一種程序，行政機關於此負有應行決定之法律上拘束之制度。

關於訴願之一般要件，得分為：㈠得提起訴願者為人民，㈡須因中央地方機關各級地方自治團體或其他公法人之行政處分或對人民依法申請案件，於法定期間內應作為而不作為，㈢須其處分違法、不當或應作為而不作為，㈣須損害人民之權利或利益，㈤須其權利或利益之損害，與違法、不當之處分或應作為而不作為有因果關係。

訴願之管轄等級，曾以二級為原則，一級為例外，即不服處分者得提起訴願；如不服其決定，得提起再訴願，是為二級制，惟訴願法已於民國八十七年修正公布後施行，其修正條文已無再訴願一級之規定，不服訴願決定，僅得依行政訴訟法之規定，向高等行政法院，提起撤銷訴訟（參照修正行政訴訟法第四條第一項）。

三、**申訴權**　關於行政上之受益權，原不以請願權及訴願權為限，舉凡人民對於行政機關所為之行政行為，如有不服，原得以通常之申訴方式為之，或得向行政機關為異議之聲明。惟過去之申訴制度，無次數之限制，無管轄之等級，無時效之規定，機關亦無必須受理之拘束，其受理與否，一任機關行政上之自由裁量，不過，近年來教師法、大學法及公務人員保障法已分別詳細規定了教師、學生及公務員可以依照各該法律提起申訴之制度，這使得申訴已經成為人民重要之行政受益權。至聲明異議，大抵係向為行政處分之原機關為之，而原機關不免成見在胸，維持其原處分，難以收到救濟之效果。因之，聲明異議，尚未如請願及訴願為憲法所明文規定。不過，聲明異議制度在商標法、專利法等法律已有規定，而申訴制度也已為教師法、大學法、公務人員保障法所明文規定。

四、**陳情權**　陳情已成為人民重要的行政上受益權。陳情是人民對於行政事務，有不滿、請求或意見者，得向有關行政機關提出的一種意思表示，是一種非正式之行政救濟，與訴願之為正式化之行政救濟有別。行政

程序法自第一百六十八條至第一百七十三條，分別規定了關於人民陳情權之重要制度，茲分述於下❷：

1. 陳情之事項——行政程序法第一百六十八條規定，人民對於行政興革之建議、行政法令之查詢、行政違失之舉發或行政上受益權之維護，得向主管機關陳情。

2. 陳情之方式——行政程序法第一百六十九條規定，陳情得以書面或言詞為之；其以言詞為之者，受理機關應作成紀錄，並向陳情人朗讀或使閱覽後命其簽名或蓋章。陳情人對紀錄有異議者，應更正之。

3. 陳情之處理程序——行政程序法第一百七十條規定，行政機關對人民之陳情，應訂定作業規定，指派人員迅速、確實處理之。人民之陳情有保密必要者，受理機關處理時，應不予公開。

4. 陳情之處理決定——行政程序法第一百七十一條規定，受理機關認為人民之陳情有理由者，應採取適當之措施；認為無理由者，應通知陳情人，並說明其意旨。受理機關認為陳情之重要內容不明確或有疑義者，得通知陳情人補陳之。

5. 陳情錯誤之告知、移送與教示義務——行政程序法第一百七十二條規定，人民之陳情應向其他機關為之者，受理機關應告知陳情人。但受理機關認為適當時，應即移送其他機關處理，並通知陳情人。陳情之事項，依法得提起訴願、訴訟或請求國家賠償者，受理機關應告知陳情人。

6. 陳情之不予處理——行政程序法第一百七十三條規定，人民陳情案有下列情形之一者，得不予處理：

   (1)無具體之內容或未具真實姓名或住址者。

   (2)同一事由，經予適當處理，並已明確答覆後，而仍一再陳情者。

   (3)非主管陳情內容之機關，接獲陳情人以同一事由分向各機關陳情者。

---

❷　林騰鷂，《行政法總論》，三民書局，民國 91 年 10 月，頁 541–542。

第二、經濟上之受益權

經濟原屬於行政之範圍，特其著眼點，不在單純之行政程序，而在於經濟之利益，故有別於行政上之受益權，而謂之為經濟上之受益權。

人民之生存權、工作權及財產權，應予保障，為憲法第十五條所明定，此等權利，依其性質，得概稱之為經濟上之受益權，或簡稱為經濟權。分析述之：

一、**生存權**　生存權乃指人民有要求國家維持其最低生活，延續其生存之權利。人民之生存要件，有屬於精神方面者，是謂無形之要件；有屬於物質方面者，是為有形之要件。而物質則屬於經濟範圍，為精神要件之所寄託，管仲謂：「倉廩實而知禮節，衣食足而知榮辱。」亦即謂人民之能生存為一切施政之起點。日本憲法第二十五條規定：「任何國民均有享受健康及文化的最低生活之權利；國家就一切生活部門，應努力提高及增進社會福祉，社會安全及公共衛生。」即係對於人民生存權之規定。

我憲法於第十五條規定人民之生存權，應予保障，並於基本國策中之社會安全一節中，復規定對於勞工及農民生活之改良，生產技能之增進，及保護政策之實施（憲法第一五三條），國家為謀社會福利，應實施社會保險制度。人民之老弱殘廢，無力生活，及受非常災害者，國家應予以適當之扶助與救濟（憲法第一五五條），國家對於殘障者之保障與就醫，教育訓練與就業輔導，生活維護與救濟，應予保障，並扶助其自立與發展（憲法增修條文第一〇條第七項）。凡此規定，無非充實人民生存權之內容，加強人民生存權之保障。

為了符合憲法、世界人權宣言及其他國際人權公約規定，我國陸續制定了兒童及少年福利法、老人福利法、身心障礙者權益保障法、特殊境遇婦女家庭扶助條例、社會救助法、全民健康保險法、勞工保險條例、農民健康保險條例、原住民敬老服役生活津貼暫行條例、敬老福利生活津貼暫行條例、就業保險法、勞工退休金條例、原住民族基本法等許多法律，以保障弱勢人民、族群，提升他們的受益權。

特別值得重視的是西元一九九九年之瑞士憲法第十二條所規定的，人民在憂鬱苦難時有受扶助之權 (Right to Aid in Distress)，意指人在憂鬱、苦難而不能照料自己時有受扶助、受幫助以及獲得維持尊嚴生活所不可或缺之資財。又歐洲聯盟基本權利憲章第三十四條、第三十五條也分別規定了人民可以享受下列值得我們重視之受益權：

1. 歐洲聯盟依歐洲共同體法律、國內法律及措施之相關規定，確認並尊重於妊娠、疾病、工業意外、失依或年老及失業情況下提供保護之社會福利利益與社會服務之享有。

2. 任何人合法居住或遷移於歐洲聯盟境內，有權享有依歐洲共同體法律、國內法律及措施規定之社會安全福利與社會利益。

3. 為消除社會邊緣化及貧窮，歐洲聯盟確認並尊重依據歐洲共同體法律、國內法律及措施之相關規定之社會與居住補助之權利，以確保所有欠缺適足資源者能享有有尊嚴之生活。

二、**工作權**　工作權與生存權至有關係，「生存」為目的、為結果；「工作」為方法、為手段，工作權如不予保障，則難達到生存權之目的。所謂工作權，乃謂人民有自由選擇其工作之權利，德國憲法第十二條規定：「一、一切德國人民有自由選擇職業、工作地點、及職業訓練所之權利，職業之執行，得以法律規定之；二、任何人不得被迫為特定勞役，但習慣上對一切人平等賦課之一般公共勞役，不在此限；三、強制勞動惟在法院宣告剝奪自由刑之場合，始得為之。」是為對於工作權之明顯規定。

我憲法第十五條規定人民之工作權應予保障，故人民得自由選擇工作及職業，以維持生計，惟人民之工作與公共福祉有密切關係，為增進公共利益之必要，對於人民從事工作之方法及應具備之資格或其他要件，得以法律為適當之限制，此觀憲法第二十三條規定自明（司法院大法官釋字第四〇四號解釋前段）。

憲法於第十五條規定人民之工作權，應予保障，並於第一百五十三條第二項規定：「婦女兒童從事勞動者，應按其年齡及身體狀態，予以特別之保護」，亦即所以保障人民之工作權。至因維護公共秩序或善良風俗，而以

法令對於工作之種類、地點、時間、及工作者之性別、年齡等事項有所限制，此於工作權之保障，不僅並無影響，且正所以貫徹保障工作權之真正意旨。

三、**財產權**　財產權之範圍包括甚廣，舉凡債權、物權、準物權（如礦業權、漁業權等是）及無形財產權（如著作權、專用權、專利權等是）等之有經濟上價值者，均屬於人民之財產，在十八世紀時西歐各國有認為財產為天賦人權之一，神聖不可侵犯，此種觀念，現雖隨時代演進而被摒棄，惟在私有財產未廢止以前，國家對於人民之財產，自應予以保障。而人民對於其所有之財產，在法令所容許之範圍內，有自由使用、收益、處分之權，是即為財產權。

憲法第十五條關於人民財產權應予保障之規定，旨在確保個人依財產之存續狀態，應使其自由使用、收益及處分之權能，並免於遭受公權力或第三人之侵害，俾能實現個人自由，發展人格及維護尊嚴，如因公用或其他公益目的之必要，國家機關雖得依法徵收人民之財產，但應給予相當之補償，方符憲法保障財產權之意旨（司法院大法官釋字第四〇〇號解釋前段，並參照大法官釋字第四〇九號、第四四〇號、第四八八號解釋）。

人民之財產權應予保障，為憲法第十五條所明定，惟國民經濟應以民生主義為基本原則，實施平均地權，節制資本，以謀國計民生之均足（憲法第一四二條），因之，國家對於私人財富及私營事業，認為有妨害國計民生之平衡發展者，應以法律限制之（憲法第一四五條第一項），故對於人民加值型及非加值型營業稅、所得稅、遺產稅等賦稅之徵收，以及國家因公共事業之需要，或因實施國家經濟政策，而徵收私有土地（參照土地法第二〇八條、第二〇九條），行政院、國防部、依法成立之武裝團隊主管機關為軍事上緊急之需要，而對私人徵收軍需物（參照國防法第二七條、全民防衛動員準備法第二八條），此雖係對於人民之財產權有所限制，惟除依法予以限制外，自仍應依法予以保障（參照司法院大法官釋字第二一七號解釋）。

第三、教育上之受益權

教育原亦屬於行政之範圍，特因其著眼點，不在單純之行政程序，而在於教育之利益，故有別於行政上之受益，而謂之為教育上之受益權。

憲法第二十一條規定：「人民有受國民教育之權利與義務。」就權利方面著眼，受國民教育，乃人民所應享受之權利。各國教育制度，大抵分為高等教育、中等教育及初等教育三個階段，我國將初等教育定為國民教育，亦即為國民之基本教育、與補習教育。憲法第一百六十條規定：「六歲至十二歲之學齡兒童，一律受基本教育，免納學費。其貧苦者，由政府供給書籍。已逾學齡未受基本教育之國民，一律受補習教育，免納學費，其書籍亦由政府供給」，人人均有享受此種教育之權利，故謂為教育受益權。同時人民亦有必須受國民教育之義務，容於「人民之義務」一節中述之。

為了提昇人民教育上之受益權，在民國五十六年，先總統蔣中正先生依動員戡亂時期臨時條款第四條之規定，發布命令，把國民教育由六年延長為九年，對憲法第一百六十條之規定加以修補。隨後於民國五十七年公布「九年國民教育實施條例」，將免費的基本教育年限，由六年延長為九年。民國六十八年五月二十三日政府正式公布國民教育法，取代了九年國民教育實施條例，該法第二條明文規定：「凡六歲至十五歲之國民，應受國民教育；已逾齡未受國民教育之國民，應受國民補習教育。」此對人民之教育受益權，顯有提昇。又民國八十八年六月制定公布之教育基本法第一條也明白表示：「為保障人民學習及受教育之權利，確立教育基本方針，健全教育體制，特制定本法。」以充實人民之教育受益權。另民國九十三年六月二十三日公布之性別平等教育法，亦有厚植性別平等教育資源與環境之功能，更加開拓人民之教育上受益權。

對邊遠及貧瘠地區人民教育上之受益權，憲法第一百六十三條規定，國家應注重各地區教育之均衡發展，並推行社會教育，以提高一般國民之文化水準，邊遠及貧瘠地區之教育文化經費，由國庫補助之。而邊遠及貧瘠地區重要之教育文化事業亦得由中央政府辦理或補助之。而憲法增修條

文第十條第十二項也規定原住民族及居住於澎湖、金門及馬祖地區人民之教育文化應予以保障並扶助其發展。此外,「原住民族教育法」更加有體系的保障原住民族之教育權,提昇了原住民族教育文化地位。

　　又憲法第一百五十九條規定,國民受教育之機會,一律平等。這是個非常重要的條文。因為,教育機會均等是人格發展機會平等的基礎,也是一切平等的起點。德國為了促進其人民教育機會之均等,曾制定聯邦教育促進法 (Bundesausbildungsförderungsgesetz),貧苦子弟讀大學,除了不必繳學費外,尚可每月獲得生活補助,以使其不用打工而能專心向學。我國雖無類似法律,但透過行政命令也給予軍公教子女教育補助。不過,此種以身分取向,而非以人民所得為標準依據的教育補助,違反了平等原則。將來應加以改變,除應有法律規定外,並要改革目前以身分取向的依據標準,而以人民所得高低為依據標準。換言之,所得高的不管什麼身分,均不給予補助。相反的,所得低的,也不論其身分,均給予補助,這樣才能促進教育機會均等。

　　由於受教育為人民之權利,所以各級學校依有關學籍規則或懲處規定,對學生所為退學或類此之處分行為,足以改變其學生身分並損及其受教育之機會,自屬對人民憲法上受教育之權利有重大影響,此種處分行為應為訴願法及行政訴訟法上之行政處分。受處分之學生於用盡校內申訴途徑,未獲救濟者,自得依法提起訴願及行政訴訟,以符憲法保障人民受教育之權利及訴訟權之意旨(司法院大法官釋字第三八二號解釋)。另外,大學對學生所為之退學處分行為,關係學生權益甚鉅,有關章則之訂定及執行自應遵守正當程序,其內容並應合理妥適,以確保人民教育上之受益權(司法院大法官釋字第五六三號解釋)。

第四、司法上之受益權

　　人民有訴訟之權,為憲法第十六條所規定,亦即人民之訴訟權,應予保障,至訴訟救濟應循之審級程序及相關要件,應由立法機關衡量訴訟之性質,以法律為正當合理之規定(司法院大法官釋字第三九三號解釋前段、

第四四二號解釋），換言之，憲法第十六條保障人民有訴訟之權，旨在確保人民有依法定程序提起訴訟及受公平審判之權利；至於訴訟救濟，究應循普通訴訟程序抑依行政訴訟為之，則由立法機關依職權衡酌訴訟案件之性質及既有訴訟制度之功能等而為設計（司法院大法官釋字第四一八號解釋前段、第四六六號解釋前段）。

憲法第十六條規定人民有訴訟之權，此項權利之保障範圍，包括人民權益遭受不法侵害有權訴請司法機關予以救濟在內；惟訴訟權如何行使，應由法律予以規定。法律為防止濫行興訟致妨害他人自由，或為避免虛耗國家有限之司法資源，對於告訴或自訴自得為合理之限制；惟此種限制仍應符合憲法第二十三條之比例原則（司法院大法官釋字第五〇七號解釋前段）。

訴訟權有民事訴訟權、刑事訴訟權及行政訴訟權三種：凡人民請求國家保護其私權所為之訴訟為民事訴訟權，依民事訴訟法之規定，向司法法院亦即普通法院為之；人民請求國家處罰犯罪者所為之訴訟，為刑事訴訟權，依刑事訴訟法之規定，亦向司法法院為之；人民因中央或地方機關之違法行政處分，認為損害其權利，經依訴願法提起訴願，而不服其決定時，向行政法院請求救濟者，為行政訴訟權，依行政訴訟法之規定，則向行政法院為之。民事訴訟、刑事訴訟及行政訴訟，均屬於司法權之範圍，故概稱之為司法上之受益權（並參照司法院大法官釋字第一六〇號、第一七〇號、第一八二號、第一八七號、第一九二號等解釋）。

惟行政訴訟法已於民國八十七年十月二十八日修正公布，其修正條文之施行日期，為八十九年七月一日，修正全文共三百零八條，較原法僅為三十四條，其繁簡有天淵之別，依修正本法之規定，行政訴訟以保障人民權益、確保國家行政權之合法行使，增進司法功能為宗旨。公法上之爭議，除法律別有規定外，得依本法提起行政訴訟；行政訴訟指撤銷訴訟，確認訴訟及給付訴訟（修正行政訴訟法第一、二、三條）。行政訴訟審判事務，由行政法院掌理；行政法院分為高等行政法院及最高行政法院二級（參照修正行政法院組織法第一、二條），此與舊現制行政法院僅為一級者，亦有

極大區別。凡此要屬於人民在司法上受益權之範圍。

　　另外，一個對人民司法上受益權有相當保障的訴訟法制於民國九十七年七月一日起正式實施了。那是有關智慧財產權之訴訟法制。智慧財產權發生爭議之訴訟有為民事訴訟，有為刑事訴訟，亦有為行政訴訟者，如由當事人分別向地方法院之民事庭、刑事庭提起民事訴訟、刑事訴訟或向高等行政法院提起行政訴訟，則甚為勞煩且在時間上因稽延而影響其經濟上權益。為此，民國九十六年三月二十八日公布之智慧財產法院組織法及智慧財產案件審理法乃為智慧財產權之爭議，提供了比較便捷的訴訟途徑與審理方法。自民國九十七年七月一日後，有關智慧財產之民事訴訟、刑事訴訟及行政訴訟之審判事務均由智慧財產法院統一掌理。而關於智慧財產案件之審理，要先依智慧財產案件審理法之規定，而只在該法未規定之情形下，再分別適用民事、刑事或行政訴訟程序應適用之法律。

第五、文化上之受益權

　　一個人活下來，不只要免於飢餓寒冷，也要活得有人生歡樂，因此，每一個人在擁有經濟、社會上、教育上之受益權以外，還應該有文化上之受益權。文化上受益權是二十世紀第二次世界大戰以後所建構的新興人權，與十八、十九世紀的自由、平等人權，性質迥異，是人民非常重要的受益權。一九四八年世界人權宣言第二十七條明文宣示人民之文化參與權及享受文化創作利益之權，即：

　　1.人人有權自由參加社會之文化生活，欣賞藝術，並共同分享科學進步及其利益。

　　2.人人對其本人之任何科學、文學或美術作品所獲得之精神與物質利益，有享受保護之權。

　　一九七六年之經濟社會文化權利國際盟約第十五條也重申並擴大此文化上受益權之意涵，即：

　　1.人人有權參加文化生活。

　　2.人人有權享受科學進步及其應用所產生的利益。

3.人人對其本人的任何科學、文學或藝術作品所產生的精神上和物質
　上的利益，享受被保護之權利。

　　我國憲法本文雖自第一百五十八條以下對教育文化之宏揚有一些規
定，但多自國家本位之觀點，而非自個人人權之擴展方面加以規定。換言
之，國家推展有關文化之基本國策，附帶的給予人民「反射利益」，並沒有
積極的承認人民之文化上受益權。憲法增修條文第十條第十一項、第十二
項才規定國家有積極維護發展原住民族語言，及文化之義務。為此，立法
院於二○○七年十二月七日議決，並由總統於二○○七年十二月二十六日
公布了「原住民族傳統智慧創作保護條例」，以落實原住民族之文化上受益
權。此外，又制定了「財團法人原住民族文化事業基金會設置條例」，提供
必要資金，以發展原住民族之文化事業。

　　立法院於二○○九年三月三十一日決議通過之「經濟社會文化權利國
際公約」第十五條亦明確的表示人人有參加文化生活之權利。由於我國在
二○○九年四月二十二日特別公布了「公民與政治權利國際公約及經濟社
會文化權利國際公約施行法」，而該施行法第二條明文規定：「兩公約所揭
示保障人權之規定，具有國內法之效力。」因此，政府今後應依「經濟社會
文化權利國際公約」第十五條之規定，落實保障全體人民之文化上受益權。

第六、健康上之受益權

　　人要活得有尊嚴、自由、平等，可以享受各種社會保障、社會保護之
權以外，也要享有生病時，受到醫藥治療而得恢復健康之權，更要享有接
受預防性健康照護之權，以避免罹患疾病。我國憲法參照德國威瑪憲法規
定，在第一百五十七條規定，國家為增進民族健康，應普遍推行衛生保健
事業及公醫制度。間接使人民獲得健康上之受益權。不過，此一條文並未
從個人的觀點著眼，與二十世紀中期以後的國際人權公約規定不同。例如，
上述聯合國所通過之經濟社會文化權利國際公約第十二條，即從保障個人
的健康權之觀點規定，人人有權享有能達到的最高的體質和心理健康的標
準。同樣的，歐洲聯盟基本權利憲章第三十五條也規定：「人人均享有依國

內法律及措施確立之條件下,接受預防性健康照護與接受醫藥治療之權利。歐洲聯盟所有政策與行為之解釋與實踐,均確保高水準之人體健康保護。」

　　為了落實人民健康上的受益權,我國分別制定了醫療法、緊急醫療救護法、精神衛生法、藥事法、優生保健法、傳染病防治法、癌症防治法、動物傳染病防治條例、植物防疫檢疫法、全民健康保險法、農民健康保險條例及漢生病患人權保障及補償條例等法律,使人民可以獲得預防性之健康照護以及在生病時獲得醫藥、治療之受益權利。

　　除此之外,人為了維持健康,也應獲得充分的休息、休閒與休假。為此,一九四八年之世界人權宣言第二十四條乃特別規定:「人人有休息及閒暇之權,包括工作時間受合理限制及定期有給休假之權。」歐洲聯盟基本權利憲章第三十一條也規定:「勞工享有最高工時限制、每日每週休息時間與支薪年休期間之權利。」

第七、環境上、消費上之受益權

　　除了上述之經濟上、社會上、教育上、文化上、行政上、健康上及司法上之受益權之外,由於二十世紀七十年代以後,經濟、社會生活蛻變,環境上受益權與消費上受益權日益重要。因此,在二十一世紀出爐的國際人權公約,如歐洲聯盟基本權利憲章,即對環境上受益權與消費上受益權有所規範。該憲章第三十七條規定:「高標準之環境保護及環境品質,必須納入歐洲聯盟之政策並符合永續發展原則。」第三十八條則規定:「歐洲聯盟之政策必須保障高標準之消費者保護。」透過這些規定與要求,來提升人民之環境上受益權與消費上受益權。

　　有關環境上、消費上受益權,我國雖也訂有消費者保護法、空氣污染防制法、水污染防治法、土壤及地下水污染整治法、海洋污染防治法、噪音管制法、毒性化學物質管理法、環境用藥管理法、環境教育法❸、廢棄

---

❸　環境教育法歷經十七年之審議後,終於民國九十九年五月十八日由立法院三讀通過。該法規定全國各政府機關、公營機構、高中以下學校的員工及學生,每年必須接受四小時的環境教育課程。

物清理法、菸害防制法、資源回收再利用法等多種環境保護法律，但因行政機關執行法律不力，以致我國人民之環境上受益權及消費上受益權，仍未受到良好之保障，而有待進一步之努力。

第八、發展上之受益權

發展上之受益權為新興人權，屬於第三代人權[14]。聯合國大會於一九八六年通過了「發展權宣言」(The Declaration on the Right to Development)，使發展權成為人權的新指標並在國際人權法體系中有了地位[15]。

依上述「發展權宣言」第一條第一項之規定，「發展人權是一項不可被剝奪之權利，由於每一個人類個人和所有種族都有資格參與，貢獻和享受經濟、社會、文化和政治的發展，所有人權和基本自由就能完滿地實現。[16]」

為保障此一發展人權，國家應對經濟、社會、文化和政治權利負有綜合發展之責任，而非單獨偏重經濟發展。國家必須供個人及種族獲得經濟、社會、文化和政治的發展，亦須使個人與種族得以參與發展政策之決定並收取發展之利益。為此，憲法增修條文第十條第六項對於身心障礙者，應……扶助其自立與發展；同條第十一項對於原住民族與澎湖、金門及馬祖地區人民，應扶助並促其發展等之規定，即在確立及促進身心障礙者、原住民族、離島地區人民之發展人權。

第九、資訊上之受益權

資訊上之受益權，包括學者所謂的「知的權利」[17]，及「個人資料不

---

[14] 依學者對人權的學理分類，第一代人權為公民權與政治權；第二代人權為經濟權、社會權與文化權；第三代人權為發展權、環境權、和平權。詳參，李永然，〈協助推動及監督兩大國際人權公約之落實〉，刊於《聯合國人權兩公約與我國人權發展》，永然文化出版公司印製，民國99年3月4日，頁6。

[15] 參閱，廖福特，歐洲人權法，學林文化事業有限公司，一版，92年5月，頁337。

[16] 同上註，頁341。

被知的權利」。

　　知的權利是指人民有知悉公共事務資訊的權利。人民對公共事務資訊
的知悉不只是個人人格成長之所需要，也是健全民主政治發展之所必要。
為此，政府資訊公開法第一條乃規定：「為建立政府資訊公開制度，便利人
民共享及公平利用政府資訊，保障人民知的權利，增進人民對公共事務之
瞭解、信賴及監督，並促進民主參與，特制定本法。」我國憲法雖未明文列
舉保障人民知的權利，但依憲法第二十二條之概括保障及政府資訊公開法
之規定，人民已可獲得知的權利之保障，而在受到政府機關侵害時，得依
政府資訊公開法第二十條、第二十一條之規定，請求法律救濟。除此之外，
病人依據醫療法第七十一條可以請求提供病歷複製本之資訊，市民、縣民，
也可依據地方制度法第十六條第五款規定，對於地方政府資訊，有依法請
求公開之權。此種知的權利之規範亦在政府採購法上出現，使人民得以獲
得必要資訊，參與公共採購之競標作業。另在行政機關之行政處分、行政
規章、行政計畫、行政契約之作業上，依行政程序法之規定，均須履行一
定之公開程序，使人民有知悉相關資訊之權利。

　　至於「個人資料不被知的權利」是指個人在健康、醫療隱私或個人性
向、精神狀態隱私資料有不被公開知悉的權利。為此，我國分別制定了醫
療法、教師法、精神衛生法、AIDS 防治條例、個人資料保護法等，以保護
病人、學生或一般民眾之隱私資料，避免在未經當事人同意之情況下，被
錄音、錄影、攝影或公開展示、使用。

第四目　參政權

　　參政權乃指人民參與國家政治之權利，民主政治，主權在民，故參政
權為民主國家人民所必須享有之重要權利，惟參政權與自由權及受益權不
同，並非一般人民均得享有之權利，而僅係具有公民資格者始得享有之，
所謂公民，乃係指在公法上具有法定資格之人民而言，其在積極方面，須

---

⑰　參閱，法治斌，〈知的權利〉，收於氏著，《憲法專論(一)》，政大法學叢書，民國
　　74 年，頁 272 以下。

具有積極條件，例如須具有行為能力或須達到法定之年齡是；其在消極方面，須不得具有法定之消極資格，例如並無褫奪公權或受禁治產之宣告等情事是。故參政權亦得稱之為公民權，亦即人民在公法上具有法定資格所享有之權利。

依憲法之規定，參政權得大別為二。其一，為選舉權、罷免權、創制權及複決權；其二，為應考權及服公職權。茲分別述其概要：

第一、選舉、罷免、創制、複決四權

憲法第十七條規定：「人民有選舉、罷免、創制及複決之權」，以示此四權屬於人民基本權利之範圍，復於第十二章就此四權以專章規定之，並就其行使辦法為原則性之規定，要所以重視人民此四種權利之享有與行使。

茲將此四權之性質及其相互關係，為綜合性及概括性之說明：

一、**四權之性質** 五權憲法之基本原則，在於政權與治權之劃分，治權為政府權，亦稱為「能」，即行政、立法、司法、考試、監察五權；政權即民權，亦稱為「權」，即選舉、罷免、創制、複決四權。以人民之政權，控制政府之治權，是即為權能劃分之作用，已迭見前述。故此四種權利就其性質言之，乃為政權，以與五種治權相對稱。

此四種權利，須具有中華民國國籍之人民且須具備法定之年齡及其他公民資格者，始得享有，並非國家一切人民均得享有其權利，例如未成年之幼童、精神病者、受禁治產宣告者、褫奪公權者，均不得享有其權利，此與自由及財產等權利，人人均得享有之者不同，故此四權又稱為公民權。

人民對於此四權之享有與行使，均係由公法規定之，此與人民所享有及行使之權利，如債權、物權、親權及繼承等權利之由私法上規定，以屬於私權者有別，故就法律觀點言之，此四權亦得稱為公權。

人民享有及行使此四權，乃係以構成國家一分子之資格，參與國家之政治活動，亦得謂以國家主人之地位，以積極的、主動的參加國政，故自其作用言之，又得稱為參政權。

二、**四權之相互關係** 選舉與罷免二權，有相互之關係與連貫作用，

選舉為人民積極的控制人民代表與政府人員之權。罷免為人民消極的控制人民代表與政府人員之權，此二者均為對人行使之，得概稱為治人權；創制與複決兩權，亦有相互之關係與連貫作用，創制為人民積極的控制政府法制之權，複決為人民消極的控制政府法制之權，此二者均為對法行使之，亦得概稱為治法權，無論人民對於政府人員或政府法制之控制，要為人民直接行使之權利，故又稱為直接民權。

選舉、罷免與創制、複決，彼此間亦有其相互關係及連貫作用，因選舉與罷免，為人治作用，創制與複決為法治作用，有人治而無法治，則「人存政舉，人亡政息」；有法治而無人治，則「徒善不足以為政，徒法不足以自行」。必須人民享有此完全之四種政權，斯即人治與法治並重，始得貫徹人民有權之作用，以發揮政府有能之效果。亦即此四權之相互關係及連貫作用。

在我國，關於選舉、罷免兩權之行使，已分別規定於各種有關法規之中，關於創制、複決兩權之行使，以法律定之（憲法第一三六條），而此種法律，則並未制定。不過，民國九十四年六月七日任務型國民大會複決通過修正憲法增修條文第一條規定後，關於憲法修正案、領土變更案，將由公民投票複決。這就是所謂的公民投票入憲，使我國公民擁有了行憲數十年來所未曾有的直接民權。學理上所謂的公民投票 (Plebiscite)，就廣義而言，包括超越憲法的主權公投或獨立公投及憲法下的創制複決；就狹義而言，則是指憲法下的複決 (referendum)。本次修正憲法增修條文將公民投票限於領土變更案及憲法修正案之複決，比較接近狹義的，意指憲法下的複決。又就公民投票法第二條、第十七條關於投票事項之規定來看，也是學理上所謂的憲法下的複決。

另外，公民投票法第二條第二項、第三項分別規定了，全國性公民投票可對法律為複決，地方性公民投票可對地方自治法規為複決。不過，在創制權行使方面，公民投票法第二條第二項、第三項僅規定全國公民投票可對立法原則為創制，而地方性公民投票可對地方自治法規立法原則為創制。

關於此四權、公民投票權之意義及其行使方法等事項，容於本書第十

二章分別述之。

第二、應考權及服公職權

憲法第十八條規定:「人民有應考試、服公職之權」,此為人民依法律規定以取得任公職之資格,或須依特別選任行為始得充任公職之權利。又依憲法第八十五條規定:「公務人員之選拔,應實行公開競爭之考試制度」,是公務人員之選拔,係以經過考試及格為其先決條件,彼此又有其因果關係。

依公務人員考試法之規定,褫奪公權尚未復權者,不得應考(參照公務人員考試法第七條);又依刑法之規定,褫奪公權者,褫奪為公務員之資格,及公職候選人之資格(參照刑法第三六條),故應考權及服公職權,其性質均為公權。

茲將應考權及服公職權分析述之:

一、**應考權** 依憲法第八十六條之規定,公務人員任用資格與專門職業及技術人員執業資格,均應經考試院依法考選銓定之。凡中華民國國民具有考試法所定應考資格者,均得應該法所規定之考試,而無男女、宗教、種族、階級、黨派之分。因有應考試權,而取得公務人員任用資格,因服公務而參與國家政治之活動,故應考權亦屬於參政權之範圍(參照司法院大法官釋字第二○五號解釋)。

二、**服公職權** 憲法第十八條規定人民有服公職之權利,旨在保障人民有依法令從事於公務之權利,其範圍不惟涉及人民之工作權及平等權,國家應建立相關制度,用以規範執行公權力及履行國家職責之行為,亦應兼顧對公務人員之權益之保護(司法院大法官釋字第四九一號解釋前段)。所謂公職,涵義甚廣,凡各級民意代表,中央與地方機關之公務員,及其他依法令從事於公務者皆屬之(參照司法院大法官釋字第四二號解釋)。人民如具有法定資格,均有擔任公職之權。惟此僅謂具有法定資格者有服公職之機會而已,而非謂國家對於具有法定資格者,必須畀予以公職也。至於因服公職而參與國家政治之活動,其屬於參政權之範圍,自極明顯。

對人民服公職權利之保障,司法院大法官分別作出多號解釋。例如,

大法官釋字第三二三號解釋則認為對憲法所保障服公職之權利有重大影響，該擬任之公務人員如經依法定程序申請復審，對復審決定仍有不服時，得依法提起訴願、或行政訴訟，以保障其服公職之權。

另外，大法官釋字第四九一號解釋，對人民服公職之保障，有更進一步之界定。該號解釋稱：「憲法第十八條規定人民有服公職之權利，旨在保障人民有依法令從事於公務之權利，其範圍不惟涉及人民之工作權及平等權，國家應建立相關制度，用以規範執行公權力及履行國家職責之行為，亦應兼顧對公務人員之權益之保護。……此項懲戒得視其性質，於合理範圍內，以法律規定由其長官為之。中央或地方機關依公務人員考績法或相關法規之規定對公務人員所為免職之懲處處分，為限制人民服公職之權利，實質上屬於懲戒處分，其構成要件應由法律定之，方符憲法第二十三條意旨」。

又為了確實保障人民服公職之權利，大法官釋字第五七五號解釋宣稱，憲法第十八條規定人民有服公職之權利，旨在保障人民有依法令從事於公務，暨由此衍生享有之身分保障、俸給與退休金等權利。機關因改組、解散或改隸致對公務人員之憲法所保障服公職之權利產生重大不利影響，應設適度過渡條款或其他緩和措施，以資兼顧。

值得特別注意的是，大法官對人民服公職權之保障非常重視，在釋字第五八三號解釋明示對公務員之懲戒權經過相當期間不行使者，即不應再予追究，以維護公務員之服公職權。該號解釋中，大法官又表示，為貫徹憲法上對公務員權益之保障，有關公務員懲處權之行使期間，應類推適用公務員懲戒法相關規定。又查公務員懲戒法概以十年為懲戒權行使期間，未分別對公務員違法失職行為及其懲戒處分種類之不同，而設合理之規定，與比例原則未盡相符，有關機關應就公務員懲戒要件、懲戒權行使期間之限制通盤檢討修正。公務人員考績法有關懲處之規定也應一併及之。

另外在法律上，公務人員保障法對公務人員提供了申訴程序、調處程序、復審程序及相當周全之實體保障。尤其該法第十七條規定：「①公務人員對於長官監督範圍內所發之命令有服從義務，如認為該命令違法，應負

報告之義務；該管長官如認其命令並未違法，而以書面下達時，公務人員即應服從；其因此所生之責任，由該長官負之。但其命令有違反刑事法律者，公務人員無服從之義務。②前項情形，該管長官非以書面下達命令者，公務人員得請求其以書面為之，該管長官拒絕時，視為撤回命令。」由於此一規定，使公務人員不會成為違法長官之代罪羔羊，獲得服公職權之保障。

第二項　權利之保障

第一款　人民權利保障之主義

憲法規定人民之權利，其主旨乃在對於人民之權利，予以保障。關於人民權利之保障，得依所採之主義及方法分別言之。茲先述其主義，次款述其方法。

各國憲法對於人民權利之保障，約有二種不同之主義：

第一、直接保障主義

直接保障主義又稱憲法保障主義或絕對保障主義，對於人民所得享受之各種權利，由憲法本身詳細規定，直接予以保障，而無「依法律」或「非依法律不得限制」等字句之規定，以免立法機關利用立法權以限制人民之權利。

第二、間接保障主義

間接保障主義又稱法律保障主義或相對保障主義，即憲法上所規定人民之各種自由，仍有「依法律」或「非依法律不得限制」等字句之附加條件，分別得以法律限制其權利。

我國憲法第二章各條規定人民應享有之權利，並無「依法律」字樣，以限制人民之權利，且於第二十二條規定：「凡人民之其他自由及權利，不妨害社會秩序公共利益者，均受憲法之保障」，是以採憲法保障為原則；惟第二十三條規定：「以上各條列舉之自由權利，除為防止妨礙他人自由、避

免緊急危難、維持社會秩序或增進公共利益所必要者外，不得以法律限制之」，換言之，如有上述四種情形之一，仍得以法律限制人民之自由權利，是又以採法律保障主義為例外，亦可謂憲法對於人民權利之保障，仍係相對保障，而非絕對保障。

　　不特此也，依　中山先生之遺教：「國民黨之民權主義，與所謂天賦人權者殊科，而求所以適合於現在中國革命之需要。蓋民國之民權，唯民國之國民乃能享之，必不輕授此權於反對民國之人，使得藉以破壞民國。詳言之，則凡真正反對帝國主義之團體或個人，均得享有一切自由及權利，而凡賣國罔民以效忠於帝國主義及軍閥者，無論其為團體或個人，皆不得享有此等自由及權利。」（參照中國國民黨第一次全國代表大會宣言）則基於三民主義所制定之中華民國憲法，其對於人民之權利，乃係主張革命民權，而非天賦人權，故對於人民權利之保障，係採相對保障主義，而非絕對保障主義。

　　再就現代各國立法方面對於權利之觀念言，已由個人權利本位主義，趨向社會權利本位主義，馴致以個人之義務觀念，代替個人之權利觀念，換言之，個人之權利與社會之權利相衝突時，則限制個人之權利，維護社會之權利；少數人之權利與大多數人之權利相衝突時，則貶抑少數人之權利，而伸張大多數人之權利，私人之權利與國家之權利相衝突時，則犧牲私人之權利，而加強國家之權利，因之，國家對於人民權利之保障，恆以法律規定其範圍，逾越其法定之限度者，則不予以保障，是對於人民權利之採取相對保障主義，已幾為現代各國立法思想之趨勢所在。

第二款　人民權利保障之方法

第一目　人民權利之事前保障

　　我憲法對於人民權利保障之方法，可分為事前保障及事後保障：

　　所謂事前保障，乃指國家對於人民之自由權利，不得任意加以限制，依憲法第二十三條之規定，其得以法律限制之者，須為：㈠防止妨礙他人

自由，㈡避免緊急危難，㈢維持社會秩序，或㈣增進公共利益等四種情形之一，且以「必要者」為限。即：

第一、防止妨礙他人自由

各人行使其自由權利，以不得侵害他人之自由為其限度，否則，其行為不僅不受法律之保障，且須受法律之制裁，刑法第二十六章關於妨害自由罪之規定，即係以法律防止妨礙他人自由之行為，其中如使人為奴隸，意圖營利，以詐術使人出國，略誘婦女，非法拘禁，強暴脅迫，妨害安全，無故侵入他人住宅，不法搜索等，均屬妨害他人之自由，為防止人民有此等行為起見，所以刑法有限制及處罰之規定。

第二、避免緊急危難

緊急危難有對於國家而發生者，有對於個人而發生者，為避免緊急危難起見，法律有限制人民自由權利之規定，如戒嚴法對於人民自由權利之限制，行政執行法對於人民之管束以及災害防救法對於人民自由、財產之強制措施等規定是。

第三、維持社會秩序

例如國防法、全民防衛動員準備法，對於人民自由權利之限制，社會秩序維護法關於禁止某種行為之規定，均係為維持社會秩序所必要而為之立法。

第四、增進公共利益

例如全民防衛動員準備法關於軍用物品之徵用，土地法關於土地之徵收，建築法關於建築之管理，均係為增進公共利益所必要，而對於人民之自由權利予以限制。

基於上述規定，所以「人民身體之自由與生存權應予保障，固為憲法第八條、第十五條所明定，惟國家刑罰權之實施，對於特定事項而以特別

刑法規定特別之罪刑所為之規範，倘與憲法第二十三條所要求之目的正當性、手段必要性、限制妥當性符合，即無乖於比例原則，要不得僅以其關乎人民生命，身體之自由，遂執兩不相侔之普通刑法規定事項，而謂其係有違於前開憲法之意旨」（司法院大法官釋字第四七六號解釋前段）。

至於依照中華民國憲法增修條文第二條第三項之規定，總統為避免國家或人民遭遇緊急危難或應付財政經濟上重大變故，得經行政院會議之決議，發布緊急命令，為必要之處置，不受憲法第四十三條之限制，此項緊急命令，其得限制人民之自由權利，更不待言。

限制人民之自由權利，須有憲法或法律之依據，始得為之，故如縣議會行使縣立法之職權時，若無憲法或其他法律之根據，即不得限制人民之自由權利（參照司法院大法官釋字第三八號解釋）。又如對人民違反行政法上義務之行為，予以裁罰性之行政處分，涉及人民權利之限制，其處分之構成要件與法律效果，應由法律定之，法律雖得授權以命令為補充規定，惟授權之目的、範圍及內容，必須具體明確，然後據以發布命令，方符憲法第二十三條之意旨（司法院大法官釋字第四〇二號解釋）。

第二目　人民權利之事後保障

所謂事後保障，乃指人民之自由或權利受有侵害時，應予以救濟，並對於實施侵害者予以制裁之謂，憲法上所保障之權利或法律上之利益受侵害者，其主體均得依法請求救濟，自然人及法人為權利義務之主體，均為憲法保護之對象（參照司法院大法官釋字第四八六號解釋前段）。一般人民侵害他人之自由或權利時，其須負刑事及民事責任，固不待論。「凡公務員違法侵害人民之自由或權利者，除依法律受懲戒外，應負刑事及民事責任。被害人民就其所受損害，並得依法律向國家請求賠償」，此為憲法第二十四條所明定。詳言之，以公務員身分而違法侵害人民之自由或權利者，可能發生公務員之懲戒、刑事、民事責任及國家之賠償責任，析述如下：

第一、公務員之懲戒、刑事及民事責任

一、**懲戒責任**　此指公務員因執行職務或假借職務上之權力、機會或方法而為之違法或失職行為，在行政上所應負之責任，移送公務員懲戒委員會依公務員懲戒法之規定，予以懲戒處分，是為懲戒責任。

惟一般機關對於其所屬公務員基於行政監督權作用所為之處分，如記過或免職，通常概稱為行政處分或懲處者，則係以公務人員考績法，為其主要法律依據，要係國家對於公務員違法失職所課之行政責任。

二、**刑事責任**　此指公務員侵害人民自由或權利之違法行為，若觸犯刑法而構成瀆職罪，或其他法律所特別規定之罪，例如構成貪污治罪條例之罪時，則應受刑事上之處罰，是為刑事責任。

三、**民事責任**　此指公務員因違法侵害人民之自由或權利者，而構成民事上之侵權行為時，則應負民事上之損害賠償責任。依民法第一百八十六條第一項規定：「公務員因故意違背對於第三人應執行之職務，致第三人受損害者，負賠償責任。其因過失者，以被害人不能依他項方法受賠償時為限，負其責任」，是為民事責任。

上述懲戒責任、刑事責任及民事責任，性質不同，因之，此三種責任，可以並行不悖；惟公務員因一種違法行為，有時僅發生一種責任，有時則發生二種或三種責任，而同時存在。

第二、國家之賠償責任

憲法第二十四條後段規定：「被害人民就其所受損害，並得依法律向國家請求賠償」，乃明文揭櫫國家之賠償責任。而我國現行有關國家賠償責任之規定，散見於若干法律，如：土地法（第六八條、第七一條）、警械使用條例（第一一條）、核子損害賠償法（第二七條）、冤獄賠償法等是。惟此等法律之適用範圍，僅限於一隅，而非普及於一般之賠償事件，尚不足以因應實際需要。

依據憲法第二十四條所制定之國家賠償法（民國六十九年七月二日公

布、七十年七月一日施行），則為有關國家賠償責任之專屬性法律。乃就國家賠償事件適用最廣泛最普遍之法律。略析其要：

一、**國家賠償之事由**　發生國家賠償之事由有四，即：㈠為公務員於執行職務行使公權力時，因故意或過失不法侵害人民之自由或權利（國家賠償法第二條第二項）。㈡為公有公共設施因設置或管理有欠缺，致人民生命、身體或財產受損害（同法第三條第一項）**⓲**。㈢為受委託行使公權力之團體，其執行職務之人於行使公權力時，視同委託機關之公務員，因故意或過失不法侵害人民之自由或權利（同法第四條第一項）。㈣為有審判或追訴職務之公務員，因執行職務侵害人民自由或權利，就其參與審判或追訴案件犯職務上之罪，經判決有罪確定者（同法第一三條）。

二、**賠償主體及賠償義務機關**　以國家為賠償主體，以有關機關為賠償義務機關。此所謂國家，係包括中央與地方之整體。

三、**賠償之方法**　損害賠償之方法，以金錢賠償為原則，以回復原狀為例外。

四、**請求賠償之程序**　請求權人請求損害賠償時，先以書面向賠償義務機關請求，如經協議成立而不履行義務時，可請求法院強制執行；如協議不成立，始得向法院提出損害賠償之訴（同法第一〇條、第一一條）。

五、**國家之求償權**　賠償義務機關履行其賠償義務後，國家得對違法行為之公務員或其他應負責任之人請求償還之權（同法第二條第三項、第三條第二項、第四條第二項）。

六、**國家賠償法與其他法律之關係**　可分為：㈠以民法為本法之補充法。諸如損害賠償之範圍，過失相抵之原則，以及非財產上損害賠償等項，均可適用民法之規定（同法第五條）；㈡特別法優先於本法而適用，國家賠償責任，其他法律有特別規定者，應優先於本法而予適用（同法第六條），以貫徹各該特別法之立法意旨。例如前述之土地法、警械使用條例等法律，

⓲　針對民國九十九年四月下旬國道三號走山事件，罹難者家屬請求國家賠償事件，學者認為可適用此一條項，並認應採無過失責任，予以理賠。參閱，宋承恩，〈為何要採無過失責任?〉，《中國時報》，民國 99 年 5 月 1 日，A19 版。

均為有關國家賠償之特別法是。

於此有應說明者，即公務員之民事責任與國家賠償責任之關係，就一般情形言之，約如下述：

一、**國家與公務員各負賠償責任**　此指公務員個人應負侵權行為之民事責任，被害人並得依法請求國家賠償，是即國家與公務員各負其賠償責任，亦得謂為二重賠償責任。至國家與公務員各個所負責任之程度如何，分際如何，受害人是否取得雙重賠償，以及國家就賠償事件，對該公務人員有無求償權，則應就賠償事件有關之法律決定之（並參照冤獄賠償法第一條、第一六條）。又公務員依民法第一百八十六條第一項所負之賠償責任，依同條第二項規定：「前項情形，如被害人得依法律上之救濟方法，除去其損害，而因故意或過失不為之者，公務員不負賠償責任。」

二、**國家與公務員連帶負賠償責任**　依民法第二十八條規定：「法人對於其董事或其他有代表權之人因執行職務所加於他人之損害，與該行為人連帶負賠償之責任。」就法理言，對於具有法人資格之國家與國家代表執行職務之公務員之間，自亦有其適用。

三、**國家單獨負賠償責任**　由國家單獨負損害賠償之責者，例如土地法第六十八條第一項規定：「因登記錯誤遺漏或虛偽致受損害者，由該地政機關負損害賠償責任。但該地政機關證明其原因應歸責於受害人時，不在此限。」即係由國家單獨負賠償之責。

第三節　人民之義務

第一項　義務之種類

所謂義務，乃法律上之拘束力，凡以本人之意思，可作為亦可不作為，可如此亦可不如此者，即非法律上之拘束力，自無義務可言，人民對於國家，一方面享有權利，一方面亦負有義務，因人民須受國家統治權之支配，

服從國家之法令，從而發生作為或不作為或如何作為之拘束力，是亦所謂義務。

憲法所規定人民之義務，係僅就人民之基本義務而為例示之規定，並非將人民所有之義務，一一列舉無遺，故德國威瑪憲法以「人民之基本義務」為其章名，藉以表明人民除基本義務之外，尚有其他義務之存在，我國憲法雖未如德憲之明白規定，然自法理上言，憲法上所規定人民之義務，當然指人民之基本義務而言，而非包括人民之一切義務在內。亦猶憲法對於人民之權利，採例示規定，而非將人民所有之權利規定無遺。若其他法律有關人民義務之規定者，亦即為人民所應遵守或履行之義務，例如災害防救法第三十條所規定之災害通報義務等是。至於依照法令或本於法令之處分，而發生作為或不作為之義務，其範圍之廣泛，性質之複雜，更不待言。

又憲法上所規定人民之義務，其性質為公法上之義務，即人民對於國家之義務；至於私法上之義務，即人民相互間所發生之義務，例如：買賣關係所發生之交錢或交物之義務，租賃關係所發生之交付房屋或租金之義務，不包括在內。公法上之義務與私法上之義務，在法律上所發生之效果，完全不同：公法上之義務，不得自由移轉或減輕免除，其違反義務者，恆構成行政上或刑事上之制裁；私法上之義務，則得以私人間之合意，而為移轉或減免，例如關於債務之承擔或減免，其違反義務者，亦僅發生民事上之解除契約或損害賠償等問題。

憲法明定納稅、服兵役及受國民教育，為人民之義務，亦可謂此三者為人民在公法上對於國家之基本義務。茲析述如下：

第一款　納稅義務

「人民有依法律納稅之義務」，為憲法第十九條所明定。納稅為人民對於國家應盡之義務，各國憲法多有規定，人民享受國家各種權利，國家為保護人民及增進人民各種福利事業，必須支出鉅額之經費，自應由人民以納稅之方法，共同負擔之。故本國人民無論其居住國內或國外，財產之在

國內或國外，凡為本國權力之所能及者，原則上均有依法納稅之義務。所謂「依法律」，乃謂以法律為納稅之依據，納稅既為人民之負擔，而成為義務，自非以法律規定之不可，而不得逕以命令課人民以納稅之義務。因之，所謂人民有依法律納稅之義務，一方面固係指人民之納稅，須依法律之規定；一方面亦係指國家之課人民以納稅義務，亦必須依據法律之規定。

憲法第十九條規定，人民有依法律納稅之義務，係指有關納稅之義務，應以法律定之。而現行有關納稅之法律頗多，例如：所得稅法、加值型及非加值型營業稅法、印花稅法、遺產及贈與稅法、土地稅法、使用牌照稅法、貨物稅條例、房屋稅條例、契稅條例、證券交易稅條例等法律是。此等法律係將某一種稅規定於一種專法之中，可謂一稅一法。亦有將納稅事件規定於其他法律之中，並未訂立專法者，例如：礦區稅及礦產稅則規定於礦業法之中。無論其為納稅之專法與否，要之，其納稅必須有法律之依據方可。換言之，關於人民納稅義務之事項，固宜於名為稅法之法律中規定之，惟憲法並未限制其應規定於何種法律，若法律基於特定目的，而以內容具體、範圍明確之方式，就徵收稅捐所為之授權規定，並非憲法所不許，亦即與憲法尚無牴觸（參照司法院大法官釋字第三四六號解釋）。依此解釋，國民教育法第十六條規定之教育捐，商港法第十五條之商港建設費、商港設施使用費，民用航空法第三十四條規定之機場設施使用費，公路法第二十七條、第八十條規定之汽車燃料使用費、證照費及依菸酒稅法徵收之酒稅、香菸健康捐等均屬合法、合憲。又「人民有依法律納稅之義務」，係指人民有依法律所定要件負繳納稅捐之義務或享減免繳納之優惠而言（參照司法院大法官釋字第四九六號解釋前段），是繳納稅捐固須依據法律，即享減免繳納之優惠，亦須有法律之依據。

憲法第十九條規定人民有依法律納稅之義務，固係指人民有依據法律所定之納稅主體、稅目、稅率、納稅方法及納稅期間等項而為納稅義務之意，然課人民以繳納租稅之法律，於適用時，該法律所定之事項，若權利義務相關連者，本於法律適用之整體性及權利義務之平衡，當不得任意割裂適用（司法院大法官釋字第三八五號解釋前段），亦即關於權義相關連之

租稅事項，不得僅有權利而無義務，亦不得僅負擔義務，而不享有權利，應為適用稅法時基本觀念之所在。

人民有納稅之義務，不僅本國人民對於本國有此義務，即外國人民對於所在國亦有依法納稅之義務，非依條約、治外法權、國際慣例或法律，亦不得減輕或免除。

關於人民納稅之義務，憲法除第十九條有明文規定外，尚有第一百零七條第六款規定國稅及第七款規定國稅與省稅之劃分，由中央立法並執行之，第一百零九條第一項第七款規定，省稅由省立法並執行之。第一百十條第一項第六款規定，縣稅由縣立法並執行之。惟關於由省、縣立法所規定之省稅、縣稅，是否即係以法律規定之稅？不無疑義，因憲法第十九條規定「人民有依法律納稅之義務」，而「本憲法所稱之法律，謂經立法院通過，總統公布之法律」，為憲法第一百七十條所明定，省、縣所立之法，其非立法院所通過總統所公布之法律，亦甚明顯，則依憲法第一百零九條第一項第七款及第一百十條第一項第六款分別由省、縣立法所規定之省稅、縣稅，以其既非法律，人民似即無繳納之義務。關於此點，民國九十一年制定了「地方稅法通則」，作為直轄市政府、縣（市）政府、鄉（鎮、市）公所課徵地方稅之依據（參照地方稅法通則第二條）。至於憲法第一百四十三條第一項規定私有土地應照價納稅，同條第三項規定，應由國家徵收土地增值稅，所謂：「照價納稅」，所謂：「徵收土地增值稅」，其必須有法律之依據，自不待言（參照土地法及實施都市平均地權條例）。

關於人民之納稅義務，不僅納稅義務之發生，須依據法律，即稅源之選擇，稅率之高低，稅額之多寡，納稅之主體，納稅之方法，及稅之減輕或免除，以及違反納稅義務之制裁等事項，亦須以法律規定之，是為租稅法律主義，至於某種稅收是否必須按其性質，以單獨釐訂為各別之法律，則非所問。又關於課稅原因事實之有無及有關證據之證明力如何，乃屬事實認定問題，不屬於租稅法律主義之範圍（參照司法院大法官釋字第二一七號解釋）。

憲法上僅有納稅之規定，而無「捐」之用語，惟在現行法令上及習俗

上，則「稅捐」二字，恆連貫使用。「稅」與「捐」之性質及其意義，究有何區別，在法令上並無明確之規定，一般觀念則認為「稅」係法律上之義務，且係經常性質之賦課；至於「捐」則係行政上之措施，且係臨時性之賦課；但實際上雖有以「捐」命名，而仍以法律規定之者，例如以前之「房捐條例」是。又如臨時賦課之防衛捐，將來亦或須制定為法律，以為賦課之依據。

另外，民國九十一年制定公布之規費法，亦規定各級政府及所屬機關、學校得對人民徵收行政規費及使用規費。依此，人民對政府有繳納規費之義務。

第二款　兵役義務

「人民有依法律服兵役之義務」，為憲法第二十條所明定，惟人民如何履行兵役義務，憲法本身並無明文規定，有關人民服兵役之重要事項，應由立法者斟酌國家安全、社會發展之需要，以法律定之（參照司法院大法官釋字第四九○號解釋前段）。國家為保衛安全，維護世界和平，必須有適度之兵力，而兵力之來源，則在人民之服兵役。我國古時寓兵於農，平時則人民致力於農務，戰時則執干戈以衛社稷，嗣後歷代均採募兵制，以人民志願應募者充之。現代各國多採徵兵制，我國亦然。即全國男子合於兵役年齡者，無論貴賤貧富及何種階級，均有服兵役之義務，而無志願服役與否之自由。所謂「依法律服兵役」，乃指依兵役法、兵役法施行法、替代役實施條例等法律，其所稱兵役，為軍官役、士官役、士兵役及替代役。不僅服兵役須依據法律，即免役、禁役、緩徵、緩召，亦須依法律之規定。至於兵籍之編列管理，入營之召集等事項，則得依據法律之授權，而以命令規定之（參照兵籍規則、召集規則、免役禁役緩徵緩召實施辦法）。

人民服兵役之義務，與人民納稅之義務不同，納稅義務乃人民對於國家貢獻其物質上的財力，原則上無本國人及駐在國內之外籍人之分，亦無男女老幼之別；兵役義務則不然，乃人民對於國家貢獻其肉體上的人力，且須對於國家具有忠誠之意識，故須以中華民國之男子年齡滿十八歲至屆

滿三十六歲者為限，至於合於兵役年齡之女子，平時得依其志願，施以相當之軍事輔助勤務教育，戰時得徵集服任軍事輔助勤務，其徵集及服務，另以法律定之（參照兵役法第一條、第三條、第四八條第一項）。

值得探討的是，兵役法第一條只規定男子服兵役之義務而未及於女子，是否違反憲法男女平等之原則？不無疑義。目前，女子受教育之機會、經濟、社會地位與政治參與均與男子平等，何以服兵役義務可以不平等呢？又女子不必服二年之兵役，可專心就業、從事研究或參加考試，及早擔任公職累積年資，以致現時同年齡之男子不管是進入就業市場，參加各大學研究所考試或參加國家各種考試之機會，均因服兵役而受不能參加或不能充分準備參加而處於不利、不平等之地位。因此，將來兵役法修正時，應否規定使女子也有服兵役之義務，或全部改採募兵制，以落實憲法上兩性平等之原則，實為值得探討之問題。又如認女子體力、生理機能不適於服兵役，則不妨考慮社會役，使女子亦有義務為社會服勞役，以符合兩性權利對等、義務對等、發展機會對等之憲法原理。

所謂社會役或兵役替代役之理念，世界各國已有若干規範。例如，德國基本法明定任何人基於良心理由，拒絕武裝之戰爭勤務者，得服替代勤務。奧地利憲法也明定男子有服兵役義務，但以良心理由拒絕服兵役之義務並因之而免除者，需服替代勞務。而在美國也准許因基於宗教之訓練與信仰而良心上反對各種戰爭之人，得免除其戰鬥性之兵役。立法院在民國八十九年一月十五日三讀通過「替代役實施條例」，規定替代役的類別包括一般替代役之警察役、消防役、社會役、環保役、醫療役、教育服務役、農業服務役、其他經行政院指定之役別以及研發替代役等。其役期在民國九十二年六月十八日修正公布之第七條上規定，「替代役體位或以家庭因素申請服一般替代役之役期與常備兵役同；以常備役體位申請服一般替代役之役期較常備兵役長六個月以內。」「替代役實施條例」於民國八十九年二月二日由總統公布施行，為我國人民兵役義務之重大變革。民國九十六年一月「替代役實施條例」又有重大修正，以符合社會經濟變遷之需要。

現時與大專學生有關替代役之類別除一般替代役以外，尚有研發替代

役。所謂研發替代役是指替代役實施條例第五條之一第一項的規定，即：「中華民國男子年滿十八歲之翌年一月一日起，經徵兵檢查為常備役體位或替代役體位，具國內或符合教育部採認規定之國外大學校院碩士以上學歷者，得申請並甄選服研發替代役。」研發替代役之役期較長，依替代役實施條例第七條第二項之規定，較常備兵役長三年以內。

第三款　受國民教育義務

「人民有受國民教育之權利與義務」，為憲法第二十一條所明定，因欲發展國民之民族精神，自治精神，國民道德，健全體格，發揚教育文化，提高科學及生活智能(憲法第一五八條)，自非使人民均須受國民教育不可，故憲法明文規定人民有受國民教育之義務，因之，對於學齡兒童，應強迫入學（參照強迫入學條例），此種國民教育，即係憲法第一百六十條所規定之「六歲至十二歲之學齡兒童，一律受基本教育」，換言之，國民教育即係國民之基本教育，人民有受基本教育之義務。惟憲法並未如關於納稅及服兵役義務之規定，於條文中用「依法律」字樣，蓋因受國民教育一方面為人民之義務，一方面亦為人民應享之權利，且雖無「依法律」字樣，仍不影響此種法律之制定，例如教育基本法、強迫入學條例、國民教育法、社會教育法及補習及進修教育法等是。

所應注意者，國民教育既係六歲至十二歲學齡兒童所應受之教育，惟此種學齡兒童尚未達成年，無負擔法律責任之能力，亦即無從履行其義務，因之，此種義務應由其父母或其監護人代為負擔，以履行使其兒童就學之義務（參照強迫入學條例第八條）。另外，在國民教育階段內，家長負有輔導子女之責任（參照教育基本法第八條第三項）。

人民受國民教育固為一種義務，同時亦為一種權利，此於前節敘述人民之權利時，於受益權中「第三、教育上之受益權」已經申述，茲不再贅。

第四款　人民之其他義務

納稅、服兵役、受國民教育是憲法明文列舉的義務，但並不意味人民

沒有其他義務。依憲法第二十三條之規定，人民尚有受法律限制的義務。例如依水利法第十一條規定，各級主管機關為辦理水利工程得向受益人徵工。又如依消防法第二十八條至第三十二條規定，可將人民編組為義勇消防組織，接受訓練參加消防救災、救難事宜。又如服從法律、遵守憲法乃國家憲政生存的基本條件，無須憲法明示。從憲法第二十二條之規定可看出，人民在行使自由及權利時，亦有不妨害社會秩序及公共利益之義務。

第二項　義務之履行

人民對於國家既負有法定之義務，即當然應服從或遵守之，是為義務之履行，例如：依照稅法以繳納稅款，依照兵役法以服兵役，依照教育法令以受國民教育是。惟人民亦有故意或過失而不履行其義務者，則在法律上所發生之效果，亦即其制裁之方法，約如下述：

第一、行政上之強制執行

人民不履行其法定之義務時，國家為達到或完成其行政上之目的起見，以強制其履行，或實現與已履行義務之同一狀態，是為行政上之強制執行，例如學齡兒童之強迫入學（參照強迫入學條例第八條），適齡役男之強迫入營是（參照兵役法）。又如精神衛生法第四十一條也規定，嚴重精神病人如有明顯傷害他人或自己之虞，或有傷害行為時，經專科醫師診斷有全日住院治療之必要者，應辦理住院，如不接受，應由二位以上專科醫師鑑定，經書面證明有全日住院治療之必要者，應強制其住院。「去氧核醣核酸採樣條例」第五條也規定，性犯罪或重大暴力犯罪案件之被告、犯罪嫌疑人，應接受去氧核醣核酸（即俗稱 DNA）之強制採樣。又如社會秩序維護法第五十二條規定，人民被裁定拘留確定，經通知執行，無正當理由不到場者，強制其到場。

除了上述法律所規定之行政強制執行以外，一般性的行政強制執行，原有民國二十一年制定之「行政執行法」作依據。此法雖於民國三十二年及三十六年經兩度修正，但其僅有十二條，且內容過於老舊，不合時宜，

故於民國八十七年十一月十一日由總統令制定全文為四十四條條文之新「行政執行法」而成為行政強制執行之基本法。此法完整的建立公法上給付義務之強制執行、「怠金」、「代履行」等間接強制執行制度以及「即時強制」之對人管束、物之扣留、進入住宅、建築物或其他處所之強制制度。

第二、行政上之處罰

人民不履行其法定之義務時，國家在行政上得依法予以科罰，簡稱為行政罰，例如對於違反財政上納稅者所科處之財政罰，對於違反兵役義務者所科處之軍政罰，對於學齡兒童之父母，並不遵限令其子女入學者所科處之罰鍰是。為了避免行政機關胡亂處罰人民，「行政罰法」對違反行政法上義務而受罰鍰、沒入或其他種類行政罰之處罰，作出一般性、適用於全部行政機關裁處行政上處罰之準據。其中最重要的是，依該法行政機關在處罰人民時也必須遵守刑事罰之原則，即處罰法定原則，從新從輕原則，一事不二罰原則，有故意、過失才可處罰等之原則。

第三、刑事上之處罰

人民不履行其法定之義務，而構成犯罪行為時，國家則依法予以刑事上之處罰，以資制裁，例如：對於逃漏稅款或逃避兵役者，均依照稅法或妨害兵役治罪條例之規定，科以罪刑是。又如人民違反外匯管理，以非法買賣外匯為常業，影響金融安定者，依管理外匯條例第二十二條之規定，得處三年以下有期徒刑、拘役、或科或併科與營業總額等值以下之罰金，其外匯及價金沒收之。

刑事上之處罰對促使人民履行義務之效果甚大，但對人民自由、權利的影響也大。因此，在法律上有刑法上刑名者，如死刑、無期徒刑、有期徒刑、拘役、罰金等主刑及沒收、褫奪公權、追徵、追繳或抵償等從刑名稱者，才是刑事上之處罰，會有前科之記錄。如法律上規定處以罰鍰、沒入者，則為行政罰，不會有前科之記錄。這是刑事上之處罰與行政上之處罰很大的不同，值得特別注意。

第四節　人民權義與國家關係

關於人民對於國家所享有之權利，及所負之義務，已見前述，人民對於國家之權利義務，即係人民與國家之關係，亦足以表示人民在國家所處之地位。德國學者耶律聶克 (G. Jellinek) 綜合此種關係，歸類為四種：

第一、消極關係

人民在國家法令所容許之範圍內，有其自主之權利，不受國家統治權之支配，是為消極之關係，換言之，人民之行為既不違背或逾越國家之法令，即有其獨立之主權，國家無加以干涉或限制之必要，是即為人民對於國家所享有之自由權。此種消極關係，又稱為消極之地位 (Negative Status)。

第二、積極關係

人民對於國家，並非以國家消極的不干涉其自由為已足，更可積極的要求國家行使其統治權，從而享受其利益，增進其福利，是為積極之關係，此即為人民對於國家所享有之受益權，例如：人民因保障自己之權利，或表達自己之願望，而行使其訴訟權、訴願權或請願權；因欲改善其生活，或發展某種事業，而請求國家為某種經濟之設施；因欲提高其知識水準，滿足其求知之慾望，而要求國家為教育上之措施是，此種積極關係，又稱為積極之地位 (Positive Status)。

第三、主動關係

人民以國家構成分子之資格，自主的參加國家意思之決定，而為國家統治權之行使，是即為主動之關係，換言之，主動關係，乃指此種關係之發生，係出於人民之意思，國家則是以人民之意思為轉移，是即為人民對於國家所享有之參政權。此種主動關係，又稱為主動之地位 (Active Status)。

第四、被動關係

　　人民須依照國家之法令，絕對服從國家統治權之支配，以有所作為或不作為，不得違反或逾越其範圍，是為被動之關係，換言之，被動關係，乃指此種關係之發生，係出於國家之意思，人民僅以國家之意思為轉移，是即為人民對於國家所負之義務。例如：國家頒布法律及命令，人民遂有服從此種法令之義務。頒行稅法，人民遂發生納稅之義務；頒行兵役法，人民遂發生服兵役之義務。此種被動關係，又稱為被動之地位 (Passive Status)。

　　人民與國家之關係，固屬事態萬殊，惟概括言之，不外為權利與義務之關係，而權利義務關係，若分析言之，又不外上述四種，此四種關係，是因時代進步及民權發達，而逐漸發生及演進。最初人民對於國家，祇須絕對服從其統治權之支配，僅有被動之關係；其次人民在國家法令所容許之範圍內，享受相當之自由，遂有消極之關係；再次人民請求國家行使其統治權，以增進自己之福利，遂有積極之關係；其後人民更進一步的自己參與國家統治權之行使，乃有主動之關係。此四種關係，雖係漸次發展，但可同時存在，即人民與國家同時具有此四種關係而並行不悖。

本章自習題目

一、各國憲法對於人民權利之規定方式如何？我國憲法採取何種方式，以規定人民之權利？試說明之。

二、析述憲法關於平等權之規定。

三、試述憲法上自由權之涵義，並略述自由權之種類。

四、何謂身體自由？試申其義。

五、「人民除現役軍人外，不受軍事審判」，其意義何在？試闡述之。

六、何謂受益權？試述其意義並略予分類。

七、何謂請願權？訴願權？試分別說明之。

八、訴訟權約可分為幾種？試言其要。

九、略述參政權之涵義。

十、說明選舉、罷免、創制、複決四權之性質。

十一、試述選舉權與罷免權之相互關係。

十二、申述創制權與複決權之相互關係。

十三、試述應考權與服公職權之意義。

十四、各國憲法對於人民權利之保障，有何不同之主義？試述其要。

十五、我國憲法對於人民之權利採何種保障主義？試言其故。

十六、何謂革命民權？試申其義。

十七、我國憲法規定在何種情形，得以法律限制人民之自由權利？

十八、公務人員違法侵害人民之自由或權利時，應負何種責任？試言其要。

十九、試述義務之意義，及公的義務與私的義務有何區別？

二十、何謂納稅義務？試說明之。

二一、服兵役義務與納稅義務，有何不同？試舉以對。

二二、簡述受國民教育之意義。

二三、人民不履行其義務時，其制裁方法如何？試申述之。

二四、試就人民對於國家之權利義務，以說明其與國家之關係。

第三章　國民大會

　　憲法中雖有「中央政府」之名稱（參照憲法第三一條），但中央政府應包括何種機關，則無明文規定，僅將代表全國國民行使政權之國民大會，及國家元首之總統，與行使五種治權之行政、立法、司法、考試、監察五院，分章並列，其涵義有似國民大會，總統及五院為整個之中央政府者，惟實則不然，因依　中山先生關於政權與治權劃分之原理言，政權為民權，在中央由國民大會代表行使之，治權為政府權，由五院分別行使之，故國民大會不得認為中央政府之構成部分，僅為對於中央政府行使政權之機關，而為構成整個中央政治制度之重要部門。

　　不過，上述憲法本文將國民大會定位為非常設性中央政府機關之規定，因憲法增修條文自民國八十三年第三次修正通過，並據以修改國民大會組織法後，國民大會遂有常設化之趨勢，除自第三屆國民大會起，開始設常設性之議長、副議長外，並可於集會時，聽取總統國情報告、檢討國是，提供建言。而在其集會方面，當時之憲法增修條文亦規定，如一年內未集會，由總統召集會議為之，不受憲法第三十條之限制。且行使職權之程序，不再規定由立法院以法律定之，而是明定國民大會可自行訂定。就在此擴權與常設化的走向中，國民大會濫行修憲，延任自肥之情事在民國八十八年九月四日第五次憲法增修條文通過時，達到最高峰。

　　由於國大代表以半夜趕工，非法程序修憲延任自肥，破毀憲法之舉引發全民公憤。大法官作出釋字第四九九號解釋，宣告民國八十八年九月四日第三屆國民大會第四次會議所作憲法增修條文，為不符憲法本質而自即日起失其效力，國大代表延任自肥之意圖，乃告幻滅。

　　大法官釋字第四九九號解釋公布後，第三屆國大代表隨即連署召開第三屆國民大會第五次會議，進行第六次修憲，終將國民大會虛級化，非常

設化，並建構了所謂任務型之國民大會。至此，國民大會已不再是憲法本文中所規定之國民大會。其將來是否能順利建立產生，不無疑問。果然，在民國九十三年八月二十三日立法院臨時會中，通過了修正憲法增修條文第一條第二項規定，停止適用憲法第二十五條至第三十四條及第一百三十五條之規定。任務型之國大於民國九十四年五月產生，但卻要「自我了斷」。而事實上也果然如此，民國九十四年六月七日任務型國民大會在臺北陽明山中山樓複決通過了立法院於民國九十三年八月二十三日所提之憲法增修條文修正案，將憲法第二十五條至第三十四條及第一百三十五條之規定，停止適用，造成國民大會之無形化，而將來再也不會產生國民大會代表可以去行使國民大會的職權了。

本章自習題目

國民大會的地位與性質，憲法本文與各次憲法增修條文之規定有何差異？試說明之。

第四章　總　統

第一節　概　說

　　憲法並無「中央制度」或「中央政府」章節之規定，此與行憲以前中華民國訓政時期約法列有「中央制度」一節，並規定「國民政府總攬中華民國之治權」者不同（參照中華民國訓政時期約法第七章第一節及第六五條）。依政權與治權劃分之原則，及就治權之性質言，憲法第四章關於總統之規定，及第五章至第九章關於行政、立法、司法、考試、監察五院之規定，應認為關於中央治權機關之規定，亦得謂為中央政府；若以代表全國國民行使政權之國民大會互相綜合而言，則構成為整個之中央政治制度。

　　我國在五權憲法之中央政治制度之下，雖以五院分別行使五種治權，並以行政院為國家最高行政機關，負實際政治責任，但有總統之設置，總統似為責任內閣制下之虛位元首。惟依照憲法之規定，總統有廣泛及多種之實權，且有緊急命令權，有與各院院長會商解決院與院間爭執之權，對於行政院移請立法院覆議之案件，有「核可」與否之權（憲法第四三條、第四四條、第五七條）。又依中華民國憲法增修條文之規定，總統有發布緊急命令為必要處置之權，為決定國家安全有關大政方針，得設國家安全會議及所屬國家安全局之權，有任命行政院院長之權，有提名，經同意任命司法、考試、監察三院正副院長之權，有宣告解散立法院之權，凡此皆不是虛位元首制所具有之權力，所以我國憲法規定之總統，既非總統制下之實權總統制，亦非內閣制下之虛位元首制，而是上述兩種制度之折衷制，不過在憲法增修條文之前，內閣制之成分比較濃厚，在增修條文之後又形

成為總統制而已。

　　總統之下，有副總統之設置，總統、副總統之名額，憲法上雖未明文規定，但是總統為國家元首，一國之元首，當然祇有一人，副總統之設置，亦自以祇有一人為宜。

　　茲就總統之選舉、任期、地位、職權、責任、罷免總統與五院之關係，及總統之輔助機關，分節述之於後。

第二節　總統之選舉

　　總統為國家元首，其選舉、任期及職權等事項，憲法第四章有明文規定，惟增修條文對於此等事項變動甚多，或排斥憲法原有之規定，或增訂原未規定之事項。

第一、選舉權之行使

　　各國元首之產生，除君主國家之國王出於世襲外，民主國家之元首，無論其職稱為「總統」、為「主席」或其他職稱，大抵由選舉產生，惟有由選民「直接選舉」者，亦有由其他機關「間接選舉」者，其選舉方式，亦不一致。

　　我國總統、副總統之產生，則由國民大會間接選舉，而改變由人民直接選舉之，亦即對總統、副總統之選舉權，原由國民大會行使而改由人民逕自行使之。

　　憲法第二十七條中規定，國民大會選舉總統、副總統，是為間接選舉制，第一任總統至第八任總統，均採行此制，由國民大會所選舉產生。

　　憲法增修條文第二條第一項前段規定：「總統、副總統由中華民國自由地區全體人民直接選舉之，自中華民國八十五年第九任總統、副總統選舉實施。」末段並規定：「在國外之中華民國自由地區人民返國行使選舉權，以法律定之」，是為直接選舉制，亦即在民國八十五年五月二十日第八任總

統任期屆滿前實施直接選舉制度。

　　總統由國民大會間接選舉與由人民直接選舉之利弊得失如何，仁智互見，惟依　中山先生創立中華民國之遺教及國民大會代表全國人民行使政權之原理言之，由國民大會選舉，易收政權控制治權之實效，及避免總統趨於專橫之流弊。此一說法，固有其理論依據，但在直接民權理念高漲的世界潮流下，人民直接選舉國家元首，已成為各民主共和國之趨勢。

第二、選舉之方法

　　第一任至第八任總統、副總統之選舉機關為國民大會，國民大會依憲法及當時「總統副總統選舉罷免法」(中華民國三十六年三月三十一日公布)之規定，行使選舉總統、副總統之職權。總統、副總統之選舉，應分別舉行，先選舉總統，再選舉副總統。換言之，乃均由國民大會代表行使其選舉權，是為間接選舉方法。

　　憲法增修條文第二條規定，自中華民國八十五年第九任總統、副總統之選舉，實施人民直選，並新制頒「總統副總統選舉罷免法」(八十四年八月九日公布施行、九十三年四月七日修正)，其第二條：「總統、副總統選舉、罷免，除另有規定外，以普通、平等、直接及無記名投票之方法行之」，是為有關總統、副總統選舉方法之規定。

　　新制頒之總統副總統選舉罷免法（共一一七條）取舊法（僅一四條）而代之，法律名稱相同，惟繁簡懸殊，主旨內容，則彼此迥異。

第三、候選人之資格

　　憲法第四十五條規定：「中華民國國民年滿四十歲者，得被選為總統、副總統。」此為對於總統、副總統候選人積極資格之規定，僅為國籍及年齡上之限制。世界各國均以具有本國國籍為本國總統、副總統之要件，至對於總統、副總統年齡之限制，則各國所定之年齡高低不同。總統為國家元首，領導群倫，自須具有中華民國國籍及有適當之年齡，始得被選。

　　惟總統副總統選舉罷免法第二十六條規定，有下列情形之一者，不得

登記為總統、副總統候選人，可謂為總統、副總統候選人不得具有之消極資格：

一、動員戡亂時期終止後，曾犯內亂、外患罪，經判刑確定者。

二、曾犯貪污罪，經判刑確定者。

三、曾犯第八十四條第一項、第二項、第八十五條第一項第一款及其未遂犯、第八十六條第一項、第八十七條第一項第一款、第八十八條第一項、第八十九條第一項、公職人員選舉罷免法第八十九條第一項、第二項、第九十條第一項第一款及其未遂犯、第九十條之一第一項、第九十一條第一項第一款、第九十一條之一第一項、刑法第一百四十二條或第一百四十四條之罪，經判刑確定者。

四、曾犯組織犯罪防制條例之罪，經判刑確定者。

五、犯前四款以外之罪，判處有期徒刑以上之刑確定，尚未執行、執行未畢或於緩刑期間者。

六、受死刑、無期徒刑或十年以上有期徒刑之判決尚未確定者。

七、受宣告強制工作之保安處分或流氓感訓處分之裁判確定，尚未執行、執行未畢或執行完畢未滿十年者。

八、受其他保安處分之裁判確定，尚未執行或執行未畢者。

九、受破產宣告確定，尚未復權者。

十、依法停止任用或受休職處分，尚未期滿者。

十一、褫奪公權，尚未復權者。

十二、受監護或輔助宣告，尚未撤銷者。

第四、候選人之登記

關於總統、副總統候選人之登記，為選舉程序之開端，分述其要：

一、**登記要件** 總統、副總統候選人，除須具有前述之積極資格及不得具有消極資格外，尚須有其登記要件，即是：「在中華民國自由地區繼續居住六個月以上且曾設籍十五年以上之選舉人，年滿四十歲，得申請登記為總統、副總統候選人」（總統副總統選舉罷免法第二○條第一項）。

二、**聯名登記**　總統、副總統候選人，應備具中央選舉委員會規定之表件及保證金，於規定時間內，向該會聯名申請登記。未聯名申請登記、表件或保證金不合規定，或未於規定時間內辦理者，不予受理（同法第二一條第一項）。同一組總統、副總統候選人，如經審定一人或二人資格不符規定，則該組候選人，應不准予登記（同條第三項）。

三、**登記不得撤回**　經登記為總統、副總統候選人者，不得撤回其總統、副總統候選人登記（同法第三〇條第一項）。

經政黨推薦為總統、副總統候選人者，其推薦之政黨，不得撤回其推薦（同條第二項）。

四、**不得登記之人員**　此指具有特定身分者而言：

1.回復中華民國國籍、因歸化取得中華民國國籍、大陸地區人民或香港、澳門居民經許可進入臺灣地區者，不得登記為總統、副總統候選人（同法第二〇條第二項）。

2.下列人員不得申請登記為總統、副總統候選人（同法第二七條）：

一、現役軍人。

二、辦理選舉事務人員。

三、具有外國國籍者。

前項第一款之現役軍人，屬於後備軍人應召者，在應召未入營前，或係受教育、勤務及點閱召集，均不受限制。

當選人因第一百零四條第一項第二款至第四款所定情事之一，經法院判決當選無效確定者，不得申請登記為該次總統、副總統補選候選人。

五、**登記後死亡之效果**

總統候選人之一於登記截止後至選舉投票日前死亡❶，中央選舉委員會應即公告停止選舉❷，並定期重行選舉。

---

❶　只限於死亡事項過於狹窄，實應再包括失蹤、傷殘為植物人或其他重大變故事件。詳請參閱，《立法院修憲委員會修憲公聽會第六場會議記錄》，林騰鷂發言，民國93年8月18日，頁158。

❷　民國九十三年三月十九日發生槍擊陳水扁總統、呂秀蓮副總統事件，中央選舉

第五、候選人之產生方式

總統、副總統候選人應經由政黨推薦或連署人連署（同法第二一條第二項）：

一、**政黨推薦候選人** 依政黨推薦方式向中央選舉委員會申請登記為總統、副總統候選人者，應檢附加蓋內政部發給該政黨圖記之政黨推薦書；二個以上政黨共同推薦一組候選人時，應檢附一份政黨推薦書，排列推薦政黨之順序，並分別蓋用圖記。同一政黨不得推薦二組以上候選人，推薦二組以上候選人者，其後登記者，不予受理（同法第二二條第一項）。

前項之政黨，於最近任何一次總統、副總統或立法委員選舉，其所推薦候選人得票數之和，應達該次選舉有效票總和百分之五以上。二個以上政黨共同推薦一組總統、副總統候選人者，各該政黨推薦候選人之得票數，以推薦政黨數除其推薦候選人得票數計算之（同條第二項）。

二、**連署人連署候選人** 依連署方式申請登記為總統、副總統候選人者，應於選舉公告發布後五日內，向中央選舉委員會申請為被連署人，申領連署人名冊格式，並繳交連署保證金新臺幣一百萬元，同一連署人以連署一組被連署人為限，同時為二組以上之連署時，其連署無效。

連署人數於法定期間內，已達最近一次立法委員選舉選舉人總數百分之一點五以上時，中央選舉委員會應發給被連署人完成連署證明書，並發還保證金；其連署人數不足法定人數二分之一者，保證金不予發還（同法第二三條）。

有關此保證金不予發還之規定，曾經引發爭議，司法院大法官乃作出釋字第四六八號解釋，謂：「憲法第四十六條規定，總統、副總統之選舉，以法律定之，立法機關依此制定法律，規範總統、副總統之選舉程序，應符合公平合理之原則。總統副總統選舉罷免法第二十三條第二項及第四項規定，總統、副總統候選人須於法定期間內尋求最近一次中央民意代表選舉選舉人總數百分之一點五以上之連署，旨在採行連署制度，以表達被連

委員會在審酌事件情況後，並沒有公告停止選舉。

署人有相當程度之政治支持，藉與政黨推薦候選人之要件相平衡，並防止人民任意參與總統、副總統之候選，浪費社會資源在合理範圍內所為適當之規範，尚難認為對總統、副總統之被選舉權為不必要之限制，與憲法規定之平等權亦無違背。又為保證連署人數確有同條第四項所定人數二分之一以上，由被連署人依同條第一項提供保證金新臺幣一百萬元，並未逾越立法裁量之範圍，與憲法第二十三條規定尚未違背。總統副總統選舉連署及查核辦法係主管機關依總統副總統選舉罷免法第二十三條第九項授權所訂定，其授權有明確之目的及範圍，同辦法第二條第三項關於書件不全、不符規定或保證金不足者，中央選舉委員會應拒絕受理其申請之規定，符合法律授權之意旨，與憲法並無牴觸。」

第六、候選人之當選

選舉結果以候選人得票最多之一組為當選；票數相同時，應自投票之日起三十日內重行投票（同法第六三條第一項）。

候選人僅有一組時，其得票數須達選舉人總數百分之二十以上，始為當選，選舉結果未能當選時，應自投票之日起三個月內完成重行選舉投票（同條第二項）。

第七、當選後之就職

當選之總統、副總統，應於現任總統、副總統任滿之日就職，重行選舉或重行投票之當選人，未能於現任總統、副總統任滿之日就職者，其任期仍應自該日起算（同法第六五條）。

依總統、副總統宣誓條例第二條規定：「總統、副總統宣誓，於總統就職之日行之。」

依憲法第四十八條之規定，總統應於就職時宣誓，誓詞如下：

「余謹以至誠，向全國人民宣誓，余必遵守憲法，盡忠職務，增進人民福利，保衛國家，無負國民付託。如違誓言，願受國家嚴厲之制裁。謹誓。」

依上述條例第三條第二項之規定，副總統之誓詞如下：

「余謹以至誠，向全國人民宣誓，余必遵守憲法，效忠國家，如違誓言，願受國家嚴厲之制裁，謹誓。」

總統、副總統宣誓，於中央政府所在地，以公開儀式分別行之，由大法官會議主席為監誓人（同條例第四條），而大法官會議，以司法院院長為主席（司法院組織法第三條第二項、司法院大法官審理案件法第一六條），亦即司法院院長為總統、副總統宣誓之監誓人。

各國憲法對於總統之就職，亦多有宣誓之規定，藉以申明遵守憲法之決心，與盡忠國家之誠意，以昭大信於全國國民及天下後世。

第三節　總統之任期

總統、副總統之任期為六年，連選得連任一次為憲法第四十七條所規定。各國憲法關於總統任期之規定，長短不一：有長至七年者，如義大利、葡萄牙等國是；有六年者，如阿根廷、智利、墨西哥等國是；有五年者，如德意志、巴西、希臘、秘魯等國是；有四年者，如美、韓、菲、土耳其、巴拿馬等國是；亦有為一年者，如瑞士是。我憲法規定總統、副總統之任期為六年，長短尚屬適宜。第一任至第八任總統均適用六年任期之規定。

惟憲法增修條文第二條第六項規定：「總統、副總統之任期為四年，連選得連任一次，不適用憲法第四十七條之規定」，是自第九任總統、副總統起之任期改為四年，而排斥原規定「任期六年」之適用。

又各國憲法對於總統、副總統得連任與否及其連任次數之規定，亦不一致。義、土等國總統連選得連任，並無次數之限制；美、德、韓等國則得連任一次；希臘、巴西、智利、墨西哥、巴拿馬、秘魯等國不得連任。所謂連任，係指任期屆滿後繼續連任而言。若於任期屆滿時解職，經若干年後，再行當選，係屬再任，而不在連任限制之列。惟各國亦有規定總統於解任後經過若干年後，始可再當選者，例如：瑞士總統應於解職後一年，

方得再行當選是。

　　我憲法規定總統、副總統連選得連任一次，亦覺折衷至當。所應注意者，第一屆國民大會於民國四十九年三月舉行第三次會議，初次修改「動員戡亂時期臨時條款」，其中規定：「動員戡亂時期總統、副總統得連選連任，不受憲法第四十七條連任一次之限制」，此因國家在動員戡亂時期，基於現任總統、副總統有繼續領導之必要，所為之特別規定，以排斥憲法上規定：「連選得連任一次」之適用。惟臨時條款既經廢止，已回歸憲法上原有「連選得連任一次」之規定。增修條文所規定者與憲法相同。

　　總統之任期未屆滿前，及任期屆滿後，有時發生下列三種情形：

第一、總統之缺位

　　憲法第四十九條原規定：「總統缺位時，由副總統繼任，至總統任期屆滿為止。總統、副總統均缺位時，由行政院院長代行其職權，並依本憲法第三十條之規定，召集國民大會臨時會，補選總統、副總統，其任期以補足原任總統未滿之任期為止。總統因故不能視事時，由副總統代行其職權。總統、副總統均不能視事時，由行政院院長代行其職權。」

　　憲法增修條文第二條第八項則規定：「總統、副總統均缺位時，由行政院院長代行其職權，並依本條第一項規定補選總統、副總統，繼任至原任期屆滿為止，不適用憲法第四十九條之有關規定。」

　　上述憲法增修條文第二條第八項末句所謂：「不適用憲法第四十九條之有關規定」，其中「有關規定」，乃僅指不適用憲法第四十九條中「並依本憲法第三十條之規定，召集國民大會臨時會，補選總統、副總統」之規定，而應適用憲法增修條文第二條第一項「由中華民國自由地區全體人民直接補選之」的規定，換言之，乃僅指補選總統、副總統之法源依據不同而已，至於憲法第四十九條中其他規定，亦即「總統缺位時，由副總統繼任，至總統任期屆滿為止。」以及「總統因故不能視事時，由副總統代行其職權。總統、副總統均不能視事時，由行政院院長代行其職權。」之規定，則並不排斥而仍有其適用。

綜合憲法第四十九條及增修條文第二條第八項之規定，其增修後之整體條文意旨為：

「總統缺位時，由副總統繼任，至總統任期屆滿為止。總統、副總統均缺位時，由行政院院長代行其職權，並依憲法增修條文第二條第一項規定，補選總統、副總統，繼任至原任期屆滿為止。總統因故不能視事時，由副總統代行其職權。總統、副總統均不能視事時，由行政院院長代行其職權。」

第二、總統之不能視事

總統、副總統在任期中，並未出缺，惟均因故不能視事時，由行政院院長代行其職權，為憲法第四十九條末段所規定。

第三、總統之解職或未就職

憲法第五十條：「總統於任滿之日解職，如屆期次任總統尚未選出，或選出後總統、副總統均未就職時，由行政院院長代行總統職權」，此條規定，增修條文並未予以排斥，而仍有其適用。因就通常情形言之，總統與副總統均係同日就職，總統任滿之日解職，副總統亦必係於任滿解職，此時如次任總統尚未選出，副總統亦必未選出，或選出後總統、副總統均未就職時，由行政院院長代行總統職權。

以上所述，總統缺位時，由副總統繼任，總統因故不能視事時，由副總統代行其職權，因而副總統得謂之為副元首或備位總統。

在㈠總統、副總統均缺位時，或㈡總統、副總統均因故不能視事時，或㈢因總統之解職，次任總統尚未選出或選出後，總統、副總統均未就職時，均由行政院院長代行總統職權，而非由立法院、司法院、考試院或監察院院長代行總統職權，所以我國中央政府之政治體制，有稱為行政首長制者。因在其他國家如美國、法國第五共和及義大利等國憲法對總統或副總統均缺位時，由國會議長繼任，或甚至規定由最高司法機關首長，亦得代理總統（如一九八八年十月五日之巴西憲法），我國憲法嚴守權力分立原

則，屬於行政權體系內之職權，應由行政體系內輪替行使之，不採制憲過程中由五院院長依次代理總統之建議，是為其規定之主旨所在。

　　至於副總統得否兼任行政院院長，憲法並無明文規定，副總統與行政院院長二者職務性質，亦非顯不相容，惟此項兼任，如遇總統缺位或不能視事時，將影響憲法所規定繼任或代理職權之設計，與憲法設置副總統及行政院院長職位分由不同之人擔任之本旨，未盡相符，引發本件解釋之事實，應依上開解釋意旨，為適當之處理（司法院大法官釋字第四一九號解釋㈠）。換言之，副總統兼任行政院院長，雖非違憲，而係不當，應以避免此種事實之發生為宜。

　　此種解釋，與往年司法院對於「行政處分為違法或不當」之解釋意旨相同，即是「所謂違法處分，係指行政處分之違反法規者而言；若於法規並無違反，而實際上有害公益者，即屬不當處分」（司法院院字第三五四號解釋），於此亦可加強對於違憲與否之認知與分際。

第四節　總統之地位

　　憲法第三十五條規定：「總統為國家元首，對外代表中華民國」，此乃表示總統在國家中所處之崇高地位。就法律觀點言，國家為一公法人，乃具有人格者，為權利義務之主體，亦猶自然人在法律上之具有人格，惟法人必須藉自然人以代表其意思，表現其活動，國家所以有元首之必要。在君主制度下，以君主或國王為國家元首，以代表國家；在民主制度下，則以總統為國家元首，以代表國家，此為各國之通例，亦為法理所應爾。

　　所謂對外代表中華民國，就其實質之意義言，舉凡在國際間以國家資格所發生之權利義務關係，或禮節關係，均須以總統之名義，以表達國家之意思，例如派駐國外使節，接受外國之使節，與外國簽訂條約，或參加國際間之重大慶典及禮節之往還等事件，均須以總統之名義代表國家而為之。

　　總統為國家元首，不僅對外代表國家，即就對內而言，亦係以總統之

名義而為統治，例如：國家之法律，必須以總統之名義公布之，國家某種最高權力，亦惟有總統始得行使之，容於總統之職權一節中予以說明。因之，總統為國家元首，地位尊崇，對內即是一國最高之政治領袖，亦即為中央政府之最高首長。

我國中央政制，以五院分別行使五種治權，五院之上設有國家元首之總統，總統雖未總攬國家之治權，惟其地位自在五院之上，而非構成五院組織之本身。

總統雖為國家元首，惟依現行體制，總統對立法院、監察院並無隸屬關係，而立法院係民意代表所構成之機關，其院長係由立法委員中互選所產生，總統與立法院、監察院相互間行文，係用平行式之咨文（參照公文程式條例第二條第一項第三款），此與國家元首之地位並無影響；民國九十四年六月憲法增修條文修正通過後，國民大會之組織與職權規定，已停止適用。因此，公文程式條例之關於國民大會之規定，勢須修正。行政院院長由總統逕行任命之，總統對行政院有上下級命令關係，仍可使用公文程式條例第二條第一項第一款之令，與對立法院使用咨文者，仍有不同。

我國總統之地位，因憲法及憲法增修條文之不同規定，有國家元首之地位，也有部分行政首長之實權，但就整體以觀，總統並未擁有全部行政實權，因此，我國總統之地位有點近似法國，又不盡全然相同，故有學者稱我國之憲政體制，既非內閣制，也非總統制，而為五院制者❸。但依憲政實況，實為形式內閣制、實質總統制之權責不易區分之體制，以致自二〇〇〇年以後產生「總統有權無責，行政院院長有責無權」的憲政異常現象，有待全面性的改造❹。

---

❸ 謝秉鈞，〈內閣制、總統制與五院制的優劣〉;，發表於《中央日報》，民國83年6月15日，第4版。另有學者稱之為「修正式內閣制」。參閱，法治斌、董保城，《中華民國憲法》，頁256。

❹ 參閱，林騰鷂，〈全局思維的憲政改造〉，《中國時報》，時論廣場，民國98年11月3日，A15版。

第五節　總統之職權

　　憲法雖未規定總統總攬中華民國之治權，惟因其為國家元首，其職權之行使，並不僅以行政事項為限，亦有屬於其他四院之範圍者，就任免官吏言：總統提任司法院院長、副院長、大法官，與考試院院長、副院長、考試委員，及監察院院長、副院長、監察委員與所屬之審計長，以及任免各該院薦任以上之人員。他如立法院通過之法律案，須移送總統公布之；而院與院間之爭執，並得由總統召集有關各院院長會商解決之。惟總統職權之行使，涉及行政事項者為特多，學者亦有謂總統為國家之最高行政首長者以此。但總統既非構成行政組織之本身，其職權亦與行政院院長之職權有別，亦自不得謂為雙重行政首長制。

　　依照憲法第三十五條至第四十四條之規定，總統之職權，可分述如下：

第一、代表國家之權

　　總統既是國家元首，故對外代表國家，凡關於我國駐外使節之派遣，外國派駐我國使節之接受，國際典禮之參與，均屬於總統之職權（憲法第三五條）。

第二、統率陸海空軍之權

　　陸海空軍為國家武力，其最高統率權應統一於國家元首，乃為各國之通例（憲法第三六條）。

第三、公布法律發布命令之權

　　總統依法公布法律，發布命令，除另有規定外，須經行政院院長之副署，或行政院院長及有關部會首長之副署（憲法第三七條）。至於命令者為何？依行政程序法第一百五十條、第一百五十九條之規定，為行政機關行

使公權力訂立具有抽象及一般性拘束力之法規命令或行政規則。是以，總統亦可依行政程序法之上述規定發布有法律授權之法規命令或僅對總統府內部屬員有拘束力之行政規則。

第四、締結條約及宣戰媾和之權

總統依憲法之規定，行使締結條約及宣戰媾和之權（憲法第三八條），因此等事項，為國與國之關係，自應屬於國家元首之職權。惟總統行使此種職權時，應先經行政院會議之議決，及立法院之議決（憲法第五八條第二項、第六三條）。

第五、戒嚴權及解嚴權

總統依法宣布戒嚴，但須經立法院之通過或追認，立法院認為必要時，得決議移請總統解嚴（憲法第三九條，並參照戒嚴法）。關於戒嚴及解嚴，應認為屬於戒嚴案，並應事先經行政院會議之議決（憲法第五八條第二項）。

第六、大赦、特赦、減刑及復權之權

總統依法行使大赦、特赦、減刑及復權之權（憲法第四〇條）。所謂大赦，其效力對於已受罪刑之宣告者，其宣告為無效；對於未受罪刑之宣告者，其追訴權消滅；所謂特赦，乃指受罪刑宣告之人經特赦者，免除其刑之執行，其情節特殊者，得以其罪刑之宣告為無效；所謂減刑，乃指受罪刑宣告之人經減刑者減輕其所宣告之刑；所謂復權，乃指受褫奪公權宣告之人經復權者，回復其所褫奪之公權（參照赦免法）。大赦、特赦、減刑及復權，得概稱為赦免，有行使此種赦免權者，惟國家之元首，此種赦免權之作用，是以政治之力量，救濟司法方面之不足，而予犯人以自新之機會。

又大赦因含有普遍性及一般性，且其效力最強，故行使大赦時，應先經行政院會議及立法院之議決（憲法第五八條第二項、第六三條）。

第七、任免文武官員

總統依法任免文武官員（憲法第四一條），凡文武官員非由人民或其代表所選舉罷免，而係薦任職以上之官員，均由總統依法任免之。

依照憲法及各個法律之規定，總統行使任免文武官員權，有須經立法院同意始能任命者，有須經其他機關之提請始能任命者，有須對合乎法定資格者，始能任命者，另有得自由任命、法律未設資格限制者等，情形不一，茲分述於下：

㈠總統之任免權，須經立法院同意者

總統之任免文武官員權，須經立法院同意者，依憲法增修條文第二條第二項之規定，無須經行政院院長之副署，茲再分別說明於下：

1.總統對中央官員之任免權，須經立法院同意者，有監察院之審計長。依憲法第一百零四條之規定，監察院之審計長，須由總統提名，經立法院同意，始得任命之。

2.憲法增修條文第五條第一項規定，司法院設大法官十五人，並以其中一人為院長，一人為副院長，由總統提名，經立法院同意任命之。

3.憲法增修條文第六條第二項規定，考試院設院長、副院長各一人，考試委員若干人，由總統提名，經立法院同意任命之。

4.憲法增修條文第七條第二項規定，監察院設監察委員二十九人，並以其中一人為院長，一人為副院長，任期六年，由總統提名，經立法院同意任命之。

㈡總統之任免權，須經其他機關提請任命者

如依憲法第五十六條之規定，行政院副院長、各部會首長及不管部會之政務委員，由行政院院長提請總統任命之。除此之外，依公務人員任用法第二十五條之規定，各機關初任簡任各職等職務公務人員，初任薦任公務人員，經銓敘機關審查合格後，呈請總統任命。

㈢總統對合乎法定資格者，始得行使任命權者

如總統任命大法官、考試委員、監察委員、行政法院評事，須對具有

司法院組織法第四條，考試院組織法第四條及監察院組織法第三條之一，行政法院組織法第六條等規定資格之人，始得加以任命，以合乎所謂依法任命之意旨。

㈣總統之任命權因法律未限定資格而自由選擇人選者

如總統依中華民國總統府組織法第九條之規定，可自由選擇任命總統府秘書長。同樣的，總統依國家安全會議組織法第六條及國家安全局組織法第四條之規定，可自由選擇任命國家安全會議秘書長、國家安全局局長。

第八、授與榮典

總統依法授與榮典（憲法第四二條），此種榮典之授與，對於本國及外國官民，均得為之，所以表彰功績，激勵德行，此種授與之權，屬於國家元首，以昭隆重。榮典為國家名器，自當依法慎重為之。因此，我國有「勳章條例」、「褒揚條例」之制定，對總統頒發勳章、褒狀、獎章、獎狀等榮典之授與，有詳細之規定。

第九、緊急命令權

國家遇有天然災害、癘疫，或國家財政經濟上有重大變故，須為急速處分時，總統於立法院休會期間，得經行政院會議之決議，依緊急命令法，發布緊急命令，為必要之處置，但須於發布命令後一個月內，提交立法院追認，如立法院不同意時，該緊急命令立即失效（憲法第四三條）。惟緊急命令法現在尚未制定，因之，總統無從依據該法以發布緊急命令，惟依中華民國憲法增修條文之規定，總統有發布緊急命令為必要處置之權，稍後再述。

第十、院與院間爭執之解決權

總統對於院與院間之爭執，除憲法有規定者外，得召集有關各院院長會商解決之（憲法第四四條）。所謂院與院間之爭執，憲法已有規定解決者，例如：

一、涉及憲法與法律及命令之適用疑義者，則發生解釋憲法及統一解釋法令問題，應由司法院為之（憲法第七八條）。

二、涉及省自治法者，則由司法院召集有關方面陳述意見後，由五院院長組織委員會，以司法院院長為主席，提出方案解決之（憲法第一一五條）。不過，因憲法增修條文於民國八十六年七月為第四次修正時，已不受憲法第一百十五條之限制，故關於省自治法之院際間之爭執解決方法，已不適用。

三、行政院與立法院因重要政策或法律案、預算案、條約案發生爭執時，則依憲法第五十七條之規定以解決之。

我國中央政府採五院制，以行使五種治權，惟彼此相互間自難免職權上之爭議，五院之外既未便設置權限爭議裁判機關，五院之上則有國家元首之總統，以協調五院，解決爭執。

第十一、覆議之核可權

總統對於行政院移請立法院覆議之案件，有「核可」之權（憲法第五七條第二款、第三款）。如未經總統之核可，行政院雖欲向立法院移請覆議，亦不可能。

第十二、咨請立法院開臨時會權

依憲法第六十九條第一項規定，立法院遇有總統之咨請時，得開臨時會。在何種情形下，總統會咨請立法院開會呢？如依憲法增修條文第二條第三項規定，總統發布緊急命令後十日內，應提交立法院追認。故在此情形下，立法院如在休會期中，則有咨請立法院召開臨時會之必要。

第十三、聲請釋憲權

依據司法院大法官審理案件法第五條第一項第一款規定，中央或地方機關，於其行使職權適用憲法發生疑義，或因行政職權與其他機關之職權，發生適用憲法之爭議，或適用法律與命令發生有牴觸憲法之疑義者，可聲

請解釋憲法。總統為我國憲法上所規定之中央機關，自可依此規定，有聲請大法官解釋憲法之權。

上述有關總統各種職權，若就其性質分析言之：㈠關於內政方面者，如任免文武官員，授與榮典，發布命令，院際爭執之解決等權是；㈡關於外交方面者，如代表國家、締結條約及宣戰、媾和等權是；㈢關於軍事方面者，如統率陸海空軍、戒嚴及解嚴等權是；㈣關於立法方面者，如公布法律、覆議之核可等權是；㈤關於司法方面者，如大赦、特赦、減刑及復權等權是。

憲法所規定總統之職權，在動員戡亂時期及憲法增修條文以後變動甚多。

前在動員戡亂時期，依動員戡亂時期臨時條款之規定，總統並有下列之職權：㈠緊急處分權，㈡設置動員機構之權，㈢調整中央行政及人事機構之權，㈣增選及補選中央公職人員之權，㈤召集國民大會討論創制案、複決案之權，㈥宣告動員戡亂時期終止之權。

動員戡亂時期於中華民國八十年五月一日終止，臨時條款亦於同日廢止，總統基於該條款所得行使之職權，亦即隨同終止。

為因應國家統一前之需要，民國九十四年六月憲法增修條文修正後才消失之國民大會已七次增修憲法條文，每次對於總統職權之規定，迭有變動，其沿革姑不贅述，第七次亦即現行之憲法增修條文（民國九十四年六月十日總統令公布）關於總統之職權，除排斥憲法有關規定之適用者外，大抵有充實或加強之規定，約如下述：

第一、擴大同意任命人員之提名權範圍

依憲法規定，行政院院長及監察院所屬之審計長，由總統提名，經立法院同意任命之。增修條文規定行政院院長由總統逕行任命。另見後述。

憲法規定，司法院院長、副院長及大法官，考試院院長、副院長及考試委員，由總統提名，經監察院同意任命之，增修條文則規定，由總統提名，經立法院同意任命之。

　　至於監察院之監察委員，由各省市議會、蒙古西藏地方議會及華僑團體選舉之，監察院院長、副院長，由監察委員互選之（憲法第九一條、第九二條），原均不在總統提名同意任命人員之範圍，增修條文（第七條第二項）則規定此等監察委員由總統提名，經立法院同意任命之，憲法第九十一條至第九十三條之規定，停止適用。是總統有關同意任命人員之提名權範圍，已予擴大。

第二、強化提名同意任命人員之任免權

　　總統發布行政院院長與依憲法經立法院同意任命人員之任免命令，無須行政院院長之副署，不適用憲法第三十七條之規定（憲法增修條文第二條第二項），此種副署制度之調整，無論是否適宜，要係強化總統任免權的效力，但相關的總統責任機制，卻無規範，容易造成總統恣意徇私而無民意制衡之現象。學者與社會輿論多主張，仍應回復憲法之原先制衡設計規定。

第三、毋須立法院同意，逕行任命行政院院長之權

　　憲法第五十五條第一項規定，行政院院長由總統提名，經立法院同意任命之。

　　惟依憲法增修條文第三條第一項規定，行政院院長，由總統任命之，憲法第五十五條之規定，停止適用。由於此一規定，造成總統有權無責、包攬行政大權，甚至使行政院院長自稱為總統幕僚長之憲政亂象，嚴重牴觸憲法第五十三條，行政院為國家最高行政機關之規定。

第四、解散立法院之權

　　總統於立法院通過對行政院院長之不信任案後十日內，經諮詢立法院院長後，得宣告解散立法院，但總統於戒嚴或緊急命令生效期間，不得解散立法院（憲法增修條文第二條第五項前段）。

　　依此規定言之：㈠總統宣告解散立法院之前，諮詢立法院院長乃為必

經之法定程序，惟總統不受立法院院長意見之拘束，㈡總統於諮詢立法院院長後，雖非在戒嚴或緊急命令生效期間，亦自得不宣告解散立法院，㈢解散立法院之命令，無須行政院院長之副署（同條第二項）。

第五、發布緊急命令為必要處置之權

「總統為避免國家或人民遭遇緊急危難或應付財政經濟上重大變故，得經行政院會議之決議發布緊急命令，為必要之處置，不受憲法第四十三條之限制。但須於發布命令後十日內提交立法院追認，如立法院不同意時，該緊急命令立即失效。」（憲法增修條文第二條第三項）

總統依前述憲法第四十三條所發布之緊急命令，與依增修條文第二條第三項所發布之緊急命令，異同約如下述：

一、**相同之點**　即是：㈠均為總統對於國家重大變故事件所行使之權力，㈡均須經行政院會議之決議，㈢均有變更法律之效力，㈣均須提交立法院追認，如立法院不同意時，該緊急命令立即失效。

二、**相異之點**　即是：㈠原因不盡相同：前者（憲法第四三條）為天然災害、癘疫或國家財政經濟上有重大變故時為之，後者（憲法增修條文第二條第三項）為避免國家或人民遭遇緊急危難或應付財政經濟上重大變故時為之，範圍較廣，㈡依據不同：前者須依緊急命令法，後者則否，㈢是否受立法院休會期間限制之不同：前者以在立法院休會期間發布為限，後者無此限制，即在立法院開會期間，亦得發布，㈣提交立法院追認期間長短不同：前者須於發布命令後一個月內提交立法院追認，後者須於發布命令後十日內提交立法院追認，期間較短。

第六、設置國家安全機構之權

總統為決定國家安全有關大政方針，得設國家安全會議及所屬國家安全局（憲法增修條文第二條第四項）。國家安全會議以總統為主席，總統因事不能出席時，由副總統代理之。國家安全會議之決議，作為總統決策之參考，其所屬之國家安全局，綜理國家安全情報工作及特種勤務之策劃與

執行，對其他軍警機關所主管之有關國家安全情報事項，負統合、指導、協調、支援之責。國家安全會議及其所屬國家安全局，應受立法院之監督（參照國家安全會議組織法及國家安全局組織法），惟此種會議及機關，在行政院為國家最高行政機關之憲政體制下，有無設置必要及應否隸屬於總統，仍不無研酌之餘地。

第七、提名補選副總統候選人之權

副總統缺位時，由總統於三個月內提名候選人，由立法院補選，繼任至原任期屆滿為止（憲法增修條文第二條第七項）。

以上所述憲法增修條文關於總統職權之規定，其未被增修條文排斥或變更之憲法原有總統職權之規定者，自仍有其適用。綜合憲法及增修條文所規定總統之職權，甚為繁重，我國中央政府之憲政體制，雖非總統制，然決非虛位元首，而為實權總統、強權元首，此與法國第五共和憲法（一九五八年六月三日公布）所規定法國總統之職權極為相同。

法國總統有自由任命內閣總理之權，無須經國會同意（法憲第八條），有解散國民議會之權，無須經內閣會議或國務會議之決議，其解散令亦無需內閣之副署（法憲第一二條、第一九條），此較之美國總統任用閣員須經參議院同意，及無解散眾議院之權，超過多矣，美國被稱為典型之總統制，而法國則有稱之為總統制與內閣制之混合制者。

我國憲法及增修條文規定總統之職權，廣泛堅強，其與行政院院長雖非雙重行政首長制，然與行政院院長之職權關係，則甚為密切，要在彼此遵循法定之分際行使其職權，以表徵並宏揚五權憲法的總統制及五權憲法的行政制，而得概稱為具有中國特色的憲政體制。

第六節　總統之責任

關於總統之責任，可分為政治責任及法律責任兩方面言之：

第一、政治責任

　　總統職權之繁重，既如前述，則在國家之政治上，自應負其責任，惟總統公布法律，發布命令，除提經立法院同意任命人員之任免命令外，均由行政院院長副署或行政院院長及有關部會首長副署，則行政院院長及有關部會首長，亦應連帶負其政治責任；前由監察院，現行憲法增修條文改由立法院對於總統、副總統行使其彈劾權，並有提出罷免總統、副總統之職權，則所謂彈劾及罷免，自係課總統之政治責任。

　　就總統之政治責任言，係向全國人民負責，此於總統就職時之誓詞，有「向全國人民宣誓」及「無負國民付託」等語，即可明瞭。自第九任總統起，總統乃係全國人民直接所選出者，而為國家之元首，自係對於全國人民負其政治責任。

第二、法律責任

　　關於總統在法律上所負之責任，又可分為民事責任及刑事責任：

　　一、民事責任　就民事責任言，總統與人民間因個人私法上行為所發生之民事責任，應受民事訴訟法之支配，與一般人民完全相同；至於「元首為證人者，應就其所在詢問之」（民事訴訟法第三○四條），乃為對國家元首尊敬禮遇之表徵。不過，在刑事偵查上，民國九十三年初，因陳水扁總統兼任民進黨黨主席，而被花蓮地檢署李子春檢察官傳喚為原住民頭目津貼政見的決策過程作證時，陳水扁總統仍親赴花蓮作證，而非在其臺北所在地就詢❺。

　　二、刑事責任　就刑事責任言，憲法第五十二條規定：「總統除犯內亂或外患罪外，非經罷免或解職，不受刑事上之訴究。」此係憲法基於總統為國家元首，對內肩負統率陸海空軍等重要職責，對外代表中華民國之特殊身分所為之尊崇與保障，為便於其行使職權及使國家政局安定起見，在其

---

❺　參閱，林騰鷂，〈傳喚陳主席〉，《聯合晚報》，聯合論壇，民國93年1月8日，第2版。

任期內之犯罪，不受刑事上之追訴；但內亂罪及外患罪，係危害國家之安全，故仍應受刑事上之追訴，至於現職總統競選連任時，其競選活動固應受總統副總統選舉罷免法有關規定之規範，惟其總統身分並未因參選而變更，自仍有憲法第五十二條之適用（參照司法院大法官釋字第三八八號解釋）。簡言之，現任總統競選連任時，仍有刑事豁免權之適用。

　　總統任滿後解職而受刑事上訴究的實例是，陳水扁前總統，因涉及貪污、洗錢罪嫌，在民國九十七年五月任期屆滿後，與其妻子、兒女一同被起訴，而受刑事責任之訴究。此亦為我國憲政史上第一個受刑事責任追訴之前總統。

第七節　總統之罷免

　　總統、副總統因選舉而任職，因罷免而解職，罷免與任期屆滿時之卸職不同，憲法增修條文有關總統、副總統罷免之規定，其提出罷免之原動力，雖為立法院，惟同意罷免與否，則由中華民國自由地區選舉人公決，其情形為：

　　總統、副總統之罷免案，須經全體立法委員四分之一之提議，全體立法委員三分之二之同意後提出，並經中華民國自由地區選舉人總額過半數之投票，有效票過半數同意罷免時，即為通過（憲法增修條文第二條第九項）。

　　就法理上言之，總統、副總統之罷免案，得同時合併或先後分別提出，亦得分別為罷免與否之議決，而發生是否缺位與補選之問題，亦即是：

　　㈠總統、副總統之罷免案，若經法定選舉人否決時，不發生缺位補選問題，若可決而通過罷免時，則總統、副總統均已缺位，由行政院院長代行其職權，並依憲法增修條文第二條第一項規定，補選總統、副總統，繼任至原任期屆滿為止，不適用憲法第四十九條之有關規定（憲法增修條文第二條第八項）。

㈡若僅對於副總統之罷免案而可決罷免時，則副總統缺位，由總統於三個月內提名候選人，由立法院補選，繼任至原任期屆滿為止（同條第七項）。

㈢若僅對於總統之罷免案而可決罷免時，則適用憲法第四十九條前段：「總統缺位時，由副總統繼任，至總統任期屆滿為止」的規定，而由副總統繼任至總統任期屆滿為止。

關於總統、副總統之罷免，有尚須說明者，即為總統副總統選舉罷免法有關罷免之重要規定：

總統、副總統之罷免案，經全體立法委員四分之一之提議，全體立法委員三分之二之同意提出後，立法院應為罷免案成立之宣告。但就職未滿一年者，不得罷免。前項罷免案宣告成立後十日內，立法院應將罷免案連同罷免理由書及被罷免答辯書移送中央選舉委員會辦理公告及罷免之投票等事項（參照該法第七○條至第七七條）。

罷免案經投票後，中央選舉委員會應於投票完畢七日內公告罷免投票結果。罷免案通過者，被罷免人應自公告之日起解除職務（同法第七七條）。

罷免案通過者，被罷免人自解除職務之日起，四年內不得為總統、副總統候選人，其於罷免案宣告成立後辭職者亦同。罷免案否決者，在該被罷免人之任期內，不得對其再為罷免案之提議（同法第七八條）。

值得說明的是，憲法增修條文第二條第九項所規定的總統罷免制度，在民國九十五年時，有了行憲以來首次發生的實際事例。該年 6 月 13 日，立法委員丁守中等 112 人連署提出罷免陳水扁總統案。罷免理由書舉述陳水扁總統主政六年以來，違憲亂政、經濟不振、貪汙腐敗、用人失當、外交挫敗、兩岸關係緊張、挑撥族群對立、操弄金融改革、戕害媒體自由及施政毫無誠信等十大理由，認為陳水扁總統已失去人民的信任，應予罷免。

此一罷免連署案，經立法院於同年 6 月 21 日、22 日、23 日、26 日分別舉行全院委員會之審查會，併案審查立法委員羅世雄等 70 人，立法委員呂學樟等 57 人所另行提出之罷免陳水扁總統案❻。

❻　參閱，立法院第 6 屆第 3 會期第 1 次臨時會第 1 次全院委員會議案關係文書，

　　罷免陳水扁總統連署案於民國 95 年 6 月 27 日立法院院會時記名投票，因民主進步黨之杯葛，禁止其黨籍立法委員進入立法院議場投票，以致雖有立法委員 119 人，超過立法委員總額一半以上（112 人）表示同意，而在 14 人棄權、沒有人表示不同意之情形下，卻仍然不能成立罷免案。此因立法院在當時共計 221 席，而罷免總統案，依憲法增修條文第二條第九項規定，須經全體立法委員三分之二以上同意，即 148 位立法委員同意，始能成立，才能交付中華民國全體自由地區選舉人投票公決。由於民主進步黨有超過三分之一立法委員席次，因其杯葛而未出席投票，以致在立法院院會內，雖發生過半數立法委員贊成罷免總統案，零票反對罷免總統案，卻無法使全體公民行使罷免主權❼，導致憲法第二條「主權在民」的規定，被扭曲為「主權在黨」❽，而「國會也變成失德總統的庇護所」❾，實有檢討必要，並參照，公元 2000 年瑞士憲法之規定，賦予我國 50 萬以上公民可以直接連署罷免總統案，再交付全體公民投票，以行使公民之罷免主權❿。

　　總統、副總統任期屆滿，而卸去其職務者，是為卸任總統、副總統，依卸任總統副總統禮遇條例（民國九十年六月十三日修正公布）之規定，予以禮遇，以示對於曾任國家元首者之尊崇。惟若在職總統、副總統因罷免、彈劾或判刑確定而解職者，或因弊案而辭職者，則不得享有卸任總統、

　　院總第 1679 號，委員提案第 7000 號，第 7007 號，第 7008 號，民國 95 年 6 月 20 日印發，討 1 至討 21。

❼　參閱，〈立院零票反對罷免，社會繼續徹查真相〉，《聯合報》社論，民國 95 年 6 月 28 日，A2 版；〈罷免沒過，但民意已經作了裁決〉，《中國時報》社論，民國 95 年 6 月 28 日，A2 版；林河名，〈立院擋民意，怪異的憲政制度〉，《聯合報》，民國 95 年 6 月 28 日，A4 版。

❽　林騰鷂，〈提案罷免，頭家何時可做主〉，《聯合報》，民意論壇，民國 95 年 5 月 28 日，A15 版。

❾　李祖舜，〈國會變成失德總統的庇護所〉，《聯合報》，聯合筆記，民國 95 年 6 月 28 日，A15 版。

❿　同註❸。

副總統之禮遇。

　　另外，在民國九十年初對陳水扁總統醞釀罷免案時，發生是否應該連同罷免呂秀蓮副總統之爭議。對此，學者依罷免之理論有深入之分析，謂：「人民之罷免權既然是與選舉權相對應之權利，是人民召回當選人之權利，則副總統是否應與總統一併罷免，應視選舉時，是否一起搭檔競選而定。總統由人民直選後，依憲法增修條文第二條第九項及新總統副總統選舉罷免法第二十一條之規定，總統副總統候選人應聯名登記，在選票上同列一組圈選，以得票最多之一組為當選。因此，對總統有罷免提案，應解為有一併罷免副總統之意，即使不聯名罷免，則總統一旦遭到罷免，副總統一職也將失所附麗，而有一併罷免之效果❶」。

第八節　總統之彈劾

　　總統為何被彈劾，憲法、監察法均未規定其原因。早期學者薩孟武教授認為不外乎違法、失職❷，近日學者主張彈劾總統之理由，有兩大類型，一為總統違反憲法，另一為總統未盡忠職守❸。民國九十九年五月十八日立法院三讀修正通過之立法院職權行使法規定，立法委員如認為正副總統有失職或違法情事，都可提出彈劾，不限犯內亂或外患罪。至於彈劾之機關與程序，因民國九十四年六月七日任務型國民大會複決通過立法院於民國九十三年八月二十三日所通過修憲案而有所改變。依立法院所提憲法修

---

❶　詳閱，林昱梅，〈總統之罷免與彈劾〉，《憲政時代》，第 29 卷第 1 期，民國 92 年 7 月，頁 42–43。

❷　薩孟武，《中國憲法新論》，三民書局，民國 79 年 11 月，頁 214；另參閱，左潞生，《比較憲法》，國立編譯館，民國 53 年，頁 457；任德厚，《比較憲法與政府》，自刊本，三民書局經銷，民國 91 年 8 月，頁 362–367。

❸　詳閱，林昱梅，〈總統之罷免與彈劾〉，《憲政時代》，第 29 卷第 1 期，民國 92 年 7 月，頁 58–59。

正案第二條第十項之規定，「立法院提出總統、副總統彈劾案，聲請司法院大法官審理，經憲法法庭判決成立時，被彈劾人應即解職❹。」是以，總統、副總統之彈劾案，不再由國民大會議決，而改由憲法法庭審理判決❺。除此之外，立法院所提憲法修正案，經任務型國民大會於民國九十四年六月七日複決通過之憲法增修條文，尚有下列兩者與總統、副總統之彈劾有關，亦即：

1.憲法增修條文第四條第七項規定：「立法院對於總統、副總統之彈劾案，須經全體立法委員二分之一以上之提議，全體立法委員三分之二以上之決議，聲請司法院大法官審理，不適用憲法第九十條、第一百條及增修條文第七條第一項有關規定。」

2.憲法增修條文第五條第四項規定：「司法院大法官，除依憲法第七十八條之規定外，並組成憲法法庭審理總統、副總統之彈劾及政黨違憲之解散事項。」

同樣的，就法理上而言，總統、副總統之彈劾案，得同時合併或先後分別提出，也得分別為彈劾與否之審決，而發生是否缺位與補選之問題，亦即是：

㈠總統、副總統之彈劾案，若均經司法院大法官審理通過，則總統、副總統均已缺位時，由行政院院長代行其職權，並依憲法增修條文第二條第一項規定補選總統、副總統，繼任至原任期屆滿為止，不適用憲法第四十九條之有關規定（憲法增修條文第二條第八項）。

---

❹ 總統彈劾案通過之效果是總統解職，產生總統缺位之情形，應依憲法第四十九條規定，由副總統繼任。國外實例，如印尼瓦悉德總統經國會通過彈劾後，即由副總統梅嘉瓦蒂繼任總統。參閱，林昱梅，上揭文，頁59。

❺ 此一規定甚不妥適。蓋因代表全民民意的立法院經二分之一以上之提議，全體立法委員三分之二以上之決議，已經達到民主重要多數決，如再由被總統提名任命十五位大法官審理，實非民主常規。故此一規定為輿論所嚴厲批判。參閱，〈大法官如何審理大老闆之彈劾案〉，《聯合報》社論，民國94年5月30日，A2版。

㈡若僅對副總統之彈劾案而由大法官審理通過，則副總統缺位時，總統應於三個月內提名候選人，由立法院補選，繼任至原任期屆滿為止（同條第七項）。

㈢若僅對總統之彈劾案而由大法官審理通過，則適用憲法第四十九條前段:「總統缺位時，由副總統繼任，至總統任期屆滿為止」的規定，由副總統繼任至總統任期屆滿為止。

第九節　總統與五院之關係

中央政府以五院行使五種治權，而以總統為國家元首，總統與行使政權之國民大會之關係，已於國民大會一章中述之，茲分述總統與五院之關係:

第一、總統與行政院之關係

憲法規定下之中央政制，總統與行政院之關係最為密切。其職權之行使，與行政院恆息息相關，其最顯著者如下:

一、**任命關係**　行政院院長由總統任命之（憲法增修條文第三條第一項），行政院副院長，各部會首長，及不管部會之政務委員，由行政院院長提請總統任命之（憲法第五六條）。

二、**副署關係**　總統依法公布法律，發布命令，除依憲法或增修條文經立法院同意任命人員之任免命令及解散立法院之命令外，須經行政院院長之副署，或行政院院長及有關部會首長之副署（憲法第三七條、憲法增修條文第二條第二項）。

三、**核可關係**　行政院對於立法院決議之法律案、預算案、條約案，如認為有窒礙難行時，得經總統之核可，移請立法院覆議（憲法增修條文第三條第二項第二款）。

四、**其他職權行使之程序關係**　例如: ⑴總統行使締結條約及宣戰媾和之權（憲法第三八條）; ⑵宣布戒嚴（憲法第三九條）; ⑶行使大赦（憲

法第四〇條);(4)發布緊急命令（憲法第四三條、憲法增修條文第二條第三項）。均須事先經過行政院會議之決議程序，始得行使上述各種職權。

五、代行職權關係　總統、副總統均缺位時，或均不能視事時，由行政院院長代行其職權（憲法增修條文第二條第八項）；總統於任滿之日解職，如屆期次任總統尚未選出，或選出後，總統、副總統均未就職時，由行政院院長代行總統職權（憲法第五〇條）。

第二、總統與立法院之關係

我國中央政制，近於責任內閣制，僅由行政院向立法院負責，總統則否，惟依憲法及憲法增修條文之規定，總統與立法院亦有下列之關係：

一、任命之同意關係　司法院、考試院之正副院長、大法官、考試委員、監察院監察委員及監察院之審計長，由總統提名，經立法院同意任命之（憲法第一〇四條）。

二、法律之公布關係　立法院法律案通過後，移送總統及行政院，除覆議者外，總統應於收到後十日內公布之（憲法第七二條）。

三、覆議之核可關係　總統對於行政院移請立法院覆議之案件，須經總統之核可程序（憲法增修條文第三條第二項第二款）。

四、重要事項之通過或追認關係　總統依法宣布戒嚴，須經立法院之通過或追認（憲法第三九條）；總統發布緊急命令，為必要之處理，須提交立法院追認。

五、解散立法院關係　總統於立法院通過對行政院院長之不信任案後十日內，經諮詢立法院院長後，得宣告解散立法院（憲法增修條文第二條第五項前段）。

六、被彈劾關係　立法院對於總統、副總統得提出彈劾案（憲法增修條文第四條第七項）。

七、咨請召開臨時會之關係　總統得咨請立法院召開臨時會（憲法第六九條第一款）。

八、聽取國情報告關係　立法院於每年集會時，得聽取總統國情報告

（憲法增修條文第四條第三項）。

九、副總統補選關係 副總統缺位時，總統應於三個月內提名候選人，由立法院補選（憲法增修條文第二條第七項）。

第三、總統與司法、考試、監察三院之關係

總統與此三院之關係較少，就憲法及增修條文所規定者，約為下列關係：

一、任命關係 司法院院長、副院長及大法官，考試院院長、副院長及考試委員，監察院院長、副院長、監察委員，由總統提名，經立法院同意任命之；監察院設審計長，由總統提名，經立法院同意任命之（憲法增修條文有關各條、憲法第一○四條）。

二、院與院間爭執之解決 這是總統對於五院所有之一般關係。總統對於院與院間之爭執，除憲法已有規定者外，得召集有關各院院長會商解決之（憲法第四四條）。

三、彈劾案審理關係 民國九十四年六月十日公布之憲法增修條文第五條第四項規定：「司法院大法官，……組成憲法法庭審理總統、副總統之彈劾……。」

第十節　總統之幕僚機關

依中華民國總統府組織法第一條規定：「總統依據憲法行使職權，設總統府。」其性質與職權，與行憲以前之國民政府，大異其趣，因行憲前之國民政府，雖亦係以五院行使五種治權，惟國民政府則為五院之上級機關，亦不脅由五院組織而成；現制之總統府則不然，不僅非五院之上級機關，且與五院之組織無關，而係總統因行使憲法上之職權所設置之幕僚機關。因之，總統之職權與總統府之職權，不得混為一談。

總統府設有局、處、室等單位，置秘書長一人，承總統之命，綜理總

統府事務，並指揮監督所屬職員，置副秘書長二人，襄助秘書長處理事務，並置各級人員承辦各事。

　　總統府置資政、國策顧問，由總統遴聘之，聘期不得逾越總統任期，對國家大計，得向總統提供意見並備諮詢。

　　中央研究院、國史館、國父陵園管理委員會隸屬於總統府，其組織均另以法律定之。

　　總統府所屬各機關在法律上所發生之效果，與隸屬於行政院之機關不同，即：㈠不受行政院之指揮監督；㈡無向立法院提出法律案、預算案之權，亦無提出施政方針及施政報告之責，立法委員亦無向各該機關首長質詢之權，僅得於審議行政院提出各該機關之組織法修正案或預算案時，就有關事項，依司法院大法官釋字第四六一號解釋意旨，予以詢問。各該機關之組織法，如須修訂時，因憲法並無關於總統或總統府得向立法院提出法律案之規定，則祇得經由行政院或立法委員向立法院提出，以完成立法程序，惟總統府及其所屬機關職員，仍屬監察權行使之範圍，而得為監察院提起彈劾之對象（參照司法院大法官釋字第一四號解釋）。

本章自習題目

一、關於總統之任期，憲法與憲法增修條文有何不同？試說明之。

二、試述總統在國家之地位。

三、總統對外代表國家，試申其義。

四、試就憲法之規定，列舉總統之職權，並略述其意義。

五、中華民國憲法增修條文，對於總統職權有何規定？試言其要。

六、總統、副總統如何選出？缺位時如何補選？試舉以對。

七、說明總統所負之政治責任。

八、總統、副總統之罷免，憲法增修條文有何規定？試說明之。

九、何謂彈劾？又總統、副總統之彈劾，憲法增修條文有何規定？試說明之。

十、總統在法律上所負之責任如何？試闡述之。

十一、試述總統與行政院之關係。

十二、總統與立法院有何關係？試說明之。

十三、略述總統與司法、考試、監察三院之關係。

十四、說明總統府之性質。

第五章　行　政

第一節　概　說

　　我國憲法為五權憲法，以行政、立法、司法、考試、監察五院，分別行使行政、立法、司法、考試、監察五種治權，以構成中央政府，得稱為五院制。憲法將五權分章規定，其內容實不啻為關於五院之規定。

　　關於五院之次序，依照建國大綱第十九條規定：「在憲政開始時期，中央政府當完成設立五院，以試行五權之治，其序列如下：曰行政院，曰立法院，曰司法院，曰考試院，曰監察院。」嗣後國民政府組織法、中華民國訓政時期約法、及現在之憲法，所規定之五院，均以上述之序列為其次序。良因五院以行政院之職權為最繁複，亦得謂行政權為政府權之中心，故行政院列於第一；行政須以憲法及法律為依據，而法律須經立法機關之制定，故立法院次之，有立法必須有司法，以維護法律之適用，故司法院又次之；惟「徒法不能以自行」，有治法亦必須有治人，而人民必須經過考試銓定資格後，始得從政，以服公務，而公務人員不得違法失職，必須有所防範，此監察所以有其必要，因之，考試院及監察院之次序，以殿其後。

　　依上所述，五院固係分別行使五種治權，惟就各院內之職權性質及內容言之，立法、司法兩院，乃係側重法治，考試、監察兩院，則係側重人治，而行政院則應法治與人治並重，而無所軒輊，行政之含有綜合性，而形成為政府整體之中心，則以行政列為五權之首，以行政院序列於其他四院之前，其故或係在此。

　　五院次序雖有先後之分，惟地位並無高低之別，各院平等獨立，以分

別行使其職權，彼此並無隸屬之關係存在，其職權之行使，以憲法及法律為其範疇，而不得相互干涉或彼此逾越，不在牽制均衡，而在分工合作，如遇有權限爭議時，而涉及憲法或法令之疑義者，則循由司法院解釋憲法或統一解釋法令之途徑以解決之；其非屬於解釋事件者，則得由總統召集有關各院院長會商解決之（憲法第四四條）。

憲法所規定之行政，既為五種治權之一，則關於行政之意義，應予以說明：

所謂行政，本有廣義的行政及狹義的行政之分：

廣義之行政，乃指國家本於統治權之作用，所發動、推進、或執行的一切事務，無論其屬於立法、司法、考試或監察方面等事項，皆包括之。申言之，凡屬國家組織上各種機關的一切作用，即為行政，因國家之事務，甚為繁複，決非某一機關或少數機關所能勝任裕如，必須將事務之某一部分，委任於其他機關以處理之，而此種事務之處理，即國家統治權之作用，亦即屬於行政的範圍，所以廣義的行政，實與國家統治權整個作用之意義或政治之意義相當。

狹義之行政，則因三權分立制及五權分立制的國家而有不同。在三權分立制之國家，所謂行政，僅指不屬於立法、司法兩種機關內之統治作用而言，換言之，除去立法、司法以外之一切作用，便是行政；其在五權分立制之我國，所謂行政，乃係僅指不屬於立法、司法、考試、監察等四種機關內之統治作用而言，亦即國家統治作用中，除去立法、司法、考試、監察以外之一切作用，便是行政。詳言之，依　中山先生五權憲法之遺教，係將政權與治權劃分，政權有四：即選舉、罷免、創制、複決四權，為人民所享有；治權有五：即行政、立法、司法、考試、監察五權，為政府所享有，分屬於五院行使之，而規定此種治權之行使，及其行使機關之組織與其相互關係之根本大法，即為五權憲法，人民運用四個政權，以管理政府之五個治權，雖依中華民國憲法之規定，立法院已含有政權機關之性質，監察院在憲法增修條文規定改制為非民意機關之前亦然，此與　中山先生所主張五權憲法之遺教，未能完全符合，惟所謂狹義之行政，要僅係指屬

於治權中之「行政」而已，亦即係指行政機關所為之作用。簡言之，行政乃是行政機關本於行政職權所為之一切作用。行政院所職掌之行政，即係此種狹義之行政。至於立法、司法、考試、監察等機關所為之作用，則不得謂為行政。此與廣義之行政，包括國家各種機關之一切活動在內者不同。

行政乃為行政機關所為之作用，此種作用，係行政機關本於職權而為之，行政機關之此種職權，即為行政權，行政機關根據行政職權所為之一切作用，是為行政作用，祇問其為行政機關之作用，其中雖含有立法、司法、考試或監察性質之作用，可以不問；至於立法、司法、考試、監察等機關，本於立法、司法、考試、監察等職權所為之作用，亦不問各該機關之作用中含有行政之性質，要均不得謂為行政。亦即不屬於行政院所職掌之行政範圍。

第二節　行政院之地位

行政院為國家最高行政機關，為憲法第五十三條所明定，是為行政院在國家行政組織上之地位。茲將所謂國家最高行政機關之意義，及行政院相當於外國政制中何種地位，分別述之：

第一項　國家最高行政機關之意義

所謂國家最高行政機關，得就形式上及實質上說明之：

第一、形式上之意義

此就表面上以說明行政院為國家最高行政機關之意義：

一、所謂國家最高行政機關，乃別於國家其他屬於治權系統之最高機關而言，立法、司法、考試、監察四院，雖亦各為國家最高立法、司法、考試、監察機關，此四院之職權範圍內，雖亦有所謂立法行政、司法行政、考試行政、及監察行政，例如各院內部機構之設置存廢，人員之指揮監督，

經費之編列運用，以及其他事務之部署處理，固亦得謂為廣義之行政，要與行政院職掌之屬於狹義的行政者不同，亦即與行政院之為最高行政機關者有別，至何謂廣義之行政及狹義之行政，已見前述。

二、所謂國家最高行政機關，亦即地方自治機關之最高監督機關，國家行政機關與地方自治機關之性質，彼此原有區別，但國家行政機關對於地方自治機關監督權之行使，在理論上仍係以行政院為最高之監督機關。此觀憲法增修條文第九條第一項第七款「省承行政院之命，監督縣自治事項」之規定而自明。

三、所謂行政院為國家最高行政機關，乃指行政院院長、副院長、各部會首長、及不管部會之政務委員之綜合體而言，行政院直屬之各部會，並不包括在內，各該部會就其職掌範圍以內之行政事項，雖亦屬於行政院職權範圍內之一部分，惟自形式上言，仍不得謂各該部會之本身即係國家之最高行政機關。

第二、實質上之意義

此就內容上以說明行政院為國家最高行政機關之意義：

一、所謂行政院為國家最高行政機關，乃指在國家行政系統上，行政院對於行政事項，有最高的行政統率權，此種統率權，包括最高行政政策的決定，及最高行政指揮權與監督權的行使。

行政院因有最高行政政策之決定權，所以行政機關向立法院提出之各種法案，僅行政院有權提出，其他任何行政機關，無論為直屬行政院之各部會處局，或地方最高行政機關之直轄市政府、縣（市）政府，均不得直接逕向立法院提出法案，如欲提出，必須先提經行政院會議議決通過，以行政院之名義向立法院提出之；既經提送立法院審議的法案，如對於原案尚有修正意見，亦惟有再提經行政院會議議決通過後，始得再以行政院名義送請立法院審議。

行政院關於重要政策之決定，固恆提經行政院會議議決之，惟除憲法及法律另有規定者外，並非必須送請立法院審議或查照，行政院之擁有此

種重要政策之決定權，乃因其負有實際政治責任及擁有最高統率權之當然結果。

二、所謂行政院為國家最高行政機關，乃指行政院所有行政權之行使，並不因行政院以上或行政院以外之機關職權之行使，而駕凌其上，以影響其最高性，因之：

㈠總統雖為國家元首，對外代表國家，統率全國陸海空軍，行使締結條約及宣戰媾和之權，行使大赦、特赦、減刑及復權之權，任免行政院院長、其他文武官員及授與榮典，得依法宣布戒嚴及發布緊急命令，但總統依法公布法律，發布命令，除提經同意任命人員之任免命令外，須經行政院院長之副署；而宣戰、媾和、締結條約，以及大赦、戒嚴、發布緊急命令，仍須事先經過行政院會議的議決，所以總統並不總攬行政權，並非單純的負實際之行政責任，而在行政系統上負最高之責任者，仍為行政院。

㈡立法院對於行政院院長之人選，雖無同意權，而有提出不信任案以表決迫使其辭職之權，有向行政院院長及行政院各部會首長質詢之權；對於行政院提出之各種法案，雖有議決權，對於行政院移請覆議之案件，雖有維持原案，迫使行政院院長接受其決議之權，但是此等事項，已屬於立法權之行使範圍，並不影響行政院之為最高行政機關之性質。行政院固須對立法院負責，並須向立法院提出施政方針及施政報告（憲法增修條文第三條第二項），但此正足以表示行政院負有最高之行政責任，而於其行政機關之最高性，亦無影響。

㈢司法院雖有行政訴訟之審判權，得撤銷行政上之違法處分；雖有公務員懲戒權，對於行政院所屬違法失職之公務員有懲戒之權；以及對於行政院頒布之命令，司法院如認為有違背憲法，雖得行使其解釋憲法及統一解釋法令之權，以宣布違憲之行政命令為無效（憲法第七七條、第七八條）；但此等事項，既已屬於司法權行使之範圍，於行政院之為最高行政機關之性質，亦自不生影響。

㈣就考試院及監察院而言，行政院及其所屬各機關公務人員之任用，雖須經過考試院之考選或銓敘（憲法第八三條、第八五條、第八六條）；行

政院雖應提出決算案於監察院，監察院對於行政院及其所屬機關與人員，雖有糾舉權、彈劾權、審計權、及有調閱其命令及文件並提出糾正之權（憲法第六〇條、第九五條至第九八條）；但此等事項，既係分別屬於考試權及監察權行使之範圍，亦自與行政院之為最高行政機關之性質，並無影響。

總之，行政院為國家最高行政機關之地位，既不因總統為國家元首，以高居其上，而有所貶抑；亦不因立法、司法、考試、監察各院職權之行使，而影響其為行政機關之最高地位。

第二項　行政院相當外國政制中何種地位

行政院在我國政制中處於國家最高行政機關之地位，已見前述，此種地位與其他各國之中央政治制度，互相比較，究竟相當於何種地位？此則有待於說明：

第一、各國中央政制之形態

現代各國中央政治制度之形態，大體言之，可分為：內閣制 (Cabinet of Parliamentary System)，總統制 (Presidential of Congressional System)，及委員制 (Council of Swiss System)。此三種制度之認定標準，以行政權之歸屬及其行使以為斷。

各國在其基本法中，恆有明文規定其行政權之歸屬及其行使，以認定其為內閣制、總統制、或委員制者，茲述有關各種制度之規定及其特點：

一、**關於內閣制之規定及其特點**　例如：日本憲法第六十五條規定：「行政權屬於內閣」；泰國憲法第八條規定：「國王經由內閣行使行政權」等規定，均足以表示其為內閣制之國家。惟內閣制始於英國，而英國內閣之法律地位，迄今尚屬闕如，因英國為不成文憲法國家，舉凡英國之君主制度、內閣制度、國會制度、以及地方制度等，莫不以其長期之發生、演變為其基礎。而現在論內閣制者，幾無不以英國為典型之內閣制。無論為君主或民主內閣制之國家，其特點如下：

㈠內閣為國家之最高行政機關，亦為實際上行政權所歸屬所行使之機

關；國家元首則高拱無為，不負實際政治責任。

㈡內閣對於國會負實際之政治責任，元首對於內閣總理之任命，須經過國會之通過，而無權任意予以任免。

㈢內閣總理是國會多數黨之領袖，閣揆亦由閣員兼任；內閣之行政權與國會之立法權，不免混淆難分。

㈣元首頒布法律或命令，須內閣總理及有關閣員副署，始生效力，其副署乃係對國會負責的表示，而非向元首負責。

㈤國會對於內閣有不信任投票權，以實行倒閣；內閣對於國會亦有提請元首予以解散之權，以訴諸選民，探求真正民意之所在。

二、**關於總統制之規定及其特點** 例如：美國憲法第二條第一項規定：「行政權屬於美利堅合眾國總統」；菲律賓共和國憲法第七條第一項規定：「行政權屬於菲律賓共和國總統」；巴西聯邦憲法第七十八條規定：「行政權由總統行使之」等規定，均足以表示其為總統制之國家。惟總統制之國家，亦並非無內閣之設置，就美國言，可謂為典型之總統制國家，美國總統之下，即有內閣，美國之內閣，通常稱為「總統之內閣」(President's Cabinet)，因為美國內閣之行政各部，其性質乃是總統之幕僚，內閣閣員之意見，總統可以任意採納或不採納，閣員乃是個別對總統負責，閣員之進退，亦完全由總統決定之。因此，總統制之特點，約如下述：

㈠總統不僅在名義上為國家元首，亦為最高行政首長，負實際上之政治責任，國家政策得由總統逕自單獨決定。

㈡總統直接對選民負責，對國會不負政策上之責任，總統與國會相互間，並無責任關係，行政權與立法權處於完全分離之狀態；政府與國會間，係藉國會委員會及政黨之組織以為聯繫。

㈢內閣閣員，由總統任命為各部部長，對總統負責，乃為總統之幕僚，其進退在於總統之信任與否，無須取得國會之信任，亦不得兼任國會議員。

㈣總統頒布法律命令，毋須閣員副署，即可發生效力。

㈤總統不能向國會提出法律案，對於國會通過之法律案，僅有要求覆議權，而無否決權，亦無解散國會之權。

㈥國會對於總統及閣員之彈劾，限於違法行為或重大之刑事罪行，不能涉及政策，而無不信任之投票權；即使國會對於總統及閣員有何責難或不信任之表示，甚或反對其政策或拒絕其預算案，亦毋須考慮辭職問題。

三、**關於委員制之規定及其特點** 民主國家之中央政制，採行委員制者，在歐洲有瑞士，在美洲有烏拉圭為著稱。茲依西元二〇〇〇年之瑞士憲法❶，略述瑞士之委員制：瑞士聯邦憲法第一百七十四條規定：「聯邦之最高執行及指揮機關為聯邦政府」，聯邦政府依該憲法第一百七十五條規定由七個委員組成行政委員會。行政委員會即是瑞士之最高行政機關，其最高之立法機關，則為兩院制之議會，行政委員會係由議會兩院開聯席會選舉委員七人組織之，並由其中選舉總統、副總統各一人，其職權與各委員完全平等，總統、副總統及各委員且各長一部，最重要之任務，決定於議會，次要者則取決於行政委員會；行政委員會與議會之關係，既不彼此分離，亦不互相對抗，故瑞士之行政委員制，與內閣制及總統制大有區別，乃極為明顯。

惟各國亦有在其根本法中所規定之中央政制，究為內閣制，抑為總統制，難以認定者，例如：土耳其共和國憲法（一九四五年一月十日公布）第五條規定：「立法權及行政權集中於國民議會，由國民議會發揮之」；第七條規定：「國民議會由其所選任之共和國總統及總統所選出之內閣，行使其行政權；國會議員得隨時監督政府（內閣）的活動並解任之」；又如巴拿馬共和國憲法（一九四六年三月一日公布）第一百三十六條規定：「行政機關，由總統依內閣部長必要的協助構成之」；第一百三十七條規定：「關於每一個別事項，總統及主管部部長代表行政機關。」是則仍須於其實際上關於行政權之行使及其與國會之關係如何，以認定其為內閣制或總統制，抑或折衷於此兩種制度之間。

第二、我國為「五權憲法之行政制」

我國行政院在國家之地位，憲法既明定其為國家最高行政機關，其與

---

❶ 英文版可從 http://confinder.richmond.edu/ 網站取得。

瑞士之行政委員會之地位迥異，極為顯然，毋庸贅述。惟行政院究與英國式內閣制之地位相當？抑與美國總統制之內閣地位相當？則為一般政論家所爭議之問題，換言之，憲法中關於中央政制之規定，是內閣制？抑係總統制？亦即究與何種制度相當？

關於中央政制，究係相當於內閣制？抑相當於總統制？此則牽涉總統與行政院及立法院相互間之關係甚切，憲法增修條文已將憲法原有規定多所修正，而予以變更，茲就增修條文有關規定，析述其要：

一、行政院與內閣制之內閣比較　其異同之點，約為：

㈠相同之點　⑴行政院為國家最高行政機關，對立法院負責，⑵總統除發布行政院院長與依憲法或憲法增修條文經立法院同意任命人員之任免命令及解散立法院之命令，無須行政院院長副署外，公布法律，發布命令，須經行政院院長之副署，或行政院院長及有關部會首長之副署，⑶立法院得對行政院院長提出不信任案,行政院院長亦有呈請總統解散立法院之權，不信任權與解散權，乃內閣制構成之必要條件，亦為行政、立法兩權互相制衡之有效機制。

㈡相異之點　⑴行政院院長由總統逕行任免之，⑵立法委員不得兼任官吏，⑶行政院對立法院決議之法律案、預算案、條約案，有報經總統核可移請立法院覆議之權。凡此均與內閣制顯然不同。

二、行政院與總統制之內閣比較　其異同之點，約為：

㈠相同之點　⑴行政院院長，由總統逕行任免之，⑵行政院院長、副院長、各部會首長及不管部會之政務委員，均不得兼任立法委員，⑶行政院對立法院決議之法律等案，有移請立法院覆議之權。

㈡相異之點　⑴行政院為國家最高行政機關，⑵立法院對行政院有不信任之權，行政院對立法院亦有提請解散之權。凡此均與總統制顯然有別。

因之，就憲法及增修條文所規定行政院在政制中之地位，既非內閣制，亦非總統制，有稱之為「內閣制與總統制的折衷制或混合制」者，亦有稱「新式的內閣制」或「新式的總統制」者，亦有謂為「總統有權，行政院有責」，而稱之為「行政責任制或雙重行政首長制者」，眾說紛紜，仁智互

見，但就憲法增修條文以前之原有規定而言，行政院負實際政治責任，而為國家最高行政機關一端著眼，其地位確與內閣制式之內閣，較為相近。憲法增修條文以後，強化總統之職權，行政院似形成為總統制下之內閣，國人每以行政院為內閣相視，亦非無因。

內閣制與總統制，原係三權憲法下之制度，互有優劣，各國政制，應以各國之歷史、文化、主義、國情及其他特種因素而異其揆，原不必苟同，以削足適履。各國政制，無論為內閣制或總統制，亦並非完全相同，而互有差別。五權憲法下之政制，原無強與內閣制或總統制從同之必要。國人每將行政院以內閣相稱，實則「內閣」一詞，並無法律依據，亦與國家建制之原意不符，喜稱「內閣」，未免自失立場，不如逕稱「行政院」為宜。行政院之地位，是否與內閣制之內閣相當，或與總統制之內閣相當，均與五權憲法無關，亦不必以內閣制或總統制之名稱相比擬，而逕可稱之為「五權憲法制」或「五權憲法的行政制」，是為具有中國特色的憲政體制。

第三節　行政院之組織

第一項　行政院組織之概念

行政院之組織，以法律定之（憲法第六一條），是即為行政院組織法。關於行政院之組織，行憲以前與行憲以後，彼此不同。行憲前行政院之組織，其院長以國民政府主席之提請，由國民政府依法任免之，各部會首長並非政務委員，亦無不管部會政務委員之設置，此與行憲後之行政院院長，由總統提名經立法院同意後任命之,各部會首長同時具有政務委員之身分，並置有不管部會之政務委員，乃為最顯著之區別。惟依現行憲法增修條文之規定，行政院院長由總統任命之，無須經立法院同意，詳見後述。

關於行政院之組織，有廣狹二種概念：

第一、廣義之行政院

　　憲法第五十四條規定：「行政院設院長、副院長各一人，各部會首長若干人，及不管部會之政務委員若干人」；又依現行行政院組織法之規定，行政院設內政、外交、國防、財政、教育、法務、經濟、交通等八部，蒙藏、僑務兩委員會，及不管部會之政務委員五人至七人，又設有秘書處、主計處及新聞局。因之，所謂行政院，應包括院長、副院長、各部會首長、不管部會之政務委員及各部會處局而言，所謂「行政院會議」，所謂「行政院之施政方針及施政報告」，所謂「行政院對立法院負責」，乃至以行政院認為是責任內閣，均係指廣義之行政院而言。

第二、狹義之行政院

　　此僅指行政院院長、副院長、主管部會首長之政務委員，及不管部會之政務委員，以及院內之秘書處而言，並不包括所屬其他各部會處（如主計處）局在內，例如通常所謂行政院職員，行政院辦公地址，行政院之文書處理，以及行政院之命令，均係指此種狹義之行政院而言。

　　關於行政院之概念，既有廣狹二義，則現行法令上所謂行政院，究指廣義？抑指狹義而言？應依據各種法令之規定意旨，分別認定之。大體言之，凡同一法令中，以行政院與其所屬部會同時並舉，或並為規定者，大抵指狹義之行政院而言，否則，得依其規定之主旨，以為廣義或狹義之認定。

　　值得注意的是，行政院的上述組織架構將有重大變革，依民國九十九年元月十二日立法院三讀通過修正之行政院組織法第三條、第四條、第七條至第九條之規定，行政院設有下列組織，並訂於民國一百零一年一月一日開始施行。

　　　1.行政院設下列各部：一、內政部。二、外交部。三、國防部。四、財政部。五、教育部。六、法務部。七、經濟及能源部。八、交通及建設部。九、勞動部。十、農業部。十一、衛生福利部。十二、

環境資源部。十三、文化部。十四、科技部。

2. 行政院設下列各委員會：一、國家發展委員會。二、大陸委員會。三、金融監督管理委員會。四、海洋委員會。五、僑務委員會。六、國軍退除役官兵輔導委員會。七、原住民族委員會。八、客家委員會。

3. 行政院設中央銀行。

4. 行政院設國立故宮博物院。

5. 行政院設下列相當中央二級獨立機關：一、中央選舉委員會。二、公平交易委員會。三、國家通訊傳播委員會。

另依民國九十九年元月十二日修正之中央行政機關組織基準法第三十六條之規定，作為中央一級機關之行政院，為因應突發、特殊或新興之重大事務，得設臨時性、過渡性之機關，其組織以暫時組織規程定之，並應明定其存續期限。

第二項　行政院組織之構成

就狹義之行政院組織而言，行政院組織之構成，為院長、副院長、主管部會首長之政務委員、不管部會之政務委員、及院內秘書處等幕僚機構及人員，至於行政院所屬各機關如各部會處局之組織本身，則不包括在內；又行政院會議，乃為行政院行使職權之方式，而非行政院組織之本身，於行政院之職權一節中述之。

第一、院　長

一、**院長之產生方法**　行政院院長由總統提名，經立法院同意任命之，原為憲法第五十五條所明定，惟憲法增修條文第三條第一項規定行政院院長由總統任命之，憲法第五十五條之規定，停止適用，亦即行政院院長之任命，無須經過總統提名經立法院同意之程序，而得逕行任命之。

行政院院長原須由總統提名，經立法院同意任命之，其優點在於行政院院長任命前已獲得立法委員之肯定與支持，任命後之施政，亦將較易推

行順利，同時亦表徵行政院對立法院負責之主旨所在；惟其缺點，則為立法院拖延或否決總統所提出之行政院院長人選，而形成挾同意權以為政治上之勒索，不僅使總統之任用權受其限制，且將使行政癱瘓，運作困難，或使行政院院長同意任命後之施政，對立法院畏首畏尾，多所顧忌。

現改為由總統逕行任命行政院院長，加強總統用人之職權，固可避免立法院同意權行使之牽制，惟總統並不對立法院負責，立法院固喪失其同意權，但對於行政院院長有提出不信任案之權，是否易於導致兩院之紛爭叢生，而使政治難以安定，尚有待於評估。不過，憲法增修條文此一規定實施後，行政院院長由總統任命，導致異動非常頻繁，且不受民主監督，以致發生民國八十六年至民國九十七年初之種種憲政亂象，而為輿論所詬病❷。

二、**院長之解職原因**　行政院院長並無任期之規定，至於其解職原因，約如下述：

㈠行政院院長自行辭職獲准者。

㈡立法院對行政院院長提出不信任案，經立法委員法定人數之贊成，行政院院長應提出辭職（參照憲法增修條文第三條第二項第三款），此可謂被動辭職，與自動辭職有別。

㈢總統基於政治上之因素，另行任命行政院院長，則原任院長解職。

㈣總統改選後，另行任命行政院院長，則原任院長解職；若並未另行任命人選，而原任院長於新任總統就職時提出總辭，係基於尊重國家元首所為之禮貌性辭職，並非其憲法上之義務，如何處理，乃總統之裁量權限（參照司法院大法官釋字第四一九號解釋㈡）。

---

❷　為了防止：1. 用人不依編制；2. 花錢不依預算；3. 做事不依法律；4. 濫權不受監控；5. 犯錯不負責任等種種「行政胡亂」現象，筆者在立法院修憲委員會修憲公聽會上更主張：「行政院各部會首長、政務官、所屬重要財團法人、社團法人、獨立機構、公營事業之首長，應仿照美國憲法第二條第二項第二款之規定，經立法院之同意任命之。」林騰鷂發言，《立法院修憲委員會修憲公聽會第六場會議記錄》，民國 93 年 8 月 18 日，頁 159。

㈤行政院院長因次屆立法院新任立法委員集會，基於責任政治，為尊重總統職權，而請辭獲准，此雖非憲法所規範，惟建立憲政慣例，並無不可。就此，司法院釋字第三八七號亦作出立委改選後於第一次集會前，行政院院長、全體政務委員應提出總辭之解釋。

㈥行政院院長違法失職，經公務員懲戒委員會決議撤職時，因而去職。

㈦行政院院長觸犯刑事，經法院判處罪刑並褫奪公權時，當然去職。

至於總統對行政院院長之免職命令，無須該行政院院長之副署。

三、**院長之職權**　行政院院長為全國最高行政機關之行政首長，職權至為繁重，依憲法、憲法增修條文及行政院組織法之規定，其職權得列舉如下：

㈠**代行總統職權**　總統、副總統均缺位時，或總統、副總統均不能視事時，由行政院院長代行總統職權；又總統於任滿之日解職，如屆期次任總統尚未選出，或選出後總統、副總統均未就職時，亦由行政院院長代行總統職權；惟其代行總統職權時，其期間不得逾三個月（憲法第四九條至第五一條）以資範限。因之，行政院院長若由副總統兼任，雖非明白違憲，但非常不適當，已如前述。

㈡**向立法院提出施政方針及施政報告之權**　行政院院長向立法院提出施政方針及施政報告，並答覆立法委員在立法院會議中之質詢（憲法增修條文第三條第二項第一款）。

㈢**移請立法院覆議之權**　行政院對於立法院決議之法律案、預算案、條約案，如認為有窒礙難行時，得經總統之核可，移請立法院覆議，應認為側重於行政院院長之職權事項，因立法院若決議維持原案，行政院院長應即接受該決議（同項第二款）。關於移請覆議事項，容於行政院之職權一節中另詳述之。

㈣**副署權**　依憲法第三十七條前段之規定：「總統依法公布法律，發布命令，須經行政院院長之副署」，是為行政院院長之副署權；惟「總統發布行政院院長與依憲法經立法院同意任命人員之任免命令及解散立法院之命令，無須行政院院長之副署，不適用憲法第三十七條之規定」（憲法增修條

文第二條第二項）。是以，行政院院長之副署權受到一些限制。

　　㈤**呈請解散立法院之權**　依憲法增修條文第三條第二項第三款規定：

　　「立法院得經全體立法委員三分之一以上連署，對行政院院長提出不信任案。不信任案提出七十二小時後，應於四十八小時內以記名投票表決之。如經全體立法委員二分之一以上贊成，行政院院長應於十日內提出辭職，並得同時呈請總統解散立法院；不信任案如未獲通過，一年內不得對同一行政院院長再提不信任案。」

　　此種呈請總統解散立法院之原因，由於立法院對行政院院長提出不信任案而發生。兩院具有制衡作用，亦惟有行政院院長始有呈請解散立法院之權，總統經諮詢立法院院長後，始得宣告解散立法院，惟總統亦得不宣告解散立法院，解散與否之決定權，仍操之於總統。不信任案如未獲立法院通過，一年內不得對同一行政院院長再提不信任案，乃所以消弭爭端，安定政局。

　　㈥**提請任命行政院副院長等人員之權**　行政院副院長、各部會首長及不管部會之政務委員，由行政院院長提請總統任命之（憲法第五六條），並對於院內及所屬機關人員有請簡呈薦之權。

　　㈦**主持院會之權**　組織行政院會議，提出各種法案，並為會議主席（憲法第五八條）。

　　㈧**會商解決院際爭執之權**　總統對於院與院間之爭執，除本憲法有規定者外，得召集有關各院會商解決之（憲法第四四條）。

　　㈨**綜理院務之權**　行政院院長綜理院務並監督所屬機關（行政院組織法第七條第一項），基於此種職權，依法發布院令及為其他行政作用。

　　關於行政院院長之職權，與行政院之職權，有牽連難分之關係，容於次節申述之。

第二、副院長

　　一、**副院長之產生方法**　行政院副院長，由行政院院長提請總統任命之（憲法第五六條），亦無一定之任期，除另有規定外，如行政院院長因事

解職，副院長亦自當連同去職。

二、**副院長之職務** 自法例上言之，副院長乃襄助院長綜理院務，惟法無明文規定。

憲法第五十五條：「行政院院長，由總統提名，經立法院同意任命之。立法院休會期間，行政院院長辭職或出缺時，由行政院副院長代理其職務，但總統須於四十日內咨請立法院召集會議，提出行政院院長人選，徵求同意。行政院院長職務，在總統所提行政院院長人選未經立法院同意前，由行政院副院長暫行代理。」

上述憲法規定，已為憲法增修條文第三條第一項所排斥而不適用，亦即：「行政院院長由總統任命之。行政院院長辭職或出缺時，在總統未任命行政院院長前，由行政院副院長暫行代理。憲法第五十五條之規定，停止適用」，是即為行政院副院長職權之規定。

又行政院院長因事故不能視事時，亦由副院長代理其職務（行政院組織法第七條第二項），其代理期間之久暫，法無明文規定，甚為不妥，實應於修正行政組織法時明白規範。

第三、各部會首長及不管部會之政務委員

行政院院長及副院長並非政務委員。各部會首長及不管部會之政務委員，均係由行政院院長提請總統任命之。各部會首長同時亦為政務委員，具有兩種身分，一為各部會首長之身分，分別主管各部會；一為政務委員之身分，故出席行政院會議，得對於會議事項，均有發言及表決權，並不以其主管部會之事項為限。

關於不管部會政務委員設置之理由，不外對於各部會之政務，能以超然態度主持公道，使行政政策協調，以減少衝突爭執之弊，且可羅致人才，參加國家行政，並可溝通各政黨間之政見及調劑政潮。

各部會首長除分別主管其部會外，與其他不管部會之政務委員，同為構成行政院組織之重要人員，出席行政院會議，並輔助行政院院長處理行政事務，例如參加或主持各種審查會議，或處理其他特定事項是。不過，

民國九十九年元月修正之行政院組織法第五條第二項規定，政務委員得兼任該法第四條所規定委員會之主任委員。是以，在民國一百零一年元旦後，政務委員將有一些不是單純不管部會之政務委員。

第四、行政院會議

憲法第五十八條規定行政院會議之組成方式，並規定重要之法案與決策均須經過行政院會議之議決，可見行政院會議為我國之最高行政決策會議，現時於每星期四集會一次，決定國家重要政策與施政方針。

行政院會議，依憲法第五十八條第一項之規定，是由行政院院長、副院長、各部會首長及不管部會之政務委員組織之，並以院長為主席。

行政院會議依憲法之規定，當有上述成員參加會議，但因民國九十九年元月修正之行政院組織法第十一條規定：「行政院會議得邀請或指定有關人員列席備詢」。現時依行政院網址發布資料，列席之人員有行政院秘書長、副秘書長、主計長、人事行政局局長、新聞局局長、院長指定之機關首長及總統府副秘書長等。此些列席人員無表決權。

第五、幕僚機構

行政院置秘書長一人，承院長之命處理本院事務，並指揮監督所屬職員，副秘書長一人，襄助秘書長處理事務。並置參事、秘書、科長、編審、科員等各級人員，設秘書處及人事、會計等室，分別掌理會議紀錄、文書及人事會計等事項；為處理訴願案件，設訴願審議委員會；關於法規之撰擬、審查及解釋等事項，設法規委員會，此兩委員會，亦形成為院內之幕僚機構。

值得注意的是，民國九十九年元月修正之行政院組織法第十二條第二項又特別規定，行政院置發言人一人，處理新聞發布及聯繫事項，得由政務職人員兼任之。另為處理特定事務，依行政院組織法第十四條之規定，可在院內設專責單位，如法規委員會是。

第四節　行政院之職權

第一項　行政院職權之種類

關於行政院之職權,得分為職權之種類,及職權行使之方式二者說明之。

憲法關於行政院職權之規定,與立法、司法、考試、監察四院職權之規定,係採列舉之方式者不同。僅得就行政之性質,行政院之地位,及憲法上有關行政院職權條文之規定,以為認定。因行政事項異常廣泛,難以為個別列舉之規定,祇得為概括之認定。

關於立法、司法、考試、監察四院之職掌事項,既係列舉規定,則非列舉之事項,自不屬於其範圍;行政院之職權,既係概括之認定,則凡國家之各種事項,其性質不屬於其他四院之職權者,要均屬於行政之範圍,此種剩餘權之歸屬,自在行政院。

關於行政院之職權與行政院院長之職權,性質牽連,殊難為顯然之劃分,因院長既係綜理院務,則其所行使之職權,除其性質僅以行政院院長個人之身分為限,或法律明定由行政院院長行使者外,凡憲法或法律對於某種職權之行使,僅規定行政院字樣者,即係指行政院機關本身之職權而言,而非指行政院院長個人職權之行使,此參看前述關於行政院院長之職權而自明。

行政院與其所屬各部會雖各有其法定之職權,惟行政院不啻為各部會之綜合體,行政院之職權,即是各部會職權之總和,亦可謂集各部會職權之大成,依憲法、憲法增修條文及其他法律之規定,行政院之職權,得大別如下:

第一、法案提案權

行政院有向立法院提出法律案、預算案、戒嚴案、大赦案、宣戰案、

媾和案、條約案及其他重要事項之權，為憲法第五十八條第二項所明定。此等案件，均須完成立法程序，得概稱為法案。此等法案，須先提經行政院會議之議決，始得向立法院提出，其中年度預算案之提出，且有一定期間之限制，即「行政院於會計年度開始三個月前，應將下年度預算案提出於立法院」（憲法第五九條）。惟此種期間之規定，僅國家之年度總預算，有其適用，至於追加預算則否。

關於向立法院提出法案，行政機關中僅行政院有此職權，其他任何行政機關均無逕向立法院提出法案之權。

第二、移請覆議權

行政院之移請覆議權，亦係向立法院行使之，而為對立法院負責之構成內容。關於移請覆議之事項、條件及其效果，憲法增修條文（第三條第二項第二款）已將憲法原所規定之第五十七條第二、三款，予以重大變更，因而憲法第五十七條之規定，停止適用。

憲法第五十七條規定行政院得移請覆議之事件，得分為兩類：第一類關於重要政策之覆議（第二款）；第二類關於法律案、預算案、條約案之覆議（第三款）。憲法增修條文第三條內則僅有第二類事件之覆議，而無第一類事件之覆議，此其大別者。

依憲法增修條文第三條第二項第二款規定：

「行政院對於立法院決議之法律案、預算案、條約案，如認為有窒礙難行時，得經總統之核可，於該決議案送達行政院十日內，移請立法院覆議。立法院對於行政院移請覆議案，應於送達十五日內作成決議。如為休會期間，立法院應於七日內自行集會，並於開議十五日內作成決議。覆議案逾期未議決者，原決議失效。覆議時，如經全體立法委員二分之一以上決議維持原案，行政院院長應即接受該決議。」

此與憲法第五十七條第三款規定：

「行政院對於立法院決議之法律案、預算案、條約案，如認為有窒礙難行時，得經總統之核可，於該決議案送達行政院十日內，移請立法院覆

議。覆議時，如經出席立法委員三分之二維持原案，行政院院長應即接受該決議或辭職。」互相比較，行政院與立法院各有得失：

㈠關於立法委員維持原案之人數　憲法規定為三分之二，增修條文規定則為二分之一以上，門檻降低，易於維持原案，此於立法院有利。

㈡關於覆議之效果　如維持原案，憲法規定，「行政院院長應即接受該決議或辭職」；增修條文規定，則僅為「行政院院長應即接受該決議」，並不迫使其辭職，安定政局，此於行政院有利。惟行政院院長若不接受該決議時，如何處理，則無規定，可否即依同項第三款之規定，由立法委員對行政院院長提出不信任案？此在法理上似可肯定。

至於憲法增修條文規定：「覆議案逾期未議決者，原決議失效」，其有利於行政院，則更為明顯。

關於移請覆議權，有尚須說明者：

㈠行政院對立法院所決議之法案，因互有歧見，賦予行政院移請覆議權，以為解決政治僵局之方法，惟行政院雖有此權，然並非經常頻繁使用之權利，寧可備而不用，隱而不現，得稱之為「潛在的權利」或「潛能的權利」，此與一般法案之提案權，得經常頻繁行使者不同。

㈡移請覆議，僅以「法律案、預算案、條約案」三者為限，而未將戒嚴案、大赦案、宣戰案、媾和案規定在內，若立法院對於此等事項，有所決議，或其決議與行政院所提出之原案，互有出入，行政院認為窒礙難行時，可否移請覆議，不無疑義。學者有謂本款之規定，係例示規定，而非列舉規定，因戒嚴案、大赦案、宣戰案、媾和案，其性質之重要，較之法律案、預算案及條約案，有過之而無不及，行政院對於戒嚴案等四類案件之決議，如認為窒礙難行時，亦自得移請立法院覆議。

余則採否定說，認為行政院對於立法院所為關於戒嚴案等四種案件之決議，縱認為窒礙難行時，亦不得移請覆議，因：(1)若戒嚴案等四種案件，亦得移請覆議，則憲法增修條文第三條第二項第二款所明文列舉「法律案、預算案、條約案」之規定，即將失其列舉規定之意義，此即拉丁法諺所謂：「省略規定之事項，應認為有意省略」，以及「明示規定其一者，應認為排

除其他」原則之適用；(2)覆議案件之結果，足以迫使行政院院長接受該決議途徑，若行政院院長不接受該決議，而採取辭職之一途時，勢將導致政潮，影響政局之安定，故覆議權之行使，以採取嚴格規定或從嚴解釋為宜。

㈢所謂「行政院對於立法院決議之法律案、預算案、條約案，如認為有窒礙難行時」，不必各該案之全部分窒礙難行，始得移請覆議，即僅係各該案之某一條文或某一部分有窒礙難行時，亦構成移請覆議之要件。

㈣所謂「立法院決議之法律案」，並不僅以原係由行政院提出審議者為限，始得移請覆議，即原係由立法委員自行提出之法律案，或由司法、考試、監察三院提請立法院審議之法律案，經決議後，法律之內容，涉及行政院之職掌範圍，行政院如認為窒礙難行時，亦得提請覆議，因既謂：「立法院決議之法律案」，則凡係法律案，祇須合於移請覆議之要件，應不以行政院為原提案者為限，即原提案者為立法委員或司法、考試、監察三院，行政院亦得行使其移請覆議之權，反之，雖係為提案者，若非行政院，亦無行使移請覆議之餘地。亦得謂為移請覆議權，僅為行政院所獨特擁有之權。

第三、決算提出權

行政院於會計年度結束後四個月內，應提出決算於監察院（憲法第六〇條）。至於各級機關決算之編送程序及期限，由行政院定之（參照決算法第二一條第二項）。

第四、重要政策決定權

行政院有決定重要政策之權，乃因其負有實際政治責任，及擁有最高行政統率權之當然結果。憲法增修條文第三條第二項第一款規定，行政院有向立法院提出施政方針及施政報告之責，此種施政方針及施政報告，自得包括重要政策之決定在內。

第五、行政事項之執行權

行政院之職權，不僅以政策之決定為限，且依法有通常事項之執行權，

換言之，行政院不僅為一決策機關，有時亦為一執行機關，例如：預算案及行政計畫之執行，以及行政處分之實施，乃其最顯著者。

第六、一般行政事項之最高指揮監督權

行政院因有最高之行政指揮權及監督權，所以得行使其最高之行政命令權及最高之行政處分權，對於其所屬行政機關，就一般行政事項所為之命令或處分，依法得予以撤銷、變更或停止之，而有其最高之效力。

行政院對於政策之決定，恆命令所屬行政機關負責執行，所屬各機關是否已盡職責，各該機關之上級行政機關，雖均有指揮監督之權，惟在行政系統上，其最高之指揮監督權，則在最高行政機關之行政院。

第二項　行政院職權之行使方式

行政院職權之行使方式，以行政院會議為其樞紐，茲將行政院會議之有關事項，分述如下：

第一、會議之組織

行政院設行政院會議，由行政院院長、副院長、各部會首長及不管部會之政務委員組織之，以院長為主席，院長因事不能出席時，由副院長代理之；院長、副院長均因事不能出席時，由出席者公推其中一人代理主席（憲法第五八條第一項、行政院會議議事規則第二條），行政院秘書長、副秘書長及新聞局局長，均應列席行政院會議；各部會首長因事不能出席行政院會議時，得由各該部會副首長代表列席；行政院會議並得邀請有關人員列席備詢；列席人員非經主席許可，不得再派代表列席，列席人員無表決權（參照行政院組織法第八條、第九條，行政院會議議事規則第一四條）。

第二、會議之事項

提出行政院會議之事項如下（參照上述議事規則第四條）：

一、**依法須提出行政院會議議決事項**　例如：依行政院組織法第六條

之規定，行政院經行政院會議及立法院之決議，得增設、裁併各部、各委員會或其他所屬機關；又如行政院所屬各部之組織法，均有規定就主管事務，對於各地方高級行政長官之命令或處分，認為有違背法令或逾越權限者，得提經行政院會議議決後停止或撤銷之。

二、**依法須提出立法院之事項**　此即憲法第五十八條第二項規定，應行提出立法院之法律案、預算案、戒嚴案、大赦案、宣戰案、媾和案、條約案及其他重要事項（參照行政院組織法第六條），應提出於行政院會議議決之。

三、**涉及各部會共同關係之事項**　此亦為憲法第五十八條第二項所規定提出於行政院會議議決之事項。關於各部會之職權事項，未能直接商得解決，或不宜逕商解決，或必須由行政院會議予以決定之事項。惟所謂共同關係之事項，並非指所有各部會均有其共同關係，僅其中少數部會有關係者，亦包括之。

四、**其他重要事項**　此種事項之範圍，包括甚廣，舉凡院長不便單獨決定之事項，或各部會首長不能單獨決定之事項，如政策之決定，官制之釐訂，規章之核定，法令疑義之釋示，簡任以上重要行政人員之任免，國際會議之參加，行政事例之創制或變更等事項皆屬之。

上述四類事項，除一、二兩類外，其是否提出行政院會議，並無一定之標準，均得由院長以裁量行之，或基於行政慣例以為取捨。又提出行政院會議之各種議案，得由院長核定後，編入議程（參照上述議事規則第九條）。

第三、會議之性質

依行政院會議議事規則之規定，就必須提出會議之事項，及議案以出席人過半數之同意議決之而言（參照上述議事規則第五條第一項），會議之性質，有似合議制，行政院職權之行使，一似以合議制為其有效之要件；惟此項決議，如院長或主管部會首長有異議時，由院長決定之（參照上述議事規則第五條第二項），其他屬於行政院職權範圍內之事項，由院長以裁

量之方式行之，而不提經會議之決議者甚多，院長有綜理院務之權，行政院發布命令時，並不須有關部會首長之副署，故行政院仍為首長制，而非合議制。

行政院職權行使之方式，除依法必須提經行政院會議者外，其他如召集有關各機關舉行審查會議，或就有關事項，分交各主管機關辦理或議復憑核，以及其他職權之行使方式，與一般行政機關相同。

關於行政院之組織及其職權，已見前述。於此有尚須敘及者，即憲法增修條文第三條第三項：「國家機關之職權，設立程序及總員額，得以法律為準則性之規定」，及第四項「各機關之組織、編制及員額，應依前項法律，基於政策或業務需要決定之」的規定。

實則關於國家各機關之組織者，應以法律定之，早為中央法規標準法第五條第三款所明定，而構成各機關組織之基本事項，除特別情形外，大抵為各機關之隸屬系統、職權範圍、單位設置及員額編制等事項，惟此等事項，尚無一種共同性之法律，以為設置之標準，依上述憲法增修條文之意旨，有制定「國家機關設置標準法」之必要。

國家機關不以行政機關為限，即立法、司法、考試及監察等機關，亦均為國家機關，要以行政機關之數量為最多，占有全國機關總和百分之九十五以上。且行政之範圍廣泛，業務繁雜，恆因國家社會之新興事業，而增設機關以資適應，從而行政機關之數量增多，行政組織之形態各殊，尤須訂立為共同適用之準則性法律，使各行政機關得以自行調整其編制及員額，以適應需要。上述憲法增修條文之提示各點，訂列於第三條有關行政院事項範圍之中，其故當在於此。

第五節　行政院之責任

關於行政院之責任，可分為下列各點以說明之：

第一、行政院負實際政治責任

所謂負實際政治責任，即是關於國家行政方面重要政策之決定，重大事項之措施，均由行政院負其責任，例如：法律案、預算案、戒嚴案、大赦案、宣戰案、媾和案、條約案及其他重要事項，均應提出行政院會議議決之（憲法第五八條），即可明瞭行政院所負實際之政治責任，學者有以行政院比擬於外國政制中之責任內閣者以此。

第二、行政院依下列規定對立法院負責

行政院依下列規定，對立法院負責，憲法第五十七條之規定，停止適用，為憲法增修條文第三條第二項所明定。實則憲法第五十七條共有三款，其中第一款與增修條文第三條第二項第一款所規定者完全相同，彼此相異者，則為各該條文中之第二款及第三款所規定之事項。

茲依憲法增修條文之規定，分述行政院對立法院所負之責任：

一、**提出施政方針、施政報告及答覆質詢**　行政院有向立法院提出施政方針及施政報告之責，立法委員在開會時，有向行政院院長及行政院各部會首長質詢之權（憲法增修條文第三條第二項第一款）。此為憲法基於民意政治及責任政治之原理所為制度性之設計。所謂施政方針，包括行政院院長就職時之施政方針及每年度之施政方針而言；施政報告係指根據施政方針所為之施政工作情形及結果提出報告。原則上以於立法院每一會期開始集會時提出報告，亦得就某種特殊之施政情形，隨時提出報告。至於立法委員之質詢，以言詞或書面為之均無不可，惟應於開會時提出，並以在施政方針及施政報告之範圍者為宜，被質詢者負有答覆之責（參照立法院職權行使法第二二條、第二三條）。

憲法第五十七條第二款：「立法院對於行政院之重要政策不贊同時，得以決議移請行政院變更之。行政院對於立法院之決議，得經總統之核可，移請立法院覆議。覆議時，如經出席立法委員三分之二維持原決議，行政院院長應即接受該決議或辭職」，既經憲法增修條文排除而不適用，則立法

院對於行政院之重要政策不贊同時，尚難否認立法院不得以決議請求行政
院變更，行政院接受該項決議與否，亦自有政策上之行政裁量權，惟均不
適用關於覆議程序的規定，得認為覆議案範圍的縮小，惟行政權及立法權
的行使，反覺較為自由而擴大。

　　二、**移請覆議並接受決議**　　行政院對於立法院決議之法律案、預算案、
條約案，如認為有窒礙難行時，得經總統之核可，於該決議案送達行政院
十日內，移請立法院覆議。立法院對於行政院移請覆議案，應於送達十五
日內作成決議。如為休會期間，立法院應於七日內自行集會，並於開議十
五日內作成決議。覆議案逾期未議決者，原決議失效。覆議時，如經全體
立法委員二分之一以上決議維持原案，行政院院長應即接受該決議（憲法
增修條文第三條第二項第二款）。行政院對於立法院決議之各案而移請覆
議，既經立法院決議維持原案，應即接受該決議，是即行政院對立法院負
責之具體表現。關於移請覆議權，已於行政院之職權一節中另述之。

　　三、**對不信任案提出辭職**　　立法院得經全體立法委員三分之一以上連
署，對行政院院長提出不信任案。不信任案提出七十二小時後，應於四十
八小時內以記名投票表決之。如經全體立法委員二分之一以上贊成，行政
院院長應於十日內提出辭職，並得同時呈請總統解散立法院；不信任案如
未獲通過，一年內不得對同一行政院院長再提不信任案（同項第三款）。

　　關於立法委員對行政院院長提出不信任案，乃憲法第五十七條所未規
定，而為憲法增修條文所增訂。行政院院長由總統任命之，無須經過立法
院之同意程序，立法院無同意權，而有不信任權，以課行政院院長之政治
責任，而迫使其辭職，是為行政院院長對立法院負責之表徵。

　　行政院院長在政治上具有何種失職行為，未盡何種責任，始得提出不
信任案，法無明文規定。行政院院長提出辭職，並得同時呈請總統解散立
法院，此種互相制衡之作用，類似內閣制之形態，其提請解散立法院，須
以立法院提出不信任案為前提，並有「不信任案如未獲通過，一年內不得
對同一行政院院長再提不信任案」之限制；然仍將激盪政潮之起伏，引發
政局之不安定，此種建制，是否妥適，不無存疑之餘地；惟被提出不信任

案之行政院院長不呈請解散立法院，僅辭職以明責任，並非法所不許，是在其盱衡政局，以為裁量。

第三、行政院對總統負責

行政院院長由總統任命之，總統公布法律，發布命令，除發布行政院院長，提經同意任命人員之任免命令及解散立法院之命令外，均須由行政院院長副署，即是行政院一方面固須對立法院負責，一方面對於總統亦自負有實質政治責任。

行政院有向立法院提出施政方針及施政報告之責，立法委員在開會時，有向行政院院長及行政院各部會首長質詢之權（憲法增修條文第三條第二項第一款）。所謂施政方針，包括行政院院長就職時之施政方針及每年度之施政方針而言；施政報告係指根據施政方針所為之施政工作情形及結果提出報告。原則上以於立法院每一會期開始集會時提出報告，亦得就某種特殊之施政情形，隨時提出報告。至於立法委員之質詢，以言詞或書面為之均無不可，惟應於開會時提出，並以在施政方針及施政報告之範圍者為宜，被質詢者負有答覆之責（參照立法院職權行使法第一六條）。

第六節　行政院與總統及各院之關係

行政院為國家最高行政機關，總攬國家行政，負實際政治責任，其與總統及其他四院之關係，自極密切，茲析述之：

第一、行政院與總統之關係

行政院與總統之關係，其最著者為任命關係，副署關係，行政院向立法院提出覆議案，須經總統之核可關係及呈請解散立法院關係；總統行使其他職權，須經行政院會議通過之程序關係，及行政院院長代行總統職權關係，此參照本書第四章第九節中「總統與行政院之關係」而自明。

第二、行政院與立法院之關係

行政院與立法院之關係，甚為密切：

一、立法院對行政院院長提出不信任案，行政院院長得呈請總統解散立法院。

二、行政院對立法院負責，行政院有向立法院提出施政方針及施政報告之責，立法委員在開會時，有向行政院院長及行政院各部會首長質詢之權。

三、行政院對於立法院決議之法律案、預算案、條約案，如認為有窒礙難行時，得經總統之核可，移請覆議。

四、行政院會議決議之法律案、預算案、戒嚴案、大赦案、宣戰案、媾和案、條約案及其他重要事項，應提出於立法院。

五、立法院開會時，行政院院長及各部會首長得列席陳述意見。

六、人事同意關係

憲法第五十五條規定，行政院院長由總統提名，經立法院同意任命之。如上所述，此一規定已因憲法增修條文第三條第一項之規定而停止適用。現時，立法院已無行政院院長任命之同意權。不過，民國九十九年元月十二日修正之中央行政機關組織基準法第二十一條第一項但書規定，行政院所設相當二級機關之獨立機關，即行政院組織法第九條規定之中央選舉委員會、公平交易委員會、國家通訊傳播委員會成員中屬專任者，應先經立法院同意後任命之。是以，立法院對行政院院長無人事同意權，但對行政院所屬獨立機關專任委員卻反而有人事同意權。此在憲政法理上，甚有突兀。

七、立法決定國家機關之組織、編制及員額

憲法增修條文第三條第三項規定，國家機關之職權，設立程序及總員額，得以法律為準則性之規定。因此，立法院得依法律對行政院所屬機關為準則性之規定。又依憲法增修條文第三條第四項之規定，行政院也應依此所述立法院通過之準則性法律，基於政策或業務需要決定其所屬機關之

組織、編制及員額。此一憲法增修條文規定直至民國九十三年六月二十三日制定中央行政機關組織基準法，才獲得落實，但因相關行政院組織法修正案一直到民國九十九年元月十二日才在立法院三讀通過，而民國九十九年元月十二日修正之中央行政機關組織基準法第三十九條及民國九十九年元月十二日制定之中央政府機關總員額法第十一條分別規定由行政院或由行政院會同考試院定其各該之施行日期。

第三、行政院與司法院之關係

一、行政院所屬之法務部主管全國檢察、監所、司法保護之行政事務，司法院則掌理司法權中之民事、刑事審判，及有關司法行政，彼此自有其密切之關係。行政、司法兩院之職掌，如互有關涉，得會同向立法院提出法律案，或會同制頒命令性質之規章。

二、行政院如有違法之行政處分或決定，司法院所屬之行政法院得依行政訴訟程序判決撤銷之。

三、行政院所屬之公務人員，如有違法失職行為，司法院所屬之公務員懲戒委員會有懲戒權。

四、行政院適用憲法有疑義時，或適用法律及命令有疑義，而與其他非屬行政系統上之機關有歧見時，得聲請解釋憲法或為法令之統一解釋。

五、行政院對司法概算只能加註意見，依憲法增修條文第五條第六項規定，司法院所提出之年度司法概算，行政院不得刪減，但得加註意見，編入中央政府總預算，送立法院審議。

第四、行政院與考試院之關係

一、行政院所屬之人事行政局有關人事之考銓業務，並受考試院之指揮監督。

二、行政院暨其所屬機關公務人員之任用，應由考試院予以資格之審查、銓敘、考績、保障、撫卹及褒獎等是。

三、行政院之職掌事項與考試院之職掌，如互有關涉時，得會同向立

法院提出法律案，或會同制頒命令性質之規章。

四、民國八十三年七月一日修正公布考試院組織法後，考試院除設考選部、銓敘部以外，另設公務人員保障暨培訓委員會，負責公務人員之保障與培訓事宜，故，行政院與考試院又多了一層公務人員保障與培訓之互動關係。

第五、行政院與監察院之關係

一、行政院於會計年度結束後四個月內，應提出決算於監察院（憲法第六〇條），監察院所屬審計部之審計長應於行政院提出決算三個月內，依法完成其審核，並提出審核報告於立法院（憲法第一〇五條）。

二、行政院及其所屬人員如有違法失職情事，監察院有糾正、糾舉及彈劾權（憲法第九七條、第九八條）。

三、監察院為行使監察權，得向行政院及其各部會調閱其所發布之命令及各種有關文件（憲法第九五條）。

四、行政院及其所屬機關之財務，受監察院所屬審計機關之審計（參照審計法）。

五、行政院與監察院得會同制頒命令性質之規章，例如公職人員財產申報法施行細則，即係行政院、考試院、監察院會同發布是。

六、依公職人員財產申報法第四條第一款之規定，行政院院長、副院長、政務委員及行政院所屬機關之首長、副首長、職務列簡任第十職等以上之幕僚長、主管；公營事業總、分支機關之首長、副首長及相當簡任第十職等以上之主管、代表政府或公股出任私法人之董事或監察人；教育部所屬各級公立學校之校長、副校長，其設有附設機構者（如臺灣大學附設臺大醫院）之首長、副首長；國防部所屬軍事單位上校編階以上之各級主官、副主官及主管等均應向監察院，申報其財產。

七、依公職人員利益衝突迴避法第十九條第一款規定，上述依公職人員財產申報法應向監察院申報財產之行政院官員如有違反公職人員利益衝突迴避法之規定者，由監察院科以罰鍰。

第七節　行政院與所屬部會之關係

　　憲法上概括的規定行政院「各部會」(憲法第五四條、第五七條第一款、第五八條、第九五條、第九六條)，惟究應設置若干部會，及何種部會，則並未列舉規定，此則於行政院組織法中規定之。依該法之規定，行政院設內政、外交、國防、財政、教育、法務、經濟、交通等八部，及蒙藏、僑務兩委員會，各部會首長均為政務委員 (參照行政院組織法第三條、第四條)。憲法上所謂行政院各部會，係指以具有政務委員身分為首長之部會而言。至於行政院為處理訴願案件，所設之訴願審議委員會，為處理特定事務，於院內所設之特種委員會，例如法規委員會及其他特種委員會，以及依據其他條文所設之各種委員會或其他機關，如行政院主計處、衛生署、新聞局、人事行政局等機關，則不在其內 (參照同法第一三條、第一四條、第五條、第六條)。民國九十三年九月十五日行政院院會通過之「行政院組織法修正案」，雖準備將行政院之組織改變為設十三部、四委員會及五個獨立機關，但迄今仍未通過。

　　關於行政院之組織，有廣狹二義，已見前述，自廣義言，行政院應包括其所屬各部會在內；自狹義言，則行政院與其所屬各部會，應為兩級，而有上下等級之別。行政院與其所屬各部會，在行政系統上，究應認為一級？抑應認為兩級？現在法令之規定不一，在法理上原亦有研究之餘地。惟行政院與其直屬各部會之等級關係，以認為兩個階層，而各成一級，與法理及實際，較為符合。至於院與部會之權責關係，約如下述：

第一、連帶負責關係

　　行政院與所屬各部會負有連帶責任關係，可以下列兩點說明之：

　　一、總統公布法律，發布命令，除有特別規定外，須經行政院院長之副署，或行政院院長及有關各部會首長之副署，是為院與部會在外表上連

帶負責之表示。

二、行政院設行政院會議，由行政院院長、副院長、各部會首長及不管部會之政務委員組織之，而提出於立法院之法律案、預算案、戒嚴案、大赦案、宣戰案、媾和案、條約案及其他重要事項，或涉及各部會共同關係之事項，提出於行政院會議議決之，是為院與部會在內部上及實際上連帶負責之運用。

所謂連帶負責，其涵義有二：㈠各部會之措施，應由行政院負其總責，因行政院副院長，各部會首長及不管部會之政務委員，均由行政院院長提請總統任命之，自其內部責任言，固均應對院長負責；惟對外責任言，則仍由行政院負其總責，憲法上規定行政院對立法院負責者在此，向立法院提出施政方針及施政報告，應由行政院負提出之責者亦在此；㈡各部會首長相互間有時亦負連帶責任，因行政院會議為院內最高決策之樞紐，其議案以出席人過半數之同意議決之，則凡提出於行政院之議案，雖原係各部會所提出，惟既經議決，則已為各部會首長共同之意見，就其議決之點著眼，各部會首長相互間自亦彼此負有連帶責任，內閣制之國家，若內閣改組，各閣員均連帶去職，其故在此。至於行政院所屬各部會首長是否隨同院長辭職而辭職，則視其是否具有政務委員之身分而異，其具有政務委員之各部會首長及不管部會之政務委員應隨同院長一併向總統提出辭職，以彰顯責任政治，至於不具政務委員身分之行政院所屬機關首長，其辭職應依一般行政程序辦理，其中任期法律有明文規定者，不受上述行政院總辭之影響，乃屬當然（參照司法院大法官釋字第三八七號解釋）。

第二、綜合聯繫關係

行政院與各部會之關係，其最明顯而最習見者，即為綜合聯繫之關係，各部會不同或相反之意見，行政院則予以調劑、折衷，或融會貫通，因之，有時各部會之意見，遂綜合而成為行政院之意見，以行政院職權行使之廣泛，及其所屬部會之繁多，此種綜合聯繫之關係，恆為指揮監督權作用中之另一運用，而形成為一種行政技術，各部會之政策及措施，其彼此間能

互相配合，以成為完整性，即由於此。

行政院與各部會綜合聯繫之關係，可於憲法第五十八條第二項規定：「涉及各部會共同關係之事項，提出於行政院會議議決之」，以表現其運用之方式，惟此僅為其運用方式之一，涉及各部會共同關係之事項甚多，並非一一須提出於行政院會議，其提出於會議之標準如何，除法律有特別規定外，乃由於行政院首長之自由裁量，斟酌事件之性質及其他因素，而為應否提出院會之認定。故行政院會議固為行政院職權行使之方式，亦僅為行政院與各部會綜合聯繫關係運用方式之一；其他如對於某種事件之召集審查會議，或交議交辦，均為綜合聯繫關係運用之方式。

第三、指揮監督關係

行政院與其所屬各部會，在行政系統上既有上級與下級機關之隸屬關係，因之，行政院對於各部會有指揮監督之關係，從而各部會對於行政院之命令，有服從之義務，此種指揮監督關係，係對於各部會職權之行使，恆以指示、調查、核准、備案、備查、或核駁、變更、撤銷、廢止等方式行之，此與一般上級行政機關對於下級行政機關所有之指揮監督關係相同。

第四、權責劃分關係

行政院與各部會之關係，依現行法令之規定，有為概括的，亦有列舉的，有抽象的，亦有具體的，此參照行政院及各部會組織法及其他有關法令而自明。因之，行政院與各部會仍各有其權責劃分之關係，此與彼此連帶負責關係，似相反而實相成，因連帶負責，乃側重於對外關係而言，權責劃分，乃側重於對內關係而言，內部個體之權責劃分清楚，各司所事，各盡所能，斯能充分發揮整體之權責作用，對外乃有連帶負責可言。

各部會為行政院之構成分子，同時亦為行政院之所屬下級機關，行政院為各部會之上級機關，對於各部會有指揮監督之權，已見上述，各部會一切業務之進行，均在行政院指揮監督範圍以內，其與各部會權責之劃分，現行法令中有明文規定者，亦有並未規定，而取決於行政院或各部會之自

由裁量者，其彼此權責之劃分，得分為下列各點說明之：

一、完全屬於院之職權，不涉及各部會之職掌者　例如：院內人事之更動，經費之支應，文書事務之處理，以及本於行政院職權，或依照法令規定，應由行政院逕予決定或處理之事件，此等事件，純屬於院內之職掌範圍，與所屬各部會之職掌，毫無關係。

二、完全屬於各部會之職掌，不涉及院之職掌者　例如：各部會委任以下人事之更動，文書事務之處理，及依照法令規定，應由各部會逕自決定或逕予處理之事件，此等事件，原屬於各部會之職掌範圍內而無須向院請示，惟各部會如認為有向院請示之必要，或行政院本於指揮監督權之作用，認為有向各部會指示之必要者，亦事所恆有。

三、院與部會之職掌互有牽連，僅在處理程序上劃分其權責者　例如：㈠依照憲法或法律規定，各部會應提出於行政院會議之事項；㈡依照法令或自由裁量，各部會應呈請行政院核示或備案備查之事項，或由各部會呈院轉請總統核示或備案備查之事項，或由各部會呈院轉行立法、司法、考試、監察各院或地方政府辦理之事項等均是。

本章自習題目

一、行政院有廣義狹義之別，試述其要。

二、試就形式上以說明行政院為國家最高行政機關之意義。

三、行政院為國家最高行政機關，在實質上有何意義？試言其要。

四、各國中央政制，可分為總統制，內閣制，及委員制，其認定之標準何在？
　　試申述之。

五、試列舉內閣制之特點。

六、總統制之特點如何？試舉以對。

七、我國中央政制，為總統制？抑為內閣制？試就行政院之地位，以說明之。

八、試述行政院院長之產生方法及其解職原因。

九、試述行政院院長之職權。

十、試述行政院副院長之產生方法及其職權。

十一、憲法關於行政院職權規定之方式，與立法、司法、考試、監察四院有何
　　　不同？試說明之。

十二、行政院有何種職權？試述其要。

十三、行政院行使之移請覆議權，其情形有幾？有何異同？試舉以對。

十四、憲法上關於行政院移請覆議之規定，適用時有無疑義發生？試抒所見以
　　　對。

十五、試述應提出於行政院會議之事項。

十六、說明行政院會議之組織及其性質。

十七、行政院對立法院所負之責任，試說明之。

十八、說明行政院與總統之關係。

十九、試述行政院與立法院之關係。

二十、分述行政院與司法、考試、監察三院之關係。

二一、申述行政院與所屬各部會連帶負責之意義。

二二、說明行政院與各部會綜合聯繫之關係。

二三、行政院對於所屬各部會有指揮監督關係，試申述之。

二四、行政院與所屬各部會之權責劃分關係如何？試說明之。

第六章　立　法

第一節　概　說

　　自國家政治制度之沿革言之，國家統治權之活動，最初僅為君權，亦即僅為行政，行政與立法、司法等作用混而為一，無所謂分立，亦可謂立法、司法等作用，均屬於行政之範圍，迨後因民主法治等思想之興起，原屬於行政範圍內之立法、司法等事項，乃逐漸劃分，脫離行政而獨立。

　　在君主專制時代，君主之意旨及命令，對於人民即有強制及服從之效力，無所謂法律，其所發布之命令，亦無須有一定之程序，即有所謂法律之名稱，亦僅係為統治者之命令，而無立法之制度，其流於專橫暴虐，侵害人民之自由權利，乃為必然之結果。由於學者提倡人權，人民反抗專制，民權思想發達，革命運動興起，於是國家之統治權力，倡議分立，釐訂為憲法，人民過問政治，而以所選舉之代議士，以組織立法機關，行使立法權，立法機關依立法程序所通過之決議，即形成為法律，是即所謂立法。關於立法之職權，謂之為立法權。

　　立法權原有廣狹二義：其一，狹義之立法權，乃僅指制定、修改及廢止法律之權，此為立法權之本旨所在，其中尤以制定法律，乃為立法機關之基本工作；其二，廣義之立法權，乃指除制定法律外，尚包括其他職權在內，例如：尚有議決預算案、條約案及國家其他重要事項之權，現代各國所謂立法權，大抵指廣義之立法權而言，我國立法院所行使之立法權亦然（參照憲法第六三條）。

　　各國之立法機關，每有其專名，例如：英國之立法機關名為巴力門

(Parliament)，美國之立法機關名為康格里 (Congress)，丹麥及瑞典，則名為底特 (Diet)。

又各國之立法機關，有一院制與兩院制之別，其採一院制者，得概稱為國會或議會；採兩院制者，則分別一稱為上議院或參議院，一則稱為下議院或眾議院。此兩種制度，互有得失：

第一、立法機關採一院制

採一院制之國家，例如：希臘、丹麥、芬蘭、韓國、印尼、泰國、越南、巴拿馬、西班牙、土耳其等國是，其優點為：㈠加速議案之進行，足以提高立法效率；㈡集中立法人才，制成完善法案；㈢易於監督政府，而無掣肘之虞；㈣易於代表民意，而無紛歧之弊。

採一院制之缺點，則為：㈠不能保持國家各階層之均衡勢力，以代表民意；㈡易於形成議會之專橫，而無法抑制；㈢立法流於輕率，而難以補救；㈣立法機關與行政機關政見之衝突，而無從調劑。

第二、立法機關採兩院制

採兩院制之國家，例如：美國、英國、法國、德國、巴西、日本、義大利、墨西哥、菲律賓、葡萄牙、瑞典、瑞士等國均是，其優劣得失，適與立法機關之採一院制者相反。

惟現在世界各國之趨勢，則為立法機關之採取一院制，其原因約如下述：

一、各國過去之採兩院制者，多由於貴族階級及平民階級之存在，或因社會其他階層之分立而使然，現在此種不平等之觀念，將隨時代之演進，而逐漸消失，已無採兩院制之必要。

二、兩院制之採行，上院或參議院，其主要作用，原在防止下院或眾議院之專橫，惟衡諸實際，並未能收其效果，且有時不免同流合污，已失彼此牽制之功能。

三、各國多趨向於直接民權制度，人民有行使選舉及罷免之權，以選擇其賢明稱職之議士；有行使創制及複決之權，以釐訂其自己所需要之法

律，不虞議會之違反民意，或恣意所為，已無庸採兩院制，以均衡其相互間職權之必要。

　　至於我國立法機關之名稱，民國元年三月十一日公布之中華民國臨時約法規定：「中華民國之立法權，以參議院行之。」北京政府時代歷次所擬定之憲法草案，亦有規定立法權以國會行之者。　中山先生手訂之建國大綱，則定名為立法院，與行政、司法、考試、監察四院並列，構成中央政府之五院，以試行五權之治。其後國民政府組織法及中華民國訓政時期約法均循用「立法院」一稱謂，為國家之立法機關。現行憲法亦然，且為一院制之立法機關。

　　立法院固為一院制之立法機關，惟依憲法之規定，立法權之行使，並非為立法院所專有，因國民大會對於法律有創制、複決之權（憲法第二七條第二項），省議會行使省之立法權（憲法第一〇九條、第一一三條第二項），縣議會行使縣之立法權（憲法第一一〇條、第一二四條第二項），人民對於法律，亦有行使其創制及複決之權（憲法第一七條、第一二三條）。凡此均為研究憲法上有關立法制度之所應首先瞭解者。惟國民大會之創制、複決權及省議會之建制，已均因民國八十九年第六次憲法增修條文修正時而終止。

第二節　立法院之性質

　　立法院之性質如何，為政權機關？抑為治權機關？乃見仁見智尚有爭論之問題，就憲法之原有規定言之：

第一、立法院為政權機關

　　立法院之性質，認為係政權機關，其理由為：

　　一、**立法院代表人民行使立法權**　憲法第六十二條規定：「立法院為國家最高立法機關，由人民選舉之立法委員組織之，代表人民行使立法權。」是已明白規定立法院為代表人民行使立法權之機關，此與西歐學者認為議

會係代表人民以行使其職權之代表說相符,而各國之議會,其性質則為政權機關。

二、立法委員之產生方法與國民大會代表相同 因立法委員之選舉,與國民大會代表之選舉,均係採直接選舉方法,其選舉人與被選舉人之資格,亦大體相同,所不同者,僅立法委員在原則上以各省為選舉單位,國民大會代表係以各縣市為選舉單位,國民大會係民意代表機關,為政權機關,立法院亦為民意代表機關,亦自應認為係政權機關。值得特別注意的是,民國九十四年六月十日憲法增修條文修正後,國民大會之組織與職權規定已停止適用。依此,立法院已成為唯一民選之政權機關了。

三、立法委員不得兼任官吏且其言論及表決對院外不負責任 因立法院非治權性質之政府機關,故立法院不得兼任行使治權之官吏(憲法第七五條);因其係代表人民行使政權,故其在院內所為之言論及表決,對院外不負責任(憲法第七三條),此與一般治權機關之公務人員在其機關內之行為,對外仍須負其責任者迥異。

四、立法院之職權相當於外國之國會 立法院原有同意行政院院長人選任命之權,有議決預算權,有質問行政院院長之權,行政院對立法院負責,立法院因行政院之移請覆議案,而有迫使行政院院長接受其決議案之權。凡此皆相當外國國會所具有之職權,而為政權機關之性質。此參照司法院釋字第七六號解釋(民國四十六年五月三日):「我國憲法係依據 孫中山先生之遺教而制定,於國民大會外,並建立五院,與三權分立制度,本難比擬,國民大會代表全國國民行使政權,立法院為國家最高立法機關,監察院為國家最高監察機關,均由人民直接間接選舉之代表或委員所組成,其所分別行使之職權,亦為民主國家國會重要之職權,雖其職權行使之方式,如每年定期集會、多數開議、多數決議等,不盡與各民主國家國會相同,但就憲法上之地位及職權之性質而言,應認國民大會、立法院、監察院共同相當於民主國家之國會。」即難認為立法院非政權機關之性質。又因憲法增修條文修正後,國民大會與監察院均已不是民選之政權機關。至此,大法官釋字第七六號解釋只適用於立法院了。

第二、立法院為治權機關

立法院之性質，認為係治權機關，其理由為：

一、立法權為治權　依政權與治權劃分之原則言，立法權屬於治權之範圍，為五種治權之一，五權憲法，即係指以五種治權構成中央政府之制度，立法權之本質既為治權，行使立法權之立法院，自係治權機關。

至於立法委員雖係由人民選舉所產生，並不影響其為治權機關之性質，因依照憲法之規定，總統、副總統均由選舉而來，直轄市市長，縣（市）政府之縣（市）長，亦均係由選舉所產生，其於總統府及直轄市、縣、市政府，為治權機關之性質，並無影響。

二、立法院與國民大會並非平行　國民大會代表全國國民行使政權，為憲法第二十五條所明定，而對於中央政府行使之政權，不得有二個政權機關同時並行不悖，且依憲法第二十七條第二項規定國民大會創制複決兩權行使之意旨，是立法院不啻為國民大會行使政權之對象，若以立法院亦認為係政權機關，是以政權機關之國民大會而控制另一政權機關之立法院，此與政權控制治權之原理不合。不過，此一矛盾因民國九十四年六月十日憲法增修條文修正後，將國民大會之組織與職權規定停止適用後，已經消除。

三、立法院之職權並不包括政權　政權有四，即選舉、罷免、創制、複決四種，依憲法所規定立法院之職權，僅議決法律案，得認為其性質為創制權外，其他選舉、罷免、複決三種政權，立法院均無行使之規定，既非行使政權，即不得認為政權機關。

四、立法委員兼職限制及免責規定，不得為政權機關認定之標準　因內閣制之國家，其國會議員恆兼任內閣之閣員，仍不影響其國會為政權機關之性質。立法委員在院內所為之言論及表決，對院外不負責任，其主旨乃保障立法委員之言論自由，與立法院之是否為政權機關，並無關連。

至於司法院釋字第七六號解釋，是否妥當，姑不具論，而其主旨僅在釋明立法院所行使之職權，有相當於民主國家之國會，不得執此即認為立法院係政權機關。

以上二說，應以立法院為治權機關為較適宜，因我國憲法係依據　中山先生創立中華民國之遺教而制定者，而政權與治權之劃分，為　中山先生政治上最重要之創見，立法權既屬於治權之範圍，治權即為政府權，立法院既係行使立法權，為構成中央政府五院之一，自以認為立法院係治權機關，庶幾符合五權憲法之主旨。從而立法院不得即認為國會，尤不得以與行使政權之國民大會認為雙重國會。我憲法及法律中並無「國會」一詞，國人喜用國會之稱謂，以國會為民主之象徵，而有主張以立法院為單一國會者，此與政權與治權劃分之憲政體制不合。立法院為國家最高立法機關，行使憲法所賦予之職權，可稱之為「五權憲法的立法制」。不過，此一制度，在民國九十四年憲法增修條文第一條規定停止適用憲法上有關國民大會之組織與職權規定條文後，已經破壞掉。

所應注意者，現行憲法所規定之立法院，與行憲以前之立法院，頗多不同，行憲前之立法院，立法委員由立法院院長提請國民政府任命之，行政院對立法院不負責任(參照中華民國訓政時期約法、及國民政府組織法)；行憲後之立法院，則係由選舉所產生之立法委員組織之，立法院又行使相當於民主國家國會之若干職權，有否決行政院移請覆議案之權，而迫使行政院院長接受其決議。對於行政院院長有不信任之權，而行政院對立法院則負實際之政治責任，有向其提出施政方針及施政報告之責，並須答覆立法委員之質詢。故現在之立法院，有如民主國家之國會，已含有政權機關之性質，此與　中山先生所主張五權憲法之遺教，未能完全符合耳。惟各國國會之組織形態及職權內容，亦多互不相同，且各有其特點，五權憲制下之立法院，亦即不得以其有若干職權，相當於各國國會之職權，而遽認其即為國會，自以逕稱立法院為宜。

第三節　立法院之地位

立法院為國家最高立法機關（憲法第六二條），是為立法院之地位。所

謂最高立法機關，指立法院之上，更無其他行使立法權之立法機關而言，惟立法院既係代表人民行使立法權，則若人民將來自己行使創制、複決兩權，對於立法院之為國家最高立法機關之地位，並無影響。因依憲法之規定，縣民對於縣自治事項，依法律行使創制、複決之權（憲法第一二三條），關於國家法律，自仍由立法院代表人民行使其立法權。

　　立法權之行使，原不僅以立法院為限，人民均有創制及複決之權，已見前述。依憲法之規定，屬於中央之立法權，由立法院行使之，屬於縣之立法權，則由縣議會行使之（憲法第一二四條第二項）。故立法院、直轄市議會及縣（市）議會，均得謂為立法機關。特憲法規定對於中央之立法機關稱立法院，對於直轄市、縣（市）之立法機關則稱為直轄市議會、縣（市）議會。立法院既為中央之立法機關，故為國家之最高立法機關，以別於地方立法機關之直轄市議會、縣（市）議會。

　　立法院及縣議會，雖均為立法機關，惟憲法所稱之法律，謂經立法院通過，總統公布之法律（憲法第一七〇條，並參照中央法規標準法）。因之，立法院所立之法，始得稱之為法律，至於直轄市議會、縣（市）議會所立之法，則不得稱之為法律，僅得稱之為自治條例與自治規則（參照地方制度法第二五條至第三二條；臺北市法規標準自治條例；高雄市法規自治條例）。

　　立法機關在體制上雖有中央及縣（市）級立法機關之別，惟彼此間並無系統上之隸屬關係，換言之，立法院雖為國家最高立法機關，惟直轄市議會、縣（市）級議會並非立法院之隸屬機關，各級立法機關，均係分別代表民意，行使其立法權，其相互間並無隸屬關係，不發生指揮監督之問題，此與行政機關在系統上必有其上級下級之隸屬關係，而發生指揮監督之作用者迥異。

　　立法院與直轄市議會、縣（市）議會相互間，雖無隸屬關係，不發生指揮監督問題。惟依憲法規定，直轄市議會、縣（市）議會所立之法，仍不得與立法院所立之法相牴觸，因省（市）法規與國家法律牴觸者無效，縣單行規章與國家法律牴觸者無效（憲法第一一六條、第一二五條）。地方

制度法第三十條第一項至第三項也分別規定，地方之自治條例、自治規則與委辦規則與立法院所制定之法律牴觸者，均為無效。因此，立法院透過法律制定，可對直轄市、縣（市）之規章產生影響，使立法院確立其為國家最高立法機關之地位。

各國之中央立法機關，有稱之為國會，亦有稱之為議會者，我國則稱之為立法院，其性質與各國之國會或議會雖有不同，其地位則實與之相當；而與我五權憲制中之行政、司法、考試、監察四院之各為國家最高行政、最高司法、最高考試、最高監察機關者，其地位彼此完全相等而平行。

第四節　立法院之組織

立法院之組織，以法律定之（憲法第七六條），依憲法、憲法增修條文、立法院組織法及立法院各委員會組織法之規定，立法院由人民選舉之立法委員組織之，代表人民行使立法權。故立法委員實為立法院構成之本體，亦即為立法院行使憲法所賦予之職權之主體。茲將關於立法院之組織，分為立法委員、立法院院長、副院長、立法院各種委員會及幕僚機構各點說明之：

第一項　立法委員

第一款　立法委員之選舉

關於立法委員之選舉，憲法所規定者，已被增修條文所排斥而不適用，立法委員之選舉方式已有重大改變。民國九十四年六月七日任務型國民大會複決通過之憲法增修條文修正案第四條第一、二項，對於立法委員名額、任期與產生之方式有下列規定：

立法院立法委員自第七屆起一百一十三人，任期四年，連選得連任，於每屆任滿前三個月內，依下列規定選出之，不受憲法第六十四條及第六

十五條之限制：

    1.自由地區直轄市、縣市七十三人。每縣市至少一人。

    2.自由地區平地原住民及山地原住民各三人。

    3.全國不分區及僑居國外國民共三十四人。

前項第一款依各直轄市、縣市人口比例分配，並按應選名額劃分同額選舉區選出之。第三款依政黨名單投票選舉之，由獲得百分之五以上政黨選舉票之政黨依得票比率選出之，各政黨當選名單中，婦女不得低於二分之一。

第二款　立法委員之性質

立法委員既係由人民選出，代表人民行使立法權，故其性質為民意代表，雖係依法令從事於公共事務，而具有法定職務權限之人員，得認為屬於刑法上廣義之公務員（參照刑法第一〇條第二項第一款），惟因其並非官吏，故非監察權行使之對象，亦即監察院對於立法委員無行使糾舉與彈劾之餘地。至於立法院內非立法委員之其他人員，自應屬於監察權行使之範圍（參照司法院大法官釋字第一四號解釋）。

第三款　立法委員之任期

立法委員之任期為三年，固為憲法第六十五條所明定，惟有主張應延長為四年，亦有認為應縮短為二年者，幾為過去國民大會每次修憲會議時爭議之所在，亦為仁智互見之問題。

㈠主張立法委員任期延長為四年之理由約為

    1.憲法第六十五條規定立法委員任期為三年，略嫌短促，有因選舉頻繁而影響其行使職權之虞，且自第三屆國民大會代表起，每四年改選一次，總統、副總統之任期，自第九任總統、副總統起改為四年，其他各級民意代表及各級民選行政首長之改選期間，均為四年一次，應將立法委員任期同步調整為四年，以資配合，統一選期。

    2.立法院對行政院院長雖已無任命同意權，然有提出不信任案之權，

立法委員之任期改延為四年，對於行政院之施政方針及施政報告，多所瞭解，易於溝通，將可減少或杜絕不信任案之提出，從而促使政局安定。

（二）主張立法委員任期縮短為二年之理由約為

1.立法委員既係代表民意以行使立法權，則其任期三年縮短為二年即予改選，自更符合最新之民意，把握有限期間，積極行使其職權。

2.立法委員之職責繁重，在院內又有言論之保障，縮短其任期，可以抑斂其擅權專橫之流弊，亦可間接遏止惡性競選之現象，以為是否競選連任之抉擇。

以上各說，雖具理由，惟憲法規定立法委員之任期為三年，長短尚屬適當。行政院院長之任命，既不須經立法院之同意，則每屆立法院改選，總統無須向新立法院另提行政院院長人選，經其同意，即與立法委員改選及任期之長短，已無牽連關係，其任期尤無延長為四年以配合總統任期四年之必要。

不過，有關立法委員之任期，究應為二年、三年或四年之爭議已經消失，因民國九十四年六月七日任務型國民大會複決通過之憲法增修條文修正案第四條第一項已規定，立法委員任期自第七屆起，即民國九十七年二月一日立法委員就職日起變更為四年。

第四款　立法委員兼職之限制

立法委員係依法行使憲法所賦予之職權，自屬公職，既依法支領歲費公費，自屬有給職（參照司法院大法官釋字第二二號解釋），故有兼職之限制，即：

第一、立法委員不得兼任官吏

立法委員不得兼任官吏，為憲法第七十五條所明定；立法委員如就任官吏，即應辭去立法委員，其未辭職而就任官吏者，應於其就任時，視為辭職（參照司法院大法官釋字第一號解釋），故如公營事業機關之董事、監察人及總經理，與受有俸給之文武職公務員，均適用公務員服務法，應屬

於公職及官吏之範圍，立法委員不得兼任。如係由政府派充之人員，不問其機構為臨時，抑常設機構，應認其係憲法第七十五條所稱之官吏，要非立法委員所得兼任（參照司法院大法官釋字第四號、第二四號、第二五號解釋）。

憲法第七十五條雖僅限制立法委員不得兼任官吏，但並非謂官吏以外任何職業，即得兼任，仍須視其職務之性質，與立法委員是否相容（參照司法院大法官釋字第三〇號解釋）。

第二、立法委員不得兼任國民大會代表

因依憲法第二十七條規定，國民大會複決立法院所提之憲法修正案，並制定辦法行使創制、複決兩權，若立法委員得兼國民大會代表，是以一人而兼具提案與複決兩種性質不相容之職務；且立法委員既行使立法權，復可參與中央法律之創制與複決，亦與憲法第二十五條及第六十二條規定之精神不符，故立法委員不得兼任國民大會代表（參照司法院大法官釋字第三〇號解釋）。不過，民國九十四年六月十日憲法增修條文第一條停止適用國民大會之組織規定條文後，立法院自無兼任國民大會代表之機會。

第三、立法委員不得兼任省、縣議會議員

因立法委員乃代表人民行使中央之立法權，而省、縣議會議員乃分別依法集會行使各該省、縣之立法權，為貫徹憲法分別設置各級民意機關賦予不同職權之本旨，立法委員自不得兼任省、縣議會之議員，此參照司法院大法官釋字第七四號解釋，關於國民大會代表不得兼任省、縣議會議員之意旨，即可明瞭。依同一理由，立法委員亦自不得兼任直轄市及省轄市議會議員及鄉、鎮、市民代表會代表。自民國八十六年之憲法增修條文停止省議會議員之選舉後，立法委員亦無兼任省議員之機會。

其實，立法委員之兼職限制不應只限於官吏或公營事業之負責人。因為，依現代的經濟規模的形勢，民營事業、財團法人、社團法人之力量及對國會之影響已遠超過憲法制定時之公營事業。因此，應比照美國憲政良

好實例，禁絕立法委員之一切兼職，落實我國立法委員行為法第五章第十九條至第二十四條之利益迴避條款之執行，使立法委員專職於立法、監督行政胡亂、控管預算執行。

第五款　立法委員行為之規範

立法委員行為法第一條第一項規定：「為維護國會尊嚴，確立立法委員倫理風範及行為準則，健全民主政治發展，依立法院組織法第二條制定本法」，因立法院組織法第二條第二項有「委員行為之規範，另以法律定之」的規定，因之，立法委員行為法所規定的事項，得認為立法委員行為之規範，亦可謂為立法委員之自律規定。本法不僅規範立法委員本人之行為，即立法委員關係人，如立法委員之配偶及其直系親屬，以及立法委員之公費助理，有時亦有其適用。

茲就立法委員行為法之規定，析述其要：

第一、倫理規範

此為立法委員在政治方面最基本之倫理規範。

一、**恪遵憲法、效忠國家**　立法委員代表人民依法行使立法權，應恪遵憲法、效忠國家，增進全體人民之最高福祉（立法委員行為法第三條）。

二、**貫徹政治倫理、擔負政治責任**　立法委員應努力貫徹值得國民信賴之政治倫理，如有違反公共利益及公平正直原則，應以誠摯態度面對民眾，勇於擔負政治責任（同法第四條）。

三、**公正議事、理性問政**　立法委員從事政治活動，應符合國民期待，公正議事，善盡職責，不損及公共利益，不追求私利（同法第五條）。對院會通過之決議，應切實遵守（同法第六條）。

立法委員應秉持理性問政，共同維護議場及會議室秩序，不得有下列行為（同法第七條）：

㈠不遵守主席依規定所作之裁示。

㈡辱罵或涉及人身攻擊之言詞。

㈢發言超過時間，不聽主席糾正。

㈣未得主席同意，插言干擾他人發言而不聽制止。

㈤破壞公物或暴力之肢體動作。

㈥占據主席臺或阻撓議事之進行。

㈦脅迫他人為議事之作為或不作為。

㈧攜入危險物品。

㈨對依法行使職權議事人員做不當之要求或干擾。

㈩其他違反委員應共同遵守之規章。

違反前項各款情形之一者，主席得交紀律委員會議處。

第二、義務與基本權益之規範

此得約分為：

一、**遵守就職誓詞，會議嚴守中立**　立法委員應依法公開宣誓，並遵守誓詞。未經依法宣誓者，不得行使職權（同法第八條）。院會及委員會之會議主席主持會議，應嚴守中立（同法第九條）。

二、**不得洩密及兼公營事業機構之職務**　立法委員依法參加秘密會議時，對其所知悉之事項及會議決議，不得以任何方式，對外洩漏（同法第一〇條）。

立法委員不得兼任公營事業機構之職務（同法第一一條）。至立法委員兼職之限制，並詳見前第四款之敘明。

三、**議事免責權及保護權**　立法委員在院內依法行使職權所為之議事行為，依憲法規定，享有免責權（同法第一二條）。

立法委員因行使職權，而受他人強暴、脅迫或恐嚇，致其本人或關係人之生命、身體、自由、名譽或財產受有危害之虞時，得通知治安機關予以保護，治安機關亦應主動予以保護（同法第一四條第一項）。

關於立法委員之議事免責權及身體自由之保障，另於第六款「立法委員之保障」中詳述之。

四、**待遇支給之標準**　立法委員待遇之支給，比照中央部會首長之標

準（同法第一三條），容於第七款「立法委員之報酬或待遇」中另詳述之。

第三、遊說及政治捐獻之規範

立法委員受託對政府遊說或接受人民遊說，在遊說法制定前，適用立法委員行為法之規定。

所稱對政府遊說，指為影響政府機關或公營事業決策或處分之作成、修正、變更或廢止所從事之任何與政府機關或公營事業人員之直接或間接接觸及活動；所稱接受人民遊說，指人民為影響法律案、預算案或其他議案之審議所從事之任何與立法委員之直接或間接接觸或活動（同法第一五條）。

一、**遊說不得涉及財產上利益**　立法委員受託對政府遊說或接受人民遊說，不得涉及財產上利益之期約或授受（同法第一六條）。

二、**不得對司法案件遊說**　立法委員不得受託對進行中之司法案件進行遊說（同法第一七條）。

三、**不得非法收受捐獻**　立法委員非依法律，不得收受政治捐獻；立法委員收受政治捐獻，另以法律律定之（同法第一八條）。

第四、利益迴避之規範

此所稱之利益，係指立法委員行使職權不當增加其本人或其關係人金錢、物品或其他財產上之價值（同法第一九條）。

一、**行使職權因而獲取利益應行迴避**　立法委員行使職權所牽涉或辦理之事務，因其作為獲取利益者，應行迴避（同法第二〇條）。

二、**行使職權不得承諾有差別對待**　立法委員行使職權時，不得為私人承諾，或給予特定個人或團體任何差別對待（同法第二一條）。

三、**就有迴避情事之議案應即迴避**　立法委員行使職權，就有利益迴避情事之議案，應迴避審議及表決（同法第二二條）。

第五、立法委員之懲戒

綜上所述立法委員行為法所規定的事項，立法委員違反本法有關規定者，由立法院紀律委員會主動調查、審議，作成處分建議後，提報院會決定之。紀律委員會處理下列事項：

㈠院會主席裁示交付之懲戒案件。

㈡院會議決交付之懲戒案件。

㈢委員會主席裁決移送院會議決交付之懲戒案件。

立法院紀律委員會審議懲戒案，得按情節輕重提報院會決定為下列之處分：

㈠口頭道歉。

㈡書面道歉。

㈢停止出席院會四次至八次。

㈣經出席院會委員三分之二以上同意，得予停權三個月至半年。

立法院紀律委員會對應行審議之懲戒案，未能於三個月內完成審議並提報院會者，懲戒案不成立（同法第二五條至第三〇條）。

第六款　立法委員之保障

立法委員為民意代表，除得由原選舉區之選舉人依法聲請罷免外，並非監察權行使之對象，不能以彈劾方式使其去職（參照司法院大法官釋字第一四號解釋），因其代表人民行使立法權，為使其充分發揮其獨立行使職權起見，憲法特規定其保障，其情形有二，即：

第一、言論自由及表決自由之保障

立法委員在院內所為之言論及表決，對院外不負責任，為憲法第七十三條所規定，「旨在保障立法委員受人民付託之職務地位，並避免國家最高立法機關之功能遭致其他國家機關之干擾而受影響，為確保立法委員行使職權無所瞻顧，此項言論免責權之保障範圍，應作最大程度之界定，舉凡

在院會或委員會之發言、質詢、提案、表決，以及與此直接相關之附隨行為，如院內黨團協商、公聽會之發言等均屬應予保障之事項。越此範圍與行使職權無關之行為，諸如蓄意之肢體動作等，顯然不符意見表達之適當情節，致侵害他人法益者，自不在憲法上開條文保障之列。至於具體個案中立法委員之行為是否已逾越保障之範圍，於維持議事運作之限度內，固應尊重議會自律之原則，惟司法機關為維護社會秩序及被害人權益，於必要時，亦非不得依法行使偵審之權限」（司法院大法官釋字第四三五號解釋）。簡言之，立法委員言論免責權之保障範圍，已有最大程度之界定，使其無所瞻顧。惟司法機關為維護社會秩序及被害人權益，仍得依法偵審。也就是說，大法官釋字第四三五號解釋分四部分，明白而有層次的加以說明：

1. 第一部分是宣示憲法第七十三條之意旨，是在保障立法委員受人民付託之職務地位，並避免國家最高立法機關之功能，遭到行政、司法、監察等其他機關之干擾而受影響。

2. 第二部分是解釋「院內」之涵義，及應與保障之「言論及表決」範圍。解釋文表示，為確保立法委員行使職權時能無所畏懼、瞻顧，立法委員言論免責之保障範圍，應作最大程度之界定。立法委員在院會或委員會之發言、質詢、提案、表決以及與此直接相關之附隨行為，例如院內黨團協商、公聽會之發言，均屬應予保障之範圍。又所謂應予保障，對院外不負責任的涵義，是指立委不因行使職權之言論及表決，而負民事損害賠償責任，也不受刑事追訴，若未違反立法院所訂之自律規則也不負行政責任，不受懲處。

3. 第三部分是不予保障之範圍，是與立法委員行使職權無關的行為，例如蓄意之肢體動作，顯然不符意見表達之不當情節，致侵害他人法益者，則不在憲法保障之列。

4. 第四部分是司法機關對立法委員行為依法行使偵查、審判之權限。即在具體個案中，立法委員行為是否已逾越保障範圍，在維持議事運作之限度內，應尊重議會自律之原則，但是，為了維護社會秩序

及被害人權益，必要時，仍可依法行使偵查權及審判權。

至於所謂「不負責任」，應是指不負刑事及民事責任，若政治責任，則依憲法第一百三十三條規定：「被選舉人得由原選舉區依法罷免之」。故立法委員在院內所為之言論及表決對院外不負責任之意涵，不宜解釋為不包括對於選舉區所應負之政治責任。

憲法第七十三條規定立法委員言論及表決之免責權，係指立法委員在立法院內所為之言論及表決不受刑事訴追，亦不負民事賠償責任，除因違反其內部所訂自律之規則而受懲戒外，並不負行政責任之意。又罷免權乃人民參政權之一種，憲法第一百三十三條規定被選舉人得由原選舉區依法罷免之，則立法委員因行使職權所為言論及表決，自應對其原選舉區之選舉人負政治上責任，從而立法委員經國內選舉區選出者，其原選舉區選舉人得以立法委員所為言論及表決不當為理由，依法罷免之，不受憲法第七十三條規定之限制（參照司法院大法官釋字第四〇一號解釋）。

第二、身體自由之保障

「立法委員，除現行犯外，非經立法院許可，不得逮捕或拘禁」原為憲法第七十四條所明定；惟憲法增修條文第四條第八項則規定：「立法委員除現行犯外，在會期中，非經立法院許可，不得逮捕或拘禁。憲法第七十四條之規定，停止適用」，係將憲法之原規定，僅增加「在會期中」四字，亦即將立法委員在會期外不得逮捕拘禁之豁免特權，予以取消，換言之，立法委員在休會期間，已不受不得逮捕之保障，此與憲法第三十三條對國民大會代表身體自由之保障，限於「在會期中」之規定相同。旨在防止民意代表之肆意濫權，罔顧刑典，同時亦伸張司法職權之依法行使。

第七款　立法委員之報酬或待遇

憲法增修條文第八條規定：「立法委員之報酬或待遇，應以法律定之。除年度通案調整者外，單獨增加報酬或待遇之規定，應自次屆起實施」，因立法委員之俸給，係依數十餘年前制定「立法委員暨監察委員歲費公費支

給暫行條例」之規定，早已與實際情形不符。因此，關於立法委員之報酬或待遇，自另有以法律規定的必要。

依上述增修條文第八條之規定，立法委員之報酬或待遇，除年度通案調整者外，預為設立「單獨增加報酬或待遇」之法源，一似中央民意代表為特殊階級應享受特權之人員，有失民主精神，是其缺點！而立法委員行為法第十三條規定：「立法委員待遇之支給，比照中央部會首長之標準。」不無自肥之嫌！

第八款　立法委員之罷免

憲法第一百三十三條規定，被選舉人得由選舉區依法罷免之。所謂依法乃依公職人員選舉罷免法第六十九至八十五條之規定，如要罷免立法委員，必須在其就職滿一年後才可以。又要罷免立法委員，非有原選舉區選舉人總數百分之二以上之提議，百分之十三以上之連署不得成立罷免案，而罷免案之投票人數如不足原選舉區選舉人總數二分之一以上或同意罷免票數未超過有效票數二分之一以上者，罷免案即為否決。此外，罷免案如經否決，則在該罷免案立法委員之任期內，不得再為罷免案之提議。

第二項　立法院院長、副院長

立法院設院長、副院長各一人，由立法委員互選之（憲法第六六條，立法院組織法第三條第一項），因其既係由立法委員互選所產生，其本身仍同時具有立法委員之身分，從而有關立法委員之法規，除有特別規定外，立法院院長、副院長亦自適用之。

立法院院長、副院長，由立法委員互選，其理由不外是：

㈠立法院既為人民所選出之立法委員，以代表人民行使立法權之機關，則立法院院長、副院長亦自不應由任何機關任命，而以由立法委員互選為宜。

㈡立法院為一合議制之機關，其院長、副院長亦自以參與會議之委員互選為宜。

立法院院長、副院長之任期至該屆立法委員任期屆滿為止（立法院組織法第一三條第一項），因立法委員之任期為三年，從而立法院院長、副院長之任期亦自為三年。不過，因憲法增修條文第四條在民國九十四年六月時修正立法委員之任期由三年改為四年，並自立法院第七屆起實施，立法院院長、副院長之任期也改為四年。

立法院院長應本公平中立原則，維持立法院秩序，處理議事（同法第三條第二項），其職權約為：

一、**主持會議** 立法院會議，以院長為主席，全院委員會亦同；院長因事故不能出席時，以副院長為主席；院長、副院長均因事故不能出席時，由出席委員互推一人為主席（同法第四條）。

二、**綜理院務** 立法院院長綜理院務；院長因事故不能視事時，由副院長代理其職務（同法第一三條第二、三項）。

三、**會商解決院際爭執** 總統對於院與院間之爭執，除本憲法有規定者外，得召集有關各院院長會商解決之（憲法第四四條）。

於此有須說明者，即立法院院長對於總統宣告解散立法院事件，有被諮詢之權。依憲法增修條文第二條第五項前段規定：「總統於立法院通過對行政院院長之不信任案後十日內，經諮詢立法院院長後，得宣告解散立法院……」立法院院長經被諮詢時之意見表示，雖對總統是否解散立法院並無拘束力，惟「諮詢」乃為必經之法定程序，自得認為有被諮詢之權，而屬於其職權範圍。

四、**維持會議秩序權** 依立法院組織法第三條第二項規定，立法院會議時，擔任主席之立法院院長或副院長，應本公平中立原則，維持立法院秩序，處理議事。又立法委員如有違反議場及會議室秩序，立法院院長或副院長如擔任院會主席，則可依立法委員行為法第七條及第二十七條規定，得將立法委員交立法院紀律委員會議處。雖然有這些規定，但自民國八十九年政黨輪替以來，立法院院長大都未行使此項職權，以致立法院在議事過程中，常有霸佔主席臺、相互拉扯受傷之情事發生。

五、**遴選秘書長、副秘書長之權** 依立法院組織法第十四條第一項規

定，立法院置秘書長一人，特任；副秘書長一人，職務列簡任第十四職等，均由院長遴選報告院會後，提請任命之。

第三項　立法院各委員會

立法院設各種委員會，並有立法院各委員會組織法為專屬性的規定，茲析述其梗概：

第一、各委員會設置之法源

憲法第六十七條第一項規定：「立法院得設各種委員會」，從而立法院組織法第十條依據以規定設各委員會，並有第十二條「立法院各委員會之組織，另以法律定之」的規定，而依據以制定「立法院各委員會組織法」，是各委員會設置之法源，實為憲法，上述兩法律，乃為較詳明之規定而已。

設置各委員會，實為立法院組織上及行使職權方面所必需，因而憲法第六十七條第一項所謂「得設各種委員會」，其主旨並非可設可不設之意，而係應設何種委員會，授權法律（如上述二法）規定之意，庶適應實務上之需要。

第二、各委員會之種類及定名

自立法院建制及立法院組織法制定以來，各委員會之種類多寡及其定名，迭有變更調整，依現行立法院組織法第十條規定：

「立法院依憲法第六十七條之規定，設下列委員會：

一、內政委員會。

二、外交及國防委員會。

三、經濟委員會。

四、財政委員會。

五、教育及文化委員會。

六、交通委員會。

七、司法及法制委員會。

八、衛生環境及勞工委員會。

立法院於必要時，得增設特種委員會。」

於此有應說明者，即：

㈠立法委員個人質詢，應依各委員會之種類，以議題分組方式進行，依前述各款所列各委員會先後之順序，但有委員十五人連署，經議決後，得變更議題順序（參照立法院職權行使法第二〇條第一、二項）。

㈡立法院除設前述八種委員會外，尚設程序委員會及紀律委員會，其組織規程均另定之（立法院組織法第七、八條），因此二個委員會均以處理立法院內部之事務為其職責，與前述各種委員會得邀請政府人員及社會上有關係人員到會備詢（憲法第六十七條第二項）不同。

除此之外，立法院依憲法增修條文第十二條之規定，得設修憲委員會，其組織規程另定之（立法院組織法第九條），因修憲涉及國家根本大法之變動，自不便歸屬於前述某一委員會職權範圍之內，故得設修憲委員會，以專司其事。

程序、紀律及修憲委員會既須分別另定組織規程，自無適用立法院各委員會組織法之餘地。

第三、各委員會之構成

立法院各委員會由立法委員構成之，為委員會職權行使的主體，「立法院各委員會席次至少為十三席，最高不得超過十五席」（立法院各委員會組織法第三條），亦即委員會之委員必為立法委員，既不得不參加一委員會，亦以參加一委員會為限（立法院各委員會組織法第三條之一），而各委員會於每年首次會期重新組成。

依此理念，立法院與各委員會之間，並非立體式的外部隸屬關係，而是平面式的內部編組體制，此與一般上級機關與下級機關之隸屬系統不同，因上下兩機關職權行使的主體，職稱恆不相同，而發生通常性的指揮監督命令服從關係。

第四、各委員會之職權

憲法第六十七條規定:「立法院得設各種委員會。各種委員會得邀請政府人員及社會上有關係人員到會備詢」;立法院各委員會組織法第二條規定:「各委員會審查本院會議交付審查之議案及人民請願書,並得於每會期開始時,邀請相關部會作業務報告,並備質詢」,是為各委員會之概括職權。依前述各委員會設置之種類繁多,可見各委員會職權之廣泛與重要。

各委員會之職權,無論為審查院會交付之議案、人民請願案或進行質詢,乃具有慎思明辨、鄭重周延、協調溝通、集思廣益的作用與績效。

各委員會舉行會議或與有關委員會聯合會議以議事,審查議案之經過及決議,應以書面提報院會討論,院會仍有可決或否決其報告的最後決議權。

第四項　立法院幕僚機構

立法院設下列各處、局、中心、館:一、秘書處,二、議事處,三、公報處,四、總務處,五、資訊處,六、法制局,七、預算中心,八、國會圖書館,九、中南部服務中心,十、議政博物館,分別掌理各種事項(參照立法院組織法第一五條至第二二條),因此等機構的本身並非行使立法職權,而在輔助立法委員職權之行使,得概稱為幕僚機構,其職員為幕僚人員。

立法院置秘書長一人,承院長之命,處理本院事務,並指揮監督所屬職員;置副秘書長一人,襄助秘書長處理事務(同法第一四條),並置各級職員,分別承辦各種事務,要均為幕僚人員。

立法院之各級幕僚人員,仍適用一般公務人員有關法規之規定,惟立法委員之助理則否。

「立法委員每人得置公費助理八人至十四人,由委員聘用;立法院應每年編列每一立法委員一定數額之助理費及其辦公事務預算。公費助理與委員同進退;其依勞動基準法所規定之相關費用,均由立法院編列預算支

應之」(同法第三二條)。立法委員之助理制度，源自於美國國會議員之助理制度。不過，美國國會議員之助理多為學有專精之專業人士，我國立法委員之助理，則多有為立法委員之配偶或子女者，實為「橘逾淮則枳」之最佳寫照，應為全民聲討之事項。

　　關於立法院之組織，有尚須敘及者，即為黨團辦公室，「立法委員依其所屬政黨參加黨團，每一黨團至少須維持三人以上。未能依前項規定組成黨團之政黨或無黨籍之委員得加入其他黨團，黨團未達五個時，得合組四人以上之政團。前項政團準用有關黨團之規定。各黨團應於開議日前一日，將各黨團所屬委員名單經黨團負責人簽名後，送交人事處，以供認定委員所參加之黨團。黨團辦公室由立法院提供之。」(同法第三三條)

第五節　立法院之職權

第一項　立法院職權之種類

　　就憲法及憲法增修條文有關於立法院職權之規定，得分為職權之種類及職權之行使二項說明之，茲先述其種類。

　　立法院行使憲法所賦予之職權，為代表人民行使立法權之機關，所謂立法權，原有廣義狹義之別：狹義之立法權，僅指制定法律之權而言；廣義之立法權，則除制定法律案之外，尚包括有議決預算案、戒嚴案、大赦案、宣戰案、媾和案、條約案及國家其他重要事項之權，現代各民主國家之國會或議會所稱之立法權，大抵指廣義之立法權而言，我憲法第六十二條規定立法院代表人民行使之立法權，亦為廣義之立法權，已見前述。

　　就憲法及憲法增修條文有關立法院職權之規定，得析述如下：

第一、議決法律案之權

　　憲法第六十三條：「立法院有議決法律案、預算案、戒嚴案、大赦案、

宣戰案、媾和案、條約案及國家其他重要事項之權」，是為憲法對立法院職權所為例示及概括的規定。

議決法律案之權，即制定法律之權，法律必須經立法院議決通過，是為立法院主要及經常之職權。

關於法律之制定，通常經過下列各種程序，即：㈠提案，㈡審查，㈢討論，㈣決議，㈤公布。其中審查、討論及決議，乃完全屬於立法院內部之立法程序事項，容於第二項「立法院職權之行使」中另述之，茲僅述法律案之提案及法律之公布。

一、**提案**　提案乃指提出法律草案於立法院，僅為制定法律整個程序中之初步階段，有制定法律之權，僅以立法院為限；惟法律之提案權，則並不以立法院之立法委員為限，立法委員提出之法律案，應有十五人以上之連署（立法院議事規則第八條），依照憲法第五十八條第二項及第八十七條之規定，行政院及考試院有向立法院提出法律案之權，依照司法院大法官釋字第三號解釋及司法院大法官釋字第一七五號解釋，監察院及司法院關於所掌事項，亦得向立法院提出法律案。

立法院有「議決」法律案之權，其涵義不僅限於「議決」，而係有全部「制定」之權，即係包括「提案」、「起草」及「議決」在內。因在一院制之國家，立法機關制定法律案之權，僅限於「議決」，而非全部「制定」之權，並不包括「提案」及「起草」在內，所以防止立法機關一院之獨裁，並避免立法與行政儼同上級與下級之關係，以維持三權之平衡。我國立法院制定法律之權，依照立法院組織法、立法院職權行使法及立法院議事規則之規定，包括法律之提案、起草，及議決在內，自不待言。

二、**公布**　各國通例，制定法律之權，屬於國會或議會，公布法律之權，則恆在於國家之元首，我國亦然。立法院法律案通過後，移送總統及行政院，總統應於收到後十日內公布之，公布時須經行政院院長之副署，或行政院院長及有關部會首長之副署。但總統收到立法院移送之法律案，如行政院認為有窒礙難行時，得予核可，移請立法院覆議，覆議時，如經全體立法委員二分之一以上決議維持原案，行政院院長應即接受該決議（憲

法增修條文第三條第二項第二款）。

立法院審議法律案，須在不牴觸憲法之範圍內，依其自行訂定之議事規範為之，法律案經立法院移送總統公布者，曾否踐行其議事應遵循之程序，除明顯牴觸憲法者外，乃其內部事項，屬於議會依自律原則應自行設定之範圍，並非釋憲機關審查之對象，是以總統依憲法第七十二條規定，因立法院移送而公布之法律，縱有與其議事規範不符之情形，然在形式上既已存在，仍應依中央法規標準法第十三條之規定發生效力（司法院大法官釋字第三四二號解釋前段）。

第二、議決預算案之權

立法院有議決預算案之權，是即為立法院之監督財政權。關於預算案，立法院僅有議決之權，而無提出預算案之權，此於憲法第五十九條規定：「行政院於會計年度開始三個月前，應將下年度預算案提出於立法院」，即可明瞭。故對於立法院有提出預算案之權者，僅以行政院為限。其他任何機關，均無逕向立法院提出預算案之權。行政院對於立法院決議之預算案如認為有窒礙難行時，亦得移請立法院覆議。

又預算法已於民國九十一年修正，將政府會計年度，由原行的七月制（每年七月一日至隔年六月三十日）改為曆年制，亦即政府會計年度於每年一月一日開始至同年十二月三十一日終了，以當年之中華民國紀元年次為其年度名稱（預算法第一二條），以配合經濟建設計畫及民間經濟活動慣例，並因減少年度差異，而能提升行政效率。

立法院對於預算案，不僅無提案之權，且對於行政院所提預算案，不得為增加支出之提議（憲法第七〇條），旨在防止政府預算膨脹增加人民之負擔，若立法院就預算案為增加支出之提議，即與立法機關監督財政之原意相違反，與憲法規定牴觸，自不生效力（參照司法院大法官釋字第二六四號解釋）。因為各國議會制度之起源，即在人民選舉代議士，組織議會，以監督國家之稅收有無浮濫開支等流弊，為其主要目的，故各國亦無不以議決預算之權，賦予於議會，同時亦限制議會不得為增加支出之提議，僅

得為合理之刪減，以貫徹監督政府財政之主旨。

惟所謂不得為增加支出之提議，是否僅指就行政院所提出預算案之經費總數額而言？若就預算案所列科目之經費數額，挹彼注此，或就科目有所變更，或另案提議舉辦某種事業，而須間接的增加支出時，是否亦在上述限制之列？法無明確規定，「惟基於預算案與法律案性質不同，尚不得比照審議法律案之方式逐條逐句增刪修改，而對各機關所編列預算之數額，在款項目節間移動增減並追加或削減原預算之項目，蓋就被移動增加或追加原預算之項目言，要難謂非上開憲法所指增加支出提議之一種，復涉及施政計畫內容之變動與調整，易導致政策成敗無所歸屬，責任政治難以建立，有違行政權與立法權分立，各本所司之制衡原理，應為憲法所不許」（司法院大法官釋字第三九一號解釋）。換言之，立法院對於行政院所提預算案，「不得增加預算總額，及不得增加個別支出科目，亦不得就預算內原有科目為增加支出之提議」，因預算之編列，已由原有權責機關針對財源之豐嗇，事實之緩急及其他重要因素，為必要之裁量，始行定案，自未便由立法機關逕為增加支出，或對科目調整金額為挹彼注此之決議。至若立法院另案提議舉辦某種事業，而須增加支出時，則不應在上述限制之列。不過，為了避免浮濫，預算法第九十一條明文規定：「立法委員所提法律案大幅增加歲出或減少歲入者，應先徵詢行政院之意見，指明彌補資金之來源，必要時，並應同時提案修正其他法律。」雖有此規定，但在憲政實務上並未認真貫徹，以致近年來，國家財政情況日益困窘❶。

立法院對於預算案之決議，如增加支出或有其他情形，行政院認為有窒礙難行時，自得依憲法第五十七條第三款之規定，報經總統核可，移請立法院覆議。

又「審計長應於行政院提出決算後三個月內，依法完成其審核，並提出審核報告於立法院」（憲法第一〇五條），此點亦自係立法院監督財政之權。

---

❶　參閱，林騰鷂，〈珍惜民力，改善預算法制〉，《中國時報》，時論廣場，民國98年9月18日，A18版。

第三、議決戒嚴案、大赦案、宣戰案、媾和案、條約案之權

此等事項，或關係人民之權益，或關係國家之利害，故憲法賦予立法院有議決之權，以昭鄭重，分析言之：

一、**戒嚴案**　立法院因得議決戒嚴，認為必要時，得決議移請總統解嚴（憲法第三九條），關於戒嚴事項並有戒嚴法為專屬性之規定。

二、**大赦案**　大赦案因須立法院議決，即全國性之減刑，得依大赦程序辦理（赦免法第六條第二項），亦即須經立法院之議決。

三、**宣戰案、媾和案及條約案**　此三者均為涉外事件，並無專屬性之法律規定，憲法中有「條約」一詞之規定者，共計五處，即第三十八條、第五十七條第三款、第五十八條第二項、第六十三條及第一百四十一條是。其所稱之條約，係指中華民國與其他國家或國際組織所締結之國際書面協定，包括用條約或公約之名稱，或用協定等名稱，而其內容直接涉及國家重要事項或人民之權利義務，且具有法律上效力者而言。其中名稱為條約或公約或用協定等名稱，而附有批准條款者，當然應送立法院審議，其餘國際書面協定，除經法律授權或事先經立法院同意簽訂，或其內容與國內法律相同者外，亦應送立法院審議（司法院大法官釋字第三二九號解釋，並參照行政院核定之條約及協定處理準則）。行政院對於立法院決議之條約案如認為有窒礙難行時，亦得移請立法院覆議。

第四、議決國家其他重要事項之權

立法院除有議決以上列舉各案之職權外，並有議決國家其他重要事項之權，此為一概括之規定，以補列舉事項之不周。所謂國家重要事項，範圍極廣，例如議決提請總統解嚴，議決提請行政院變更重要政策或議決與大陸地區直接通商、通航❷等是，至於立法院對於國家政策，有建議權，

---

❷　臺灣地區與大陸地區人民關係條例第九十五條規定：「主管機關於實施臺灣地區與大陸地區直接通商、通航及大陸地區人民進入臺灣地區工作前，應經立法院決議。立法院如於會期內一個月未為決議，視為同意。」

更不待言。

惟所謂國家重要事項，意義並不明確，界限難分，行政院與立法院之觀點或異，在行政院認為並非國家重要事項，毋須經立法院之議決，而立法院則認為係重要事項，應經其議決者有之，自難免兩院間權限爭議之發生，此時如涉及憲法之適用疑義，得聲請司法院解釋；或認為已構成院與院間之爭執時，總統得召集有關各院院長會商解決之。

第五、領土變更案提出權

中華民國領土，依其固有之疆域，非經全體立法委員四分之一之提議，全體立法委員四分之三之出席，及出席委員四分之三之決議，提出領土變更案，並於公告半年後，經中華民國自由地區選舉人投票複決，有效同意票過選舉人總額之半數，不得變更之（憲法增修條文第四條第五項）。

第六、人事任命同意權

憲法第五十五條第一項原規定，行政院院長由總統提名，經立法院同意任命之。由此，立法院獲得國家最高行政機關首長之人事任命同意權。但此一權力，卻因憲法增修條文第三條第一項之規定而消失了。至於行政院所屬相當二級機關之獨立機關，其合議制成員中屬專任者，依中央行政機關組織基準法第二十一條第一項但書之規定，應先經立法院同意後任命之。

另有一重要官員，即監察院審計長，須經立法院同意始能任命。我國審計部雖隸屬於監察院，但其首長並不稱為審計部長，而稱審計長，乃在彰顯審計長之超然地位與獨立行使職權之精神。不過，審計長於審核行政院提出之決算後，依憲法第一百零五條規定有提出審核報告於立法院之義務，故立法院透過對審計長之任命，行使同意權可達到對政府財政收支監控之效果。

民國八十九年修正通過之憲法增修條文又將非常設化、任務化後之國民大會職權，關於司法、考試、監察等首要人事任命同意權，移轉至立法

院，使立法院之人事任命同意權擴大了一些。就此，立法院職權行使法第二十九條至第三十一條乃規定了立法院行使人事任命同意權之程序及表決門檻為應超過全體立法委員二分之一之同意，即應有立法委員五十七人以上投同意票才行。民國九十七年七月四日被提名為監察院副院長之沈富雄先生即因未達此一門檻，而未能獲得同意為監察院之副院長。

第七、聽取行政院報告與質詢之權

行政院有向立法院提出施政方針及施政報告之責，立法委員在開會時，有向行政院院長及行政院各部會首長質詢之權（憲法增修條文第三條第二項第一款），此為憲法基於民意政治及責任政治之原理所為制度性之設計，自屬於立法院之職權。

此種聽取報告與質詢之權，僅以對於行政院院長及其所屬各部會首長為限，而不及於司法、考試及監察各院，此與憲法第六十七條第二項規定，立法院各委員會得邀請政府人員及社會上有關係人員到會備詢不同，因所謂「政府人員」自包括司法、考試、監察各院人員在內，惟各院院長，本於五院間相互尊重之立場，並依循憲政慣例，得不受邀請，司法、考試、監察三院所屬非獨立行使職權，而負行政職務之人員，於其提出之法律案及有關預算案涉及之事項，亦自有上開憲法第六十七條之適用（參照司法院大法官釋字第四六一號解釋）。

第八、對行政院院長提出不信任案之權

立法院對行政院院長雖無任命同意權，然有提出不信任案之權，憲法增修條文第三條第二項第三款：

「立法院得經全體立法委員三分之一以上連署，對行政院院長提出不信任案。不信任案提出七十二小時後，應於四十八小時內以記名投票表決之。如經全體立法委員二分之一以上贊成，行政院院長應於十日內提出辭職，並得同時呈請總統解散立法院；不信任案如未獲通過，一年內不得對同一行政院院長再提不信任案。」

又依第二條第五項:「總統於立法院通過對行政院院長之不信任案後十日內,經諮詢立法院院長後,得宣告解散立法院。但總統於戒嚴或緊急命令生效期間,不得解散立法院。立法院解散後,應於六十日內舉行立法委員選舉,並於選舉結果確認後十日內自行集會,其任期重新起算。」

依上述各規定,立法院對行政院院長有提出不信任案之權,行政院院長亦有呈請總統解散立法院之權,立法院之不信任案,實為總統解散立法院之起因,牽涉總統與行政、立法兩院三者間之權責互動關係,亦為構成中央憲政體制之重要事項。

不信任案所受之限制:㈠人數之限制,經全體立法委員三分之一以上連署,全體立法委員二分之一以上贊成,㈡時間之限制,不信任案提出七十二小時後,應於四十八小時內以記名投票表決之,㈢次數之限制,不信任案如未獲通過,一年內不得對同一行政院院長再提不信任案。

至於解散立法院所受之限制:㈠須行政院院長因立法院提出不信任案而辭職,㈡須行政院院長同時呈請總統解散立法院,㈢總統於立法院通過不信任案後十日內,諮詢立法院院長,㈣總統於戒嚴或緊急命令生效期間,不得解散立法院。

至於立法院解散後之效果:㈠立法院解散後,應於六十日內舉行立法委員選舉,並於選舉結果確認後十日內自行集會,其任期重新起算,㈡立法院解散後,在新選出之立法委員就職前,視同休會(憲法增修條文第四條第四項)。

第九、對總統、副總統提出彈劾之權

依憲法第一百條之規定,監察院對於總統、副總統之彈劾案,向國民大會提出之,是彈劾總統、副總統之權,原屬於監察院,惟民國九十四年六月十日修正公布之憲法增修條文第四條第七項規定:

「立法院對於總統、副總統之彈劾案,須經全體立法委員二分之一以上之提議,全體立法委員三分之二以上之決議,聲請司法院大法官審理,不適用憲法第九十條、第一百條及增修條文第七條第一項有關規定。」

是彈劾總統、副總統之權，已改由立法院提出之，其彈劾之事由，不以犯內亂或外患罪為限。立法院向司法院大法官提出之總統、副總統彈劾案，經憲法法庭判決成立時，被彈劾人應即去職（憲法增修條文第二條第一○項）。

第十、對總統、副總統提出罷免之權

總統、副總統之罷免案，須經全體立法委員四分之一之提議，全體立法委員三分之二之同意後提出，並經中華民國自由地區選舉人總額過半數之投票，有效票過半數同意罷免時，即為通過（同條第九項）。

第十一、聽取總統國情報告之權

立法院於每年集會時，得聽取總統國情報告（同條文第四條第三項），從而立法委員亦自得檢討國是，提供建言。

第十二、解決中央與地方事權爭議之權

憲法第一百零七條、第一百零八條、第一百零九條及第一百十條，對於由中央立法並執行或交由省縣執行之事項，及由省立法並執行之或交由縣執行之事項，以及由縣立法並執行之事項，本有列舉之規定，如有未列舉事項發生時，其事務有全國一致之性質者屬於中央，有全省一致之性質者屬於省，有一縣之性質者屬於縣，遇有爭議時，由立法院解決之（憲法第一一一條）。依此規定，是不僅關於中央與省事權之爭議，由立法院解決之，即中央與縣或省與縣事權之爭議，立法院亦有解決之權。不過，省制在民國八十六年憲法增修條文修正時，已有變更。因此，立法院將只有機會解決中央與縣事權之爭議。至於立法院對於此種爭議之解決方法，以制定法律案為之規定，抑僅以單純之議決方式為之，均無不可。

第十三、擬定憲法修正案之權

立法院立法委員四分之一之提議，四分之三之出席，及出席委員四分

之三之決議，提出憲法修正案，並於公告半年後，經中華民國自由地區選舉人投票複決，有效同意票過選舉人總額之半數，即通過之，不適用憲法第一百七十四條之規定（憲法增修條文第一二條）。

第十四、監督國家安全機關之權

此外立法院尚有對機關之監督權，如國家安全會議及其所屬國家安全局應受立法院之監督是（參照國家安全會議組織法第八條）。此殆因各該機關並非隸屬於行政院，無從由行政院院長對立法院負責，故應由立法院監督之。

第十五、輔助性的調查權

於此有須說明者，即立法院有無專屬性的調查權？

憲法第五十七條第一款規定：「行政院有向立法院提出施政方針及施政報告之責。立法委員在開會時，有向行政院院長及行政院各部會首長質詢之權」，第六十七條第二項規定：「各種委員會得邀請政府人員及社會上有關係人員到會備詢」，則立法委員本得於開會時為質詢或詢問，經由受質詢人或應邀列席人員，就詢問事項於答覆時所說明之事實或發表之意見，而明瞭有關事項。如仍不明瞭，得經院會或委員會之決議，要求有關機關就議案涉及事項提供參考資料，必要時並得經院會決議調閱文件原本，以符憲法關於立法委員集體行使職權之規定，受要求之機關非依法律規定或其他正當理由不得拒絕，就主動機關方面言之，已形成為調查權。

惟此種調查權，原為依法行使職權以調查為達成機關目的之一種方法或程序，有謂之為一種輔助性的工具權力者，因其有行使之先決條件及受法定之限制，立法院的調查權，僅得謂為附帶性或輔助性的調查權，而非獨立性或專屬性的調查權（參照司法院大法官釋字第三二五號解釋）。

值得注意的是，大法官釋字第五八五號解釋，賦予立法院有限制的調查權，與監察院未有限制的調查權不同。該號解釋對立法院調查權之權限範圍，調查之方法、程序有相當完整的說明，成為憲政最新發展重點，值

得特別注意。茲特引述重點於次：

「立法院為有效行使憲法所賦予之立法職權，本其固有之權能自得享有一定之調查權，主動獲取行使職權所需之相關資訊，俾能充分思辨，審慎決定，以善盡民意機關之職責，發揮權力分立與制衡之機能。……立法院調查權所得調查之對象或事項，並非毫無限制。除所欲調查之事項必須與其行使憲法所賦予之職權有重大關聯者外，凡國家機關獨立行使職權受憲法之保障者，即非立法院所得調查之事務範圍。又如行政首長依其行政權固有之權能，對於可能影響干預行政部門有效運作之資訊，均有決定不予公開之權利，乃屬行政權本質所具有之行政特權。立法院行使調查權如涉及此類事項，即應予以適當之尊重。如於具體案件，就所調查事項是否屬於國家機關獨立行使職權或行政特權之範疇，或就屬於行政特權之資訊應否接受調查或公開而有爭執時，立法院與其他國家機關宜循合理之途徑協商解決，或以法律明定相關要件與程序，由司法機關審理解決之。

立法院調查權行使之方式，並不以要求有關機關就立法院行使職權所涉及事項提供參考資料或向有關機關調閱文件原本之文件調閱權為限，必要時並得經院會決議，要求與調查事項相關之人民或政府人員，陳述證言或表示意見，並得對違反協助調查義務者，於科處罰鍰之範圍內，施以合理之強制手段，本院釋字第三二五號解釋應予補充。惟其程序，如調查權之發動及行使調查權之組織、個案調查事項之範圍，各項調查方法所應遵守之程序與司法救濟程序等，應以法律為適當之規範。於特殊例外情形，就特定事項調查有委任非立法委員之人士協助調查之必要時，則須制定特別法，就委任之目的、委任調查之範圍、受委任人之資格、選任、任期等人事組織事項、特別調查權限、方法與程序等妥為詳細之規定，並藉以為監督之基礎。各該法律規定之組織及議事程序，亦不得侵害其他憲法機關之權力核心範圍，或對其他憲法機關權力之行使造成實質妨礙。如就各項調查方法所規定之程序，有涉及限制人民權利者，必須符合憲法上比例原則、法律明確性原則及正當法律程序之要求。」

第十六、文件調閱權

由於憲法將調查權劃歸監察院行使，使立法院難以具體掌握資訊、有效監督行政院，乃有要求調閱行政院及其所屬機關之文件，以求彌補無法有效監督行政院之缺失。此一要求，經大法官作出釋字第三二五號解釋，謂：「……立法院為行使憲法所賦予之職權，除依憲法第五十七條第一款及第六十七條第二項辦理外，得經院會或委員會之決議，要求有關機關就議案涉及事項提供參考資料，必要時並得經院會決議調閱文件原本，受要求之機關非依法律規定或其他正當理由不得拒絕。但國家機關獨立行使職權受憲法之保障者，如司法機關審理案件所表示之法律見解、考試機關對於應考人成績之評定、監察委員為糾彈或糾正與否之判斷，以及訴訟案件在裁判確定前就偵查、審判所為之處置及其卷證等，監察院對之行使調查權，本受有限制，基於同一理由，立法院之調閱文件，亦同受限制。」

現時，立法院職權行使法已有「文件調閱之處理」（第八章）的規定，立法院經院會決議，得設調閱委員會，或經委員會之決議，得設調閱專案小組，要求有關機關就特定議案涉及事項提供參考資料（立法院職權行使法第四五條第一項），是調閱權已成為立法院之法定職權。不過，此種「文件調閱權」乃屬立法委員之「集體行使之職權」，立法委員不得個別行使。

第十七、以法律為國家機關之職權、設立程序及總員額為準則性規則之權

憲法增修條文第三條第三項規定：「國家機關之職權、設立程序及總員額，得以法律為準則性之規定。」依此，立法院乃制定「中央行政機關組織基準法」，使行政機關得以依憲法增修條文第三條第四項規定，基於政策或業務需要自行決定、調整組織、編制及員額，而不受各機關之設立均須有法律依據的刻板、硬性的拘束。民國九十九年元月十二日，立法院修正了「中央行政機關組織基準法」及制定了「中央政府機關總員額法」，以落實憲法增修條文之上述規定。

第十八、副總統之補選權

憲法增修條文第二條第七項規定，副總統缺位時，總統應於三個月內提名候選人，由立法院補選，繼任至原任期屆滿為止。

依上述立法院之職權觀之，立法院似相當於外國所稱之國會(Parliament)（參照司法院大法官釋字第七六號解釋）。因：

一、英國國會最初之主要職權，原為徵稅同意權，現在各國國會之主要職權，則為立法權，包括議決法律案、預算案、條約案等事項在內，而我國現制之立法權，則在立法院。

二、英國國會有控制內閣之權，內閣實際上由國會所產生，並對國會負責，依我國現制，行政院依憲法增修條文第三條第二項之規定，對立法院負責，就此點言，是立法院與英國之國會，頗為相似。

不特此也，立法院之職權，依憲法之規定，原已事繁責重，尚未能善盡職守，自憲法增修條文以後，乃至第六次修憲，已將國民大會的職權，如對司法、考試、監察三院人事任命的同意權，及其他重要職權事項，均移歸於立法院行使，民國九十四年六月第七次修正憲法增修條文將國民大會無形化後，對於立法院又無制衡或監督之機制，五院中不僅立法院一院獨大，其職權之廣泛繁重，實超過現代任何民主國家中的一院制或兩院制的國會，殊非憲政體制所宜！

第二項　立法院職權之行使

立法院職權的種類為實體問題，職權的行使為程序問題，二者有密不可分的連帶關係，所以憲法有關立法院職權的規定，亦恆涉及其行使的程序，立法院組織法及立法院各委員會組織法均然。惟立法院職權行使法則為有關立法院職權行使的專屬性法律，並有立法院議事規則為議事程序的詳明規定。

立法院職權行使法不僅規定行使憲法所明定的職權，即基於憲法上職權所衍生的其他職權，亦有所規定，如基於制定法律權，而有行政命令之

審查權；基於一般立法權，而有調閱文件，舉行聽證會及審查請願文書之權等是。

綜合憲法及其他有關法規之規定，析述立法院職權行使的梗概：

第一、立法院會議

立法院因係合議制之組織，其職權之行使，必須以合議之方式行之，換言之，關於立法院職權之行使，必須經立法院會議為之。立法院之會議，可分為常會與臨時會兩種，常會每年兩次，自行集會，第一次自二月至五月底，第二次自九月至十二月底，必要時得延長之，至於臨時會由總統之咨請，或立法委員四分之一以上之請求，得開臨時會（憲法第六八條、第六九條）。依上述規定，立法院之常會僅有八個月，又因春節年假與暑期關係，立法院之常會約僅有七個月。此一規定為民國三十五年制憲時空背景之產物，而今日政事多端，立法院職權大幅增加之情形下，憲法所規定立法院常會集會時間，允宜早日修正，以免立法院要經常召開臨時會。

立法委員應分別於每年二月一日及九月一日起報到，開議日由黨團協商決定之。但經總統解散時，由新任委員於選舉結果公告後第三日起報到，第十日開議（立法院職權行使法第二條第一項前段）。

立法院會議須有立法委員總額三分之一出席，始得開會；前項立法委員總額，以每會期實際報到人數為計算標準，但會期中辭職、去職或亡故者，應減除之；立法院會議之決議，除法令另有規定外，以出席委員過半數之同意行之，可否同數時，取決於主席（同法第四、六條）。

關於立法院之集會，有尚須述及者，即：

一、立法院解散後，應於六十日內舉行立法委員選舉，並於選舉結果確認後十日內自行集會，其任期重新起算（憲法增修條文第二條第五項後段）。

二、立法院經總統解散後，在新選出之立法委員就職前，視同休會（同條文第四條第四項）。

三、立法院於每年集會時，得聽取總統國情報告（同條第三項）。

第二、議案審議

立法院依憲法第六十三條規定所議決之議案，除法律案、預算案應經三讀會議決外，其餘均經二讀會議決之（立法院職權行使法第七條）。所謂議案審議，通常經過下列各種程序，即提案、審查、討論及決議：

一、**提案**　有政府提案及立法委員提案之別，立法委員提案，除法律案應有十五人以上之連署外，其他提案除另有規定外，應有十人以上之連署；立法院會議審議政府提案與委員提案，性質相同者，得合併討論（立法院議事規則第八、一五條）。

二、**審查**　議案向立法院提出後，恆先交付立法院有關委員會審查，立法院各委員會雖與立法院之整體有別，惟各委員會之審查意見，恆為立法院會議所採納，故各委員會審查各議案，實為立法院審議議案之必經程序。

政府機關及立法委員提出之議案，每屆立法委員任期屆滿時，尚未完成委員會審查之議案，下屆不予繼續審議（同法第一三條）。

三、**討論**　所謂討論，乃立法院會議時，進行會議之程序，法律案及預算案之議案，應經三讀會議決之，第一讀會大抵朗讀議案標題後，即交付有關委員會審查，或議決逕付二讀或不予審議；第二讀會應將議案逐條朗讀，提付討論，除經出席委員法定人數之提議並表決通過得將全案重付審查外，應進行第三讀會，第三讀會除發現議案內容有互相牴觸或與憲法及其他法律相牴觸應修正者外，祇得為文字之更正，因之，第三讀會應將議案全案付表決（同法第八條至第一一條）。

四、**決議**　決議即表決，主席對於議案之討論，認為已達可付表決之程度時，經徵得出席同意後，得宣告停止討論；出席委員亦得提出停止討論之動議，經十五人以上連署或附議，不經討論，由主席逕付表決，表決應就可否兩方依次為之，議案之表決方法如下：㈠口頭表決，㈡舉手表決，㈢表決器表決，㈣投票表決，㈤點名表決（立法院議事規則第三三、三五、三六條）。

議案經過上述程序，是即所謂「立法程序」。

於此有須說明者：立法院議案之審議，其於法律案，㈠須立法委員十五人以上之連署，㈡不得以臨時案提出，㈢法律案應經三讀會議決，可謂對法律案立法程序之重視。關於法律案之立法程序，有不待調查事實，即可認為牴觸憲法，亦即有違反法律成立基本規定之明顯重大瑕疵者，則釋憲機關仍得宣告其為無效，惟其瑕疵是否已達足以影響法律成立之重大程度，如尚有爭議，並有待調查者，即非明顯，依現行體制，釋憲機關對於此種事實之調查，受有限制，仍應依議會自律原則，謀求解決（司法院大法官釋字第三四二號解釋中段）。

第三、覆議與復議

行政院得就立法院決議之法律案、預算案、條約案之全部或一部，經總統核可後，移請立法院覆議（立法院職權行使法第三二條），乃行政院請求立法院覆議。

復議乃是立法院內部之出席人員對原決議而提出復議，須具備下列各款（立法院議事規則第四二條）：

一、證明動議人確為原案議決時之出席委員，而未發言反對原決議案者，如原案議決時，係依表決器或投票記名表決或點名表決，並應證明為贊成原決議案者。

二、具有與原決議案不同之理由。

三、二十人以上之連署或附議。

在憲政實務上發生的重大復議事件，為民國九十九年四月下旬立法院二讀通過「個人資料處理法」修正法案後，引起輿論大譁與譴責❸。立法院朝野黨團乃共同提出復議案，並修正四條文後，終由立法院院會在民國

---

❸ 參閱，許育典，〈個資修法，戕害法治〉，《中國時報》，時論廣場，民國99年4月23日，A18版；〈這樣的法條恐怕只會讓惡棍稱慶〉，《聯合報》社論，民國99年4月23日，A2版；〈惡劣個資法，會毀了台灣言論自由〉，《中國時報》社論，民國99年4月22日，A17版。

九十九年四月二十七日時完成三讀。

第四、職權行使與黨團協商

黨團協商形成為立法院職權行使的技術：「為協商議案或解決爭議事項，得由院長或各黨團向院長請求進行黨團協商。立法院院會於審議不須黨團協商之議案時，如有出席委員提出異議，十人以上連署或附議，該議案即交黨團協商。各委員會審查議案遇有爭議時，主席得裁決進行協商」（立法院職權行使法第六八條）。

第六節　立法院與總統及各院之關係

立法院為國家最高立法機關，代表人民行使立法權，自與總統及行政、司法、考試、監察各院有其相互之關係，茲析述之：

第一、立法院與總統之關係

此可參照本書第四章第九節中「總統與立法院之關係」。

第二、立法院與行政院之關係

立法院與行政院之關係，可參照第五章第六節中「行政院與立法院之關係」。

第三、立法院與司法院之關係

立法院與司法院之關係，其顯著者如下：

一、立法院對於總統提名之司法院院長、副院長及大法官，行使同意任命權。

二、立法院議決司法院就其職掌事項所提出之法律案。

三、立法院所通過之法律，司法院所屬機關及各級法院須作為審判之

依據。

四、立法院所通過之法律，司法院有統一解釋之權。

五、立法院議決大赦案，可以補救司法方面之不足。

六、立法院會議時，得邀請司法院院長及其所屬機關首長列席陳述意見。

七、立法院對於總統、副總統之彈劾案，聲請司法院大法官審理。

第四、立法院與考試院之關係

立法院與考試院之關係，其顯著者如下：

一、立法院對於總統提名考試院之正副院長及考試委員，行使同意任命權。

二、立法院議決考試院就其職掌事項所提出之法律案。

三、立法院除立法委員外，一般職員之任用，與考試院所屬之銓敘部發生資格審查、銓敘及考績等關係。

四、立法院會議時，得邀請考試院院長及其所屬各部首長列席陳述意見。

第五、立法院與監察院之關係

一、立法院議決監察院就其職掌事項所提出之法律案。

二、立法院對於總統提出監察院監察委員及其所屬審計長之任命，有行使其同意之權。

三、立法院對於監察院所屬之審計長審核行政院提出之決算案，有聽取其報告之關係。

四、立法院會議時，監察院院長及所屬審計部審計長列席陳述意見。

五、立法院除立法委員外，其所屬職員，如有違法失職情事，監察院得提出糾舉案、彈劾案。

本章自習題目

一、立法權有廣狹二義，試分述其涵義。

二、各國立法機關有一院制及兩院制，其得失如何？試比較言之。

三、我國立法機關有中央、地方之分，試言其要。

四、說明立法院為治權機關之理由。

五、憲法規定之立法院，頗含有政權機關之性質，試言其故。

六、申述立法院之地位。

七、說明立法委員之性質及其兼職之限制。

八、立法院院長之職權如何？試舉以對。

九、制定法律之程序如何？試說明之。

十、立法院議決預算案，有何限制？試申述之。

十一、列舉立法院之職權，並分別略予說明。

十二、試述立法委員個人之職權。

十三、說明立法院職權行使之方式。

十四、立法院有無調查權？試就司法院大法官相關解釋說明之。

十五、立法院與總統之關係如何？試述其要。

十六、立法院與行政院之關係分際有欠明確，試舉所知以對。

十七、列述立法院與司法院之關係。

十八、立法院與考試、監察兩院有何關係？試分述之。

第七章 司 法

第一節 概 說

憲政國家，首重法治，而司法則與法治關係最切，司法制度是否完善，司法審判是否獨立，恆為國家是否法治，及法治是否真正實現之尺度。故司法之昌明，乃為法治之必要條件，在三權憲法之國家，司法與行政、立法分別獨立，司法由審判官掌理之，行政由行政首長掌理之，立法由議會掌理之；我國施行五權憲法，司法由司法院掌理之，與其他四院平峙而立，以構成五院制。

惟就我國司法制度之沿革言之，司法實由行政之範圍內所劃出。我國舊時歷朝雖重視司法，其在中央固置有專司折獄聽訟之官，例如：唐虞曰士，夏曰大理，殷曰司寇，周以大小司寇為刑官之長，其屬曰士，分主鄉遂縣等各級地方獄訟，春秋戰國時，列國各有司寇、司敗等職稱，以司獄政。秦漢以後，廷尉掌刑獄，御史兼理疑案。隋唐改廷尉為大理寺，與御史臺、刑部分掌司法，以大理主審判，御史主糾察，刑部主法務。宋及遼金，多沿其制。元朝廢大理寺，審判與司法行政，遂混合為一，彼此不分。明清以刑部掌刑名，而以大理寺為刑部之覆審慎刑機關。清末光緒變法，改刑部為法部，改大理寺為大理院，為中央之最高司法機關，是為我國歷代中央司法制度演變之梗概。惟司法與行政並未截然分離，亦即無所謂司法獨立。

至於我國地方司法制度，歷代均由行政官兼理，以各地方區域之行政官吏為主，關於獄訟事項，則以屬吏輔佐掌理之，其職稱每隨各時代之行

政組織之變遷而互異。自清末法院編制法頒行後，地方司法之獨立，始有其端倪，惟以吾國幅員廣大，一時未能普設法院，民國元、二年間，其未設法院之各縣，於縣公署內附設審檢廳，置幫審員掌理本縣之初審案件，檢察事務則由縣知事兼理之。民國三年間廢止審檢廳，公布縣知事兼理司法事務暫行條例，回復行政司法混合制度，由縣知事兼理一切初審案件，置承審員助理之。國民政府成立以後，縣司法公署組織及縣知事兼理司法制度，暫仍沿用，至民國二十五年公布縣司法處組織條例，縣司法處設於縣政府，置審判官，以獨立行使審判職權，民國三十四年以後，各縣司法處分期裁撤，改設地方法院，以專司審判事務，而法院組織法於民國二十一年公布後，迭經修正，規定法院審判民事、刑事訴訟案件；並規定設置地方法院、高等法院及最高法院等三級法院。

顧「司法」一詞之意義，若就我國現行有關法令言之，得分為狹義、廣義及最廣義三者言之。所謂：㈠狹義之司法，僅指司法審判而言，即係指各級法院所為民事、刑事案件之審判，謂之為司法；㈡廣義之司法，則指民事、刑事、行政訴訟之審判，及公務員之懲戒，以及憲法之解釋與法令之統一解釋，乃至政黨違憲解散案件之審理，均包括在內；㈢至於最廣義之司法，則除指廣義所列之司法事項外，即有關司法行政事務之職權，亦屬於司法之範圍。

就現行制度言之，則憲法第七章所規定之司法，係相當於最廣義之司法，容後再詳述之。

第二節　司法院之地位

司法院為國家最高司法機關（憲法第七七條），所謂最高司法機關，乃指司法院之上，更無其他任何行使司法權之司法機關而言，即司法終審機關之最高法院，亦在司法院之下，而為其所屬機關，至於掌理行政訴訟案件之行政法院，掌理智慧財產權訴訟之智慧財產法院，掌理公務員懲戒事

宜之公務員懲戒委員會，雖與職司民刑審判之各級法院有別，惟其職掌事項，仍屬於司法院之掌理範圍，而為司法院之隸屬機關，自得概稱之為司法機關。

司法院處於國家最高司法機關之地位，並不因總統為國家元首，以高居其上而有所貶抑，總統得行使大赦、特赦、減刑及復權之權，以變更司法之效力，惟此已屬於國家元首之職權範圍，於司法院之為國家最高司法機關之地位，並無影響。

司法院固為國家最高司法機關，惟其本身並不掌理實際上之審判或議決事項，雖為最高法院、行政法院及公務員懲戒委員會之上級機關，但對於各該法院所為之判決，對於該委員會所為之議決，事前並無指揮之權，事後亦無覆核或變更撤銷之權，此與行政院之為國家最高行政機關，對於所屬各機關有實質上之指揮監督權者不同，故司法院僅係間接的掌理其所屬機關之職權，惟於其為國家最高司法機關之地位，亦無影響，並不發生所謂司法院定位問題❶。

第三節　司法院之組織

第一項　司法院內部之組織

關於司法院之組織，行憲以前與行憲以後，頗多相異之處，行憲前之司法院，依中華民國訓政時期約法及國民政府組織法之規定，司法院院長以國民政府主席之提請，由國民政府依法任免之，並無大法官之設置，行憲後之司法院則不然，其院長由總統提名，經監察院同意任命之，在憲法增修條文之後，則改經國民大會同意任命之，第六次增修條文，又改由立

---

❶　但司法院卻於民國 88 年 12 月 12 日成立「司法院定位推動小組」，規劃使司法院成為最高審判機關。詳參閱，司法院編印，《司法院定位推動小組會議實錄》㈠㈡㈢，民國 92 年 3 月。

法院同意任命,並設大法官若干人,此其顯著差異者。

司法院及各級法院之組織,以法律定之(憲法第八二條),如司法院組織法及法院組織法是,即所稱各級法院,僅係指地方法院、高等法院及最高法院而言,行政法院並不包括在內,因行政法院為管理行政訴訟案件之審判機關,其組織另有法律為之規定,即行政法院組織法是。又民國九十六年三月二十八日另制定公布智慧財產法院組織法,據此建置了智慧財產法院,亦為司法院之隸屬機關。

關於司法院之組織,有首須說明者,即為憲法增修條文第五條第一項、第二項及第三項之規定:

「司法院設大法官十五人,並以其中一人為院長、一人為副院長,由總統提名,經立法院同意任命之,自中華民國九十二年起實施,不適用憲法第七十九條之規定。司法院大法官除法官轉任者外,不適用憲法第八十一條及有關法官終身職待遇之規定。

司法院大法官任期八年,不分屆次,個別計算,並不得連任。但並為院長、副院長之大法官,不受任期之保障。

中華民國九十二年總統提名之大法官,其中八位大法官,含院長、副院長,任期四年,其餘大法官任期為八年,不適用前項任期之規定。」

依此規定,係將舊制司法院院長、副院長不兼任大法官,而改為兼任,其主旨在便於主持大法官會議;大法官任期原為九年,縮減為八年,並不得連任,其主旨在加速新陳代謝,暢通賢路,其得失如何,姑不具論。

關於司法院之組織,得分為司法院內部之組織、大法官會議及司法院之隸屬機關,如最高法院、行政法院、公務員懲戒委員會等是。

就司法院內部之組織言,得分為司法院院長、副院長及幕僚機構說明之:

第一、司法院院長、副院長

一、**院長、副院長之產生方式** 司法院設院長、副院長各一人,由總統提名,經監察院同意任命之,原為憲法第七十九條第一項所明定。惟依第三次之原增修條文第四條第一項規定,第四次增修條文第五條第一項之

規定亦然。此等人員由總統提名，經國民大會同意任命之，民國八十九年第六次增修條文則改由立法院同意任命，此係仿效美國之立法例，按美國最高法院之院長及法官，皆由總統提名，經參議院同意任命之，因美國參議院係政權機關之性質，美國總統任命最高法院院長等人員，應徵得參議院之同意，有其理論之根據。我國國民大會為國家最高政權機關，為重視司法院院長、副院長之人選，須得其同意，以昭鄭重，亦即所以加重司法院及國民大會責任之感覺。由於國民大會已於民國九十四年六月起無形化，立法院代替國民大會行使司法院院長、副院長人選之同意權。

二、**院長、副院長之職權**　司法院院長之職權，得大別如下，即：

㈠綜理院務及監督所屬機關（司法院組織法第八條）。

㈡大法官會議，以司法院院長為主席（同法第三條第二項、司法院大法官審理案件法第一六條），從而以大法官會議主席之身分，於總統、副總統就職時宣誓，為其監誓人（參照總統、副總統宣誓條例第四條）。

㈢省自治法施行中，如因其中某條發生重大障礙，經司法院召集有關方面陳述意見後，由五院院長組織委員會，以司法院院長為主席，提出方案解決之（憲法第一一五條）。此一職權已因民國八十六年第四次憲法增修條文之修正而停止行使。

司法院副院長之職權，為司法院院長因事故不能視事時，由副院長代理其職務（司法院組織法第八條）；大法官會議，司法院院長不能主持時，以副院長為主席（司法院大法官審理案件法第一六條）。

三、**院長、副院長之任期**　司法院院長、副院長之任期，在憲法及司法院組織法均無明文規定，此與立法院院長、副院長係由立法委員互選而產生，以立法委員之四年任期為其任期，考試院院長、副院長、監察院院長、副院長均以六年為其任期者不同（參照考試院組織法第五條、憲法增修條文第七條）。惟自中華民國九十二年起，司法院院長、副院長之任期，亦為四年。

憲法增修條文雖規定司法院院長之產生方式，但未規定其出缺、不能視事或去職的處理方式。這與憲法詳細規定行政院院長之任免、出缺、不

能視事之情形，顯有不同。為免爭議，司法院組織法第八條對此乃加以規定，即：

1. 司法院院長因故不能視事時，由副院長代理其職務。司法院院長出缺時，由副院長代理，其代理期間至總統提名繼任院長經立法院同意，總統任命之日為止。

2. 司法院副院長出缺時，暫從缺，至總統提名繼任副院長經立法院同意，總統任命之日止。

3. 司法院院長、副院長同時出缺時，由總統就大法官中指定一人代理院長，其代理期間至總統提名繼任院長、副院長經立法院同意，總統任命之日為止。

第二、幕僚機構

司法院置秘書長一人，承院長之命，處理本院事務，並指揮監督所屬職員，副秘書長一人，襄助秘書長處理本院事務，設秘書處四廳及各級職員，分別掌理文書及有關司法行政事項。

第二項　大法官審理案件之組織

司法院設大法官會議，依照司法院大法官會議法名稱修正為司法院大法官審理案件法，並將條文修正後的規定（民國八十二年二月三日公布，以下簡稱審理法），司法院大法官，以會議方式，合議審理司法院解釋憲法與統一解釋法律及命令之案件，並組成憲法法庭，合議審理立法院所提之總統、副總統彈劾案、政黨違憲之解散案件。因之，大法官審理案件之組織，可分為大法官會議與憲法法庭，茲分述其要。

第一款　大法官會議

大法官會議關於解釋案件之審理，得分為解釋憲法與統一解釋法律及命令之事項：

第一、解釋憲法

一、**解釋憲法之事項** 大法官解釋憲法之事項如下,惟以憲法條文有規定者為限(審理法第四條):

㈠關於適用憲法發生疑義之事項;

㈡關於法律或命令有無牴觸憲法之事項;

㈢關於省自治法、縣自治法、省法規及縣規章有無牴觸憲法之事項。

二、**解釋憲法之聲請人** 有下列情形之一者,得聲請解釋憲法(審理法第五條):

㈠中央或地方機關 中央或地方機關於其行使職權,適用憲法發生疑義,或因行使職權與其他機關之職權發生適用憲法之爭議,或適用法律與命令發生有牴觸憲法之疑義者。

㈡人民、法人或政黨 人民、法人或政黨於其憲法上所保障之權利遭受不法侵害,經依法定程序提起訴訟,對於確定終局裁判所適用之法律或命令發生有牴觸憲法之疑義者。

㈢立法委員 依立法委員現有總額三分之一以上之聲請,就其行使職權,適用憲法發生疑義,或適用法律發生有牴觸憲法之疑義者。

另外,最高法院或行政法院就其受理之案件,對所適用之法律或命令,確信有牴觸憲法之疑義時,得以裁定停止訴訟程序,聲請大法官解釋。所應注意者:依司法院大法官釋字第三七一號解釋,法官於審理案件時,對於應適用之法律,依其合理之確信,認有牴觸憲法之疑義時,固得聲請解釋憲法以求解決,惟若係法律見解之歧異,依司法院大法官釋字第二一六號解釋意旨,法官於審判案件時,既不受各機關依其職掌就有關法規所為行政命令之拘束,法官自應秉持憲法第八十條獨立審判之原則,自行解決,不得逕行聲請大法官為統一解釋(參照司法院秘書長民國八十七年十二月二十一日第二八四八九號致各法院函)。

三、**聲請解釋憲法應敘明之事項** 聲請解釋憲法,應以聲請書敘明下列事項,向司法院為之(審理法第八條第一項):

㈠聲請解釋憲法之目的。

㈡疑義或爭議之性質與經過，及涉及之憲法條文。

㈢聲請解釋憲法之理由及聲請人對本案所持之立場與見解。

㈣關係文件之名稱及件數。

四、大法官解釋憲法之通過　大法官解釋憲法，應有大法官現有總額三分之二之出席及出席三分之二之同意，方得通過，但宣告命令牴觸憲法時，以出席人過半數同意行之（審理法第一四條第一項）。

第二、統一解釋法律及命令

一、統一解釋法令之聲請人　有下列情形之一者，得聲請統一解釋（審理法第七條第一項）：

㈠中央或地方機關　中央或地方機關就其職權上適用法律或命令所持見解，與本機關或他機關適用同一法律或命令時所已表示之見解有異者，但該機關依法應受本機關或他機關見解之拘束或得變更其見解者，不在此限。

㈡人民、法人或政黨　人民、法人或政黨於其權利遭受不法侵害，認確定終局裁判適用法律或命令所表示之見解與其他審判機關之確定終局裁判，適用同一法律或命令時所已表示之見解有異者，但得依法定程序聲明不服，或後裁判已變更前裁判之見解者，不在此限。

二、聲請統一解釋法令應敘明之事項　聲請統一解釋，應以聲請書敘明下列事項，向司法院為之（審理法第八條第二項）：

㈠聲請統一解釋之目的。

㈡法律或命令見解發生歧見之經過及涉及法律或命令條文。

㈢聲請解釋之理由及聲請人對本案所持之立場與見解。

㈣關係文件之名稱及件數。

三、大法官統一解釋法令之通過　大法官統一解釋法律及命令，應有大法官現有總額過半數之出席，及出席過半數之同意，方得通過（審理法第一四條第二項）。

以上各點，可見解釋憲法與統一解釋法令不同之所在，至於二者相同

之點，其最著者，則是：

一、聲請解釋機關之層轉　聲請解釋機關有上級機關者，其聲請應經由上級機關層轉，上級機關對於不合規定者，不得為之轉請，其應依職權解決者亦同（審理法第九條）。

二、聲請解釋接受後之審查　司法院接受聲請解釋案件，應先推定大法官三人審查，除不合本法規定，不予解釋者，應敘明理由報會決定外，其應予解釋之案件，應提會討論（審理法第一〇條第一項）。

三、大法官會議之主持　大法官會議，以司法院院長為主席，院長不能主持時，以副院長為主席，院長、副院長均不能主持時，以出席會議之資深大法官為主席，資同以年長者充之（審理法第一六條第一項）。

四、大法官解釋之公布與執行　大法官決議之解釋文，應附具解釋理由書，連同各大法官之協同意見書或不同意見書，一併由司法院公布之，並通知本案聲請人及其關係人（審理法第一七條第一項）。

大法官所為之解釋，得諭知有關機關執行，並得確定執行之種類及方法（同條第二項）。

至於解釋之效力如何，法無明文規定，自法理言之，其解釋憲法，即具有與憲法相同之效力；解釋法律及命令，即具有與法律及命令相同之效力。其效力之變更或喪失，原因約為：㈠以後之解釋變更或廢棄以前之解釋，㈡以後所制定之法律，變更以前所解釋之法律或命令，㈢國家權責機關政策之決定，不為解釋所拘束，而得變更其效力，㈣憲法之修訂或重新制定，其得變更有關之解釋，而使其失效，更不待言。

第二款　憲法法庭

司法院解釋憲法，並有統一解釋法律及命令之權，司法院設大法官若干人，掌理解釋事項，為憲法第七十八條、第七十九條第二項所明定，又依民國九十四年六月十日修正公布之憲法增修條文第五條第四項規定：「司法院大法官，除依憲法第七十八條之規定外，並組成憲法法庭審理總統、副總統之彈劾及政黨違憲之解散事項」，亦即對司法院職權內容之增列。換

言之，大法官會議之性質及職權，固仍為釋憲機構，行使解釋權時，係採會議形式為之，另增加其「審理總統、副總統之彈劾及政黨違憲之解散事項」之權，行使此項職權時，則須以「組成憲法法庭」為之。

憲法法庭之設置，各國亦有採行此制者，如奧、捷、德、義等國是，惟其職權並不以政黨違憲之解散事項為限，何謂違憲，各國認定之標準，亦不一致。

增修條文第五條第五項規定：「政黨之目的或其行為，危害中華民國之存在或自由民主之憲政秩序者為違憲。」其具有此種違憲情事者，亦僅為權責主管機關檢同相關事證移送司法院憲法法庭審理之原因，究竟解散政黨與否，則仍有待於憲法法庭之審理判決。

茲略述憲法法庭之組成及其判決：

第一、憲法法庭之組成

一、**審判長之充任** 憲法法庭審理案件，以參與審理之資深大法官充審判長，資同以年長者充之（審理法第二○條）。

二、**言詞辯論之出席人數** 憲法法庭應本於言詞辯論而為裁判，舉行言詞辯論，須有大法官現有總額四分之三以上出席，始得為之，未參與辯論之大法官，不得參與評議判決（同法第二四條第一項）。

第二、憲法法庭之判決

一、**對政黨應否解散之判決** 憲法法庭認聲請有理由者，應以判決宣示被聲請解散之政黨違憲應予解散，認聲請無理由者，應以判決駁回其聲請（同法第二六條）。

二、**對總統、副總統應否解職之判決** 對立法院所提總統、副總統之彈劾案，經憲法法庭判決成立時，被彈劾人應即解職。就此司法院大法官審理案件法應即配合民國九十四年六月十日憲法增修條文之公布而相應修正。

三、**判決之效力** 對於憲法法庭之裁判，不得聲明不服（同法第二九

條），判決所發生之效力為：

　　㈠被宣告解散之政黨，應即停止一切活動，並不得成立目的相同之代替組織，其依政黨比例方式產生之民意代表，自判決生效時起，喪失其資格（同法第三○條第一項）。

　　㈡憲法法庭之判決，各關係機關應即為實現判決內容之必要處置（同條第二項）。

　　㈢政黨解散後，其財產之清算，準用民法法人有關之規定（同條第三項）。

　　㈣被彈劾之總統、副總統，應即解職。

　　不特此也，不僅在判決後有其既判力，即在判決前亦有其法定之效力，亦即憲法法庭審理政黨違憲解散案件，如認該政黨之行為已足以危害國家安全或社會秩序，而有必要時，於判決前得依聲請機關之請求，以裁定命被聲請政黨停止全部或一部之活動（同法第三一條）。

　　依上述規定，若有政黨以變更國體，另建國家，為其黨綱黨義者，其目的及其行為，不得謂非危害中華民國之存在及自由民主之憲政秩序，權責主管機關不應予以登記，並應送由憲法法庭為違憲及解散之審判，否則，上述憲法增修條文及有關法律規定，將等於具文，無以取信國人。

第三項　大法官與一般法官之區別

　　憲法第七章關於司法之規定，其中第七十九條至第八十一條分別有「大法官」及「法官」之用語，二者並舉，職稱不同，其有關法律之規定，亦彼此互異，憲法上所稱法官，實係僅指各級司法法院掌理審判事宜之法官而言，並不包括大法官在內，惟依司法院解釋：行政法院評事、公務員懲戒委員會委員，就行政訴訟或公務員懲戒案件，分別依據法律獨立行使審判或審議之職權，不受任何干涉，依憲法第七十七條、第八十條規定，均應認為係憲法上所稱之法官（司法院大法官釋字第一六二號解釋㈡），因之，評事（依修正行政法院組織法，已改稱為法官）及公務員懲戒委員會委員，得概稱為法官。

由於對大法官是否是法官，迭有爭議。為此，司法院大法官乃作出釋字第六○一號解釋，謂：「司法院大法官由總統提名，經立法院同意後任命，為憲法第八十條規定之法官，本院釋字第三九二號，第三九六號，第五三○號，第五八五號等解釋足資參照。為貫徹憲法第八十條規定『法官須超出黨派以外，依據法律獨立審判，不受任何干涉』之意旨，大法官無論其就任前職務為何，在任期中均應受憲法第八十一條關於法官『非受刑事或懲戒處分，或禁治產之宣告，不得免職。非依法律，不得停職、轉任或減俸』規定之保障。」

若以法官對大法官而言，得謂為一般法官。大法官與一般法官之區別如下：

第一、產生方法不同

大法官由總統提名，經立法院同意任命之；一般法官則適用一般公務人員之任用程序。

第二、資格不同

大法官須具有下列資格之一，始得提請任命：㈠曾任最高法院法官十年以上而成績卓著；㈡曾任立法委員九年以上而有特殊貢獻者；㈢曾任大學法律學主要科目教授十年以上，而有專門著作者；㈣曾任國際法庭法官或有公法學或比較法學之權威著作者；㈤研究法學富有政治經驗聲譽卓著者（參照司法院組織法第四條）；一般法官所應具備之資格，則因各級法院及各個法官之官階而異（參照法院組織法第三三條至第三八條）。行政法院法官之資格，依行政法院組織法之規定（參照修正行政法院組織法），公務員懲戒委員會委員之資格，依該會組織法之規定（參照公務員懲戒委員會組織法第三條）。

第三、官階不同

大法官均為特任；一般法官除最高法院院長係以法官兼任之為特任外，

其他各法官則有簡任、薦任之分，係依各級法院及各個法官之資歷而異（參照法院組織法有關規定）。最高行政法院之院長及公務員懲戒委員會委員長為特任，法官及委員則均為簡任。高等行政法院之院長、法官則都為簡任人員。

第四、職權不同

大法官掌理解釋憲法，並有統一解釋法律及命令之權及組織憲法法庭，審理總統、副總統彈劾案及政黨違憲之解散事項之權；一般法官掌理民事、刑事訴訟案件之審判，行政法院法官掌理行政訴訟之審判，公務員懲戒委員會委員掌理公務員之懲戒事宜，且須依據法律獨立審判或審判或審議，不受任何干涉（憲法第八〇條）。

第五、任期不同

大法官之任期為八年或四年（參照憲法增修條文第五條第二項、第三項）；一般法官則為終身職（憲法第八一條），並無任期之限制。

第六、保障不同

一般法官因其為終身職，非受刑事或懲戒處分，或禁治產之宣告，不得免職，非依法律不得停職、轉任或減俸（憲法第八一條）；大法官之職務並非終身職，原無特殊之保障。但民國九十四年七月二十二日公布之司法院大法官釋字第六〇一號解釋，則謂：「大法官無論其就任前職務為何，在任期中均應受憲法第八十一條關於法官之保障。」依此，大法官之保障限於任期中，而非法官享有終身職之保障。

第四項　司法院隸屬機關

司法院設各級法院、行政法院及公務員懲戒委員會，其組織均另以法律定之（參照司法院組織法第七條、法院組織法、行政法院組織法、智慧財產法院組織法、公務員懲戒委員會組織法）。

第一、各級法院

各級法院，指審判民事、刑事訴訟案件之法院，分為三級，即地方法院、高等法院及最高法院，各級法院各置院長一人，由法官兼任，綜理全院行政事務。

各級法院之管轄事件，依其審級系統，即不服地方法院之判決或裁定，上訴或抗告於高等法院；不服高等法院之判決或裁定，上訴或抗告於最高法院，是即為司法審判機關之審級制度。

高等法院及地方法院在審判系統上，雖以最高法院為終審機關，但並非最高法院之隸屬機關。高等以下各級法院之有關司法行政事項，原係隸屬於前司法行政部，該部則為行政院之直隸機關，是不啻高等以下各級法院，屬於行政系統。

司法院釋字第八六號解釋（民國四十九年八月十五日）：「憲法第七十七條所定司法院為國家最高司法機關，掌理民事刑事之審判，係指各級法院民事刑事訴訟之審判而言，高等法院以下各級法院既分掌民事刑事訴訟之審判，自亦應隸屬於司法院」，因而建立審判與檢察分隸制度（民國六十九年七月一日），依照修正司法院組織法、修正法院組織法、及法務部組織法各有關規定，原係隸屬於司法行政部之高等以下各級法院，已改隸於司法院，由司法院行使其司法行政之監督權（參照法院組織法第一一〇條、第一一一條）。司法行政部並改制為法務部，主管全國檢察、監所、司法保護等行政事務，是即為審檢分隸制。

第二、行政法院

依原有行政法院組織法之規定，行政法院掌理全國行政訴訟審理事務，亦即單純的審理人民不服行政機關再訴願決定所提起的訴訟案件，由院長、評事等人員掌理審判事務，乃為關於行政訴訟案件之惟一審判機關，亦係僅為一級的審判機關。

惟依修正行政法院組織法（中華民國八十八年二月三日公布、九十年

五月二十三日修正）之規定，行政法院分為二級及其管轄事件如下（本法第二、七、一二條），各院置院長、法官等人員掌理審判事件：

一、**高等行政法院** 管轄：㈠不服訴願決定或法律規定視同訴願決定提起之訴訟事件；㈡其他依法律規定由高等行政法院管轄之事件。

二、**最高行政法院** 管轄：㈠不服高等行政法院裁判而上訴或抗告之事件；㈡其他依法律規定由最高行政法院管轄之事件。

第三、智慧財產法院

民國九十六年三月二十八日制定公布之智慧財產法院組織法成為司法院設立智慧財產法院之依據。該法第四條第一項規定：「智慧財產法院之設置地點，由司法院定之。」同法第七條第二項又規定：「智慧財產法院或其分院應適用之類別及其變更，由司法院以命令定之。」

智慧財產法院為我國新型之法院，依智慧財產法院法第二條之規定，為掌理關於智慧財產之民事訴訟、刑事訴訟及行政訴訟審判事務之法院。

第四、公務員懲戒委員會

公務員懲戒委員會掌管公務員之懲戒事宜，置委員長一人，特任，綜理會務，監督所屬職員；置委員九人至十五人，依法審議懲戒案件，不受任何干涉，對於懲戒案件之審議，係以合議制行之。其所為之懲戒程序及懲戒處分，係依公務員懲戒法（七十四年五月三日修正公布）之規定。

依現行制度，公務員懲戒委員會係公務人員懲戒事宜之惟一專管機關，對其懲戒案件之議決，如有法定情形，原移送機關或受懲戒處分人得移請或申請再審議。

對上述制度之妥適與否，大法官釋字第三九六號解釋，即有下述意見，謂：「憲法第十六條規定人民有訴訟之權，惟保障訴訟權之審級制度，得由立法機關視各種訴訟案件之性質定之。公務員因公法上職務關係而有違法失職之行為，應受懲戒處分者，憲法明定為司法權之範圍；公務員懲戒委員會對懲戒案件之議決，公務員懲戒法雖規定為終局之決定，然尚不得因

其未設通常上訴救濟制度，即謂與憲法第十六條有所違背。懲戒處分影響憲法上人民服公職之權利，懲戒機關之成員既屬憲法上之法官，依憲法第八十二條及本院釋字第一六二號解釋意旨，則其機關應採法院之體制，且懲戒案件之審議，亦應本正當法律程序之原則，對被付懲戒人予以充分之程序保障，例如採取直接審理、言詞辯論、對審及辯護制度，並予以被付懲戒人最後陳述之機會等，以貫徹憲法第十六條保障人民訴訟權之本旨。有關機關應就公務員懲戒機關之組織、名稱與懲戒程序，併予檢討修正。」

大法官釋字第三九六號解釋自民國八十五年二月二日發布以來至今近十五年，但對於公務員懲戒機關之組織、名稱與懲戒程序，仍未依其意旨修正改採法院之體制與法院審理之程序，實為司法改革無力之表象。

第四節　司法院之職權

司法院掌理民事、刑事、行政訴訟之審判，及公務員之懲戒，有解釋憲法與統一解釋法律及命令之權，並有由大法官組織憲法法庭審理總統、副總統彈劾案及政黨違憲之解散事項之權，法律案提出權，又有審查省自治法，宣布其違憲條文無效之權，省自治法施行中某條發生重大障礙時，並有召集會議提出方案予以解決之權（憲法第七七條、第七八條、第一一四條、第一一五條、憲法增修條文第四條）。

茲將司法院之職權，分述如下：

第一、民事刑事審判權

此指關於民事訴訟及刑事訴訟之審判權而言，民事訴訟是以確定私權關係存在與否為其目的，刑事訴訟是以確定國家有無刑罰權為其目的，均屬於司法權之範圍。現行司法審判，是採三級三審之制度為原則。所謂三級：是指地方法院、高等法院及最高法院；所謂三審：是指不服地方法院之判決，上訴於高等法院，不服高等法院之判決，上訴於最高法院，是為

終審。司法院所掌理之司法審判權，實係間接掌理，而非直接掌理，因民事、刑事訴訟之審判，並非司法院本身掌理之，而係由其所設之各級法院掌理之。僅在司法行政系統上隸屬於司法院，受司法院司法行政之監督。

關於民事刑事之審判權，由法官行使之，法官須超出黨派以外，依據法律，獨立審判，不受任何干涉（憲法第八〇條）。茲析述其義：

一、所謂法官，係指狹義之司法官，即係各級司法法院之法官（舊稱推事）而言。司法院釋字第六〇一號解釋，又認司法院大法官亦為憲法第八十條所規定之法官。檢察官及其他司法人員並不包括在內。

二、所謂超出黨派以外，並非謂法官不得加入政黨之黨籍，或須脫離黨籍，乃謂法官之審判案件，不受政黨之左右，不得以其所屬之政黨關係，而有所偏袒，以枉法裁判；至若根本禁止法官參加政黨，不獨於法無據，且與憲法規定人民無分黨派在法律上一律平等，及人民有結社之自由等基本精神，亦不相侔。

三、所謂依據法律，係指以法律為審判之主要依據，並非除法律以外與憲法或法律不相牴觸之有效規章，均行排斥而不用（參照司法院釋字第三八號解釋）。故一般行政機關本於職權所制定之規章，及地方自治機關所制定之規章，如與憲法及法律並無牴觸，仍得由法官依據以為審判。

四、所謂法官獨立審判，不受任何干涉，乃謂法官審判案件，一方面固不受行政機關及其他機關之干涉，一方面亦不受上級法院之干涉，上級法院亦僅得本於上訴或抗告程序，始得依法將下級法院之判決或裁定，予以廢棄或變更，法官僅依據法律，認定事實，本於職責及良心上、道德上之約束力，以獨立行使其審判權而已。亦並非謂法官審理案件，可不負枉法裁判或受賄瀆職或違法失職之責任，換言之，法官審理案件，如有枉法裁判等情事，仍應受法律之制裁，即刑法第一百二十五條第一項第三款所規定之濫用職權處罰罪。

法官依據法律，獨立審判，既不受任何干涉，自易於獲咎於人，故其職位不得不予以憲法上之保障，即：「法官為終身職，非受刑事或懲戒處分或禁治產之宣告，不得免職，非依法律，不得停職、轉任或減俸」（憲法第

八一條)；本條所謂法官，不包含檢察官在內。但實任檢察官之保障，依憲法第八十二條及法院組織法第四十條第二項之規定，除轉調外，與實任推事同（參照司法院大法官釋字第一三號解釋）。又法官因其為終身職，故不適用公務人員退休法關於命令退休之規定，以強制其退休，僅得申請自願退休（參照公務人員退休法第一六條）。俾符合終身職之意義，以貫徹保障法官之意旨。不過，此一見解，學者有不同看法，認法官為終身職，應是職務終身，而非生理終身，不應排除公務員法上「限齡退休」或「及齡自願退休」之規定❷。

所應注意者，憲法第七章關於司法之規定，未將軍事審判列入，憲法第九條復明定人民除現役軍人外，不受軍事審判。是軍法審判雖係審判刑事案件，惟不在通常所謂司法權之範圍，職司軍法審判人員之軍法官，亦非憲法上所稱之法官，而屬於軍事機關之另一系統，此與司法審判，由司法系統以行使其審判權者有別。

第二、行政訴訟審判權

此指行政訴訟之審理裁判權而言，行政訴訟是對於違法行政處分之救濟方法，凡不服違法處分之訴願，經決定後，得依行政訴訟法提起行政訴訟。民國八十七年修正公布之行政訴訟法規定，人民可以提起上述之撤銷行政處分訴訟外，尚可提起確認訴訟、給付訴訟及維護公益訴訟等。關於行政訴訟之審判權，由司法院所設之行政法院以行使之，已見前述。

第三、智慧財產訴訟審判權

如上所述，民國九十六年三月二十八日分別制定公布之智慧財產法院組織法及智慧財產案件審理法，使司法院所屬之智慧財產法院可以獲有智慧財產訴訟之審判權。

---

❷　參閱，林騰鷂，《中華民國憲法》，三民書局，民國 94 年 8 月，頁 329。

第四、懲戒權

懲戒權是對於違法、廢弛職務或其他失職行為之公務員所為之制裁權，與監察院之彈劾權相輔為用，彈劾權猶如司法方面之檢舉，懲戒權猶如司法方面之審判。對於公務員之懲戒權，由司法院所設之公務員懲戒委員會依據公務員懲戒法以行使之，亦見前述。關於武職公務人員之懲戒事宜，亦屬於司法院懲戒權範圍之內（參照司法院大法官釋字第二六二號解釋）。其詳於第九章第四節監察院之職權第一、彈劾權中另述之。

第五、解釋權

此指解釋憲法及統一解釋法律及命令之權。關於憲法之解釋，僅司法院有權為之，關於法律及命令之解釋，各機關本於職權，均得為之，若無隸屬關係系統不同之機關，適用同一之法令，發生歧異之見解時，始由司法院予以統一解釋。關於解釋憲法及統一解釋法令之權，由司法院所設之大法官會議行使之，前已詳述。至於解釋之效力如何，現行法律尚無明文規定。僅在慣例上各機關資為依據，受其拘束而已。又司法院大法官除解釋權外，並組成憲法法庭審理總統、副總統彈劾案及政黨違憲之解散事項亦屬於司法院之職權範圍。

第六、法律案提出權

司法院關於所掌事項，有無向立法院提出法律案之權？憲法並無明文規定，可否比照司法院釋字第三號解釋（民國四十一年五月二十一日），認為監察院關於所掌事項，得向立法院提出法律案，而亦認為司法院有向立法院提出法律案之權？此在法理上殊堪研究，因憲法上既未明文規定司法院有提出法律案之權，若司法院逕自運用其所擁有之解釋權，以解釋其有向立法院提出法律案之權，姑無論其與制憲之真意是否適合，要與原有司法院大法官會議法第三條第二項關於解釋憲法之事項,「以憲法條文有規定者為限」之規定，未免不符。至於司法院大法官釋字第三號解釋認為監察

院關於所掌事項，得向立法院提出法律案，雖係就憲法條文所未規定者而為解釋，然其解釋係在民國四十七年七月二十一日司法院大法官會議法公布之前，似未便援照該號解釋，而認為亦得解釋司法院得向立法院提出法律案。

惟司法院大法官釋字第一七五號解釋（七十一年五月二十五日）：「司法院為國家最高司法機關，基於五權分治彼此相維之憲政體制，就其所掌有關司法機關之組織及司法權行使之事項，得向立法院提出法律案」，是司法院已有法律案之提出權，此於憲政體制，司法性質，及關於解釋憲法之事項，「以憲法條文有規定者為限」之規定（參照司法院大法官審理案件法第四條第二項），其解釋是否妥適，不無存疑之餘地。

第七、司法概算不受刪減之權

司法院所提出之年度司法概算，行政院不得刪減，但得加註意見，編入中央政府總預算案，送立法院審議（憲法增修條文第五條第六項）。因民主法治之基礎在司法，而優秀之司法人員及充足之司法經費，乃為司法建制之先決要件，他國有於憲法中規定司法經費占相當之百分比者，如哥斯達黎加規定占百分之五是。上述憲法增修條文之規定，得謂為司法預算獨立之入憲，惟並非獨立於全國總預算之外，僅由司法院依照業務需要，編列概算而已，行政院不得刪減司法概算，但得加註意見，送由立法院審議，俾可統籌國家之財政狀況及其他政情以為決議，惟行政院對立法院所決議該項預算案，認為有窒礙難行時，仍得依法移請覆議，自不待言。

第八、司法行政監督權

憲法雖未明定司法院之司法行政監督權，但因司法院組織法第八條之規定，司法院院長綜理司法院院務外，並監督所屬機關。故現時最高法院、高等法院、地方法院、行政法院、公務員懲戒委員會之行政監督歸由司法院行使之。司法院為此也設立民事廳、刑事廳、行政訴訟及懲戒廳，及司法行政廳等分別辦理各該事項之行政事宜。

如上所述，司法院依司法院組織法第八條規定，可監督所屬機關，但因司法界內保守、封閉及錯誤理解的「法官終身職」❸，使司法院之監督機制軟弱無力。民國九十九年七月間爆發之高等法院法官集體貪瀆案，導致司法院賴英照院長引咎辭職，而該年八月又爆發總統府前副秘書長陳哲男司法黃牛案、北海漁村邀宴案爭議❹，造成嚴重司法災難❺，而最高法院法官蕭仰歸為兒肇事逃逸關說案，引發司法官官相護事端，均使民眾對司法法行政監督之虛空，感到不滿，而殷切要求加速司法改革❻。

第九、審理總統、副總統彈劾案

總統、副總統之彈劾依憲法增修條文第四條第七項規定，原係經國民大會代表提出，再依憲法增修條文第二條第十項規定，經國民大會代表總額三分之二同意，將被彈劾人解職。但因民國九十四年六月七日任務型國民大會複決通過憲法增修條文第二條第十項規定、第四條第七項、第五條第四項條文修正案，故司法院將擁有審理總統、副總統彈劾案之職權。

第十、暫時處分權❼

大法官釋字第五八五號解釋稱:「司法院大法官依憲法規定獨立行使憲法解釋及憲法審判權，為確保其解釋或裁判結果實效性之保全制度，乃司

---

❸ 憲法第八條所規定之法官終身職，依該條整體文義來解釋，應是「職務終身」，而非「生理終身」，亦即在法官職務任內，不受各種人事干擾，以維持審判獨立之意。參閱，林騰鷂，〈司法結構改造的方向〉，《蘋果日報》論壇，民國99年8月3日，A15版。

❹ 參閱，〈陳哲男在酒席上司法大閱兵〉，《聯合報》社論，民國99年8月15日，A2版。

❺ 參閱，林騰鷂，〈停止製造法條鸚鵡〉，《中國時報》時論廣場，民國99年8月13日，A18版。

❻ 參閱，蕭白雪，〈抓緊司法改革契機〉，《聯合報》，民國99年8月15日，A15版。

❼ 參引，林騰鷂，《中華民國憲法》，三民書局，民國94年8月，頁322–323。

法權核心機能之一，不因憲法解釋、審判或民事、刑事、行政訴訟之審判而有異。」此一解釋又使司法院擴增了一項暫時處分權。這種國家權力之擁有並非來自於人民，來自於憲法，來自於法律的授予，而是由憲法解釋機關依自己認定的法理，解釋自己可以擁有，而別人不得加以制衡，加以否定之作法，即被批為司法自肥、擴權、破壞「權力分立」❽、憲法靈魂之作為。大法官在釋字第五八五號解釋理由書中牽強的為自己的擴權加以說明，謂「保全制度固屬司法權之核心機能，惟其制度具基本權利與公共利益重要性，當屬法律保留範圍，應由立法者以法律明定其制度內容。於立法機關就釋憲程序明定保全制度之前，本院大法官行使釋憲權時，如因系爭憲法義或爭議狀態之持續，爭議法令之適用或原因案件裁判執行，可能對人民基本權利或憲法基本原則造成不可回復難以回復之重大損害，對損害防止事實上具有急迫性，且別無其他手段可資防免其損害時，即得權作成暫時處分之利弊時，自可准予暫時處分之宣告。」

　　大法官此一解釋理由說明顯示，大法官明知保全制度，「當屬法律保留範圍，應由立法者以法律明定其制度內容。」那麼「立法機關就釋憲程序明定保全制度之前」，大法官豈可自認有保全制度中之暫時處分權？這不是破壞大法官自己所說的「法律保留原則」嗎？大法官若可以自己制憲，自己立法擴權，那麼民國九十四年三月十四日司法院大法官審理案件法，要求「明定憲法法庭對被聲請違憲解釋政黨在訴訟繫屬後，判決前，為保全程序之要件。」❾又有什麼必要呢？

　　大法官明知保全制度屬於「法庭」才能擁有，且要經立法院明定程序要件後，才能針對訴訟繫屬後之個案加以裁處。但大法官在釋字第五九九號解釋中，卻針對內政部依戶籍法第八條按捺指紋規定及行政院全面換發身分證措施等作出不可進行的「暫時處分」，實在有違權力分立之憲政法理，破壞行政權與司法權之分際。誠如學者指出，「大法官解釋憲法而為暫時處

---

❽　臺北市長馬英九即認為，大法官的暫時處分可能會破壞「權力分立」原則。參閱，記者范凌嘉金門隨行採訪，《聯合報》，民國94年6月12日，A4版。

❾　參閱，《司法周刊》，第一二二八期，民國94年3月24日，第一版。

分，可能是一般性的處分，普通法院的保全處分，則必是個案性的處分。」❿
大法官這種混淆司法不告不理、個案裁決與行政積極主動、全面及時處理
生活事件之特性，也難怪有若干大法官反對對聲請人沒提出聲請部分，為
「雞婆」之處理❶。何況立法缺漏之處理依憲法增修條文第三條第二項第
二款之規定，行政院可以提出覆議，而立法院也可修改法律，但行政院對
按捺指紋規定從未表示「窒礙難行」而有必要覆議之處，且立法院也已提
出戶籍法之修正案，司法院自應謹守憲政分際，尊重人民之立法院對人民
權利義務分際之立法權。再者，國家、社會若有一般性、緊急事件要處理，
也應由總統依憲法增修條文第二條第三項規定之緊急命令程序來處理，哪
可以由大法官在個案爭議未出現前，即預為一般性的「暫時處分」！

第五節　司法院與總統及各院之關係

　　關於司法院與總統、行政院及立法院之關係，已見以前各章中關於總
統與司法院之關係，行政院與司法院之關係，及立法院與司法院之關係，
茲不重述。現僅說明司法院與考試、監察兩院之關係。

第一、司法院與考試院之關係

　　此兩院之關係如下：
　　一、司法院有統一解釋有關考試銓敘等法規之權。
　　二、司法院與考試院得會同制頒命令性質之規章。
　　三、司法院所屬之公務人員與考試院所屬之銓敘部發生審查銓敘等關係。
　　四、考試院所屬之公務人員，如有違法失職情事，司法院所屬之公務

---

❿　李念祖，〈大法官與暫時處分〉，《中國時報》，我見我思專欄，民國 94 年 6 月
　　14 日，A4 版。

❶　記者王文玲，〈大法官主動補條缺漏，擴權還是本於職權?〉，《聯合報》，民國
　　94 年 6 月 11 日，A2 版。

員懲戒委員會有依法懲戒之權。

五、考試院及所屬部會如有違法之處分或決定，司法院所屬之行政法院，得依行政訴訟法之規定，予以撤銷或變更之。

第二、司法院與監察院之關係

此二院之關係如下：

一、司法院有統一解釋有關監察法規之權。

二、司法院與監察院得會同制頒命令性質之規章。

三、司法院所屬人員如有違法失職情事，監察院得提出糾舉或彈劾。

四、監察院對於司法院行使監察權時，得調閱司法院所發布之命令及各種有關文件。

五、司法院所屬之公務員懲戒委員會，對於監察院提起之彈劾案，行使其懲戒權。

本章自習題目

一、試就我國現行法律，說明司法之意義。

二、說明司法院之地位。

三、司法院院長之職權如何？試舉以對。

四、說明解釋憲法以何種事項為限？

五、何謂統一解釋法律及命令？憲法法庭之職權如何？試分別說明之。

六、大法官與一般法官有何區別？試比較言之。

七、試述最高法院之管轄事件。

八、分述行政法院及公務員懲戒委員會之職掌事項。

九、法官獨立審判不受任何干涉，試申其義。

十、試述司法院與考試、監察兩院之關係。

十一、司法院有無審理總統、副總統彈劾案之權？又此一職權如何行使？試分別說明之。

十二、司法院有無暫時處分權？試依司法院釋字第五八五號解釋說明，並依學理評述之。

第八章　考　試

第一節　概　說

　　考試制度，創始於我國，舜典云：「敷奏以言，明試以功」，又謂：「三載考績，三考黜陟幽明」，此為考試觀念之載於經史者，亦即考試制度之濫觴。我國古時選拔人才，登庸名器，固有薦舉、選舉及考試等方法。三代時期始則偏重薦舉，嗣有鄉舉里選之法，漢代詔求賢良，對策授職，薦舉與考試並行。隋唐以後，屬行考試，重視科舉，考試制度遂侵凌薦舉與選舉二種方法而上之。宋以經義試士，明以制藝取才，清初試博學鴻儒，清末開經濟特科，姑不論其考試之內容如何及有無流弊，要係承襲歷代已有之基礎，加以不斷之改進，考試制度遂更趨完備而嚴謹，故能垂諸久遠，成為定制。其由考試而登仕版者，謂之為正途出身，否則雖位躋卿相，亦為士林所輕視，因之，考試制度已深為我國社會所普遍尊重，歷數千年而不稍異。

　　考試制度之所以能垂久遠，實由於在國家政治上及社會上有其重要作用，即：

　　一、**安定政局**　學識智能之人士，能藉考試拔擢之方法，以致力國事，克展所長，則野無鬱抑之士，人懷自勵之心，有入仕之坦途，而無非分之野心，古時君主多藉考試羈縻多士，以科舉而桎梏才智，鞏固君權，其用意雖非，惟以此而消滅政治危機，安定政局，則恆收其效果。

　　二、**便於從政**　人民均得本其所學，參加考試，金榜題名，即登仕版，學優則仕，從政於朝。我國古時權臣篡位，平民革命，史固有之，但並無

平民之參政運動，因已有考試為參與國政之康莊大道，且視為惟一之正途出身。

三、泯除階級　寒窗苦讀，平步青雲，布衣可以為公卿，匹夫可以傲王侯，貴賤所差非遙，朝野由是相通，我國古時貴族平民之階級觀念，迄未嚴格形成，考試制度之推行，實為其主要因素。

四、機會均等　考試乃係公開競爭之事，各本所學，角逐試壇，機會均等，捷足先登，較之憑藉私人之特殊關係，以鑽營倖進者，為公平合理。

五、拔取真才　考試係於多士之中，選拔人才，雖未必均為傑出人士，惟既係以公開方法而為甄拔，當可使能者在位，較之政黨以成敗為人事進退之分贓制度 (Spoils System)，不論其賢與不肖，有似淮南得道，雞犬升天者，自異其趣。而此種真才之拔取，對於政府有能之形成，自為其重要因素。

六、昌明國事　因考試而從事公務，事非倖致，自必愛惜名器，砥礪清操，既非趙孟之所貴，亦非趙孟之所能賤，奉公守法，奔競自無，此於安定仕途，澄清吏治，整肅官紀，昌明國事，具有極大之作用。

考試之作用及其重要性，有如上述。　中山先生認為建國取才，必須實行考試，遺教中昭示甚多，例如：

「……至於歷代舉行考試，拔取真才，更是中國幾千年的特色，外國學者近來考察中國的制度，便極讚美中國考試的獨立制度，也有倣效中國的考試制度去拔取真才，像英國近來舉行文官考試，便是說從中國倣效過去的，不過英國的考試制度，只考試普通文官，還沒有達到中國考試權之獨立的真精神。」（民權主義第六講）

又謂：「至於考試之法，尤為良善，稽諸古昔，泰西各國大都係貴族制度，非貴族不能作官。我國昔時雖亦有此弊，然自世祿之制廢，考試之制行，無論貧民貴族，一經考試合格，即可作官，備位卿相，亦不為僭。此制最為平允，為泰西各國所無。厥後英人首倡文官考試，實取法於我，而法德諸國繼之。……要之，有考試制度，以拔選真才，則國人倖進之心，必可稍稍斂抑。」（　中山先生講：採用五權分立制以救三權鼎立之弊）

因為：「教養有道，則天無枉生之才；鼓勵以方，則野無鬱抑之士；任使得法，則朝無倖進之徒」，而所謂教養、鼓勵、任使，實以考試制度為其運用之樞紐。故 中山先生於其手著之建國大綱中第十五條規定：「凡候選及任命官吏，無論中央與地方，皆須經中央考試銓定資格者乃可」，並主張設立考試院，獨立行使考試權，以健全並發揚中國固有之考試制度。

憲法依據 中山先生之遺教，於第十八條規定人民有應考試之權，於第八章則詳細規定有關考試事項，而以考試院為國家最高考試機關，以獨立行使其職權，為構成政府五種治權之一種，其於考試制度之重視，自極明顯。

顧考試有廣狹二義：狹義之考試，僅指考試取士而言；廣義之考試，則包括考試、任用、銓敘、考績、級俸、陞遷、保障、褒獎、撫卹、退休、養老等事項在內。我憲法第八章之所謂考試，係指廣義之考試，實係構成考試權之內容，亦得謂為人事行政事項。惟其中條文亦有僅指狹義之考試者，如憲法第八十五條規定：「公務人員之選拔，應實行公開競爭之考試制度，並應按省區分別規定名額，分區舉行考試。非經考試及格者，不得任用」，其所稱考試，即係指狹義考試；至於「公務人員考試法」所稱之考試，亦自係指狹義之考試而言。

考試制度雖為我國之固有制度，外國亦多倣效，已見前述，惟我國現行之考試制度，與昔時之考試制度，頗多區別，略述如下：

第一、我國往昔考試制度與現行考試制度之區別

一、前者（往昔考試制度）舉行考試時雖係獨立舉行，惟有關考試之行政事項，仍係由行政部門之禮部、吏部主辦，屬於行政之職權範圍；後者（現行考試制度）則將其劃出於行政權範圍之外，而分離獨立，由考試院及其所屬機關以行使之。

二、前者係臨時派人主考，如所謂提督學政、試官總裁等是，並無常設之考政機關；後者則有經常設置之考試院等機關，以主掌其事。

三、前者僅以考試取士為限，實係狹義之考試；後者則除考試外，並

包括任用、銓敘、考績等事項在內，其涵義甚廣。

四、前者僅係官吏資格之取得；後者不僅公務人員之任用資格，須考選銓定之，即關於專門職業及技術人員執業資格，亦須依法考選銓定之（憲法第八六條）。

第二、我國現行考試制度與外國考試制度之區別

一、前者考試權與行政權分離獨立；後者考試權屬於行政權之範圍，構成行政權之一部分事項。

二、前者考試權為五種治權之一，地位彼此平等；後者考試權既屬於行政權之範圍，並非與立法、司法二權並列，以成為三權鼎立。其地位之輕重，自難相提並論。

第二節　考試院之地位

考試院為國家最高考試機關，為憲法第八十三條所明定。所謂國家最高考試機關，乃別於國家其他屬於治權系統之最高機關而言，考試權為五種治權之一，考試院為治權機關，與行政、立法、司法、監察四院平峙分立，以構成五院制。

考試院之於總統有其隸屬關係，總統為國家元首，就行文程式上言，考試院對於總統用呈，總統對於考試院用令，惟於考試院為國家最高考試機關之地位，並無影響。

學者有謂考試院為行政機關，而認為應屬於中央行政組織之系統者，其理由為：

一、考試權原屬於行政權之範圍，各國均由行政機關掌理，我國往昔亦屬於行政部門，在行憲以後之五權制下，將考試權設院行使，自仍得認其為行政機關。

二、依憲法第八十三條規定，考試院掌理考試、任用、銓敘、考績、

級俸、陞遷、保障、褒獎、撫卹、退休、養老等事項，均為立於法規下之作用，而與行政無殊，是即為人事行政，掌理人事行政之機關，應認為行政機關。

三、依人事管理條例，及其他有關人事法規之規定，行政院及其所屬各級行政機關內，無不有人事機構或人事管理人員之設置，乃各該機關之法定單位，而為其構成之一部門，則主管人事機構之考試院及其所屬各機關如銓敘、考選兩部，亦自應認為行政機關，屬於中央行政組織之列。

惟上述理論，似是而實非，因：

一、我國中央政制，既將考試權由行政權劃出，則在基本觀念上，考試權即非行政權，考試機關即非行政機關。

二、五權憲法之精神，在各院獨立平等以行使其職權，故分別規定行政院為國家最高行政機關，考試院為國家最高考試機關，若認為考試院亦為行政機關，則其地位等級，究在行政院之上？抑在其下？受行政院之指揮監督？抑係指揮監督行政院？此與憲法分別規定各院各為最高機關之理論為不相容。

三、國家統治權行使之分類，以是否立於法規下之作用，為區別行政與非行政之標準，並非妥適，因司法、監察亦均為立於法規下之作用，不得執此以為考試之性質，即為行政，從而認為考試機關即為行政機關。

四、人事機構或人事管理人員之設置，不僅行政機關中有之，即立法、司法、監察等機關內亦然，未便執此遽謂考試機關為行政機關，亦猶不得以此遽謂考試機關為立法、司法、監察機關。

總之，我憲法係採五權分立制度，行使某種治權者，即為某種治權機關，考試院及其所屬機關，雖得謂為廣義的行政機關，然要與憲法規定之旨趣不符，自仍以逕認為考試機關為宜。

第三節　考試院之組織

第一項　考試院組織之概念

　　考試院之組織,以法律定之(憲法第八九條),是即為考試院組織法。關於考試院之組織,行憲以前與行憲以後,彼此不同。行憲前考試院之組織,其院長以國民政府主席之提請,由國民政府依法任免之,並無考試委員之設置,此與行憲後之考試院院長、副院長,並置有考試委員,均由總統提名,經監察院同意後任命之,憲法增修條文以後,則提經國民大會同意後任命之,第六次增修條文,又改由立法院同意任命,乃為最顯著之區別。

　　關於考試院之組織,有廣狹二種概念:

第一、廣義之考試院

　　此指考試院院長、副院長、考試委員、院內之幕僚機構及所屬機關之考選部、銓敘部與公務人員保障暨培訓委員會之綜合體而言。憲法第八十三條規定考試院掌理考試、任用、銓敘、考績等事項,及第八十六條規定應經考試院依法考選銓定之資格,其所稱之考試院,均係指廣義之考試院。

第二、狹義之考試院

　　此僅指考試院院長、副院長、考試委員及院內之幕僚機構而言,換言之,僅係指考試院之本身,至其所隸屬之考選、銓敘兩部,則不包括在內。

　　關於考試院之概念,既有廣狹二義,則現行法令上所謂考試院,究指廣義? 抑指狹義而言? 應依據各該法令之規定意旨,分別認定之。

第二項　考試院組織之構成

　　茲就廣義之考試院,析述考試院組織之構成如下(參照考試院組織法):

第一、考試院院長、副院長

一、**院長、副院長之產生** 考試院設院長、副院長各一人，考試委員若干人，由總統提名，經監察院同意任命之，原為憲法第八十四條所規定，第六次增修條文以後，則由總統提名，經立法院同意任命之（增修條文第六條第二項），其任期均為六年，如有出缺時，繼任人員之任期，至原任屆滿之日為止（考試院組織法第五條）。

二、**院長、副院長之職權** 考試院院長之職權，為：㈠綜理院務，並監督所屬機關；㈡為考試院會議之主席，決定憲法第八十三條所定職掌之政策及其有關重大事項；㈢參與五院院長所組織之委員會，以解決省自治法中某條所發生之重大障礙（憲法第一一五條）。

考試院副院長之職權，除出席考試院會議外，於院長因事故不能視事時，由副院長代理其職務。

第二、考試委員

一、**考試委員之產生** 考試院之考試委員，由總統提名，經立法院同意任命之，已見前述。依考試院組織法之規定，考試院考試委員之名額定為十九人（第三條），其人選應具有下列各款資格之一（第四條）：

㈠曾任考試委員聲譽卓著者。

㈡曾任典試委員長而富有貢獻者。

㈢曾任大學教授十年以上，聲譽卓著，有專門著作者。

㈣高等考試及格二十年以上，曾任簡任職滿十年，並達最高職，成績卓著，而有專門著作者。

㈤學識豐富，有特殊著作或發明或富有政治經驗，聲譽卓著者。

二、**考試委員之職權** 考試委員出席考試院會議，以決定憲法第八十三條所定職掌之政策及其有關重大事項。考試委員須超出黨派以外，依據法律，獨立行使職權（憲法第八八條），所謂須超出黨派以外，並非謂考試委員不得加入政黨，或須脫離黨籍，乃謂不為政黨所左右，或以黨籍之意

識,而非法行使其職權,因考試委員除出席考試院會議外,並通常參與典試,如命題、閱卷、評定分數、決定錄取標準等事宜,故須超出黨派以外,獨立行使其職權,以免發生壟斷考試錄取私人之流弊。

第三、幕僚機構

考試院置秘書長一人,承院長之命,處理本院事務,並指揮監督所屬職員;置參事若干人,掌理關於考選、銓敘等法案命令之撰擬審核事項;並設秘書處,置秘書、科長及其他職員若干人,職掌會議紀錄,文書撰擬及其他事項。

第四、考試院之隸屬機關

考試院設考選部、銓敘部及公務人員保障暨培訓委員會。其組織另以法律定之。各部各置部長一人,綜理部務,監督所屬職員;各部置政務次長、常務次長各一人,輔助部長處理部務。並各設若干司,分掌業務。考試院並得於各省設考銓處掌理各該省區內之考選銓敘事宜(參照考試院組織法、考選部組織法、銓敘部組織法)。

考選、銓敘兩部及公務人員保障暨培訓委員會之職掌,約如下述:

一、**考選部** 考選部掌理全國考選行政事宜,對於承辦考選行政事務之機關,有指示監督之責。其職掌得分為:㈠關於辦理考選公務人員事項,㈡關於辦理考選專門職業及技術人員事項,㈢關於辦理組織典試委員會事項,㈣關於考取人員之冊報事項,㈤關於舉行考試其他應辦事項。

二、**銓敘部** 銓敘部掌理全國文職公務員之銓敘及各機關人事機構之管理事項。得分為:㈠關於公務人員資格之銓定事項,㈡關於公務人員之成績考核登記事項,㈢關於公務人員之任免、升降、轉調之審核事項,㈣關於公務人員級俸之審查登記事項,㈤關於公務人員之保障、撫卹、退休及養老事項,㈥關於公務人員之職位分類事項,㈦關於各機關人事機構之管理事項。

三、**公務人員保障暨培訓委員會** 本會掌理於公務人員保障、訓練、

進修政策之研擬規劃等事項、置主任委員一人，綜理會務，置副主任委員二人，襄助主任委員處理會務，並置委員十人至十四人，其中五人至七人專任，餘五人至七人兼任。處長及各級人員，設保障處及培訓處，國家文官學院等以分別執行業務（參照公務人員保障暨培訓委員會組織法）。

關於考試院之組織，尚有須說明者，即考試院會議及典試委員會。析述之：

第一、考試院會議

考試院設考試院會議，以院長、副院長、考試委員及各部會首長組織之，決定憲法第八十三條所定之職掌之政策及其有關重大事項（參照考試院組織法第七條），考試院會議，僅係考試院職權行使之一種方式，而非構成考試院組織之本體。

考試院既設有考試院會議，則考試院之體制，究為首長制？抑為合議制？抑係混合制？學者之見解不一，有認為係首長制。因考試院會議規則雖規定討論案件，以出席人數過半數之同意決議之，可否同數時，取決於主席，惟此並非為法律所規定，考試院院長係由總統提名任命，並非由考試委員互選所產生，院長有綜理院務並監督所屬機關之權，依其性質，應認其為首長制。惟考試委員依據法律獨立行使職權，考試院會議規則既有上述規定，以認為合議制較宜。

第二、典試委員會

依考試法舉行考試時，除檢覈外，其典試設典試委員會，但考試院認為有特殊情形者，得派員或交由考選機關或委託有關機關辦理。典試委員會以典試委員長一人，典試委員若干人組織之，於考試完畢後撤銷，故典試委員會乃係為典試所特設之臨時性機構，亦非構成考試院組織之本體。

典試委員會依照法令及考試院會議之決定，行使其職權，關於考試日程之排定，命題標準及評閱標準之決定，擬題及閱卷之分配，應考人考試成績之審查，錄取最低標準之決定，及格人員之榜示等事項，由典試委員

會決議行之（參照典試法第一〇條）。

第四節　考試院之職權

　　考試院行使憲法所賦予之職權，對各機關執行有關考銓業務，並有監督之權。而依憲法第八十三條之規定，考試院為國家最高考試機關，掌理考試、任用、銓敘、考績、級俸、陞遷、保障、褒獎、撫卹、退休、養老等事項，惟依增修條文第六條第一項規定：

　　「考試院為國家最高考試機關，掌理左列事項，不適用憲法第八十三條之規定：

　　一、考試。

　　二、公務人員之銓敘、保障、撫卹、退休。

　　三、公務人員任免、考績、級俸、陞遷、褒獎之法制事項。」

　　依此規定，考試院之地位，雖與前相同，惟其職權則顯有變動，亦得謂為縮小，其增修條文之理由，約為：

　　一、憲法第八十三條明列考試院之職掌事項，共凡十一項，其末則加列一「等」字，究為例示規定，抑為列舉規定，頗有爭論，而所列考試院職掌項目中，任用、考績、級俸、陞遷、褒獎諸項，均與用人機關之人事權息息相關，憲法並未就考試院與用人機關間之權限劃分，為明文規定，適用上易滋疑義。

　　二、將考試院之職掌，明確列為三款，以杜爭論，其中：

　　㈠第一款考試，係為配合憲法第八十六條之規定，兼指「公務人員任用資格」考試及「專門職業及技術人員執業資格」考試在內，即專指國家舉辦之考試而言。

　　㈡第二款規定考試院掌理公務人員之銓敘、保障、撫卹、退休事項，相對於第三款規定，係兼含法制與執行。

　　㈢第三款規定公務人員任免、考績、級俸、陞遷、褒獎之法制事項者，

則係將考試院與用人機關職權為適當之劃分。所稱「法制事項」，指政策決定及法規草擬而言。執行則歸用人及有關機關主管，以劃清權責，增進效率。

三、憲法第八十三條原有公務人員養老事項之規定，然公務人員於退休之後，始有養老問題，而已退休之公務人員，即非公務人員，其養老乃與一般老年國民無異，屬於社會福利工作，自應歸由行政院主管，以便統籌。

綜上所述，考試院所掌理之事項，與用人機關的關係密切，尤其行政院人事行政局乃統籌行政院所屬各機關之人事行政，有關考銓業務，並受考試院之監督（參照行政院人事行政局組織條例第一條），姑無論是否影響考試權之完整性，彼此職權行使之分際，應釐訂明確，以免導致考試院與行政院發生積極的或消極的權限爭議。

考試院關於所掌事項，得向立法院提出法律案（憲法第八七條），惟對於立法院所議決之法律案，如認為窒礙難行時，並無移請立法院覆議之權。其所掌理之事項，已多有專法為其職權行使之依據，如公務人員考試法、公務人員任用法、公務人員俸給法、公務人員考績法、公務人員退休法、公務人員撫卹法、公教人員保險法、公務人員保障法等均是。

關於考試院職權之行使，尚有應予說明者數點：

第一、公務人員須經考試及格者始得任用

公務人員之選拔，應實行公開競爭之考試制度，並應按省區分別規定名額，分區舉行考試，非經考試及格者，不得任用（憲法第八五條）。惟：

一、所謂公務人員非經考試及格者，不得任用，僅係指文職之公務人員而言，至於武職公務人員則否；即文職人員中政務官之任用，各機關辦理機要人員之任用，及在公務人員任用法施行前依法銓敘合格者之任用，亦不在此限（參照公務人員任用法）；其所稱公務人員之範圍如何，仍應依照各有關法律之規定，分別認定。

二、按省區分定名額，分區考試之規定，已停止適用，因按省區分配

名額之考試制度，歷史悠久，其用意原在使教育、文化、建設較落後之省份，與較為進步之省份，其人民參與政治之機會，得以均等，換言之，此制乃承襲我國舊時科舉考試各省保障錄取名額之遺意而為規定，以免文化落後之省區人士有向隅之感。惟政府現在有效管轄之臺澎金馬地區，發展平均，並無落後與進步之分，按照省區分配名額錄用公務人員已無必要，且考試獨立，在於建立優良之文官制度，既云「實行公開競爭之考試制度」，而又「按省區分別規定名額」，在理論上殊不貫徹，且易形成公務人員之省籍觀念，近於封建思想，不符時代精神，因而憲法增修條文第六條第三項規定：「憲法第八十五條有關按省區分別規定名額，分區舉行考試之規定，停止適用。」

考試院為國家最高考試機關，得依其法定職權，訂定考試規則，如未逾越其職權範圍，或侵害人民應考試之權利，即無牴觸憲法之可言（參照司法院大法官釋字第一五五號解釋）。因之，七十九年特種考試臺灣省基層公務人員考試規則，係考試院依其法定職權訂定，該規則第三條規定，本項考試採分區報名，分區錄取及分區分發，並規定錄取人員必須在原報考區內服務滿一定期間，係因應基層人力需求及考量應考人員志願所採之必要措施，此與前述所謂按省區分配名額，分區考試之規定，觀念不同，不得混為一談，亦與憲法第七條平等權之規定，並無牴觸（參照司法院大法官釋字第三四一號解釋）。

第二、公務人員任用資格須考選銓定

依憲法第八十六條規定：

公務人員任用資格，應經考試院依法考選銓定之：

所稱公務人員之任用資格，應經考選銓定，關於公務人員之範圍如何，其所應具備資格之要件如何，仍應分別依各有關法律之規定，以為辦理，考試院對於公務人員之任用，如查有不合法定資格者，得不經懲戒程序，逕請降免。

公務人員之任用，須具有任用資格，主管機關對於公務人員任用資格

審查，認為不合格或降低原擬任之官等者，於其憲法所保障服公職之權利有重大影響，公務員如有不服，得依法提起訴願及行政訴訟（司法院釋字第三三八號解釋），惟公務員因其身分而受行政處分，致依法應享之權利受損害者，得否提起訴願及行政訴訟，應視處分之內容而定，方符憲法保障人民權利之本旨（參照司法院大法官釋字第一八七號、第二〇一號、第二四三號、第二六六號、第二九八號、第三一二號、第三二三號等解釋）。並制定公務人員保障法（民國八十五年十月十六日公布），對於公務人員之身分、工作條件、官職等級、俸給等權益之保障，已有專屬性及綜合性之規定，以資適用。

又為了順應實際需要，公務人員考試法第四條第一項規定，高科技或稀少性工作類科之技術人員，經公開競爭考試，取才仍有困難者，得另訂考試辦法辦理之。不過，同條第三項則規定，前項考試錄取人員，僅取得申請考試機關有關職務任用資格，不得調任，以杜絕投機取巧，迴避應行參加之考試。

第三、專門職業及技術人員執業資格之考選銓定

憲法第八十六條另有規定，專門職業及技術人員執業資格，須依法考選銓定之。而所謂專門職業及技術人員執業資格，例如律師、會計師、建築師、工程師、醫師、社會工作師、營養師等類人員資格之考選、檢覈、銓定等是。

又對專門職業及技術人員執業資格之考選銓定方面，大法官也作出許多解釋，其中較主要的解釋，例如：

1. 釋字第三五二號解釋稱，土地登記專業代理人係屬專門職業，依憲法第八十六條第二款規定，其執業資格應依法考選銓定之。
2. 釋字第四五三號解釋稱，「商業會計記帳人」既在辦理商業會計事務，係屬專門職業之一種，依憲法第八十六條第二款之規定，其執業資格自應依法考選銓定之。
3. 釋字第五四七號解釋稱，關於中醫師考試，醫師法對其應考資格已

定有明文，至於中醫師檢覈之科目、方法、程序等事項，則授權考試院會同行政院依其專業考量及斟酌中醫師之傳統醫學特性，訂定中醫師檢覈辦法……符合醫師法與專門職業及技術人員考試法之意旨。

4.釋字第六五五號解釋稱，記帳士係專門職業人員，依憲法第八十六條第二款規定，其執業資格應經考試院依法考選之。記帳士法第二條第二項之規定，使未經考試院依法考試及格之記帳及報稅代理業務人取得與經依法考選為記帳士者相同之資格，有違上開憲法規定應經考試院依法考選之意旨。

第四、關於公職候選人之考銓問題

憲法規定公務人員任用資格，專門職業及技術人員執業資格，應依法考選銓定之，而對於公職候選人之資格，則並未規定應予以考銓，因之，關於公職候選人之資格應否亦須考銓之問題，各人見解不一，茲將其沿革及正反兩方面之理由，略述如下：

一、**沿革** 行憲以前，國民政府於民國二十九年十月公布「縣市參議員及鄉鎮民代表候選人考試條例」，嗣於三十二年五月公布「省縣公職候選人考試法」，而將前條例廢止。依該法之規定，省縣公職候選人考試，分為甲、乙兩種，經甲種考試及格者，得為省縣參議員候選人；經乙種考試及格者，得為鄉鎮民代表鄉鎮保長候選人。

民國三十四年冬，政治協商會議在重慶舉行時，對於「五五憲草」中所擬議之公職候選人考試之規定，予以刪除。三十五年冬，國民政府向制憲國民大會提出憲法草案，為遷就當時之政治環境，未將公職候選人考試規定於憲草之中，是時雖有國民大會代表提議在「考試」章中擬增「公職候選人考試」條款，在分組審查會中未獲通過，以致現行中華民國憲法中，並無關於「公職候選人考試」之規定。因憲法既無明文規定，考試院乃將公職候選人考試，停止辦理。而根據憲法所制定之國民大會代表選舉罷免法及立法院立法委員選舉罷免法，對於此二種公職候選人，遂均無經考試

以取得其資格之規定。

二、關於公職候選人應否考試之理由 此得分為正反兩方面之理由。

㈠主張公職候選人應予考試之理由

1. 中山先生主張以考試救濟選舉制度之窮,建國大綱第十五條規定:「凡候選及任命官吏,無論中央與地方,皆須經中央考試銓定資格者乃可。」憲法係根據 中山先生遺教所制定,舉行公職候選人之考試,符合憲法之精神。

2.憲法雖無明文規定公職候選人之考試,惟亦無反面之禁止或限制之規定, 為保障民權,提高候選人之素質,減少金錢萬能及其他惡勢力操縱選舉之流弊,舉行公職候選人考試,以限制其資格,於民權之保障及憲政之推行,均有裨益。

3.憲法第十八條規定:「人民有應考試、服公職之權」,得認為人民有服公職之權,係以經考試及格為其先決條件,又依憲法第一百三十條後段之規定:中華民國國民「年滿二十三歲者,有依法被選舉之權」,則以法律規定公職候選人考試,以銓定其資格,自為憲法所許可。

4.選賢與能,乃為選舉之目標所在,以考試方法銓定各種公職候選人之資格,乃為貫徹選舉意旨及達到選舉目標之必要途徑,亦為提高公職人員學識智能水準之應有措施。

㈡認為公職候選人不應考試之理由

1.選舉不得其人之流弊,人民得行使罷免及創制、複決等權,以資補救。

2.我國教育尚未普及,一般人民智能水準不高,若公職候選人須以考試銓定其資格,勢必大多數人民不能參加公職候選人之競選,則此項被選舉權將成為少數中級以上智識分子所專有,與全民政治之意旨不符。

3.所謂選舉包括被選舉權在內,屬於政權之性質,而考試權則為治權,若以考試銓定公職候選人之資格,是不啻以治權而控制政權,與政權治權劃分之原理不合。

4.憲法雖無關於公職候選人考試之禁止規定,惟在制憲時對於公職候

選人考試之擬議，曾一再予以否決，即未便於憲法施行後而採行公職候選人之考試銓定制度，以與制憲之原意相違。

至於憲法第十八條係以「應考試」與「服公職」並列為人民之權利，未便引申解釋認為以應考試為服公職之先決條件；第一百三十條所謂：「有依法被選舉之權」，當係指被選舉人之消極資格及選舉程序，須依法律之規定而言，並非謂其積極資格亦在限制之列，而應以考試銓定其資格。

(三)結　論

為遵循　中山先生重視考試及以考試救濟選舉之窮之遺教，達到選賢與能之目的，以及加強憲政之功能，關於公職候選人之考試，乃為必要之應有制度，惟實施過驟，在教育尚未普及，以及其他條件尚未完全具備前，考試之內容及方法，可酌予放寬，以期與實際情形相適應，並逐漸改進，俟各種條件完全具備時，再行嚴謹的加強其實施，以建立公職候選人考試之健全制度。

鑑於各級公職人員行使之職權如立法、預算、決算、人事同意等均為國家公權力之行使，其重要性均不亞於行政機關。因此，若行政機關之行政人員須經考試，則公職人員自也應考試，以鑑定其資格，否則黑金政治之弊病，恐不能防免。

第五節　考試院與總統及各院之關係

關於考試院與總統及行政、立法、司法三院之關係，已見以前各章中關於總統與考試院之關係及行政、立法、司法各院與考試院之關係，不再重述，茲僅說明考試院與監察院之關係：

考試院與監察院之關係，有下列各點：

一、考試院對於監察院除監察委員以外之公務人員，有審查銓敘等關係（憲法第八三條）。

二、考試院所屬人員，如有失職違法情事，監察院得提出糾舉或彈劾

（憲法第九七條）。

　　三、考試院之經費，監察院有審計權（憲法第九〇條）。

　　四、監察院對於考試院行使監察權時，得調閱考試院所發布之命令及各種有關文件（憲法第九九條）。

　　五、考試院與監察院得會同發布命令性質之規章。

本章自習題目

一、考試制度之作用如何？試說明之。

二、試述我國現行考試制度與昔時考試制度之區別。

三、我國考試制度與外國考試制度，有何區別？試言其要。

四、就五權分立言，考試機關是否即行政機關？試抒所見以對。

五、試述考試院院長之產生方法及其職權。

六、考試院之職權如何？試述其要。

七、申述考試院會議之構成分子及考試院是否為合議制？

八、試述公職候選人不應考試之理由。

九、公職候選人應予考試之理由何在？試申述之。

十、說明考試院與監察院之關係。

第九章　監　察

第一節　概　說

監察制度在我國古時即已被重視，職權亦極為重要，如臺諫、御史之類，即為專司彈劾之官，秦漢以後，吏治之隆污，幾以御史是否稱職為其樞紐，雖君主有過，亦可犯顏直諫，風骨凜然，聞風言事，糾劾百司，及至明代，竟形成「中書總政事，都督掌軍旅，御史掌糾察」之三權分立制，其職權範圍，不僅察舉非法，彈劾失職，治理大獄疑案，監督軍旅事務，甚至風俗習慣，學術思想等事項，亦包括之，足以顯示監察在我國政治制度中之重要性。

中山先生對於監察權極為重視，主張其職權應獨立行使，遺教中昭示甚多，例如謂：「……糾察權，專管監督彈劾的事，這機關是無論何國皆必有的，其理為人所易曉。但是中華民國憲法，這機關定要獨立，中國從古以來，本有御史臺主持風憲，然亦不過君主的奴隸，沒有中用的道理。就是現在立憲各國，沒有不是立法機關兼有監督的權限。那權限雖然有強有弱，總是不能獨立，因此生出無數弊病。比方美國糾察權歸議院掌握，往往擅用此權，挾制行政機關，使他不得不俯首聽命，因此常常成為議院專制，除非有雄才大略的大總統，如林肯、麥堅尼、羅斯福等，纔能達到行政獨立之目的。況且照心理上說，裁判人民的機關，已經獨立，裁判官吏的機關，卻仍在別的機關之下，這也是理論上說不去的。」（　中山先生講：三民主義與中國民族之前途）

又謂：「……中國古時舉行考試和監察的獨立制度，也有很好的成績，

像滿清的御史，唐朝的諫議大夫，都是很好的監察制度。實行這種制度的大權，就是監察權，監察權就是彈劾權，外國現在也有這種權，不過把他放在立法機關之中，不能夠獨立成一種治權罷了。」（民權主義第六講）

憲法依據　中山先生之遺教，於第九章規定有關監察事項，而以監察院為國家最高監察機關，以獨立行使其職權，為構成政府五種治權之一種，以補救歐美政制中以彈劾權附屬於立法權之流弊。

因彈劾權附屬於立法院，其可能發生之流弊：㈠議會權力過大，不免濫用職權，挾持政府，易致議會流於專制；㈡議會既成為專制，政府措施必難自由，為避免議會之控制起見，馴至惟議會之命是從，成為議會之工具，而為無能之政府；㈢政府如運用解散議會之權力，以避免議會之專橫，易使政府與議會導致政潮，影響國事之安定；㈣議會為富於政黨性之機關，以之行使彈劾權，對於同黨之政府，不免偏袒放任，彈劾權將名存實亡；對於異黨之政府，又難免濫用彈劾權，作為政爭之工具。因之，彈劾權即監察權之應由議會中劃出，以獨立行使，始得發揮其固有之作用及符合其監察之意旨。

顧監察有廣狹二義，狹義之監察，僅指彈劾而言；廣義之監察，則除彈劾外，兼指行使糾舉、糾正及審計權而言，我憲法第九章之所謂監察，則係指廣義之監察，容於監察院之職權一節中再詳述之。

我國現行之監察制度，憲法增修條文排斥憲法原有之規定者甚多，變動甚大，亦見後述。

第二節　監察院之地位

監察院為國家最高監察機關，為憲法第九十條所明定。所謂國家最高監察機關，指監察院之上，更無其他任何行使監察權之機關，而與其他屬於治權系統之最高機關有別。監察權為五種治權之一，監察院為治權機關，與行政、立法、司法、考試四院，平峙分立，以構成五院制。

關於監察院之地位，有應注意者二點：

一、監察院之地位，在憲法增修條文以前，與歐美各國兩院制度中之參議院，頗為相似。行使兩院制之國家，其國家分上下兩院，下議院亦稱眾議院，上議院亦稱參議院，我國之立法院相似兩院制中之眾議院，監察院相似兩院制中之參議院，已含有政權機關之性質。所以司法院釋字第七六號解釋，認監察院與其他中央民意機構共同相當於民主國家之國會，自憲法原增修條文第七條規定施行後，監察院已非中央民意機構，其地位及職權，亦有所變更，上開解釋，自不再適用於監察院，惟憲法之五院體制並未改變，監察院自仍居於國家最高監察機關的地位（參照司法院大法官釋字第三二五號解釋）。

二、監察院之地位，與其他四院獨立平列，監察院行使糾舉權及彈劾權，其對象雖為各院及其所屬機關之公務人員，對於行政措施之促進改善，雖有糾正權，但其地位並非超越其他四院之上，而是彼此平等並列。

第三節　監察院之組織

監察院之組織，以法律定之（憲法第一〇六條），是即為監察院組織法。關於監察院之組織，可分為監察委員、監察院院長、副院長、監察院各委員會、幕僚機構及其隸屬機關各點說明之。

第一、監察委員

監察院以監察委員行使監察權，故監察委員實為監察院構成之本體，亦即為監察院行使憲法所賦予之職權之主體。茲將監察委員之產生、性質、任期、兼職之限制等事項，析述如下：

一、**監察委員之產生**　監察委員之產生方法，憲法所規定者為選舉，第一次增修條文亦然，第二次增修條文則改由總統提名，經國民大會同意後任命之，第六次增修條文則改由立法院同意任命。此乃憲法增修條文第

七條第二項規定了監察委員之產生方法及名額，亦即監察委員二十九人，其中一人為院長，一人為副院長，由總統提名，經立法院同意任命之，監察委員並須具備法定之資格（參照監察院組織法第三條之一）。

二、**監察委員之性質**　監察委員在由人民團體選出時，其性質原為民意代表，且非監察權行使之對象（參照司法院釋字第一四號解釋）。惟憲法增修條文既規定其由總統提經立法院同意任命之，則其性質已非民意代表，而與一般公務員之性質無殊，且亦為監察權行使之對象。增修條文第七條第四項規定：「監察院對於監察院人員失職或違法之彈劾，適用憲法第九十五條、第九十七條第二項及前項（按即第七條第三項）之規定」，即可知監察委員之失職或違法，亦為彈劾之對象。對於監察委員之彈劾案提出與通過之程序、人數，乃比照司法院及考試院人員之規定而釐訂，以期一致。至於監察院內非監察委員之其他公務人員，應屬於監察權行使之範圍，自不待言。

三、**監察委員之任期**　監察委員之任期為六年，在任期中如不願繼續任職，以辭去其職務時，自非法所不許。監察委員無候補制度，依法並無候補名額之設置。故監察委員在任期中出缺後，僅得再由總統提名經同意任命之程序，以繼任監察委員任職至原任期滿之日為止。

四、**監察委員兼職之限制**　監察委員不得兼任其他公職或執行業務（憲法第一〇三條），所稱不得兼任其他公職，不僅以官吏為限，即國民大會代表、立法院立法委員、省縣市議會之議員、公營事業機關之董事、監察人及總經理，與受有俸給之文武職公務員，均屬於公職範圍之內，監察委員均不得兼任，所稱執行業務，例如：民營公司之董事、監察人及經理人所執行之業務，新聞紙雜誌發行人所執行之業務，均屬於執行業務範圍之內，監察委員不得執行此類業務。因監察委員職司糾舉彈劾，若可以兼任其他公職或執行業務，必難發揮其獨立行使職權之精神，故以不許其兼任或執行為宜；至於監察委員依法行使職權，自屬公職；依法支領歲費公費，自屬有給職（參照司法院大法官釋字第一五號、第一七號、第一九號、第二〇號、第二二號、第二四號、第二五號、第一二〇號解釋）。

五、**監察委員獨立行使職權**　監察委員專司風憲，此與法官及考試委員須超出黨派以外，依據法律，獨立行使職權之情形相同（憲法第八○條、第八八條），因而憲法增修條文第七條第五項規定「監察委員須超出黨派以外，依據法律獨立行使職權」，以強化其職權之行使，發揮監察之功能。

六、**監察委員無言論免責權及人身特別保障**　憲法第一百零一條規定：「監察委員在院內所為之言論及表決，對院外不負責任」，是為言論免責權，第一百零二條規定：「監察委員，除現行犯外，非經監察院許可，不得逮捕或拘禁」，是為人身之特別保障，原係因監察委員為民意代表而設，監察委員產生之方式，既由選舉而改由提名經同意後任命，已非民意代表，則專屬於民意代表之言論免責權及其人身之特別保障，自無適用之餘地，所以增修條文第七條第六項規定：「憲法第一百零一條及第一百零二條之規定，停止適用。」此與國民大會代表及立法院立法委員之享有此種權利者不同。

第二、監察院院長、副院長

一、**監察院院長、副院長之產生**　憲法增修條文第七條第二項規定：「監察院設監察委員二十九人，並以其中一人為院長、一人為副院長，任期六年，由總統提名，經立法院同意任命之。憲法第九十一條至第九十三條之規定停止適用」，亦即監察委員不由選舉產生，監察院院長及副院長亦非由監察委員互選之。而均係由總統提經同意任命所產生，院長、副院長同時具有監察委員之身分，監察院為一合議制之機關，自以同時具有監察委員身分者充任院長、副院長為宜。

二、**監察院院長、副院長之職權**　院長之職權，約為：

㈠監察院會議時，由院長、副院長及監察委員組織之，以院長為主席。

㈡綜理監察院院務並監督所屬機關（參照監察院組織法第六條），惟對於彈劾案及糾舉案，不得指使或干涉（參照監察法第一二條、第二三條）。

㈢應總統之召集，會商解決院與院間之爭執。

㈣與其他各院院長組織委員會，解決省自治法中所發生之重大障礙事件。

㈤立法院開會討論有關監察事項之法律案時，得列席陳述意見。

至於監察院副院長之職權，除出席監察院會議外，院長因事故不能視事時，由其代理院長之職務。院長出缺時，由副院長代理，其代理期間至總統提名繼任院長經立法院同意，總統任命之日為止。

第三、各種委員會

監察院得按行政院及其他各部會之工作，分設若干委員會，調查一切設施，注意其是否違法或失職（憲法第九六條）。各委員會之組織，另以法律定之。監察院現在所設之委員會為：內政、外交、國防、財政、經濟、教育、交通、司法、邊政、僑務等委員會。各委員會於必要時，得依法分設或合併之。各委員會委員由監察委員分任之，每一委員以任二委員會委員為限（參照監察院組織法、監察院各委員會組織法）。故各委員會乃構成監察院本身內部組織之一種形態，而非隸屬於監察院之一種獨立機關。

監察院各委員會所討論之事項為：㈠監察院會議交議事項；㈡委員提議事項；㈢由其他委員會移送與本委員會有關聯之事項；㈣院長交議事項。各委員會之開會，須有各該委員會委員除出外調查視察者外之過半數出席，其決議須經出席委員過半數之通過。因之各委員會之性質仍為合議制之機構，當無可疑。

第四、幕僚機構

監察院置秘書長一人，由院長就監察委員外，遴選人員提請任命之。承院長之命，處理本院事務，並指揮監督所屬職員；置參事若干人，掌理撰擬、審核關於監察之法案命令事項。設秘書處，置秘書及其他職員，分別辦理會議紀錄，派查案件及其他各種事務（參照監察院組織法）。

第五、隸屬機關

監察院之隸屬機關為審計部。監察院設審計部，其職掌為：㈠監督政府所屬全國各機關預算之執稽；㈡核定政府所屬全國各機關之收入命令及

支付命令；㈢審核政府所屬全國各機關之預算及決算；㈣檢查政府所屬全國各機關財政上之不法或不忠於職務之行為。

全國各機關之年度決算，應由審計機關審核，即實行地方自治後，各自治行政機關之財務及決算亦應由審計機關行使其審計權（參照司法院釋字第二三五號解釋）。

審計部由審計長綜理事務，審計長由總統提名，經立法院同意任命之（憲法第一〇四條，並參照監察院組織法、審計部組織法）。審計長職務之性質，與應隨執政黨更迭，或政策變更而進退之政務官不同，審計部組織法第三條關於審計長任期為六年之規定，旨在確保其職位之安定，俾能在一定任期中，超然獨立行使職權，與憲法並無牴觸（司法院大法官釋字第三五七號解釋）。

又監察院視事實之需要，得將全國分區設監察院監察委員行署，其組織另以法律定之（參照監察院監察委員行署組織條例）。

關於監察院之組織，尚有須說明者，即為監察院會議：

監察院會議係以監察院組織法為其依據（參照監察院組織法第一四條），此與行政院會議及立法院會議均於憲法上有明文規定者不同。何種事項應提出於監察院會議，亦尚乏明確之規定。監察院會議由院長、副院長及監察委員組織之，實為監察院最高決策機構。其所討論事項之範圍，極為廣泛，舉凡有關職權之行使及院內事務，均得提案討論。監察院會議又須法定人數之出席，及出席法定人數之決議，故監察院之體制及其性質，乃為合議制之機關，而非首長制。

第四節　監察院之職權

監察院為國家最高監察機關，行使同意、彈劾、糾舉及審計權，原為憲法第九十條所明定，惟依憲法增修條文第七條第一項規定監察院行使彈劾、糾舉及審計權，不適用憲法第九十條及第九十四條有關同意權之規定。

　　總統提名之司法院院長、副院長、大法官及考試院院長、副院長、考試委員，原均須經監察院同意任命之，憲法增修條文施行以後，則均先後改經國民大會、立法院同意任命之，即監察委員之本身，亦非由選舉所產生，而改由總統提名，經由立法院同意任命之。監察委員已非中央民意代表，監察院已非中央民意機關，同意權已不屬於其職權之範圍，可謂其職權之縮小。

　　增修理由：略以我國中央政制，係依　國父遺教，採五權憲政體制，五權分立，平等相維，惟依遺教，監察院原專司公務人員違法失職之糾彈，以正官常。民國三十五年制憲時，折衷各方意見，使兼具國會之同意權，監察委員乃由省市議會選舉產生，監察院之性質與職權，遂較複雜，亟宜將監察院重行定位，專司彈劾、糾舉及審計。按民主國家通例，同意權為民意機關之職權，監察院既已非民意機關，即不應行使同意權，憲法第九十條及第九十四條有關同意權之規定，自應停止適用。

　　監察院所行使者，既為彈劾、糾舉及審計權，因而有謂之為「準司法機關」者，惟所謂「準司法機關」一詞，並非法定之用語，亦無法定之內涵，且與憲法之五院體制不合，監察權與司法權亦顯然有別，監察院無同意權之行使，其為國家最高監察機關之性質及地位，並無影響。

　　綜括憲法及其他有關法律言之，監察院有彈劾、糾舉及審計權，又有糾正、調查、監試等權，分述其要：

第一、彈劾權

　　監察院對於中央、地方公務人員及司法院、考試院人員認為有失職或違法情事，得提出彈劾案。所謂失職，指廢弛職務或其他失職行為而言；所謂違法，指職務上之違法行為而言。監察院對於上述公務人員之彈劾，須經監察委員二人以上向監察院提出彈劾案，經提案委員外之監察委員九人以上之審查及決定始得提出（參照增修條文第七條第三項）。彈劾案成立後，由監察院向公務員懲戒委員會提出之。監察院向懲戒機關提出彈劾案時，如認為被彈劾人員違法或失職之行為，情節重大，有急速救濟之必要

者，得通知該主管長官為急速救濟之處分；監察院認為被彈劾人員違法或失職之行為，有涉及刑事或軍法者，除向懲戒機關提出外，並應逕送各該管司法或軍法機關依法辦理（憲法第九七條、第九八條、第九九條）。

憲法第九十八條規定：「監察院對於中央及地方公務人員之彈劾案……」，第九十九條規定：「監察院對於司法院或考試院人員失職或違法之彈劾，適用本憲法……及第九十八條之規定」，而將司法院及考試院人員不包括於中央公務人員之範圍以內，其立法技術是否妥適，姑不具論，而要之其彈劾權行使之對象，則為中央及地方公務人員、司法院及考試院人員。

監察院對總統、副總統，原有彈劾權，向國民大會提出之，為憲法第一百條所規定，且彈劾之起因，是否由於總統、副總統之失職或違法情事，亦無明文規定或限制。第四次憲法增修條文第四條第五項則規定立法院對於總統、副總統犯內亂或外患罪之彈劾案，向國民大會提出，不適用憲法第一百條之規定，是即賦予立法院有彈劾總統、副總統之權，且因其犯內亂或外患罪，始得提出彈劾案。惟第六次憲法增修條文第二條第十項規定：「立法院向國民大會提出之總統、副總統彈劾案，經國民大會代表總額三分之二同意時，被彈劾人應即解職。」民國九十四年六月第七次憲法增修條文修正時，又將此規定改為：「立法院提出總統、副總統彈劾案，聲請司法院大法官審理，經憲法法庭判決成立時，被彈劾人應即解職。」

此種彈劾權歸屬之改變及彈劾起因之要件，不以總統、副總統犯內亂或外患罪為限，與監察、立法兩院及國民大會職權有無之行使，關係重要，亦為有關憲政體制之構成事項。

又監察院對於監察院人員失職或違法之彈劾，適用前述對於中央或地方公職人員彈劾案之有關規定（參照增修條文第七條第四項）。所謂「監察院人員」，自包括監察委員及其他非監察委員之一般公務人員在內，如有失職或違法情事，均為彈劾之對象。

所應說明者，依憲法第九十八條及第九十條之規定，彈劾上述各人員時，均僅須經監察委員一人提議即可，惟增修條文則修改為須經監察委員二人以上之提議，是即對於彈劾案之提出，限制從嚴，因事關被彈劾人員

之操守名譽，為避免浮濫，以昭慎重。

監察委員為民意代表時，彈劾權行使之對象，不及於各級民意代表，例如：國民大會代表、立法委員及省、縣、市議員等，均非監察權行使之對象，至於國民大會職員，立法院及各級議會其他人員，總統及其所屬機關職員，自屬監察權行使範圍（參照司法院釋字第一四號解釋），而得為彈劾權行使之對象。

監察院改制後，監察委員已非民意代表，對於各級民意代表，亦得提出彈劾案，並非法理所不許，亦猶司法人員對各級民意代表得行使刑事追訴權，以救濟人民對民意代表行使罷免權程序繁重之窮，而發揮監察之功能。

監察院對軍人提出彈劾案時，應移送公務員懲戒委員會審議，至軍人之過犯，除上述彈劾案外，其懲罰則仍依陸海空軍懲罰法行之（司法院大法官釋字第二六二號解釋）。因我憲法第九十條、第九十七條第二項、第九十九條及第一百條規定之監察院彈劾權，其範圍頗廣，而憲法除就總統、副總統之彈劾程序定有明文外，對於一般彈劾案之審議，並未就文職或武職公務員作不同之規定，因此，監察院如就軍人之違法或失職行為成立彈劾案時，自應將該彈劾案連同證據，移送公務員懲戒委員會審議，方符憲法第七十七條之意旨，監察法第八條及公務員懲戒法第十八條，即係依此意旨所為之規定。

至陸海空軍現役軍人之過犯，不涉及刑事範圍者，除彈劾案成立者外，為維護軍事指揮權與賞罰權之合一，確保統帥權及軍令之貫徹執行，其懲罰仍應依陸海空軍懲罰法行之。

在對司法人員彈劾權的行使上，引起社會矚目的是，民國九十九年一月十九日監察院以八比三懸殊比數通過了對首任檢察總長陳聰明的彈劾案。監察院同時並依監察法第十四條規定為「急速處分」，要求法務部即刻把陳聰明調離檢察總長之職務，而陳聰明於同日下午也請辭了檢察總長之職務。這是憲政司法史上所未發生過的大事。

第二、糾舉權

監察院對於中央及地方公務人員，認為有失職或違法情事，得提出糾舉案（憲法第九七條第二項）。糾舉案之提出，是因為對於違法失職之公務人員，認為應先予以停職或為其他急速處分之故。糾舉案成立後，由監察院送交被糾舉人之主管長官或其上級長官。其違法行為涉及刑事或軍法者，應逕送各該管司法或軍法機關依法辦理。

憲法對於監察權中之彈劾及糾舉，並無明文予以區別，而均以一般公務人員為其對象，民意代表不包括在內，更不及於一般人民，但二者仍有如下之區別，即：

一、糾舉案之提出，乃因為對於違法或失職之公務人員，認為應先予停職或為其他急速處分；至於彈劾案之提出，除認為被彈劾人員違法或失職之行為情節重大時，得通知其主管長官為急速救濟之處分外，依一般程序辦理。

二、糾舉案之提出，須經其他監察委員三人以上之審查及決定；關於彈劾案之提出，則須其他監察委員九人以上之審查及決定，始得成立。

三、糾舉案成立後，由監察院送交被糾舉人之主管長官或其上級長官；至於彈劾案成立後，則由監察院逕向懲戒機關即公務員懲戒委員會提出之。

四、糾舉案提出後，被糾舉人員之主管長官或其上級長官，對於糾舉案不依規定處理，或處理後監察委員認為不當時，得改提彈劾案。是糾舉案有時即為彈劾案之先行程序，而為彈劾案之一種階段；至於已提出之彈劾案，則不得改為糾舉案。

至於被糾舉人員之主管長官或其上級長官，於接到監察院所提出之糾舉案後，可否逕將糾舉案作為彈劾案，而轉送懲戒機關辦理，以作為其急速處分之一種方法時，法無明文規定，以採否定說為宜。

第三、糾正權

糾正權亦為監察院職權之一種，茲析述之：

一、**糾正權之依據** 憲法第九十六條規定:「監察院得按行政院及其各部會之工作,分設若干委員會,調查一切設施,注意其是否違法或失職」;第九十七條第一項規定:「監察院經各該委員會之審查及決議,得提出糾正案,移送行政院及其有關部會,促其注意改善」;監察法第二十四條規定:「監察院於調查行政院及其所屬各機關之工作及設施後,經各有關委員會之審查及決議,得由監察院提出糾正案,移送行政院或有關部會,促其注意改善。」是即為糾正權之法定依據。

二、**糾正權之對象** 糾正權行使之對象,為行政機關。依上述憲法之規定,僅為行政院及其有關部會;依上述監察法第二十四條上半段之規定,為行政院及其所屬各機關,則省級以下各行政機關,應包括在內,因其均為行政院之所屬機關。且省級以下各行政機關之一切設施,亦無不在行政院及其有關各部會直接或間接指揮監督之下,故糾正權行使之對象,應認為行政院及其所屬各行政機關,而不僅以行政院及其有關部會為限。

糾正權行使之對象,僅限於行政院及其所屬機關,而不及於其他各院,立法院為代表人民行使立法權之機關,非監察權行使之對象,在法理上尚有其立論之依據,而司法、考試兩院,如有違法失職之情事,則不在監察院糾正之列,此與糾正權之作用,及「監察院為國家最高監察機關」之意旨,未免有欠貫徹。

三、**糾正權之內容** 糾正權行使之內容,以對於違法失職之行為,而促其注意改善為限,既謂「糾正」,顧名思義,應行使於事後,而不得行使於事前,因事前既尚無違法失職之行為,即無糾正權行使之餘地。如欲於事前預防某種違法失職行為之發生,自得以建議為之,而與糾正之性質,不得混為一談。

四、**糾正權之效力** 行政院或有關部會接到糾正案後,應即為適當之改善與處置,並應以書面答復監察院,如逾二個月仍未將改善與處置之事實答復監察院時,監察院得質詢之(參照監察法第二五條)。惟若對於監察院之質詢,仍無答復,或雖經答復,而監察院仍認為不滿意時,憲法及有關法律並無如何處理之規定。自法理上言,監察院自得依據憲法第九十七

條第二項之規定，對於負有答復責任之該機關主管人員，提出糾舉案或彈劾案，以期貫徹糾正權之作用，發揮其效力。

五、糾正權與彈劾權、糾舉權之區別　此三者均係對於違法或失職之行為所提出，且均須行使於事後，惟彼此有其區別，即：

㈠糾正案乃由監察院之各委員會行使，應先經有關委員會之審查及決議；彈劾案及糾舉案，係由委員提出，應先經其他監察委員之審查及決定，並不經提案委員之所屬委員會之審查及決議。

㈡糾正案之糾正對象，係屬對事，即為行政機關違法失職之行政措施；彈劾權及糾舉權之糾彈對象，係屬對人，即係對於違法失職之公務人員行使之。

㈢糾正案之行使範圍，以行政院及其所屬之部會等行政機關為限；彈劾權及糾舉權之行使範圍，為一般公務人員，包括司法院及考試院人員在內，不以行政機關所屬人員為限。

㈣糾正案係向行政院或有關部會提出；彈劾案係向懲戒機關即公務員懲戒委員會提出；糾舉案係向被糾舉人員之主管長官或其上級長官提出。

㈤糾正案之目的，在促使被糾正機關之工作及設施之注意改善；彈劾案之目的，在使對被彈劾者予以懲戒處分；糾舉案之目的，在使被糾舉人之主管長官或其上級長官，先予以停職或為其他急速處分。故就三者之嚴重性著眼，以彈劾案為最嚴重，糾舉案次之，糾正案則又次之。

由於行政胡亂現象頻生，監察院糾正權之行使亦非常頻繁。民國九十九年元月二十日，監察院在調查後，認為中國石油公司的浮動油價機制行政措施有不當超收油價現象，因此通過糾正經濟部案。另外，對於醫院醫師看診超量、工作超時、病患就診時間超短的「三超」現象，衛生署明明知情，卻未解決問題，監察院也於民國九十九年五月中旬時通過糾正衛生署案❶。

---

❶　相關論文，請參閱，黃達夫，〈台灣醫療奇觀，肇因醫院管理不當〉，《聯合報》，民意論壇，民國 99 年 5 月 21 日，A19 版。

第四、調查權

憲法第九十五條規定：「監察院為行使監察權，得向行政院及其各部會調閱其所發布之命令及各種有關文件。」第九十六條規定：「監察院得按行政院及其各部會之工作，分設若干委員會，調查一切設施，注意其是否違法或失職。」監察法第二十六條規定：「監察院為行使監察職權，得由監察委員持監察證或派員持調查證，赴各機關部隊公私團體調查檔案冊籍及其他有關文件，各該機關部隊或團體主管人員及其他關係人員不得拒絕……」，同法第二十七條第一項規定：「調查人員必要時得臨時封存有關證件，或攜去其全部或一部。」是即為監察院之調查權。若就調查工作之本身言，則調查為構成監察權之一部分，亦即所謂調查權，若就其他監察權，如彈劾權、糾舉權及糾正權而言，則調查實為行使其他監察權之一種方法及必經之程序。

憲法增修條文施行之後，監察院之職權雖有所變更，惟原屬於監察院職權中之彈劾、糾舉、糾正權及為行使此等職權，依憲法第九十五條、第九十六條具有之調查權，憲法增修條文並未修改，此項調查權仍應專由監察院行使，得謂之為獨立性或專屬性的調查權，而與其他機關僅以附帶性或輔助性的調查方法為達成機關之另一目的者有所不同；但國家機關獨立行使職權受憲法之保障者，如司法機關審理案件所表示之法律見解，考試機關對於應考人成績之評定，監察委員為糾彈或糾正與否之判斷，以及訴訟案件在裁判前，就偵查、審判所為之處置及其卷證等，監察院對之行使調查權，亦自受有限制（參照司法院大法官釋字第三二五號解釋）。

第五、監試權

考試機關舉行考試時，除檢覈外，應請監察院派員監試。凡組織典試委員會辦理之考試，由監察委員監試；凡考試院派員或委託有關機關辦理之考試，得由監察機關派員監試。監試人員之任務，如試卷之彌封，彌封姓名冊之固封保管，試題之繕印封存及分發，試卷之點封，彌封姓名冊之

開拆及對號，應考人考試成績之審查，及格人員之榜示公布等事項是。監試時如發現有潛通關節，改換試卷或其他舞弊情事者，由監試人員報請監察院依法處理之（參照監試法）。

第六、審計權

審計權是對於國家財政收支之監察權。國家財政之收支，在事前應有預算，預算案應由行政院提出於立法院審議通過（憲法第五九條）；在事後應有決算，決算應由行政院於會計年度結束後四個月內提出於監察院（憲法第六〇條）。關於決算之審核，由監察院之所屬機關即審計部為之。審計部之審計長應於行政院提出決算後三個月內，依法完成其審核，並提出審核報告於立法院（憲法第一〇五條）。

關於審計部之職掌事項，已於本章第三節監察院之組織中第五、隸屬機關，有所述及，茲不再贅。

第七、法律案提出權

監察院關於所掌事項，是否得向立法院提出法律案，憲法無明文規定，此與行政院及考試院有權向立法院提出法律案明定於憲法者不同。惟依照司法院之解釋，認為基於五權分治平等相維之體制，參以憲法第八十七條、第七十一條之制定經過，監察院關於所掌事項，得向立法院提出法律案（參照司法院大法官釋字第三號解釋）。

監察院關於所掌事項，雖有向立法院提出法律案之權；但對於立法院決議之法律案，監察院如認為有窒礙難行時，則不得移請覆議。此種法律案雖係監察院所提出，惟行政院對於立法院決議之法律案，如認為有窒礙難行時，則反得移請覆議，因憲法第五十七條第三款關於移請覆議之規定，乃為貫徹行政院對立法院負責之意旨，移請覆議之權，應認為乃行政院所專獨享有。

第八、受理公職人員財產申報權

除了憲法規定之監察院職權以外，因公職人員財產申報法之規定，監察院又有受理公職人員財產申報權。依該法第四條之規定，上至總統、副總統，下至五院院長、副院長、政務人員及十職等以上之高級文官或軍事單位少將編階以上之各級主管均應向監察院申報財產，使政風得以端正，並確立公職人員清廉之作為。公職人員如違法不申報或申報不實，監察院依公職人員財產申報法第十四條規定，亦有權科處罰鍰。

第九、受理政治獻金申報權

政治獻金法第四條第一項規定：「受理政治獻金申報之機關為監察院。」同條第二項又規定：「監察院得委託直轄市、縣（市）選舉委員會辦理（政治獻金法）第十二條第一項第四款所定擬參選人之政治獻金申報與專戶許可、變更及廢止事項。」又違反政治獻金法，違法收受、募集政治獻金或利用職權或以生計利害妨害政治獻金捐贈者，依政治獻金法第三十三條規定，監察院可科處違反者以罰鍰、沒入或追徵其價額等種種之行政罰。

第十、公職人員違反利益衝突迴避之處罰權

公職人員如有公職人員利益衝突迴避法第五條規定之利益衝突，即指公職人員執行職務時，得因其作為或不作為，直接或間接使本人或其關係人獲取利益時，如不自行迴避或有違反公職人員利益衝突迴避法第七條假借職權圖利、第八條關說請託圖利或第九條不當交易行為者，監察院依公職人員利益衝突迴避法第十九條之規定，有罰鍰權。

第五節　監察院與總統及各院之關係

關於監察院與總統，及行政、立法、司法、考試四院之關係，已於以

前各章中，分別敘述行政、立法、司法、考試各院與監察院之關係，可以參看，不再重述。

惟監察院與行政院及司法院之關係，有時因其職權行使之分際，難以明確者，略述如下：

第一、監察院與行政院關係之疑義

一、行政院及所屬機關與人員，如有違法或失職情事，監察院有糾正、糾舉及彈劾權，惟監察院對於行政院如僅係提供建議性質之意見，在法律上有無拘束力？監察院可否邀請行政院院長列席監察院會議報告施政及答覆詢問？此在事實上當可加強兩院職權行使之瞭解，溝通彼此之意見，惟在法律上尚有待於明確之規定。

二、監察院調查人員封存或攜去被調查行政機關之有關證件，是否「發生妨害國家利益」（係指妨害國防、外交上應保守之機密而言）得以拒絕之問題（參照監察法第二七條第二項），其認定之權，在該機關主管長官？抑為調查人員？此與行政、監察兩院職權之行使，均有關係。

第二、監察院與司法院關係之疑義

凡在法院偵查或審判中之案件，監察院監察委員或所派人員，可否向承辦該案之法官、檢察官等，調閱該案件之檔案及有關文件，及對該案件有所詢問？司法人員對於監察院之調查詢問，可否予以拒絕？曾有不同之意見。

惟法官依法獨立審判，監察院依法行使監察權，在憲法各有其依據，為求監察權之順利行使，兼能維護司法獨立精神，監察院自可盡量避免對於承辦人員在承辦期間實施調查，但如認承辦人員有枉法失職之重大情節，需要即加調查者，監察院自得斟酌情形，實施調查（參照民國四十四年十一月行政院、司法院及監察院代表會商監察院對司法及軍法機關行使調查權之程序問題所獲致之協議）。

至於監察院對於司法機關已偵查終結為不起訴處分，或已判決確定案

件之調查詢問，司法人員不得拒絕，自不待言。

上述各點，如涉及憲法或法律之適用疑義，而導致各院間之權限爭議時，惟有賴於司法院解釋權之運用，或總統之召集有關各院院長之會商（憲法第四四條），以資解決。

本章自習題目

一、彈劾權附屬於立法權，有無流弊？試申述之。

二、試述我國今昔監察制度之異點。

三、憲法增修條文施行後，監察制度有何改變？試舉以對。

四、說明監察院之地位。

五、申述監察委員之性質。

六、監察委員之職權有無限制？有無言論免責權？試言其要。

七、說明彈劾權之意義及其對象。

八、糾舉權與彈劾權之區別何在？試述其要。

九、糾正權與彈劾權、糾舉權不同之點何在？試比較言之。

十、何謂審計權？由何機關行使？試述其梗概。

十一、試言監察院得向立法院提出法律案之依據及其限度。

十二、監察院對總統、副總統有無彈劾權？試依憲法本文及憲法增修條文規定
　　　說明之。

第十章 中央與地方之權限

第一節 概 說

各國對於中央與地方權限之劃分，亦即中央政府與地方政府事權之歸屬，大抵有兩種制度，即中央集權制與地方分權制。因國家之幅員無論是否廣闊，人口是否眾多，全國之政務，勢難完全由一個中央政府直接處理，必須將全國之領土，劃分為若干行政區域，在中央政府指揮監督之下，以推行在各地方之國家行政及地方自治事項，政府之組織既有中央與地方之分，則二者之間，必須劃分其事權，以便在其規定之範圍內負責處理，以收分工合作，推進國事之功效。於是有中央與地方權限劃分制度之建立，中央集權制與地方分權制，乃現代各國所採行之制度，亦得謂為中央與地方權限劃分之原則，且恆於國家憲法中規定之。

茲將中央集權制與地方分權制之意義及其得失，分述如下：

第一、中央集權制

一、**中央集權制之意義** 中央集權制係將國家之權力，集中於中央政府，憲法對於中央與地方之權限，並無劃分之規定，地方之權力，係基於中央之委託，地方政府僅為中央政府對於地方事務之代理機關，亦不問其為行政、立法、或司法，均集中由中央行使之，單一國家多採此種制度，惟單一國家亦非無地方分權之例外，如英國是。

二、**中央集權制之得失** 此種制度之優點，為：㈠保持全國整齊劃一之行政制度，足以維護及加強國家之統一性；㈡地方行政由中央統籌主持，

各地方得以平衡發展，不致有畸輕畸重之現象；㈢國家權力集中，指揮靈活，事權統一，責任分明；㈣全國政務之推行，取決於中央，可以減少各地方相互間之歧見，易於貫徹國家之政令。

惟中央集權制亦有其缺點，即：㈠各地方多有特殊環境與需要，中央若以同一政令施行於各地，勢必扞格難行，無法適應；㈡中央對於地方情形，勢難完全瞭解，若欲貫徹政令，必將加深中央與地方之隔膜；㈢中央總攬地方事權，有趨於專橫之流弊；㈣全國各地區之事權集中於中央，足以加重國庫之負擔。

第二、地方分權制

一、**地方分權制之意義**　地方分權制係將國家之權力，由憲法規定分配於中央或地方，中央與地方各有其權限，地方之權力，非由於中央之授與，亦非中央之所得限制，此制多由聯邦國家採行之。惟聯邦國家亦並非無中央集權之例外。如戰前德國是。

二、**地方分權制之得失**　此種制度之得失，適與中央集權制相反。其優點為：㈠地方政府能針對各別之特殊環境及需要，以為施政之取捨，易於適應推行；㈡地方政府處理地方本身之事務，洞悉民情，尊重民意，對於中央不致有怨懟或失望之感；㈢地方事權由地方政府分別掌理，中央政府不得干預，自不致流於專橫；㈣國家事務既分別由地方政府負責掌理，自可減輕國家財政上之負擔。

至於地方分權制之缺點，為：㈠地方政府各自為政，勢必政出多門，足以影響國家之統一性；㈡各地方之財力人力，不免懸殊，中央政府既不能統籌其事，而由地方政府各自為謀，勢必表現其畸形發展或落後現象；㈢國家事權既不集中，中央對於地方減少指揮控制之功能，勢必妨礙國家整體政務之推進；㈣地方政府既各有其權責，難免各行其是，歧見必多，對於國家之政策，亦難收配合協調之效。

第二節 均權制度

關於中央與地方權限之劃分，無論為中央集權制或地方分權制，均有其缺點，而非完善之制度，因之，我國不予採行，而採取均權制度，以為中央與地方權限劃分之原則。

所謂均權制度：凡事務有全國一致之性質者，劃歸中央；有因地制宜之性質者，劃歸地方，不偏於中央集權或地方分權。換言之：關於中央與地方權限之劃分，乃以事務之性質為標準，而非以地域為標準。

關於中央與地方權限之劃分，不應採中央集權或地方分權，而應採取均權制度，中山先生昭示甚詳：「夫所謂中央集權或地方分權，甚或聯省自治者，不過內重外輕，內輕外重之常談而已。權之分配，不當以中央或地方為對象，而當以權之性質為對象，權之宜屬於中央者，屬之中央可也；權之宜屬於地方者，屬之地方可也。例如軍事外交，宜統一不宜紛歧，此權之宜屬於中央者也。教育衛生，隨地方情況而異，此權之宜屬於地方者也。更分析以言，同一軍事也，國防固宜屬中央，然警備隊之設施，豈中央所能代勞，是又宜屬地方矣。同一教育也，濱海之區宜側重水產，山谷之地宜側重鑛業或林業，是固宜予地方措施之自由，然學制及義務教育年限，中央不能不為劃一範圍，是中央亦不能不過問教育事業矣。是則同一事業，猶當於某程度以上屬之中央，某程度以下屬之地方。彼漫然主張中央集權或地方分權甚或聯省自治者，動輒曰某取概括主義，某取列舉主義，得勿嫌其籠統乎？……權力之分配，不當挾一中央地方之成見，而惟以其本身之性質為依歸，事之非舉國一致不可者，以其權屬於中央；事之應因地制宜者，以其權屬於地方。易地域的分類，而為科學的分類，斯為得之。」（中山先生講：中華民國建設之基礎）並於其手著之建國大綱中第十七條明文規定，「中央與省之權限，採均權制度。凡事務有全國一致之性質者，劃歸中央；有因地制宜之性質者，劃歸地方，不偏於中央集權或地方分權。」

以為中央與地方權限分配之基本原則。

憲法關於中央與地方權限之劃分，採取均權制度，綜括其規定，得分為下列各種情形：

第一、列舉屬於中央及省縣職權之事項

依憲法第一百零七條至第一百十條之規定，其列舉中央與地方權限內之事項，得分為：

一、**中央專屬權**　此指由中央立法並執行之事項，是為完全屬於中央之職權。

二、**中央與地方執行權**　此指由中央立法並執行之，或交由省縣執行之事項，是為立法權屬於中央，執行權得由中央賦予於地方。

三、**地方專屬權**　此又分為：㈠由省立法並執行之，或交由縣執行之事項，是為立法權屬於省，執行權則得由省賦予於縣；㈡由縣立法並執行之事項，是為完全屬於縣之職權。

關於上述中央與地方各別之專屬權，及中央與地方共有之執行權，容於次節再詳述之。

第二、未列舉之事項

依憲法第一百十一條之規定，除第一百零七條、第一百零八條、第一百零九條及第一百十條列舉事項外，如有未列舉事項發生時，其事務有全國一致之性質者，屬於中央，有全省一致之性質者屬於省，有一縣之性質者屬於縣，遇有爭議時，由立法院解決之。

憲法關於中央與地方權限之劃分，採均權制度，茲更引申其義：

一、中央與地方均權，不僅中央與省均權，即中央與縣亦係均權，此觀憲法第一百零八條關於由中央立法之事項，得交由縣執行之，即可明瞭。縣區域雖為省區域之一部分，惟縣既為自治體，具有法人資格，自得為均權之對象。

二、中央與省均權，省與縣亦係均權，故憲法第一百零九條規定由省

立法之事項，得交由縣執行之。惟憲法並未規定完全由省立法並執行之事項，而係中央立法之事項，得交由省執行之；即由省本身立法之事項，亦得交由縣執行。則省自仍立於中央與縣之間，以收聯絡之效，此於均權制度之原則，並無影響。

三、中央與地方雖係均權，惟中央仍得將屬於中央之事項交由省縣執行之，省仍得將屬於省之事項，交由縣執行之，則構成地方自治機關之職權內容，並不以本機關之地方自治事項為限，即國家之委辦事項，亦包括在內，此於均權制度，亦無影響。

四、中央與地方權限之劃分，固係採均權制度，惟所可均權者，乃以行政權及立法權為限；至於司法權，依憲法第一百零七條第三、四兩款之規定，關於刑事、民事之法律及司法制度，乃專屬於由中央立法並執行之事項；監察權及考試權之性質，亦應認為純屬於中央之職權，而不屬於地方，自皆無均權之可言，此亦無礙於均權制度之基本原則。

第三節　中央專屬權

憲法關於中央與地方權限之劃分，採均權制度，依其規定，得分為：中央專屬權，中央與地方執行權，及地方專屬權，已見前述，茲再就憲法所列舉之事項，予以分述，並先述中央專屬權，以次各節，則述及中央與地方執行權及地方專屬權。

就均權制度言之，關於中央專屬權，乃為憲法第一百零七條所規定。下列事項由中央立法並執行之：

一、外交。

二、國防與國防軍事。

三、國籍法及刑事、民事、商事之法律。

四、司法制度。

五、航空、國道、國有鐵路、航政、郵政及電政。

六、中央財政與國稅。

七、國稅與省稅、縣稅之劃分。

八、國營經濟事業。

九、幣制及國家銀行。

十、度量衡。

十一、國際貿易政策。

十二、涉外之財政經濟事項。

十三、其他依本憲法所定關於中央之事項。

以上所列十三款事項，乃專屬於中央政府之權限，不僅由中央立法，且須由中央執行，得謂之為中央專屬權，此等事項，依其性質，可分為三類：

第一、全國一致性事項

凡事務有全國一致之性質者，屬於中央，是為均權制度之原則。上列第二款至第七款、第九款至第十款事項，均有全國一致之性質，自以由中央立法並執行之為宜。第八款所列既為「國營經濟事業」，其權當然歸屬於中央政府。

第二、國家對外事項

國與國之涉外事項，關係國家主權之活動，各國法例，凡對外事項均由中央政府辦理，以示主權之統一與完整，上列第一款「外交」及第十二款「涉外之財政經濟事項」，均為對外事項，例如關於條約之締結，使節之派遣及接受，國際會議之參加，有關財經事件之貿易協定等事項，自均以由中央立法並執行之為宜。

第三、中央專屬權之概括規定

上列第十三款「其他依本憲法所定關於中央之事項」，乃係概括之規定，以補列舉事項之不足，例如：關於國民大會之召集，依憲法第二十九條及

第三十條之規定，應由總統或立法院院長召集之；關於糾正案、糾舉案、彈劾案之提出，依照憲法有關各條之規定，應由監察院為之，此即係指關於中央之事項，應由中央立法並執行之。至於憲法規定「以法律定之」之事項，其立法雖屬於中央，其執行則並不限於中央，而得交由省縣執行也。

第四節　中央與地方執行權

就均權制度言之，中央及地方均得有其執行權，為憲法第一百零八條所明定。

依憲法第一百零八條之規定，下列事項由中央立法並執行之，或交由省、縣執行之：

一、省縣自治通則。

二、行政區劃。

三、森林、工礦及商業。

四、教育制度。

五、銀行及交易所制度。

六、航業及海洋漁業。

七、公用事業。

八、合作事業。

九、二省以上之水陸交通運輸。

十、二省以上之水利、河道及農牧事業。

十一、中央及地方官吏之銓敘、任用、糾察及保障。

十二、土地法。

十三、勞動法及其他社會立法。

十四、公用徵收。

十五、全國戶口調查及統計。

十六、移民及墾殖。

十七、警察制度。

十八、公共衛生。

十九、振濟、撫卹及失業救濟。

二十、有關文化之古籍、古物及古蹟之保存。

前項各款，省於不牴觸國家法律內，得制定單行法規。

由於民國八十六年第四次憲法增修條文修正時，規定省、縣地方制度，……以法律定之，不受憲法第一百零八條第一項第一款之限制。依此，中央政府已不必為省縣自治通則之立法。

本條所規定之事項，其立法權專屬於中央，其執行權則可屬於中央本身，亦可交屬於地方之省或縣。惟地方之執行權，為中央所賦予，而非地方所自有。立法權既屬於中央，僅其執行權得交屬於地方，故省於不牴觸國家法律內，得制定單行法規。至於縣執行此等事項，是否得於不牴觸國家法律或省法規內，制定單行規章？自法理上言，應採肯定說。

本條所規定之事項，係將立法權與執行權劃分，此與美國制將立法與執行合而為一者不同，因美國不劃分立法權與執行權，凡事權之屬於中央者，由中央立法並由中央執行之，凡事權之屬於各州者，由州立法並由州執行之，加拿大亦採此制。我國憲法對於此等事項，採立法與執行分別之制，與德國威瑪憲法之立法例相同，與大陸制中之瑞士制亦相符合。此等事項均屬於國家內政範圍，而非涉外事項須由中央立法者，因須保持全國一致性之原則，自以由中央立法為宜。至於何者仍由中央執行，何者得交由省縣執行，則須因事因時因地而制宜，視國家政策及各種因素而定。此等事項，既得由中央自己執行，亦得交由省縣執行，故在實際上之運用，致中央與地方職權之劃分，難得明確之界限，且中央與地方各級行政機關之設置或業務，不免有重複錯綜情形，就權責之劃分言，頗難得一適度之分際。

第五節　地方專屬權

第一項　省與縣執行權

關於地方專屬權，可分為省與縣執行權及縣專屬權以說明之。依憲法第一百零九條之規定，下列事項，由省立法並執行之，或交由縣執行之：

一、省教育、衛生、實業及交通。

二、省財產之經營及處分。

三、省市政。

四、省公營事業。

五、省合作事業。

六、省農林、水利、漁牧及工程。

七、省財政及省稅。

八、省債。

九、省銀行。

十、省警政之實施。

十一、省慈善及公益事項。

十二、其他依國家法律賦予之事項。

前項各款，有涉及二省以上者，除法律別有規定外，得由有關各省共同辦理。各省辦理第一項各款事務，其經費不足時，經立法院議決，由國庫補助之。

本條第一項第一款至第十一款所列舉之事項，即為省之自治事項，第十二款規定：「其他依國家法律賦予之事項。」則有屬於國家行政事項及地方自治事項者，蓋以補列舉規定之不周，此等事項，其立法權專屬於省，其執行權則可屬於省之本身，亦可交由所屬之縣執行。故就憲法關於省職權之規定言，其立法權及執行權並非二者必須專屬於省之事項，何種事項

之立法權及執行權應均屬於省,何者之執行權則可交屬於縣,乃由省基於政策及各種因素而裁量行之。至於縣對於此等事項有執行權,乃為省所賦予,而非縣所自有,縣執行此等事項,在不牴觸省之法規內,有無制定單行規章之權?自法理上言,應採肯定說。

本條所規定各省之事項,恆有涉及二省以上者,例如:其範圍過廣,非一省單獨所能舉辦,或雖一省所能辦理,而涉及他省之省境或職權者,則此時自應由有關各省共同辦理為宜。所謂:「得由有關各省共同辦理」,應包括由各省立法並執行之或交由縣執行之在內。

省為構成整個國家之部分,省自治事項,亦屬於廣義的國家事務,因之,省辦理各款事項,無論其事務之性質純屬於自治事項,抑係國家委辦事項,其經費不足時,經立法院議決,由國庫補助之。

惟中央補助省之經費,並不以各省辦理省自治事項,經費不足時為限。即中央為謀省與省間之經濟平衡發展,對於貧瘠之省,亦應酌予補助(憲法第一四七條第一項)。

由於民國八十六年第四次憲法增修條文修正時,規定省、縣地方制度,……以法律定之,不受憲法第一百零九條之限制,故省已非地方自治法人,也無省立法權。省之法律地位與職權則依憲法增修條文第九條之規定。就此,地方制度法第八條至第十三條有更詳細的規定,可資依據。

第二項　縣專屬權

依憲法第一百十條之規定,下列事項,由縣立法並執行之:

一、縣教育、衛生、實業及交通。

二、縣財產之經營及處分。

三、縣公營事業。

四、縣合作事業。

五、縣農林、水利、漁牧及工程。

六、縣財政及縣稅。

七、縣債。

八、縣銀行。

九、縣警衛之實施。

十、縣慈善及公益事業。

十一、其他依國家法律及省自治法賦予之事項。

　　前項各款，有涉及二縣以上者，除法律別有規定外，得由有關各縣共同辦理。

　　本條所列各款事項，均有因地制宜之性質，乃專屬於縣之權限，不僅由縣立法，且須由縣執行，故得謂為縣之專屬權。其第一項第一款至第十款之事項，乃為列舉之規定，第十一款「其他依國家法律及省自治法賦予之事項」，乃為概括事項，以補列舉規定之不周。

　　此等事項，有涉及二縣以上者，除法律別有規定外，得由有關各縣共同辦理，乃指有關各縣之立法及執行而言。本條雖無關於縣辦理此等事項，其經費不足時，由省補助之規定。但憲法第一百四十七條第二項則規定：「省為謀縣與縣間之經濟平衡發展，對於貧瘠之縣，應酌予補助」，自可予以適用。

　　由於憲法增修條文第九條之規定，縣之專屬權事項在地方制度法第十九條已有更完整的規範，與憲法第一百十條之規定略有不同。

第六節　剩餘權之歸屬

　　憲法第一百零七條至第一百十條雖分別列舉中央與省縣之事項，惟國家與地方之事項甚繁，要難列舉無遺，且社會日在進步之中，新興之事業，亦將隨時發生，勢難預為列舉，此種未及列舉之事權，謂之剩餘權。關於剩餘權之歸屬，各國制度不一，在美國則屬之於各州，在加拿大則屬之於中央，關於中央與地方發生權限爭議時，美加各國，由司法機關裁判之，在奧捷各國則由憲法法院裁判之。

　　我國關於剩餘權之歸屬，依憲法第一百十一條之規定，仍係本於均權

制度之原則，以事務之性質，為分配歸屬之標準。換言之，除列舉事項外，如有未列舉事項發生時，其事務有全國一致之性質者，屬於中央；有全省一致之性質者，屬於省；有一縣之性質者，屬於縣；遇有爭議時，由立法院解決之。

學者有謂憲法關於未及列舉之剩餘權，並非當然屬於中央，致使我國中央與地方之關係，有如聯邦國家與諸邦間之關係，與我單一國家之性質不合，因單一國之憲法，恆列舉中央及地方之事權，其未列舉之剩餘權，則仍歸屬於中央，我國憲法對於未及列舉之事項，則依其性質以分別歸屬於中央或地方，馴至地方與中央有爭權之可能，形成尾大不掉，對於國家之統一性，不無影響。

惟就憲法有關各規定而言，並無影響國家統一性之虞，因：

一、地方制度之基本法律為地方制度法，即配合憲法增修條文之修正而由立法院審議通過，用以規範省、直轄市、縣（市）、鄉（鎮、市）等地方制度。

二、地方人民所享有之選舉、罷免、創制、複決四權，均須依據法律以行使之，而法律須由立法院所制定，亦足以規範人民政權行使之分際。

三、省法規與國家法律牴觸者無效，縣單行規章與國家法律或省法規牴觸者無效（憲法第一一六條、第一二五條），則省縣職權之行使，亦已有其範疇。而地方制度法第三十條與第三十一條也分別對此有相同之規範。

四、地方之省、縣，對於未列舉之事項，與中央如有所爭議時，亦係由中央之立法院解決之，已足收控制地方之效。

要之，憲法關於剩餘權歸屬之規定，對於均權制度之意旨，尚能貫徹。

第七節　中央與地方之關係

依我國憲法及法律之規定，中央與地方之關係，約有下列數端，即監督關係、補助關係、協助關係、爭議關係，其詳細內涵可列述於次。

一、監督關係

中央對地方可行使各種監督權，此即為中央與地方之監督關係。其監督方式約有：

㈠立法監督

因憲法增修條文第九條第一項之規定，省、縣地方制度已有變動，而憲法第一百零八條第一項第一款、第一百十二至一百十五條及第一百二十二條對省縣自治之限制，已被解除，而以新制定之地方制度法之規定為準。地方制度法實施後，大法官就中央機關對地方之立法監督事宜，曾作出釋字第五二七號解釋，針對「臺中市議會對內政部案」表示了看法。認為就相關業務有監督自治團體權限之中央各級主管機關對各級地方立法機關決議事項或自治法規是否牴觸憲法、法律或其他上位規範有疑義，而未依地方制度法第三十條第四項逕予函告無效，得向司法院大法官聲請解釋。地方自治團體對函告無效之內容持不同意見時，應視受函告無效者為自治條例抑自治規則，分別由該地方自治團體之立法機關或行政機關，就事件之性質聲請本院解釋憲法或統一解釋法令。此即為中央與地方立法監督上之爭議互動時重要解決機制，以避免紛爭。

㈡行政監督

依憲法第一百零八條，中央政府對於委辦行政事項有監督的權限，另對憲法第一百零九、一百十條之地方自治行政，也有監督之權。故我國中央政府透過考試院對地方公務人員的考試、任用、銓敘、考績、陞遷、保障、退休等加以掌控，又透過監察院對地方公務人員之失職、違法情事加以糾舉、彈劾等，均可在人事上有效監督地方政府。民國八十八年制定公布之地方制度法對於中央與地方間之關係有全盤性之調整，中央對地方之行政監督關係有如下列：

1.省政府受行政院指揮監督

地方制度法第八條規定，省政府受行政院指揮監督，辦理下列事項：

一、監督縣（市）自治事項。

二、執行省政府行政事務。

三、其他法令授權或行政院交辦事項。

另依地方制度法第七十五條第一項規定，省政府辦理第八條事項違背憲法、法律、中央法令或逾越權限者，由中央各該主管機關報行政院予以撤銷、變更、廢止或停止其執行。

2.中央對直轄市政府辦理自治或委辦事項之監督

地方制度法第七十五條第二項規定，直轄市政府辦理自治事項違背憲法、法律或基於法律授權之法規者，由中央各該主管機關報行政院予以撤銷、變更、廢止或停止其執行。同條第三項又規定，直轄市政府辦理委辦事項違背憲法、法律、中央法令或逾越權限者，由中央各該主管機關報行政院予以撤銷、變更、廢止或停止其執行。就此，臺北市政府因決定延期辦理里長選舉時與內政部發生爭議。大法官釋字第五五三號解釋乃就中央政府對地方自治或受委辦事項之監督，明示其分際，謂：「地方自治團體處理其自治事項與承中央主管機關之命辦理委辦事項不同，前者中央之監督僅能就適法性為之⋯⋯後者除適法性之外，亦得就行政作業之合目的性等實施全面監督。本件既屬地方自治事項，又涉及不確定法律概念，上級監督機關為適法性監督之際，固應尊重該地方自治團體所為合法性之判斷，但如其判斷有恣意濫用及其他違法情事，上級監督機關尚非不得依法撤銷或變更。」

3.中央對縣（市）政府辦理自治事項或委辦事項之監督

地方制度法第七十五條第四項規定，縣（市）政府辦理自治事項違背憲法、法律或基於法律授權之法規者，由中央各該主管機關報行政院予以撤銷、變更、廢止或停止其執行。

縣（市）政府辦理委辦事項違背憲法、法律、中央法令或逾越權限者，由委辦機關予以撤銷、變更、廢止或停止其執行。

4.中央對地方政府違法不作為時之代行處理

地方制度法第七十六條詳細規定了中央對地方政府違法不作為時代行處理制，其要點為：

(1)代行處理之要件：直轄市、縣（市）、鄉（鎮、市）依法應作為而不

作為，致嚴重危害公益或妨礙地方政務正常運作，其適於代行處理者，得分別由行政院、中央各該主管機關、縣政府命其於一定期限內為之；逾期仍不作為者，得代行處理。但情況急迫時，得逕予代行處理。

⑵代行處理之函知及權限移轉：行政院、中央各該主管機關、縣政府決定代行處理前，應函知被代行處理之機關及該自治團體相關機關，經權責機關通知代行處理後，該事項即轉移至代行處理機關，直至代行處理完竣。

⑶代行處理之變更或撤銷：直轄市、縣（市）、鄉（鎮、市）對代行處理處分如認為窒礙難行時，應於期限屆滿前提出申訴。行政院、中央各該主管機關、縣政府得審酌事實變更或撤銷原處分。

⑷代行處理之費用：代行處理所支出之費用，應由被代行處理之機關負擔，各該地方機關如拒絕支付該項費用，上級政府得自以後年度之補助款中扣減抵充之。

⑸代行處理處分之救濟：直轄市、縣（市）、鄉（鎮、市）對於代行處理之處分，如認為有違法時，依行政救濟程序辦理之。

5.中央對地方政府首長違法時之停止職務權

地方制度法第七十八條規定，直轄市長、縣（市）長、鄉（鎮、市）長、村（里）長，有該條所列情事之一者，分別由行政院、內政部、縣政府、鄉（鎮、市、區）公所停止其職務，不適用公務員懲戒法第三條之規定。

又停止職務之人員，如經改判無罪時，或經撤銷通緝或釋放時，於其任期屆滿前，得准其先行復職。另予以停止其職務之人員，經依法參選，再度當選原公職並就職者，不再適用該項之規定。而予以停止其職務之人員，經刑事判決確定，非第七十九條應予解除職務者，於其任期屆滿前，均應准其復職。直轄市長、縣（市）長、鄉（鎮、市）長，於地方制度法公布施行前，非因第一項原因被停職者，於其任期屆滿前，應即准其復職。

6.中央對地方政府首長或民意代表之解除職務權

直轄市議員、直轄市長、縣（市）議員、縣（市）長、鄉（鎮、市）民代表、鄉（鎮、市）長及村（里）長有地方制度法第七十九條所列情事之一者，直轄市議員、直轄市長由行政院分別解除其職權或職務；縣（市）議員、縣（市）長由內政部分別解除其職權或職務；鄉（鎮、市）民代表、鄉（鎮、市）長由縣政府分別解除其職權或職務，並通知各該直轄市議會、縣（市）議會、鄉（鎮、市）民代表會；村（里）長由鄉（鎮、市、區）公所解除其職務。應補選者，並依法補選。

不過，如有法定情事之一者，而地方政府首長或民意代表之原職任期未滿，且尚未經選舉機關公告補選時，則上述解除職權或職務之處分均應予撤銷：

7.中央對地方政府首長罹患重病之解除職務權

地方制度法第八十條規定，直轄市長、縣（市）長、鄉（鎮、市）長、村（里）長，因罹患重病，致不能執行職務繼續一年以上，或因故不執行職務連續達六個月以上者，應依前條第一項規定程序解除其職務；直轄市議員、縣（市）議員、鄉（鎮、市）民代表連續未出席定期會達二會期者，亦解除其職權。

8.中央對地方政府首長辭職、去職或死亡時之派員代理權

地方制度法第八十二條規定，直轄市長、縣（市）長、鄉（鎮、市）長及村（里）長辭職、去職、死亡者，直轄市長由行政院派員代理；縣（市）長由內政部報請行政院派員代理；鄉（鎮、市）長由縣政府派員代理；村（里）長由鄉（鎮、市、區）公所派員代理。

同條第二項又規定，直轄市長停職者，由副市長代理，副市長出缺或不能代理者，由行政院派員代理。縣（市）長停職者，由副縣（市）長代理，副縣（市）長出缺或不能代理者，由內政部報請行政院派員代理。鄉（鎮、市）長停職者，由縣政府派員代理，置有副市長者，由副市長代理。村（里）長停職者，由鄉（鎮、市、區）公所派員代理。

又地方政府首長之辭職，應以書面為之，直轄市長應向行政院提出並經核准；縣（市）長應向內政部提出，由內政部轉報行政院核准；鄉（鎮、

市）長應向縣政府提出並經核准；村（里）長應向鄉（鎮、市、區）公所提出並經核准，均自核准辭職日生效。

上述各級地方自治團體對上級監督機關之監督處分，認為違法或不當，致損害其權利或利益者，依訴願法第一條第二項規定，得依訴願法提起訴願救濟。除此之外，如合於司法院大法官審理案件法第五條第一項第二款規定，於窮盡訴訟之審級救濟後，聲請司法院大法官解釋，以求獲得救濟。但若無關地方自治團體決議事項或自治法規效力問題，亦不屬得提起行政訴訟之事項，而純為中央與地方自治團體間或上下級地方自治團體間之權限爭議，則依大法官釋字第五二七號解釋，應循地方制度法第七十七條規定，由立法院院會議決之，尚不得向司法院聲請解釋。另外，大法官釋字第五五〇號解釋，亦提供了臺北市政府對中央健保局請求行政強制執行之處分，提起行政爭訟請求救濟之途徑❶。同樣的，大法官釋字第五五三號解釋亦稱臺北市政府對行政院撤銷市政府延期辦理里長選舉之決定，亦可循行政爭訟程序請求救濟。

二、補助關係

依據憲法第一百四十七條規定，中央為謀省與省間之經濟平衡發展，對於貧瘠之省，應酌予補助，此即為中央對地方之補助關係。此一補助關係在財政收支劃分法第三十一條也被明確的予以規範。

關於中央對地方之補助關係，大法官曾作出釋字第三〇七號解釋謂，「……省警政及縣警衛之實施，依憲法第一百零九條第一項第十款、第一百十條第一項第九款規定，則屬省縣之權限，省縣得就其業務所需經費依法定程序編列預算，如確屬不足時，得依警察法第十六條第二項規定呈請補助，省（直轄市）由中央補助，縣（市）由省補助。」

對此補助關係，大法官釋字第四九八號解釋又謂，「……立法院所設各種委員會，依憲法第六十七條第二項規定，雖得邀請地方自治團體行政機

---

❶　參閱，王文玲記者臺北報導，〈健保欠費爭議，北市抗告有理〉，《聯合報》，民國 93 年 7 月 16 日，A6 版；另參閱，陳清秀，〈健保債務，中央灌水轉嫁地方〉，《聯合報》，民意論壇，民國 93 年 6 月 21 日，A15 版。

關有關人員到會備詢，但基於地方自治團體具有自主、獨立之地位，以及中央與地方各設有立法機關之層級體制，地方自治團體行政機關公務員，除法律明定應到會備詢者外，得衡酌到會說明之必要性，決定是否到會。於此情形，地方自治團體行政機關之公務員未到會備詢時，立法院不得因此據以為刪減或擱置中央機關對地方自治團體補助款預算之理由，以確保地方自治之有效運作，及符合憲法所定中央與地方權限劃分之均權原則。」

三、協助關係

憲法對此關係未明文規定，但財政收支劃分法第三十三條規定，各上級政府為適應特別需要，對財力較優之下級政府得取得協助金，此即為地方對中央之協助關係，恰與中央對地方之補助關係，為方向相反之關係，一為上對下之補助，一為下對上之協助。

四、爭議關係

中央與地方的爭議關係可分成兩種，憲法第一百十一及一百十七條另規定其解決方法，即中央與地方之權限發生爭議時，由立法院解決之，而中央法律與地方法規有無歧異牴觸發生爭議時，則由司法院解決之。茲再分析於次：

㈠權限爭議的解決

中央與地方權限之分配，憲法第一百零七、一百零八、一百零九及一百十條均明文列舉，但若有事項不在這些條文列舉範圍內時，如何解決呢？憲法第一百十一條乃規定：「如有未列舉事項發生時，其事務有全國一致之性質者屬於中央，有全省一致之性質者屬於省，有一縣之性質者屬於縣。」

民國八十八年制定公布之地方制度法第七十七條第一項，對於中央與地方之權限爭議，有進一步之規定，即中央與直轄市、縣（市）間，權限遇有爭議時，由立法院院會議決之；縣與鄉（鎮、市）間，自治事項遇有爭議時，由內政部會同中央各該主管機關解決之。

同條第二項又規定，直轄市間、直轄市與縣（市）間，事權發生爭議時，由行政院解決之；縣（市）間，事權發生爭議時，由內政部解決之；鄉（鎮、市）間，事權發生爭議時，由縣政府解決之。

㈡法令爭議的解決

關於中央與地方之間法令爭議的解決，地方制度法第四十三條規定：

1. 直轄市議會議決自治事項與憲法、法律或基於法律授權之法規牴觸者無效；議決委辦事項與憲法、法律、中央法令牴觸者無效。

2. 縣（市）議會議決自治事項與憲法、法律或基於法律授權之法規牴觸者無效；議決委辦事項與憲法、法律、中央法令牴觸者無效。

3. 鄉（鎮、市）民代表會議決自治事項與憲法、法律、中央法規、縣規章牴觸者無效；議決委辦事項與憲法、法律、中央法令、縣規章、縣自治規則牴觸者無效。

4. 前三項議決事項無效者，除總預算案應依第四十條第五項規定處理外，直轄市議會議決事項由行政院予以函告；縣（市）議會議決事項由中央各該主管機關予以函告；鄉（鎮、市）民代表會議決事項由縣政府予以函告。

5. 第一項至第三項議決自治事項與憲法、法律、中央法規、縣規章有無牴觸發生疑義時，得聲請司法院解釋之。

本章自習題目

一、說明中央集權制之意義及其得失。

二、試述地方分權制之意義及其得失。

三、何謂均權制度？試申述其意義。

四、綜括憲法關於中央與地方權限劃分之規定，約可分為幾種情形？試言其要。

五、專屬於中央事權之性質約可分為幾類？試說明之。

六、中央立法之事項得交由省縣執行，其理由何在？試說明之。

七、試述憲法關於省立法權及執行權之規定。

八、說明憲法關於縣專屬權之規定。

九、試述剩餘權之意義。

十、憲法對於未列舉之剩餘權，如何規定其歸屬？試舉以對。

第十一章　地方制度

第一節　概　說

　　地方制度乃對中央制度而言，我國憲法並無「中央制度」之整個名稱，依其意旨，則國民大會、總統及五院之組織與其職權，當屬於中央政治制度之範圍，已見前述。憲法中有「地方制度」一章，而將省政府、縣政府及「直轄市」與「準用縣之規定」之市，以及蒙古、西藏等地方之組織及職權，分別規定於「省」及「縣」之各節中，而與「省議會」及「縣議會」對稱，是所謂地方制度，乃包括省、縣、市及蒙古、西藏等地方制度在內。

　　地方制度與地方政府，不得混為一談：地方政府僅指省政府、縣政府及市政府，以及蒙古、西藏之地方政府而言；地方制度則除地方政府以外，並包括省議會、縣議會及市議會，以及蒙古、西藏等地方之民意機關，乃至地方政府與地方民意機關間之相互關係等各種制度在內。故地方政府僅構成地方制度之一部分內容，而非地方制度之全部，其涵義較狹，地方制度之涵義較廣。

　　地方制度為國家整個政治制度中之一部分，我國實行憲政，以地方自治為憲政之基礎，已於第一章第一節第二項第二款「五權憲法之特質」中，予以說明。亦可謂地方自治即為地方制度之基礎，地方制度亦得謂為地方自治制度，換言之，憲法關於地方制度之規定，可分為省自治、縣自治、及市自治，當分述如後，至於蒙古各盟旗地方自治制度，以法律定之（憲法第一一九條）；西藏地方自治制度，應予保障（憲法第一二〇條）。

　　綜合憲法關於中央制度及地方制度而言，現行法令中所稱各級政府，

大抵指中央、省、及縣三級政府而言，至於相當於省之直轄市政府，及「準用縣之規定」而相當於縣之市政府，亦屬各級政府之範圍。其在縣市以下之基層組織，如所謂鄉、鎮、縣轄市，或區、里等組織，憲法並未有所規定，亦自不得以憲法所規定之各級政府視之。

第二節　地方制度法之制定

憲法所規定之地方制度，即地方自治制度，就省、縣言之，須先由中央制定省縣自治通則，省、縣得召集省、縣民代表大會，依據省縣自治通則，分別制定省自治法、縣自治法，以組設省、縣議會，由省、縣民選舉省、縣議員，並分別組設省、縣政府，由省、縣民選舉省長及縣長。惟省縣自治通則，迄今尚未由中央立法，省、縣亦自無從分別制定省、縣自治法，故憲法上所規定之省、縣地方制度，現在尚未依照其規定之程序，予以實施。

政府在臺灣地區，早經依據憲法所定地方自治之精神，核定「臺灣省各縣市實施地方自治綱要」，實施自治，臺灣省亦已先根據「臺灣省議會組織規程」，設置省議會，臺北、高雄兩直轄市，亦由行政院分別訂頒「臺北市各級組織及實施地方自治綱要」、「高雄市各級組織及實施地方自治綱要」，以實施自治。

惟上述措施，均非依憲法所定之程序而實行，且屬行政規章，而憲法有關地方制度，中央尚無得逕就特定之省議會及省政府之組織單獨制定法律之依據，當時設置之省級民意機關，亦無逕自立法之權限（參照司法院大法官釋字第二六〇號解釋）。因之，在省縣自治通則制定前，關於省、縣地方制度，有授權立法院以法律規定之必要，而須於憲法增修條文中設定其法源，至於直轄市之自治，以法律定之，憲法第一百十八條已有明文，自可依照辦理，毋須於增修條文中再行規定。

第二次憲法增修條文第十七條，即第三次增修條文第八條：

「省、縣地方制度，應包含左列各款，以法律定之，不受憲法第一百零八條第一項第一款、第一百十二條至第一百十五條及第一百二十二條之限制：

一、省設省議會，縣設縣議會，省議會議員、縣議會議員分別由省民、縣民選舉之。

二、屬於省、縣之立法權，由省議會、縣議會分別行之。

三、省設省政府，置省長一人，縣設縣政府，置縣長一人，省長、縣長分別由省民、縣民選舉之。

四、省與縣之關係。

五、省自治之監督機關為行政院，縣自治之監督機關為省政府。」

依本條規定，關於省、縣地方制度，以法律定之，可謂為地方自治法制化的法源。其不受憲法有關條文之限制者，均因涉及「省縣自治通則」、「省自治法」、「縣自治法」之法定用語，因其現時難以制定實施。

第一款至第四款所規定者,均為憲法有關各條文所已分別規定之事項,而包含在內。

憲法增修條文既授權立法院以法律規定省縣地方制度，因而立法院制定省縣自治法，由總統於民國八十三年七月二十九日公布施行。

惟第四次憲法增修條文第九條將上述省、縣地方制度之規定加以改變，重新改正為：

「省、縣地方制度，應包括左列各款，以法律定之，不受憲法第一百零八條第一項第一款、第一百零九條、第一百十二條至第一百十五條及第一百二十二條之限制：

一、省設省政府，置委員九人，其中一人為主席，均由行政院院長提請總統任命之。

二、省設省諮議會，置省諮議會議員若干人，由行政院院長提請總統任命之。

三、縣設縣議會，縣議會議員由縣民選舉之。

四、屬於縣之立法權，由縣議會行之。

五、縣設縣政府，置縣長一人，由縣民選舉之。

六、中央與省、縣之關係。

七、省承行政院之命，監督縣自治事項。

第十屆臺灣省議會議員及第一屆臺灣省省長之任期至中華民國八十七年十二月二十日止，臺灣省議會議員及臺灣省省長之選舉自第十屆臺灣省議會議員及第一屆臺灣省省長任期之屆滿日起停止辦理。

臺灣省議會議員及臺灣省省長之選舉停止辦理後，臺灣省政府之功能、業務與組織之調整，得以法律為特別之規定。」

依上所述，第二次及第三次憲法增修條文有關地方制度之規定，已由第四次憲法增修條文的有關規定取而代之，前後所規定者，差別甚大。從而立法院依憲法增修條文第九條第三項制定「臺灣省政府功能業務與組織調整暫行條例」（中華民國八十七年十月二十八日公布），並依憲法第一百十八條及憲法增修條文第九條第一項制定「地方制度法」（八十八年一月二十五日公布），以為實施地方制度的依據。

綜合上述憲法增修條文及兩法關於省的規定，得推論如下：

一、省政府之組織為委員制，而非首長制，其主席由行政院院長提請總統任命之，而非由省民所選出，此與行憲前之省政府組織法所規定者主旨相同。

二、省設省諮議會，諮議會議員由行政院院長提請任命，而非由省民所選出，已非民意機關，自無省之立法權，此與行憲前各省之省臨時參議會相類似，而與其後演進之省參議會，及省臨時省議會之成員，由選舉產生者，仍屬有別。

三、地方制度中之省，其性質已為官治之行政體，而非民主化之自治體，自無公法人資格，不得為公法上權利義務之主體，省政府為行政院派出機關，並非地方自治團體。

所應注意者：中華民國八十六年七月二十一日公布之憲法增修條文第九條施行後，省為地方制度層級之地位仍未喪失，惟不再有憲法規定之自治事項，亦不具備自主組織權，自非地方自治團體性質之公法人，符合上

關憲法增修條文意旨制定之各項法律，若未劃歸國家或縣市等地方自治團體之事項，而屬省之權限且得為權利義務之主體者，於此限度內，省自得具有公法人資格（司法院大法官釋字第四六七號解釋）。

　　四、依上述暫行條例有關規定，臺灣省政府為行政院派出機關，受行政院指揮監督，辦理下列事項：㈠監督縣（市）自治事項，㈡執行省政府行政事務，㈢其他法令授權或行政院交辦事項（條例第二條），是並未「廢省」，而近似「凍省」或「虛省」，乃實係「精省」。

　　本條例自中華民國八十七年十二月二十一日起施行，至八十九年十二月三十一日止（條例第二二條）。對於臺灣省政府功能、業務與組織調整，社會輿論反應不佳，因此在民國九十五年一月二十四日時，當時奉命組閣之行政院院長蘇貞昌並未任命臺灣省政府主席、副主席、及省府委員，回應了立法院民意要求，朝向廢省的方向努力❶。為使此一政治舉措有法律上之依據，民國九十六年七月十一日修正了地方制度法第九條之規定。依該條規定：「省政府置委員九人，組成省政府委員會議，行使職權，其中一人為主席，由其他特任人員兼任，綜理省政業務，其餘委員為無給職，均由行政院院長提請總統任命之。」此一規定溯及民國九十六年一月一日施行。自此省政府並無專職之省主席，而省府委員也都成為無給職人員。

第一項　地方制度法之概念

　　地方制度法（以下簡稱本法）共分五章，即：一、總則，二、省政府與省諮議會，三、地方自治，其中又分「㈠地方自治團體及其居民之權利與義務，㈡自治事項，㈢自治法規，㈣自治組織，㈤自治財政」，四、中央與地方及地方間之關係，五、附則，共八十八條，姑無論其內容及立法技術是否完善，要為地方制度之基本法律，而為地方制度法制化的表徵。

　　本法在基本觀念上，有應特予注意者，即：

---

❶　參閱，記者李祖舜、李順德，〈走向廢省，臺灣省主席從缺〉，《聯合報》，民國95 年 1 月 25 日，A2 版。

第一、本法為地方制度一般性的規定

本法並非就特定之省、縣以為立法之對象，仍為一般性普遍性之規定，其性質實與憲法所稱之「省縣自治通則」相同。惟與各省、縣分別召集省、縣民代表大會，依據通則以分別制定省自治法及縣自治法者，則大異其趣。所以不受憲法第一百零八條第一項第一款、第一百十二條至第一百十五條及第一百二十二條有關省縣自治通則及省自治法、縣自治法規定之限制，實則已排斥上述各規定之適用。

第二、本法為地方行政體與自治體的綜合規定

本法明定省為非地方自治團體，省政府為行政院派出機關（本法第二條），省被排斥於第三章「地方自治」有關規定之內，是省為地方行政體，而與直轄市、縣（市）、鄉（鎮、市）等地方自治體綜合規定於一法之中，以成為整體的地方制度。

第三、本法歸納直轄市自治法的規定

地方直轄市原有直轄市自治法(中華民國八十三年七月二十九日公布、八十八年四月十四日廢止)為專屬性的規定，本法則將直轄市的自治事項，概行歸納規定在內，以為整體的地方制度法，此在立法技術上及適用上，互有優劣。

第四、本法施行後，仍得適用相關法規

地方制度依本法之規定，本法未規定者，適用其他法律之規定（本法第一條第二項）。本法公布施行後，其相關法規未制（訂）定，修正前，現行法規不牴觸本法規定部分仍繼續適用（本法第八七條），則原有之省縣自治法及直轄市自治法在廢止前之有關規定，仍不無適用的餘地。惟省縣自治法及直轄市自治法均已於民國八十八年四月十四日廢止，已不發生適用問題。

第二項 地方制度法之內容

關於地方制度規定之內容，茲述其梗概：

第一、地方自治團體具公法人地位

地方自治團體，指依本法實施地方自治，具公法人地位之團體（本法第二條第一款），是即不啻規定各級自治團體均為公法人。

所謂法人，乃指非自然人而在法律上具有人格的組織體，為權利義務的主體。各級自治團體，其性質為公法人，乃指各級自治團體的整體，使其具有法律上的人格，其作用在確定及提高自治機關的地位，以免動輒為中央或上級機關掣肘，遇事干預，致難發揮自治之職權，所以各級自治團體有立法機關，以表達其意思能力；有執行機關，以表達其行為能力，本法規定其具公法人地位，其主旨在此。

第二、劃分地方行政區域

地方劃分為省、直轄市；省劃分為縣、市；縣劃分為鄉、鎮、縣轄市；直轄市及市，均劃分為區；鄉以內之編組為村；鎮、縣轄市及區以內之編組為里；村、里以內之編組為鄰（本法第三條）。

第三、明定地方居民之權利與義務

中華民國國民，設籍在直轄市、縣（市）、鄉（鎮、市）地方自治區域內者，為直轄市民、縣（市）民、鄉（鎮、市）民（本法第一五條），得概稱為地方居民。

其一為地方居民之權利如下（本法第一六條）：

一、對於地方公職人員有依法選舉、罷免之權。
二、對於地方自治事項，有依法行使創制、複決之權。
三、對於地方公共設施有使用之權。
四、對於地方教育文化、社會福利、醫療衛生事項，有依法律及自治

法規享受之權。

　　五、對於地方政府資訊，有依法請求公開之權。

　　六、其他依法律及自治法規賦予之權利。

　　其二為地方居民之義務如下（本法第一七條）：

　　一、遵守自治法規之義務。

　　二、繳納自治稅捐之義務。

　　三、其他依法律及自治法規所課之義務。

第四、建立地方自治組織之體制

　　我國地方自治組織之體制，素採權力分立制，乃指地方自治事項之議決機關與執行機關各自分立，以分別行使其議決或執行之職權，議決機關亦稱自治之立法機關，不兼管執行，執行機關亦稱自治之行政機關，無權議決，而是彼此對立，平等相維，以分別行使其職權。

　　地方自治組織之立法機關，為直轄市議會、縣（市）議會及鄉（鎮、市）民代表會，各議會議員及代表會代表，分別由人民選舉之，任期四年，連選得連任（本法第三三條至第五四條）。

　　地方自治組織之行政機關，為直轄市政府、縣（市）政府及鄉（鎮、市）公所，其市長、縣長及鄉長，亦由人民選舉之，任期四年，連選得連任一次（本法第五五條至第六二條）。

第五、釐訂自治組織的職權

　　地方自治組織的職權，概括言之，為自治事項及委辦事項（本法第二條第二、三款）：

　　一、**自治事項**　指地方自治團體依憲法或本法規定，得自為立法或執行，或法律規定應由該團體辦理之事務，而負其政策規劃及行政執行責任。

　　二、**委辦事項**　指地方自治團體依法律、上級法規或規章規定，在上級政府指揮監督下，執行上級政府交付辦理之非屬該團體事務，而負其行政執行責任之事項。

第六、賦予自治組織制定自治法規之權

　　直轄市、縣（市）、鄉（鎮、市）得就其自治事項或依法律及上級法規之授權，制定自治法規。自治法規經地方立法機關通過，並由各該行政機關公布者，稱自治條例；自治法規由地方行政機關訂定，並發布或下達者，稱自治規則（本法第二五條）。

　　自治條例與憲法、法律或基於法律授權之法規、上級自治團體自治條例牴觸者，無效（本法第三〇條第一項）。

　　自治規則與憲法、法律、基於法律授權之法規、上級自治團體自治條例或該自治團體自治條例牴觸者，無效（同條第二項）。

　　委辦規則與憲法、法律、中央法令牴觸者，無效（同條第三項）。

第三節　省　制

第一、省之地位

　　關於省之地位，大法官於釋字第四六七號解釋，有明白的說明，即：「中華民國八十六年七月二十一日公布之憲法增修條文第九條施行後，省為地方制度層級之地位仍未喪失，惟不再有憲法規定之自治事項，亦不具備自主組織權，自非地方自治團體性質之公法人。符合上開憲法增修條文意旨制定之各項法律，若未劃歸國家或縣市等地方自治團體之事項，而屬省之權限且得為權利義務之主體者，於此限度內，省自得具有公法人資格。」

第二、省之組織與職權

　　依憲法增修條文第九條第一項第一款、第二款之規定，省的組織只有省政府及省諮議會。

一、省政府

憲法增修條文第九條第一項第一款規定，省設省政府，置委員九人，其中一人為省主席，均由行政院院長提請總統任命之。又依同條第二項規定，臺灣省政府之功能、業務與組織之調整，得以法律為特別之規定。因此，地方制度法第九條進一步規定了省政府之組織，即：省政府置委員九人，組成省政府委員會議，行使職權，其中一人為主席，由其他特任人員兼任，綜理省政業務；其餘委員為無給職，均由行政院院長提請總統任命之。

又省政府之預算，由行政院納入中央政府總預算，其預算編列、執行及財務收支事項，依地方制度法第十二條之規定，均依預算法、決算法、國庫法及其他相關法令辦理。另省政府之組織規程，依地方制度法第十三條規定，由行政院定之。

二、省諮議會

憲法增修條文第九條第一項第二款之規定設省諮議會，置省諮議會議員若干人，由行政院院長提請總統任命之。地方制度法第十一條進一步規定了省諮議會之組織，即省諮議會置諮議員，任期三年，為無給職，其人數由行政院參酌轄區幅員大小、人口多寡及省政業務需要定之，至少五人，至多二十九人，並指定其中一人為諮議長，綜理會務，均由行政院院長提請總統任命之。

另地方制度法第十條規定了省諮議會之職掌，即省諮議會對省政府業務提供諮詢及興革意見。又省諮議會之預算，依地方制度法第十二條規定，由行政院納入中央政府總預算，而其組織規程，依同法第十三條規定，由行政院定之。

第四節 縣 制

第一、縣之地位

憲法增修條文對地方制度之規定有了重大改變，特別是省的地方自治法人地位被「凍結」。因此，在憲法上之地方自治制度只剩下縣這個層級了。縣之地位大幅提昇。依地方制度法第十四條之規定，為地方自治團體，依地方制度法辦理自治事項，並執行上級政府委辦事項。

第二、縣之組織與職權

現時之縣制，依憲法增修條文及地方制度法之規定，只有兩種組織，即縣議會及縣政府。依地方制度法第五條之規定，縣議會為縣之立法機關，縣政府則為縣之行政機關，茲分述於次。

一、縣議會

1. 依照地方制度法第三十三條第一項之規定，縣設縣議會，由縣民依法選舉縣議員組織之。縣議員之任期為四年，連選得連任。目前縣議員總額之計算，凡縣人口在一萬人以下者，不得超過十一人；人口在二十萬人以下者，不得超過十九人；人口在四十萬人以下者，不得超過三十三人；人口在八十萬人以下者，不得超過四十三人；人口在一百六十萬人以下者，不得超過五十七人；人口超過一百六十萬人者，不得超過六十人。又縣有平地原住民人口一千五百人以上者，於前目總額內應有平地原住民選出之縣議員名額。有山地鄉者，於前目總額內應有山地原住民選出之縣議員名額。有離島鄉且該鄉人口在二千五百人以上者，於前目總額內應有該鄉選出之縣議員名額。

2. 縣議會設議長、副議長各一人，依地方制度法第四十四條規定，由

縣議員以無記名投票互選或罷免之。

3. 縣議員依地方制度法第五十條之規定，享有於開會時，對於有關會議事項所為之言論及表決，對外不負責任。而同法第五十一條也規定，縣議員除現行犯外，在會期內，非經縣議會之許可，不得逮捕或拘禁。

4. 縣議會之職權依地方制度法第三十六條之規定為：

一、議決縣規章。

二、議決縣預算。

三、議決縣特別稅課、臨時稅課及附加稅課。

四、議決縣財產之處分。

五、議決縣政府組織規程及所屬事業機構組織規程。

六、議決縣政府提案事項。

七、審議縣決算之審核報告。

八、議決縣議員提案事項。

九、接受人民請願。

十、其他依法律或上級法規賦予之職權。

5. 地方制度法實施後，縣議會行使職權，有一值得特別引述的是，民國八十八年十二月十日時，宜蘭縣議會三讀通過「宜蘭縣樹木保護自治條例」，規定凡是經縣政府公告納入保護的樹木，民眾不得任意砍除，違者處以五萬元以上、十萬元以下罰鍰，勒令立即停止砍除行為，限期改善而未改善，得按次連續重罰，直到改善為止，開創了全國第一個由地方政府自訂法規保護珍貴樹木的先例❷。

二、縣政府

地方制度法第五十六條對於縣政府之組織有如下之規定：

1. 縣政府置縣長一人，對外代表該縣，綜理縣政，縣長並指導監督所轄鄉（鎮、市）自治。縣長均由縣民依法選舉之，任期四年，連選得連任一次。置副縣長一人，襄助縣長處理縣政，職務比照簡任第

❷ 參閱，《聯合報》，民國88年12月11日，第八版。

十三職等；人口在一百二十五萬人以上之縣，得增置副縣長一人，均由縣長任命，並報請內政部備查。

2. 縣政府置秘書長一人，由縣長依公務人員任用法任免；其一級單位主管或所屬機關首長，除主計、人事、警察、稅捐及政風之主管或首長，依專屬人事管理法律任免，其總數二分之一得列政務職，其職務比照簡任第十二職等，其餘均由縣長依法任免之。

3. 副縣長職務比照簡任第十二職等之主管或首長，於縣長卸任、辭職、去職或死亡時，隨同離職。

縣政府之職權為依地方制度法辦理縣自治事項並執行上級政府委辦事項。

第三、縣政府與縣議會之關係

由於憲法增修條文第九條規定縣之制度以法律定之。依此制定之地方制度法乃詳細的規範縣之制度，而對縣政府與縣議會之關係，有下列規定：

一、施政報告、列席說明與接受質詢關係

地方制度法第四十八條第一項規定，縣議會定期會開會時，縣市長應提出施政報告；縣政府各一級單位主管及所屬機關首長，均得應邀就主管業務提出報告。同條第二項又規定，縣議員於縣議會開會時有向縣長或單位主管就其主管業務質詢之權；其質詢分為施政總質詢與業務質詢，業務質詢時，由相關業務主管備詢。又依同法第四十九條第一項、第二項分別規定縣議會、縣議會委員會開會時，對特定事項有明瞭必要者，得邀請縣長、有關業務機關首長或單位主管列席說明。

二、縣規章、預算、稅課、財產處分、組織條例及提案事項之議決與覆議關係

依地方制度法第三十六條規定，縣議會有議決縣之規章、預算、稅課、財產處分、縣政府組織自治條例及所屬事業機構組織自治條例與縣政府提案事項。而依地方制度法第三十九條第二項規定，縣政府對縣議會上述事項之議決案以及縣議會就其他依法律或上級法規賦予職權所作之議決案，如認為窒礙難行時，應於該議決案送達縣政府三十日內，就窒礙難行部分

敘明理由送請縣議會覆議。而縣議會對於縣政府所移送覆議案，依地方制度法第三十九條第四項規定，應於送達十五日內作成決議。如為休會期間，應於七日內召集臨時會，並於開議三日內作成決議。覆議案逾期未議決者，原決議失效。覆議時，如有出席議員、代表三分之二維持原議決案，縣政府應即接受該決議。但有第四十條第五項或第四十三條第一項至第三項規定之情事者，不在此限。

另依地方制度法第三十九條第五項規定，縣總預算案之覆議案，如原決議失效，縣議會就縣政府原提案重行議決，並不得再為相同之決議，各該行政機關亦不得再提覆議。

三、縣議會議決案之執行關係

地方制度法第三十八條規定，縣政府對縣議會之議決案應予執行。如延不執行或執行不當，縣議會得請縣政府說明理由，必要時得報請內政部邀集各有關機關協商解決之。又地方制度法第三十九條第二項規定，縣政府對縣議會有關縣議員提案事項及接受人民請願之議決案，如執行有困難時，應敘明理由函復縣議會。

四、縣總預算案之提出與審議關係

地方制度法第四十條第一項規定，縣總預算案，縣政府應於會計年度開始二個月前送達縣議會。縣議會應於會計年度開始一個月前審議完成，並於會計年度開始十五日前由縣政府發布之。

又縣總預算案在年度開始後三個月內未完成審議，則依地方制度法第四十條第四項之規定，縣政府得就原提總預算案未審議完成部分，報請內政部邀集各有關機關協商，於一個月內決定之；逾期未決定者，由內政部逕為決定之。

另外，依地方制度法第四十條第五項規定，縣總預算案經覆議後，仍維持原決議，或依前條第五項重行議決時，如對歲入、歲出之議決違反相關法律、基於法律授權之法規規定或逾越權限，或對維持政府施政所必需之經費、法律規定應負擔之經費及上年度已確定數額之繼續經費之刪除已造成窒礙難行時，準用前項之規定。

五、縣決算案之提出與審議關係

地方制度法第四十二條第一項規定，縣決算案，應於會計年度結束後四個月內，提出於該管審計機關，審計機關應於決算送達後三個月內完成其審核、編造最終審定數額表，並提出決算審核報告於縣議會。縣議會審議此報告時，得邀請審計機關首長列席說明。

六、縣政府與縣議會之爭議關係

縣政府與縣議會之爭議關係，主要有二，即：

1. 縣政府對縣議會之議決案延不執行或執行不當所生之爭議關係。此時可依地方制度法第三十八條之規定解決之。

2. 縣議會對縣總預算案未在年度開始後三個月內完成審議所生之爭議關係。此時可依地方制度法第四十條第四項規定解決之。

第四、縣民之權利與義務

一、縣民之權利

依地方制度法第十五條規定，設籍在縣地方自治區域內者，為縣民，依同法第十六條規定，有下列權利：

一、對於地方公職人員有依法選舉、罷免之權。

二、對於地方自治事項，有依法行使創制、複決之權。

三、對於地方公共設施有使用之權。

四、對於地方教育文化、社會福利、醫療衛生事項，有依法律及自治法規享受之權。

五、對於地方政府資訊，有依法請求公開之權。

六、其他依法律及自治法規賦予之權利。

二、縣民之義務

依地方制度法第十七條規定，縣民有下列義務：

一、遵守自治法規之義務。

二、繳納自治稅捐之義務。

三、其他依法律及自治法規所課之義務。

第五節　市　制

第一、市之地位與種類

憲法關於市之制度有二，一種在憲法第十一章第一節第一百十八條之省的制度中規定：「直轄市之自治，以法律定之」，另一種則在憲法第一百二十八條之縣的制度中，規定：「市準用縣之規定。」由此可見，市的地位有與省相當者，稱為直轄市或院轄市，有的則與縣相當者，稱為省轄市。憲法增修條文第九條對省轄市並無明文規定，但因地方制度法第三條第一項將地方劃分為省、直轄市，而在同條第二項又將省劃分為縣、市。而此之市即為過去通稱的省轄市，亦即現時之基隆市、新竹市、臺中市、嘉義市、臺南市。依地方制度法第十四條規定，為地方自治團體，依地方制度法之規定辦理自治事項，並執行上級政府委辦事項。

除了憲法上規定之直轄市及省轄市外，地方制度法第六條又規定了縣轄市之自治，此一縣轄市之地位則相當於鄉、鎮。

由上所述可知，依我憲法及地方制度法之規定，市共分為三種，即直轄市、市、縣轄市，茲分項說明於次。

第二、直轄市

一、直轄市之意義與地位

直轄市，顧名思義，乃直接隸屬於行政院管轄之市。故又稱為院轄市，地位與省相當。依地方制度法第四條規定，人口聚居達一百二十五萬以上，且在政治、經濟、文化及都會區域發展上，有特殊需要者，得設直轄市。直轄市原僅有臺北市與高雄市。民國九十八年四月十五日修正地方制度法時，增訂第七條之一，第一項規定：「內政部基於全國國土合理規劃及區域均衡發展之需要，擬將縣（市）改制或與其他直轄市、縣（市）合併改制

為直轄市者，應擬訂改制計劃，徵詢相關直轄市政府、縣（市）政府意見後，報請行政院核定之。」相似的，縣（市）擬改制為直轄市或縣（市）擬與其他直轄市、縣（市）合併改制為直轄市亦可依地方制度法第七條之一第二項、第三項之規定辦理。由於此一修正規定，臺北縣報請改為新北市之直轄市；臺中縣、臺中市合併改制為臺中直轄市；臺南縣、臺南市合併為直轄市；高雄縣、高雄市則合併為高雄直轄市。

　　直轄市為法人，依地方制度法第十四條之規定辦理自治事項，並執行中央委辦事項。直轄市辦理自治事項時，受行政院之監督。

　　直轄市以下設區。區以內之編組為里，里以內之編組為鄰。區設區公所，里設里辦公處，而形成一市一區一里一鄰之行政層級體系。地方制度法第五十八條原規定直轄市置區長一人，由市長依法任用，承市長之命綜理區政，並指揮監督所屬人員。不過，因民國九十九年元月十八日立法院召開臨時會，修正地方制度法，增訂第五十八條第二項，對直轄市之區長有異於民主常規之規定❸，即：

1. 直轄市之區由鄉（鎮、市）改制者，改制日前一日仍在職之鄉（鎮、市）長，由直轄市長以機要人員方式進用為區長，其任期自改制日起，為期四年。但有下列情事之一者，不得進用：一、涉嫌犯第七十八條第一項第一款及第二款所列之罪，經起訴者。二、涉嫌犯總統副總統選舉罷免法、公職人員選舉罷免法、農會法或漁會法之賄選罪，經起訴者。三、已連任二屆者。四、依法代理者。

2. 前項以機要人員方式進用之區長，有下列情事之一者，應予免職：一、有前項第一款、第二款或第七十九條第一項各款所列情事者。二、依刑事訴訟程序被羈押或通緝者。

3. 直轄市之區由山地鄉改制者，其區長以山地原住民為限。

　　同樣怪異的是，民國九十九年元月十八日立法院修正地方制度法時，增訂了第五十八條之一，在直轄市內增訂了區政諮詢委員，亦與民主常軌

---

❸　參閱，〈地制改變切勿演成「五都亂台」〉，《聯合報》社論，民國99年1月20日，A2版。

不符❹，其規定為：

1. 鄉（鎮、市）改制為區者，改制日前一日仍在職之鄉（鎮、市）民代表，除依法停止職權者外，由直轄市長聘任為區政諮詢委員，其任期自改制日起，為期四年，期滿不再聘任。

2. 區政諮詢委員職權如下：一、關於區政業務之諮詢事項。二、關於區政之興革建議事項。三、關於區行政區劃之諮詢事項。四、其他依法令賦予之事項。

3. 區長應定期邀集區政諮詢委員召開會議。

4. 區政諮詢委員為無給職，開會時得支出席費及交通費。

5. 區政諮詢委員有下列情事之一者，應予解聘：一、依刑事訴訟程序被羈押或通緝者。二、有第七十九條第一項各款所列情事者。

二、直轄市之組織與職權

直轄市之組織主要有二，即市議會及市政府，分別為直轄市之立法機關及行政機關。

1. 直轄市市議會由市民依法選舉市議員組織之。市議員任期四年，連選得連任。直轄市議員總額：㈠區域議員名額：直轄市人口扣除原住民人口在二百萬人以下，不得超過五十五人；超過二百萬人者，不得超過六十二人。㈡原住民議員名額：有平地原住民人口在二千人以上者，應有平地原住民選出之議員名額；有山地原住民人口在二千人以上或改制前有山地鄉者，應有山地原住民選出之議員名額。直轄市市議會之職權，依地方制度法第三十五條之規定，有如下列：

一、議決直轄市法規。

二、議決直轄市預算。

三、議決直轄市特別稅課、臨時稅課及附加稅課。

四、議決直轄市財產之處分。

五、議決直轄市政府組織自治條例及市屬事業機構之組織自治條例。

六、議決直轄市政府提案事項。

❹　參閱，郭正亮，〈地方改制突顯了什麼問題〉，民國 99 年 1 月 18 日，A14 版。

七、審議直轄市決算之審核報告。

八、議決直轄市議員提案事項。

九、接受人民請願。

十、其他依法律或中央法規賦予之職權。

2.直轄市之另一組織，即是直轄市市政府。依地方制度法第五十五條之規定，直轄市市政府置市長一人，綜理市政，由市民依法選舉之，任期四年，連選得連任一次。直轄市市政府另置副市長二人，襄助市長處理市政；人口在二百五十萬人以上之直轄市，得增置副市長一人，職務比照簡任第十四職等，由市長任命，並報請行政院備查。副市長於市長卸任、辭職、去職或死亡時，隨同離職。直轄市政府之職權為依地方制度法辦理直轄市之自治事項，並執行上級政府委辦事項。

三、直轄市政府與直轄市議會之關係

直轄市政府與直轄市議會之關係，有如縣政府與縣議會之關係，其詳可參閱第四節「縣制」中第三之說明。不過，比較值得注意的是，地方制度法第四十條第一項規定，直轄市總預算案應於會計年度開始三個月前送達直轄市議會，而縣總預算案應於會計年度開始二個月前送達縣議會。兩者間有一個月之差距不同。

四、直轄市市民之權利與義務

直轄市市民之權利、義務與縣民同，規定於地方制度法第十六條、第十七條，可參閱上節第四之說明。

第三、市

市為直接隸屬於省地方範圍內之市，乃憲法第一百二十八條所稱「準用縣之規定」之市，其地位與縣相當。

市之設置標準，依地方制度法第四條之規定，凡人口聚居地區，在政治、經濟及文化上地位重要，且人口在五十萬人以上未滿一百二十五萬人者，得設市。地方制度法施行前已設之市如新竹市、嘉義市，其人口數得不適用上述規定。

市之地位、組織與職權自治事項，其與市議會之關係以及市民之權利義務均與縣相似，故請參閱本章第四節「縣制」之說明，在此不再贅述。

第四、縣轄市、鄉、鎮

一、縣轄市、鄉、鎮之意義與地位

縣轄市為直接隸屬於縣政府管轄之市，其地位與鄉、鎮相當。

縣轄市之設置標準，依地方制度法第四條之規定，凡人口聚居地區，工商業發達，自治財源充裕，交通便利及公共設施完備，且人口在十五萬人以上未滿五十萬人者，得設縣轄市。地方制度法施行前已設之縣轄市，其人口數得不適用超過十五萬人之規定。

縣轄市之地位與鄉、鎮相當，其組織、職權與自治事項均與鄉鎮相似，故地方制度法第二十條、第三十三條、第三十七條及第五十七條等一併規定了鄉、鎮、市之自治、組織與職權等事項，而未將鄉、鎮、市分別規定，可見鄉、鎮、市是非常相似的，而為最基層之自治組織。

二、縣轄市、鄉、鎮之組織與職權

縣轄市、鄉、鎮分別有各自之立法機關與行政機關，縣轄市及鄉、鎮之立法機關為市、鄉、鎮民代表會，行政機關則為市、鄉、鎮公所。

㈠縣轄市、鄉、鎮民代表會

市、鄉、鎮民代表會由市、鄉、鎮民依法選舉市、鄉、鎮民代表組織之。市、鄉、鎮民代表任期均為四年，連選得連任。

市、鄉、鎮民代表會之職權，依地方制度法第三十七條之規定，有如下列：

一、議決鄉（鎮、市）規約。

二、議決鄉（鎮、市）預算。

三、議決鄉（鎮、市）臨時稅課。

四、議決鄉（鎮、市）財產之處分。

五、議決鄉（鎮、市）公所組織自治條例及所屬事業機構組織自治條例。

六、議決鄉（鎮、市）公所提案事項。

七、審議鄉（鎮、市）決算報告。

八、議決鄉（鎮、市）民代表提案事項。

九、接受人民請願。

十、其他依法律或上級法規、規章賦予之職權。

㈡縣轄市、鄉、鎮公所

縣轄市及鄉、鎮之行政機關，稱為市、鄉、鎮公所，依地方制度法第五十七條之規定，置鄉（鎮、市）長一人，對外代表該鄉（鎮、市），綜理鄉（鎮、市）政，由鄉（鎮、市）民依法選舉之，任期四年，連選得連任一次；其中人口在三十萬人以上之縣轄市，得置副市長一人，襄助市長處理市政，以機要人員方式進用，於市長卸任、辭職、去職或死亡時，隨同離職。又山地鄉鄉長以山地原住民為限。另鄉（鎮、市）公所除主計、人事、政風之主管，依專屬人事管理法律任免外，其餘一級單位主管均由鄉（鎮、市）長依法任免之。

縣轄市、鄉、鎮公所之職權為依地方制度法規定辦理縣轄市、鄉、鎮自治事項，並執行上級政府委辦事項。

三、縣轄市、鄉、鎮公所與縣轄市、鄉、鎮代表會之關係

縣轄市、鄉、鎮公所與縣轄市、鄉、鎮代表會之關係，有如縣政府與縣議會之關係，其詳請參閱第四節「縣制」中第三項之說明。

四、縣轄市、鄉、鎮民之權利與義務

縣轄市、鄉、鎮民之權利、義務與縣民、直轄市市民相同，規定於地方制度法第十六條、第十七條，可參閱前述說明。

第六節　蒙藏自治制度

蒙古與西藏均為我國之領土，乃固有之疆域，惟因其地理環境、民族文化、及風俗習慣等事項，與內地頗多懸殊，其政治制度及行政組織，亦難與內地各省縣一致，故舊稱為特別行政區域，以示與各省縣一般行政區

域有別。

憲法規定中華民國各民族一律平等，關於國民大會代表、立法院立法委員及監察院監察委員之選舉，蒙古及西藏均有特別之規定，並規定國家對於邊疆地區之地方自治事業，特別予以扶植（憲法第五條、第二六條、第六四條、第九一條、第一六八條）。於地方制度一章中，對於蒙古及西藏之地方自治制度，予以原則性及概括性之規定，一以顯示地方自治制度之重要，一以表示蒙古與西藏之地方自治，亦為構成我國地方制度中之一種形態。茲略予析述如下：

第一、蒙古自治制度

憲法第一百十九條規定：「蒙古各盟旗地方自治制度，以法律定之。」以示蒙古地區之自治制度，不適用內地各省區有關地方自治制度之法律。

依行憲以前有關法律之規定，蒙古地區分為盟、部、旗各級（參照蒙古盟部旗組織法）：

一、盟直隸於行政院，軍事外交及其他國家行政，均統一於中央，僅於法律之下，行使其治理權，各盟各設盟政府，為行政機關，各盟並設盟民代表會議，掌理盟之立法、設計、監察等事項。

二、部係與盟同等之區域，其組織概與盟同，設部政府及部民代表會議。

三、旗分為三種：其一為特別旗，直隸於行政院，其地位與盟相當；其二為部屬總管制之旗，乃直隸於部；其三為盟屬之旗，乃直隸於盟。此三者之組織相同，即各旗有旗政府，為行政機關，有旗民代表會議，為立法機關之性質。

要之，蒙古之地方自治制度，既與內地各省區不同，自須另以法律定之，俾其制度得以建立，以適應其特殊之需要。

第二、西藏自治制度

憲法第一百二十條規定：「西藏自治制度，應予以保障」，與上述關於蒙古自治制度之規定，有所不同。因西藏地方之種族宗教、社會組織及文化習尚，均與內地各省區迥異，為尊重西藏地區人民之政治制度，不僅不須適用各省縣之自治制度，且不必另行制定法律予以規定，而對於其固有之地方自治制度，亦應予以保障。

至於西藏地區之行政組織，在行憲以前，尚乏適當之法律予以規定，大體言之，西藏政治制度，以達賴為最高首長，總攬政治、宗教兩大權，達賴之下，置有藏王，藏名「司倫」，為噶布倫（按即出政廳之意）會議之主席，頗與內閣總理之地位相當，其下分設各部，分掌政事，是為其政制之大梗，亦得謂為即其固有之自治制度。

本章自習題目

一、地方制度與地方政府之涵義是否相同？試說明之。

二、制定省縣自治法之原因及法源如何？試申述之。

三、省、縣議會為治權機關？抑為政權機關？試抒己見以對。

四、說明省之性質。

五、說明省自治組織應包括何種機關？

六、說明省自治法規之制定機關。

七、試述縣之性質及縣自治組織。

八、試就省、縣議會之職權，以說明其與省縣政府之關係。

九、申述省縣法規之效力。

十、依憲法、省縣自治法及直轄市自治法之規定，市之種類有幾？試分述之。

第十二章　選舉、罷免、創制、複決、公民投票

第一節　概　說

　　憲法於第二章「人民之權利義務」中第十七條規定:「人民有選舉、罷免、創制及複決之權」,其主旨乃在表示此四權屬於人民基本權利之範圍,以與其他權利同受憲法之保障; 第十二章則就此四權為專有之規定,其著重點雖係就四權之行使方法為原則性之規定, 要係對於此四種政權之享有與行使, 予以特別重視, 以示與其他權利仍有輕重之別, 良因政權與治權之劃分, 乃為五權憲法基本原則之所在, 關於行政、立法、司法、考試、監察五種治權, 均分章以為規定, 則另以專章規定選舉、罷免、創制、複決四種政權之行使, 亦自有其必要。

　　所應注意者, 此四種政權中選舉、罷免兩權之行使, 在動員戡亂時期公職人員之選舉、罷免,依動員戡亂時期公職人員選舉罷免法之規定辦理,迨動員戡亂時期終止, 該法亦修正為公職人員選舉罷免法, 舉凡中央公職人員及地方公職人員之選舉罷免, 均以該法為其依據, 而排斥原有各該人員選舉罷免法規之適用。

　　關於選舉、罷免、創制、複決四權之性質及其相互關係, 已於第二章第二節第一項第二款「權利內容之分類」之第四目「參政權」中, 為綜合性及概括性之說明, 茲再分別述之。

第二節　選　舉

第一項　選舉權

選舉制度，淵源甚早，近代國家，幾以選舉為民主憲政之表徵，而選舉權行使之程度如何，亦恆為國家民主憲政實質上之良窳尺度，茲將選舉權之意義及選舉之要件與方法各端分述之。以次各項，則析述被選舉權、選舉制裁及選舉訴訟等事項。

第一、選舉權之意義

所謂選舉，乃人民以投票或其他方法，本於自己之意思，以選出人民代表或政府人員之權。選舉有廣狹二義，狹義僅指選舉權而言，廣義則包括被選舉權在內。法令上所稱選舉，究係廣義？抑僅係狹義？應分別認定之。

選舉原為一種權利，故得自由拋棄，即有選舉權而不行使其權利者，法律並不強制其行使或予以處罰。惟亦有認為選舉為義務之性質者，係基於選舉乃為公民對於國家社會所應盡之職責著眼。例如：義大利憲法第四十八條第二項規定：「投票由個人行使，而為平等、自由及秘密，其行使為公民之義務」；巴西憲法第一百三十三條規定：「選舉登記及投票，除法律有特別規定外，對於巴西國民，不論男女，均為義務」；比利時憲法第四十八條第三項亦規定選舉為選舉人之義務，此等國家為強制選舉人履行其義務起見，因而得為「強制投票」之規定。

我國憲法第十七條明文規定人民有選舉之權，第一百三十條明定：「中華民國國民年滿二十歲者，有依法選舉之權……」則選舉之性質為權利，無庸贅言，若分析言之：

一、**選舉權為公權**　因選舉權之取得及行使事項，規定於各種公法之中。民國九十四年二月二日修正公布之刑法第三十六條規定：「褫奪公權者，

褫奪下列資格：一、為公務員之資格。二、為公職候選人之資格。」由於此一規定，人民雖被宣告褫奪公權，但仍可行使選舉、罷免、創制、複決之權。

二、**選舉權為政權**　選舉為四種政權中之一種，而與罷免、創制、複決三權並列，為人民所享有，亦為人民政權中最普遍，最習見，最有效之政權，較之罷免權固易行使，較之創制複決兩權，尤為簡便易行。

三、**選舉權為參政權**　因選舉人所選出者，為民意代表或政府人員，無論就選舉人及被選舉人而言，均係參與國家政治之行為，故為參政權。

第二、選舉之要件

關於選舉之要件，因各種選舉而有不同，就各國之法制言，大抵以人民之年齡、財產、教育程度、居住久暫，及具有其他積極資格或未具有消極資格者，為其選舉權之要件。

憲法第一百三十條前段規定：「中華民國國民年滿二十歲者，有依法選舉之權」，是以年滿二十歲，為各種選舉所應具備之一般要件；所謂「有依法選舉之權」，乃謂除一般要件外，尚須具備依法律所規定之特別要件，此則因各種選舉而異其揆，例如：關於公職人員之選舉，公職人員選舉罷免法第十四條規定中華民國國民年滿二十歲，除受監護宣告尚未撤銷者外，有選舉權，是為選舉之消極資格，而為選舉人所不得具有者；無論為消極或積極資格，要均為依選舉法律所規定之要件。

第三、選舉之方法

憲法第一百二十九條規定：「本憲法所規定之各種選舉，除本憲法別有規定外，以普通、平等、直接及無記名投票之方法行之」，此乃關於選舉方法之基本規定，亦得謂選舉權行使的原則。現在各國關於選舉之方法，大抵採取此四大原則，即普通、平等、直接及秘密是（參照瑞士憲法第七三條、第七四條、法國憲法第三條第三項、義大利憲法第四八條第二項、韓國憲法第三二條第一項、巴西憲法第一三四條、巴拿馬憲法第一〇二條第五款）。

憲法第一百二十九條所謂「本憲法所規定之各種選舉」，例如：關於立法院立法委員、監察院監察委員、總統及副總統、省議會議員、省政府省長、縣市議會議員及縣市長之選舉均是；所謂：「本憲法別有規定」者，例如：第四十五條規定對於總統、副總統之被選年齡，須年滿四十歲；又如依第六十二條之規定，關於立法院立法委員之選舉，係採直接選舉制；而依第九十一條之規定，關於監察院監察委員之選舉，則係採間接選舉制等規定是。惟自第二次憲法增修條文之後，監察院監察委員已改由總統提名，經國民大會同意任命之，而非由省議會間接選出；總統、副總統由中華民國自由地區全體人民直接選舉之，自中華民國八十五年第九任總統、副總統選舉實施，已非由國民大會間接選出之，因之，憲法關於間接選舉之特別規定，已無適用之餘地。

茲將此種投票方法析述之：

一、**普通選舉**　普通選舉又稱為普及選舉，乃對於限制選舉而言。指選舉權為人民所普遍享有，凡已達到法定年齡之公民，無貴賤、貧富、教育、宗教、種族、階級、性別、區域、黨派之限制，均有投票權，普及一般人民，是為普通選舉 (Universal Suffrage)。反之，則為限制選舉 (Limited Suffrage)。

各國關於選舉權所加之限制，大抵以納稅之數額，財產之多寡，或教育程度之高低，為選舉行使之條件，此種限制條件，均有逐漸放寬之趨勢，將有成為過去陳跡之可能。至於選舉人所應具備之基本條件，大抵是：㈠具有本國之國籍，㈡已達到成年，㈢未在刑事自由刑之執行期間，㈣未褫奪公權，㈤未受監護之宣告，㈥無精神病。惟具備此種條件，始有選舉權，並不影響其為普通選舉之性質。

二、**平等選舉**　平等選舉乃對於不平等選舉而言，選舉權一律平等，每一有選舉權之公民，各有一投票權，亦僅有一投票權，是為平等選舉 (Equal Suffrage)。反之，則為不平等選舉 (Unequal Suffrage)，例如：一八九三年比利時選舉法所規定之複數投票制，規定具有特殊資格之選民，有二個以上之投票權；又如往時普魯士所施行之三級選舉制，規定選民雖均是

僅有一個投票權，但是投票之效力，則隨選民所屬之等級而有差別，這種不平等選舉，乃違反法律之前，人人平等之原則，平等選舉方符合民主政治之真諦。

三、**直接選舉**　直接選舉乃對於間接選舉而言。凡由選舉人本身親自遂行直接選出當選人，無須經過覆選之程序者，為直接選舉 (Direct Suffrage)。反之，由選舉人先選出代表人，再由代表人代為行使選舉權，以選出被選舉人，則為間接選舉 (Indirect Suffrage)。

此二種制度，現代各國尚多同時採用，分別各種選舉情形，而並行不悖。採用間接選舉之主要理由：㈠選民知識水準不一。對於被選人之才能品格，未必均具有識別能力，若由選民選出初選當選人，再由其選出覆選當選人，當更能得到理想之人選；㈡選區面積太廣或因交通不便，或因經費困難，不如舉行間接選舉，於財力人力，反較為便利。惟間接選舉，畢竟難以貫徹選舉之本旨，以盡可能採取直接選舉為較宜。

四、**秘密選舉**　秘密選舉亦謂「無記名投票」，乃對於公開選舉或「記名投票」而言。凡在選舉票上僅記載被選舉人之姓名，而不記載選舉人自己之姓名者為秘密選舉 (Secret Voting)；反之，若於選舉票上同時記載被選舉人與選舉人之姓名者，則為公開選舉 (Open Voting)。

採用秘密選舉之主要理由：㈠可以保障選舉人真正之選舉自由意思，以選出其所欲之被選人，而不致遭受他人之脅迫；㈡威脅利誘，難以奏效，可以保持選舉之公正進行；㈢選舉人既不須記名，則心理上無所顧忌，拋棄其選舉權者必少，而可使投票率增加。秘密投票之主要作用，在使選舉人能充分自由行使其選舉權，刑法第一百四十八條並規定：「於無記名之投票，刺探票載之內容者，處三百元以下罰金」，要在確保及貫徹此種制度之切實施行。

關於選舉制度中之選舉方法，有未為我國憲法所明文規定，而仍為一般選舉所遵循之原則，即為自由投票制、單記投票制及出席投票制：

一、**自由投票制**　自由投票亦稱自由選舉，乃對於強制投票而言，凡有選舉權者，是否行使其選舉權以實行投票，完全出於選民之自由，國家

不予以干涉，謂之為自由投票，現代大多數國家採取此制。

國家對於有選舉權者無故放棄投票，則予以制裁，謂之強制投票。因選舉權與私法上之權利不同，選民行使其選舉權，一方面實現自己之權利，一方面關係國家社會之公益，所以國家得強制選民投票，凡規定選舉為公民義務之國家，大抵對於無故放棄投票者有予以制裁之規定。

我國過去及現行各種選舉，均採行自由投票制，其間對於選舉之行使，雖亦曾有訂定獎勵或競賽辦法，以求投票率之提高，惟與自由投票制之精神，並無影響。

二、**單記投票制**　單記投票亦稱單記選舉，乃對連記投票而言。凡選舉法令規定選民於選舉票上僅書寫或圈定一名候選人者，謂之為單記投票。此制之優點，在於每個選舉人僅能選舉一人，亦即各選舉人所投之一票，其價值均屬相等。

若選舉法令規定選民於選票上得書寫或圈定多名候選人者，謂之連記投票。此制之缺點，若實行於各個之選舉區，而各區所應選出之名額又不相同時，則選民所投選票，發生不相等之價值；且連記投票將使候選人所得之票數趨於複雜，難獲結果。

單記投票既較連記投票為優，故現在各國多採單記投票制，我國舉行之各種選舉，亦多採行此制。

三、**出席投票制**　此乃相對於不出席投票而言。選舉人要親自到投票所去投票，謂之出席投票。相反的，不出席投票乃選舉人有事不能親自到投票所投票，而可用其他方法行使投票權之謂也，又稱為缺席投票法或不在籍投票法，如委任他人代為投票，或以通訊方式投票等是。

綜上所述，我國現行之選舉方法，在基本原則上，係採普通、平等、直接、秘密，且為自由投票及單記投票，乃是進步的、完善的、合於現代民主潮流及適合實際需要之選舉制度。

第二項　被選舉權

選舉與被選舉，二者乃構成整個之選舉制度，彼此有不可分離之關係，

實為一事之兩面，從而被選舉權之性質，與選舉權之性質相同，亦即為公權，因其包括於選舉之涵義內，故亦為政權，且為參政權。

被選舉權與選舉權乃相因而生，被選舉人乃選舉人所投票選舉之對象，大體言之，凡享有被選舉權者，大抵亦享有選舉權，惟享有選舉權者，則未必即享有被選舉權，因被選舉權所應具備之法定要件，恆比選舉權所應具有之要件為更多或更嚴格，憲法第一百三十條規定：「中華民國國民年滿二十歲者，有依法選舉之權。除本憲法及法律別有規定者外，年滿二十三歲者，有依法被選舉之權」，被選舉人之年齡應較選舉人之年齡為高，即可概見。

凡具有選舉權及被選舉權之法定資格者，均得積極的主張自己是選舉人，要求參加選舉或競選。參加競選而具備法定之程序者，是為候選人，憲法第一百三十一條規定：「本憲法所規定各種選舉之候選人，一律公開競選。」以示大公，而杜流弊。

憲法為提高女權，確保婦女之被選舉權，於第一百三十四條規定：「各種選舉，應規定婦女當選名額，其辦法以法律定之」；並為保障內地生活習慣特殊之國民代表名額及選舉，並規定其辦法以法律定之（憲法第一三五條）。

第三項　選舉制裁

所謂選舉制裁，乃係指對於妨害選舉之取締與處罰而言，舉行選舉時，選舉人、候選人、助選人乃至辦理選舉事務之人員，以及對於選舉無論有無利害關係之第三者，不免發生各種弊端，以妨害選舉之適法及正當之舉行，不僅阻礙人民政權之行使，且足影響國家政治之清明，自應予以取締與處罰，以資制裁。

憲法第一百三十二條規定：「選舉應嚴禁威脅利誘」；刑法第二編第六章設有「妨害投票罪」專章，即所以排除選舉之障礙，制裁有妨害選舉行為之人，以保障選舉權之正常行使。所謂妨害投票罪，可分為：㈠妨害投票自由罪，㈡投票受賄罪，㈢投票行賄罪，㈣誘惑投票罪，㈤妨害投票正確罪，㈥妨害投票事務罪，㈦妨害投票秘密罪（參照刑法第一四二條至第一四八條）。凡有此種妨礙選舉之行為，在行政方面應予以嚴厲取締制止，

在司法方面則應依法處罰，是即為選舉之制裁。

各國對於妨害選舉之行為，亦恆有取締或處罰之規定，例如：英國自一八八三年即已制頒選舉舞弊行為法 (Corrupt and Gilegal Practice Act)，美國自一八九〇年起，各州亦陸續有禁止選舉舞弊行為之法律，聯邦議會於一九〇七年通過「聯邦取締舞弊行為法案」(Federal Corrupt Practice Act)，禁止各種公司銀行對於聯邦官員之選舉，不得有捐款協助等情事，一九四〇年並有赫奇政治法案 (Hatch Political Act) 之修訂，對於候選人或其委託人在選舉進行中有關選舉進行之費用，應先後公布，以示公正無弊。

我國對於妨害選舉之行為，在憲法及刑法有取締及處罰之規定，已如上述，惟此僅為消極的制裁，至於如何積極的以建立選舉之輔導制度，加強選舉之監察制度，則尚有待於法律詳明完善之規定。

第四項　選舉訴訟

選舉訴訟，乃謂因選舉事件發生爭議，依循訴訟程序，由法院裁判予以解決。各國立法例，一方面規定妨害選舉之處罰，一方面並於選舉法規中，有關於選舉訴訟之規定。我國亦然。

憲法第一百三十二條規定：「……選舉訴訟，由法院審判之。」依照公職人員有關選舉法律之規定，其關於選舉訴訟事件，亦恆有明文規定及之。例如：「選舉人或候選人確認辦理選舉人員或其他選舉人、候選人有威脅利誘或其他舞弊情事時，得自選舉日期起十日內提起訴訟」；「選舉人或候選人確認當選人資格不符，或所得票數不實，以及候選人確認其本人所得票數，被計算錯誤時，得自當選人姓名公布日起十日內提起訴訟」；「選舉訴訟歸該高等法院管轄，應先於其他訴訟審判之，無高等法院者，首都高等法院就書面審理裁判之，以一審終結。」又關於選舉訴訟，應由普通法院依民事訴訟程序審判 (參照司法院解字第三一六四號及第三九三〇號解釋)。

依上所述，刑法之妨害投票罪，與有關選舉法律上所謂選舉訴訟，其觀念不得混為一談，即：

一、**當事人不同**　前者（妨害投票罪）除得由被害人告訴及第三者告

發外，以檢察官為當事人，提起公訴；後者（選舉訴訟）則以選舉人或候選人為原告。

二、**審級不同**　前者適用一般訴訟管轄等級之三級三審制；後者則以該管高等法院管轄為原則，無高等法院者，由首都高等法院審理裁判之，且以一審終結。

三、**目的不同**　前者屬於刑事訴訟範圍，乃以處罰犯罪者為其目的；後者並非以有犯罪行為為其要件，乃以確認選舉之是否有效為其目的。

選舉訴訟之目的，既在確認當選人之當選是否有效，其本質自與刑事訴訟不同；又因其多由於選舉人或候選人與其他選舉人、候選人或當選人之相互關係，而發生訴訟，並非對於行政機關所為之處分，而有所不服，故與訴願及行政訴訟均係基於行政處分而提起者，其性質亦彼此有別。

選舉訴訟之構成內容，既為選舉事件，乃為公權之爭執，與民法上之私權爭執，本屬有別，普通法院原無受理之權，因之，各國對於選舉訴訟之管轄權，究應由何種機關以行使之，立法例頗不一致。

就法國言：凡當選之議員，不問其當選資格曾否發生爭議，於其當選後初次到議院時，均須經過該院所屬之議院審查，經審查合格者，其議員資格始得成立；若對於當選議員之資格提出訴訟者，亦以被控當選者所隸屬之議院，為審理判決之機關。法國採行此種制度之理由，以選舉事件行政機關每易為選舉舞弊之關係人，若以關於議員資格之訴訟案件，由法院審理，則法院或難免受行政機關之牽制，而多所顧慮，難以獲得公正持平之處理。

美國亦與法國同其制度，無論為聯邦議會或各州議會，均得審查確認其當選議員之資格，是否有效取得。

英國對於選舉訴訟，則由法院審理，因此種訴訟如由議會自理，則議會每因政黨關係，袒護本黨議員，而歧視異黨議員之當選，難以獲得公平之處理，故選舉訴訟皆由法院審理，而不由議會自行審理。

選舉訴訟由法院審理，抑由議會審理，既各有得失，因之，有採折衷制度者，例如：德國則有「選舉審定法院」之設置（參照一九一九年德國

憲法第三一條），以審理關於國會議員資格之爭訟事件，其組織係由國會中選出若干議員及由總統任命由行政裁判法院所推薦之人員為「選舉審定法院」之審判人員，期以超然之客觀立場，以求選舉訴訟之公允審判。

我國在行憲以前，各種選舉法均明文規定選舉訴訟由法院審判（參照民國元年眾議院議員選舉法、民國二十五年國民大會代表選舉法、民國三十年縣參議員選舉條例、民國三十三年省參議員選舉條例、民國三十四年市參議員選舉條例）。行憲後因憲法第一百三十二條有「選舉訴訟，由法院審判之」之規定，普通法院審理選舉訴訟事件，遂成為定制。惟現行有關公職人員之選舉法律，對於選舉訴訟之管轄及審理等事項，則常有修訂變更之規定。不過，選舉事件究竟是公共事件而非私人事務。過去將選舉訴訟交由普通法院審理，乃是行政訴訟法制不夠完善所致。如今行政訴訟法制已日臻健全。因此，將選舉訴訟改由行政法院審理，始較符合法理，也較能保障公益與選舉參與人之權益。

第三節　罷　免

第一項　罷免權之意義

所謂罷免權，乃人民以投票或其他方法，本於自己之意思，以罷免其所選出之代表或官員之權利。罷免權為直接民權之一，與選舉權相反而實相成，二者必須相輔而行，方能發揮其功效。　中山先生謂：「人民有了這二個權（即選舉權與罷免權），對於政府中之官吏，一面可以放出去，又一面可以調回來，來去都可以從人民之自由，好比是新式機器一推一拉。」（民權主義第六講）此二者實為人民控制民選代表及政府人員之重要方法，人民有選舉權，乃能選賢與能；有罷免權乃能淘汰庸劣，而使原當選之人員，不敢為非作惡，重視民意，以克盡厥職，故罷免權實為貫徹選舉權作用之一種民主制度。

　　罷免權與選舉權係相對待之權利，其目的雖相反，因選舉權以選出人員為其目的，罷免權則以罷黜人員為其目的，惟其關係則極密切，罷免權必須先有選舉權為其基礎，而始有其存在；選舉權必須有罷免權為其後盾，始克發生其控制之作用與效果。至於罷免權之性質，為政權、為公權，屬於參政權之範圍，則與選舉權完全相同。

　　罷免權與彈劾權不得混為一談，因：

　　一、**行使之主體不同**　彈劾權在各國由議會行使，在我國憲法本文原規定由監察院之監察委員行使之，乃為間接之民權作用，其性質已屬於治權範圍；現時在憲法增修條文第七條規定，監察院對於中央、地方公務人員及司法、考試、監察院人員有彈劾權。但對總統、副總統之彈劾權則依憲法增修條文第四條之規定，已改由立法院行使。至於罷免權則由選民直接行使之，乃為直接民權作用，其性質屬於政權範圍。

　　二、**行使之程序不同**　彈劾權之行使，僅為罷免之先行程序，而並非即為罷免之決定，例如，依憲法本文規定監察院對於總統、副總統所提出之彈劾案，須經國民大會為罷免與否之議決。民國九十四年六月十日修正公布之憲法增修條文第二條第十項則更改規定為下列程序，即：「立法院提出總統、副總統彈劾案，聲請司法院大法官審理，經憲法法庭判決成立時，被彈劾人應即解職。」而不再經罷免程序。監察院對於一般公務人員所提出之彈劾案，須經公務員懲戒委員會為撤職與否之議決是。例如，監察院認為新聞局前局長謝志偉不當動支政府預算，購買媒體廣告宣傳當時民進黨的公投入聯案，曾經提出彈劾送交司法院公務員懲戒委員會，但該會認為，謝志偉是宣導當時政府的政策，不能說他有違失，決定不予懲戒。對此，監察院依法可再提請司法院公務員懲戒委員會再審議。

第二項　罷免權之限制

　　人民固有罷免權，惟罷免權之行使，並非得任意為之，仍須有法定之限制，大抵於地區、人數、及時期上有限制之規定：

第一、地區之限制

憲法第一百三十三條規定：「被選舉人得由原選舉區依法罷免之。」所謂原選舉區依法罷免，例如對於立法委員之罷免及省、縣市議員之罷免，均由原選舉區依法而為之，是為罷免權關於地區之限制。

第二、人數之限制

罷免權之行使有三種人數之限制，即：

1.提議人數之限制

罷免案之提出，依公職人員選舉罷免法第七十六條第一項之規定，以被罷免人員選舉區選舉人為提議人，其人數應為原選舉區選舉人總數百分之二以上。又提議人以一般公民為限，現役軍人、服替代役之現役役男或公務人員不得為罷免提議人。又公務人員依公職人員選舉罷免法第七十七條第二項之規定，為公務員服務法第二十四條所規定之公務員。

2.連署人數之限制

選舉委員會收到罷免案提議後，應於二十五日內，查對提議人名冊，如合於規定，即函告提議人之領銜人自收到通知之次日起十日內領取連署人名冊，並於一定期間內徵求連署。以被罷免人員選舉區選舉人為連署人，其人數應為原選舉區選舉人總數百分之十三以上。

3.投票人數之限制

罷免案經查明連署合於規定後，依公職人員選舉罷免法罷免案成立之宣告，而罷免案之投票，則於罷免案宣告後三十日內為之。罷免案投票人數不足原選舉區選舉人總數二分之一以上或同意罷免票數未超過有效票數二分之一以上者，均為否決，則罷免案不通過。

第三、時期之限制

關於罷免權之行使，在時期上亦有其適當之限制，例如：對於選出之中央與地方公職人員，非經一定期間以後，不得提出罷免案，以保障當選

之公職人員有表現才能的機會或避免影響到公務的推行。故總統副總統選舉罷免法第七十條第一項、公職人員選舉罷免法第七十五條第一項但書規定，總統、副總統、公職人員就職未滿一年者，不得罷免，是為期間之限制。

第四、次數之限制

罷免案經否決者，依公職人員選舉罷免法第九十二條第二項之規定，在該被罷免人之任期內，不得對其再為罷免案之提議。另公職人員選舉罷免法第八十三條第二項也規定，罷免案經宣告不成立後，原提議人對同一被罷免人自宣告不成立之日起，一年內不得再為罷免案之提議。同樣的，總統副總統選舉罷免法第七十八條第二項也規定，罷免案經否決者，在該被罷免人之任期內，不得對其再為罷免案之提議。

罷免權之行使，須有法定之限制，已如上述，其所以規定適當限制之理由，以免人民濫於行使此種權利，致影響被選舉人之服務情緒，間接影響政治上及社會上之安定，亦即所以維護選舉制度之健全建立。

罷免權僅係原選舉人對於其所選出之人員而為之，若並非由選舉所選出之人員，而係由政府所任命之人員，自無行使其罷免權之餘地。

罷免權之行使，僅為使所選出之人員去職之一種方法，此外如：因觸犯刑事而被判刑或受褫奪公權之宣告；或因違法失職，致受公務員懲戒委員會所為懲戒之撤職處分，均為被選舉人去職之原因。至於被選舉人不願繼續擔任公職而向原選舉區請求辭職，自非法所不許；其不能向原選舉區請辭者而欲離職時，亦未便強其留任，因服公職乃為人民之權利，被選出而任公職，除法律另有限制外，自無不許捨棄其權利之理由。

第四節 創 制

第一項 創制權之意義

　　所謂創制權，乃指公民以法定人數及依一定程序，提出法案，而制定法律之權利。詳言之，創制權乃人民直接行使立法之權，由法定人數草擬法律案向立法機關提出，請求採納成為法律，或逕行交付人民表決，以成為法律。簡言之，創制權乃為人民制定法律之權利。

　　憲法第十七條規定人民有創制之權，依第二十七條之規定，國民大會關於創制、複決兩權之行使，除修改憲法及複決立法院所提之憲法修正案外，原應俟全國有半數之縣市曾經行使創制複決兩項政權時，由國民大會制定辦法並行使之。惟國民大會臨時會第四次大會依據動員戡亂時期臨時條款第四項規定所制定之「國民大會創制複決兩權行使辦法」（五十五年八月八日總統令公布），已因動員戡亂時期臨時條款廢止而當然失效。

　　又依憲法第一百二十三條規定：「縣民關於縣自治事項，依法律行使創制、複決之權」，第一百三十六條規定：「創制、複決兩權之行使，以法律定之。」惟現在尚無有關此兩權行使法律之制定。

　　依上所述，創制權之性質為政權，為公法上之權利，屬於參政權之範圍。民國九十二年制定之公民投票法第一條明文規定：「依據憲法主權在民之原則，為確保國民直接民權之行使」，特制定公民投票法，使人民可以透過全國性公民投票及地方性公民投票，來行使公民投票法第二條第二項規定之立法原則之創制、重大政策之創制，及同法第二條第三項規定之地方自治法規立法原則之創制與地方自治事項重大政策之創制。

第二項 創制權之得失

　　創制權為人民創制法律之權，已形成為民主國家之一種政治制度，惟

其利弊得失，所見不一：

第一、創制權之優點

關於創制權之建立及存在之理由，因有下列之優點：

一、人民直接制定法律，最能表達及符合人民之真正意思。

二、對於立法機關之失職及立法之不周，可藉人民創制權之行使，以補偏救弊。

三、對於人民參政之興趣，可藉創制權予以提高；人民參政之機會，可因創制權之行使而增加。

四、人民因行使創制權所制定之法律，最能切合各地方之特殊環境及適應其事實上之需要。

第二、創制權之缺點

對於創制權之制度，亦有持反對之見解者，因其有下列之缺點：

一、立法須有高深學識及專門知識，人民直接創制法律，不能勝任愉快。

二、立法為立法機關最主要之職權，人民創制法律，適足削弱立法機關之職責，違反選舉代議士之初衷。

三、人民創制法律，係以群眾之意思，為集體之表示，最易被少數分子所利用，適足影響國事。

四、各地人民行使其創制權，足以形成地方之畸形現象，演變所及，可能破壞法律之普遍性及國家之統一性。

以上所述關於創制權之得失優劣，雖各具理由，惟凡屬政治制度，要難有利而無弊，應於國家立法方面，以防阻其弊端之發生，加強其優點之所在。姑無論其得失如何，現代民主憲政國家則多已採行，如美國各州、瑞士、德意志等國，均予人民以創制權。我國關於人民行使創制權之法律，須由中央立法，自應為審慎周詳之規定，以期能實現人民行使此種政權之真正作用。民國九十二年制定之公民投票法對此作了相當周詳之規範。

第三項　創制權之種類

現代民主憲政國家，固已多採行創制權，惟其範圍則有廣狹之分，程序有直接間接之別，內容亦有原則及條文之殊，因之，關於創制權之制度，得為各種之分類：

第一、制憲創制與立法創制

此就創制範圍所為之分類：前者指公民有修改憲法之提案權，如瑞士是；後者指公民僅得提出通常法律之創制案，如西班牙是。

第二、直接創制與間接創制

此就創制程序所為之分類：前者指法案逕由公民表決，不須提經立法機關表決，如美國各邦多採行之；後者則指法案先提交立法機關討論，如遭否決或加以修正者，則再由公民表決，如德國聯邦採行之。

第三、原則創制與條文創制

此就創制內容所為之分類：前者僅由公民提出法案之原則，交由立法機關依據其原則，以制定完整之條文，如瑞士關於憲法修改之創制是；後者則由公民提出完整之法案條文，不以其原則為限，如美國各邦關於法律之創制是。

我國依憲法第二十七條第一項第三款之規定，國民大會有修改憲法之職權，因其為代表全國國民行使政權之機關，其修改憲法，自屬創制權之行使，且為制憲之創制、直接之創制及條文之創制。若依國民大會創制複決兩權行使辦法之規定，國民大會對於中央法律，有創制其立法原則之權，須將其原則移送立法院以制定法律，則為立法創制及原則創制。民國九十二年公民投票法制定公布後，人民已可以透過全國性公民投票直接為立法原則之創制或重大政策之創制，而不必委手於無形化了的國民大會。

依憲法第一百二十三條之規定，縣民關於縣自治事項，依法律行使創

制之權，其所創制者僅為立法創制，而非制憲創制，固無疑義，惟是否採行直接創制抑間接創制？採原則創制抑條文創制？對此，公民投票法第二條第三項明確規定，人民可以為地方自治法規立法原則之創制與地方自治事項重大政策之創制。

第五節 複 決

第一項 複決權之意義

　　所謂複決權，乃指公民以法定人數及依一定程序，對於立法機關所通過之法律，行使其最後決定之權，簡言之，複決權亦為人民直接行使立法之權利。其性質為政權，為公法上之權利，屬於參政權之範圍，與創制權相同。其利弊得失，可參照前節關於創制權之得失之說明。

　　複決權與創制權恆相提並稱，因其均為人民對於法律所行使之政權，彼此相輔為用，不可偏廢。所不同者，創制權乃為新法律之制定，且由人民主動的行使其權利；複決權則為對於立法機關所議決之法律，行使其最後決定之權。立法權原操之於立法機關，惟立法機關之制定法律，濫用其職權者有之，不符合民意或違反民意者亦有之，不得不由人民直接糾正之，此人民複決權行使之所以有其必要。

　　中山先生謂：「國家除了官吏之外，還有什麼重要東西呢？其次的就是法律，所謂有了治人，還要有治法。人民要有什麼權才可以管理法律呢？如果大家看到了一種法律，以為是很有利於人民的，便要有一種權，自己決定出來，交到政府執行，關於這種權，叫做創制權。……若是大家看到了從前的舊法律，以為是很不利於人民的，便要有一種權，自己去修改，修改好了之後，便要政府執行修改的新法律，廢止從前的舊法律，關於這種權，叫做複決權。」（民權主義第六講）於此足見創制權與複決權之重要性及其相互關係。

　　憲法關於複決權之規定，與創制權同其條文，均於第十七條、第二十七條、第一百二十三條及第一百三十六條有所規定。依照國民大會創制複決兩權行使辦法之規定，國民大會對於中央法律有複決權，關於創制權、複決權之行使，則尚待有關法律之制定。

　　由於國民大會之組織與職權於民國九十四年六月十日憲法增修條文修正時被無形化了，國民大會已無從產生並行使創制、複決權。不過，因公民投票法之制定施行，公民已可透過全國性公民投票及地方性公民投票，來行使公民投票法第二條第二項規定之法律之複決、重大政策之複決、憲法修正案之複決，及同法第二條第三項規定之地方自治法規之複決與地方自治事項重大政策之複決等。民國九十四年修正憲法增修條文第一條又規定，立法院提出之憲法修正案、領土變更案，應經公告半年，於三個月內由公民投票複決。是即學理上所謂之「公投入憲」，為人民複決權之重大擴展。

第二項　複決權之種類

　　關於複決權之行使，若概括言之，不外人民對於立法機關所議決之法案，為「是」(Yes) 或「否」(No) 之意思表示；若分析言之，則可大別為諮詢之複決權與批准之複決權，及強行之複決權與任意之複決權，茲析述其概要：

第一、諮詢之複決與批准之複決

　　此以立法機關對於法律之制定或修改，應否於事前徵得人民之許可，為其區別之標準。凡法律之制定或修改，立法機關應事前徵得人民之許可者，謂之為諮詢之複決（參照瑞士憲法第一二〇條）。依公民投票法第十六條之規定以觀，並非採諮詢之複決。

　　立法機關制定法律或修改法律，無須事前諮詢人民之意見，但於法律制定完成之後，仍須獲得人民之批准者，謂之為批准之複決。採用複決制度之國家，關於憲法之修改，均須獲得人民之批准。民國九十四年六月十日公布之憲法增修條文第十二條關於憲法修正之複決，即採批准之複決。

第二、強行之複決與任意之複決

此以立法機關所議決之法律，是否均須經由人民之複決為其區別之標準。凡立法機關所議決之法律，不問其性質如何，均須付於人民之複決，始發生其效力者，謂之為強行之複決，瑞士各邦有採行之者，其公民須於每年為定期之集會，以便行使其複決權。

若立法機關議決之法律，在原則上雖不須經由人民之複決，法律公布後，經過一定期間，即發生效力，惟若由於人民之請求或基於各邦政府之要求，或因立法機關之議決，則將此項法律案付與人民之公決者，謂之為任意之複決（參照瑞士憲法第八九條第二項）。依公民投票法第九條至第二十五條之規定以觀，係採任意之複決。

我國憲法第二十七條第一項第四款規定，國民大會有「複決立法院所提之憲法修正案」之權，依第一百七十四條之規定，立法院擬定之憲法修正案，提請國民大會複決，故就國民大會對於憲法所行使之複決而言，乃為批准之複決及強行之複決。民國九十四年六月十日公布之憲法增修條文第十二條關於憲法修正之複決，即採強行之複決。

至於依憲法第一百二十三條之規定，縣民關於縣自治事項，依法律行使複決之權，其所複決者，究為諮詢之複決？抑為批准之複決？為強行之複決？抑係任意之複決？依公民投票法第二十六條至第二十九條之規定以觀，係採諮詢之複決與任意之複決。

第六節　公民投票

民國九十四年六月七日任務型國民大會複決通過修正憲法增修條文第一條規定後，關於憲法修正案、領土變更案，將由公民投票複決。這就是所謂的公民投票入憲，使我國公民擁有了行憲數十年來所未曾有的直接民權。

學理上所謂的公民投票 (Plebiscite)，就廣義而言，包括超越憲法的主權公投或獨立公投及憲法下的創制複決；就狹義而言，則是指憲法下的複決 (referendum)。本次修正憲法增修條文將公民投票限於領土變更案及憲法修正案之複決，比較接近狹義的，意指憲法下的複決。

又民國九十二年十二月三十一日總統令制定公布全文六十四條之公民投票法，就其第二條、第十七條關於投票事項之規定來看，也是學理上所謂的憲法下的複決，可依公民投票法之規定，說明於次：

第一、公民投票之法源

公民投票之法源為民國九十四年所修正憲法增修條文第一條及第十二條有關領土變更案及憲法修正案之複決規定。又民國九十二年十二月三十一日公布之公民投票法全文六十四條則為公民投票相關制度之法律依據與重要法源。

第二、公民投票之事項

公民投票法第二條、第十七條對公民投票事項有下列規定，即：

㈠**全國性公民投票適用事項**

　1.法律之複決。

　2.立法原則之創制。

　3.重大政策之創制或複決。

　4.憲法修正案之複決。

㈡**地方性公民投票適用事項**

　1.地方自治法規之複決。

　2.地方自治法規立法原則之創制。

　3.地方自治事項重大政策之創制或複決。

㈢**國家安全事項**

公民投票法第十七條第一項規定，當國家遭受外力威脅，致國家主權有改變之虞，總統得經行政院院會之決議，就攸關國家安全事項，交付公

民投票。

㈣不得為公民投票提案事項

公民投票法第二條第四項規定，預算、租稅、投資、薪俸及人事事項不得作為公民投票之提案。

又關於公民投票事項之認定，公民投票法第二條第五項規定，由公民投票審議委員會為之。公民投票審議委員會是根據公民投票法第三十五條規定，設置於行政院，置委員二十一人，任期三年，由各政黨依立法院各黨團席次比例推薦，送交主管機關提請總統任命之。

第三、公民投票之提案、審核、連署與成立程序

公民投票之提案，由誰提出，由誰審議，其連署、公告、投票程序，公民投票法有較詳細之規定，即：

㈠公民投票之提案

有權為公民投票之提案者，依公民投票法之規定有三：

1.一定人數之公民

公民投票法第十條第一項規定：「公民投票案提案人人數，應達提案時最近一次總統副總統選舉選舉人總數千分之五以上」。學者認為此一規定人數依第十屆總統、副總統選舉選舉人數為 15,462,625 人來計算為 77,314 人，似嫌過多❶。不過，舉行公投究非常態，其辦理自應慎重，對照臺灣地區一千五百多萬人之選舉人數，不到八萬人之提案人數要求，並不算多❷。

2.立法院

公民投票法第十六條規定：「立法院對於第二條第二項第三款（重大政策之創制或複決事項），認有進行公民投票之必要者，得附具主文、理由書，

---

❶　參閱，李惠宗，《憲法要義》，元照出版有限公司，民國 93 年 9 月 2 版第 1 刷，頁 310。

❷　瑞士人口數在二〇〇五年時為 7,209,924 人，為我國之三分之一，但其二〇〇四年憲法之第一百三十八條規定，公民投票案提案人數為十萬人。

經立法院院會通過後，交由中央選舉委員會辦理公民投票。」此一規定，學者認為是不合法理之規定，謂「公投係直接民主之機制，主要用以制衡間接民主機關之怠惰或濫權者。」故「不應由代議機關提出議題」❸。此一見解並非全面而有偏頗。因為，民國八十六年憲法增修條文修正後，立法院對於行政院之重要政策不贊同時，已無法依憲法第五十七條第二款規定，以決議移請行政院變更之。立法院已失去對行政院制衡之工具。因此，為防制近年來層出不窮的「行政胡亂」、「行政鄉愿」、「行政懈怠」、「行政缺德」等行為❹，公民投票法賦予立法院公民投票提案權，自屬合乎憲政制衡之法理。

3. 總　統

公民投票法第十七條第一項規定:「當國家遭受外力威脅，致國家主權有改變之虞，總統得行政院院會之決議，就攸關國家安全事項，交付公民投票。」此一規定爭議極大，涉及由公民投票法賦予總統提出公民投票案議題是否違反憲法保留原則❺? 以及是否有必要賦予總統對國家安全事項的公民投票案之提案權? 就此，學者強為說詞，認無違憲且尚有必要❻。不過，就總統在憲政體制中具有「緊急命令權」及國家安全會議機制可使用，自無必要在公民投票法上賦予總統就國家安全事項以公民投票案之提案權。這就比較憲法上來看，也是荒誕不經的事。果不其然，陳水扁總統於民國九十三年三月二十日總統、副總統之選舉時同日發動舉行「強化國防公投」與「對等談判公投」等被學者指為「拘束性公投」之兩項公投❼，

---

❸　李惠宗，上揭書，頁 310。

❹　參閱，林騰鷂，〈搶救憲法靈魂，控制行政胡亂〉，《聯合報》，民意論壇，民國 93 年 8 月 22 日，A15 版; 林騰鷂，〈行政缺德症〉，《聯合報》，民意論壇，民國 91 年 7 月 18 日，第 15 版; 林騰鷂，〈行政不可懈怠〉，《聯合晚報》，民國 91 年 4 月 20 日，第 2 版; 林騰鷂，〈行政不能鄉愿〉，《聯合晚報》，民國 91 年 5 月 15 日，第 2 版。

❺　參閱，李惠宗，上揭書，頁 311; 另前大法官董翔飛認此規定違反憲法保留原則。參引法源資訊網法律新聞 2004.3.4，http://www.lawlank.com.tw/fnews/news.php?

❻　李惠宗，同上註書，頁 311。

但均遭人民否決，但「陳水扁政權」❽仍然編了 6,108 億之特別預算要購買軍備，完全不顧人民公投之結果，破壞了「主權在民」的憲法靈魂。且因公投綁大選，引發二〇〇四年總統、副總統當選無效與選舉無效之爭議，臺灣高等法院分別作出違法與不違法之歧異判決，導致學者「這是司法獨裁，不是司法獨立」之批判❾。更令人駭異的是，最高法院於民國九十四年六月十七日竟作出一個「缺乏正義靈魂的判決」❿，明確認定「公投綁大選」違法，但主其事之陳水扁總統卻不必負責，引起輿論之批判⓫。

㈡公民投票提案之審核

公民投票法第十條第二、三項分別規定了公民投票提案之審核程序，即：

②審議委員會應於收到公民投票提案後，十日內完成審核，提案不合規定者，應予駁回。審核期間並應函請戶政機關於七日內查對提案人名冊，及依該提案性質分別函請立法院及相關機關於收受該函文後一個月內提出意見書。

③前項提案經審核完成符合規定者，審議委員會應於十日內舉行聽證，確定公民投票案之提案內容。並於確定後通知提案人之領銜人於十日內向中央選舉委員會領取連署人名冊格式，自行印製，徵求連署；逾期未領取者，視為放棄連署。

對此，全國性公民投票審議委員會有審議通過公民所提之公民投票提案，學者認為欠缺民主正當性⓬。但相對於總統提案，該學者在同書中表

---

❼　李惠宗教授表示，「我國公投法僅有拘束性公投，並禁止諮詢性公投」。詳閱，李惠宗，上揭書，頁 306。

❽　小笠原欣幸，〈陳水扁政權〉，《問題與研究》，第 33 卷第 1 期，民國 92 年 10 月。

❾　李念祖，〈這是司法獨裁，不是司法獨立〉，《新新聞周刊》，第 931 期，民國 94 年 1 月 6 日，頁 40。

❿　林騰鷂，〈總統當選無效案，缺乏正義靈魂的判決〉，《聯合報》，民意論壇，民國 94 年 6 月 18 日，A15 版。

⓫　〈公投綁大選；既屬違法，總該有人負責吧!〉，《聯合報》社論，民國 94 年 6 月 27 日，A2 版。

⓬　李惠宗，上揭書，頁 313–314。

示不經審核就可以有公民投票提案權。如此,尚「稱不上總統的『職權』,應無違反憲法保留的問題」**❸**。其說理矛盾之處,清楚可見! 因為,如對照世界知名的公投國家瑞士,其國會依該國二〇〇〇年憲法之第一百三十九條第三項規定,有權審議公民投票之提案,則我國以該學者所稱的「小立法院」性質的「行政機關」**❹**來審議公民投票提案,又有何不可?

㈢公民投票提案之連署

依公民投票法第十二條規定,關於法律之複決、立法原則之創制或重大政策之創制或複決等事項之全國性公民投票提案,連署人數應達提案時最近一次總統副總統選舉選舉人總數百分之五以上。

而依公民投票法第二十七條規定,關於地方自治法規之複決、地方自治法規立法原則之創制或地方自治事項重大政策之創制或複決等事項之地方性公民投票提案,連署人數應達提案時最近一次直轄市長、縣(市)長選舉選舉人總數百分之五以上。

㈣公民投票提案之成立公告及擇日投票

依公民投票法第十五條第三項規定,公民投票提案連署人名冊經選舉委員會、戶政機關查對後,其連署人數合於公民投票法之相關規定者,選舉委員會應於十日內為公民投票案成立之公告。而依公民投票法第二十四條、第二十八條之規定,各級選舉委員會應於公民投票提案公告成立後一個月起至六個月內舉行公民投票。

第四、公民投票提案投票之結果與公告

依公民投票法第三十條規定,公民投票案投票結果,投票人數達全國、直轄市、縣(市)投票權人總數二分之一以上,具有效投票數超過二分之一同意者,即為通過。若投票人數不足前項規定數額或未有有效投票數超過二分之一同意者,均為否決。

又依公民投票法第三十一條規定,公民投票案經通過者,各該選舉委

---

❸ 同上註,頁311。

❹ 同上註,頁313。

員會應於投票完畢七日內公告公民投票結果並依法處理公民投票案。若公民投票案經否決者，則依公民投票法第三十二條規定，各該選舉委員會應於投票完畢七日內公告公民投票結果，並通知提案人之領銜人。

第五、公民投票案通過之處理方式

公民投票案經通過者，依公民投票法第三十一條各款規定方式處理，即：

1. 有關法律、自治條例立法原則之創制案，行政院、直轄市政府、縣（市）政府應於三個月內研擬相關之法律、自治條例提案，並送立法院、直轄市議會、縣（市）議會審議。立法院、直轄市議會、縣（市）議會應於下一會期休會前完成審議程序。

2. 有關法律、自治條例之複決案，原法律或自治條例於公告之日算至第三日起，失其效力。

3. 有關重大政策者，應由權責機關為實現該公民投票案內容之必要處置。

4. 有關憲法修正案之公民投票，應依憲法修正程序為之。

第六、公民投票提案再行提出之期間限制

公民投票法第三十三條對公民投票提案經通過或否決者，設有再行提出之期間限制規定，即：

1. 公民投票案之提案經通過或否決者，自各該選舉委員會公告該投票結果之日起三年內，不得就同一事項重行提出。但有關公共設施之重大政策複決案經否決者，自投票結果公告之日起至該設施完工啟用後八年內，不得重行提出。

2. 前項之同一事項，包括提案之基礎事實類似、擴張或減縮應受判斷事項者。

3. 前項之認定由審議委員會為之。

第七、公民投票結果之爭訟

　　對於公民投票之結果，如有爭議，則依公民投票法第七章之相關規定，可以提起公民投票投票無效之訴、確認公民投票案通過或否決之訴，而依公民投票法第六十一條規定，適用行政訴訟法之規定。

本章自習題目

一、說明選舉權之意義。

二、何謂普通選舉？試申其義。

三、何謂平等選舉？試申其義。

四、申述直接選舉之意義。

五、試述秘密選舉之意義。

六、何謂自由投票制及單記投票制？試言其要。

七、申述選舉制裁之意義及其制裁方法。

八、妨害投票罪與選舉訴訟有何區別？試比較言之。

九、說明罷免權與選舉權之關係。

十、罷免權與彈劾權有何區別？試舉以對。

十一、試述創制權之意義。

十二、創制權之利弊如何？試說明之。

十三、略述創制權之種類。

十四、說明複決權之意義。

十五、複決權之種類有幾？試述其概要。

第十三章　基本國策

第一節　概　說

　　各國憲法之規定內容，大抵以人民之基本權利義務及政府之重要組織與職權為主，或涉及憲法之修正程序，其將基本國策規定於憲法中者，尚不普遍，我國憲法審度時代之趨勢，適應國家之需要，規定基本國策，共為六節，即國防、外交、國民經濟、社會安全、教育文化，及邊疆地區等六節，斟酌繁簡，分別釐訂，可謂進步新穎之制憲體例。

　　所謂國策，即國家之政策，基本國策，乃謂此等政策，為立國之基礎及根本所繫，除將憲法之所規定者依修憲程序得予修改外，則對於其規定之基本國策，應遵行勿替，永久不變，此與通常之政策，得因時制宜，及隨執政黨之更迭，而得隨時改變其政策者不同。

　　憲法關於基本國策之規定，乃所以表示政府對於人民所負之職責，現代國家與人民之關係愈切，則對人民所負之責任亦愈重，所謂：「最好政府，最多服務」，而政府是否有能，亦得以此等基本國策之能否見諸實施，以為衡量之標準。

　　所應注意者，憲法之規定此等基本國策，乃為國家施政目標之所在，為政府努力之方向，若目前或暫時不能實現憲法所規定之限度，乃係過渡時期之必有現象，因行遠必自邇，登高必自卑，而不能一蹴即幾，以完全實現憲法所規定之基本國策，故不發生所謂違憲問題；惟若政府施政與憲法規定基本國策之主旨不符，或目的相反，斯則為構成違憲之現象，自非憲法之所許可。

憲法所規定之基本國策，既為指示及督責政府施政之目標所在，其尚未達到其限度者，固尚不得遽謂為違憲，即逾越其所規定之限度者，亦不得謂係違憲，例如憲法第一百六十條第一項規定：「六歲至十二歲之學齡兒童，一律受基本教育，免納學費。其貧苦者，由政府供給書籍」。若政府對於此種基本教育之年限予以延長，對於非貧苦者之學童，亦由政府供給書籍，自與憲法規定之主旨，更相符合；又如憲法第一百六十四條規定：「教育、科學、文化之經費，在中央不得少於其預算總額百分之十五，在省不得少於其預算總額百分之二十五，在市、縣不得少於其預算總額百分之三十五。」此種教育、科學、文化之經費，所占各級政府預算總額之比例數字，乃為最少限度之規定，若超過其比例數額者，自更符合憲法規定之主旨，尤不待言。

憲法係依據　中山先生創立中華民國之遺教所制定，中華民國基於三民主義，為民有民治民享之民主共和國，又為憲法所明定。故憲法關於基本國策之規定，自係基於三民主義而產生，大體言之，國防、外交及邊疆地區，係基於民族主義而為規定；文化教育係基於民權主義而為規定；國民經濟及社會安定，係基於民生主義而為規定。至關於基本國策之實現，則為有關政策之運用，及法令之制定與執行。

茲依據憲法規定基本國策之各節次序，先論國防，其他分節述之於後。

第二節　國　防

國防與國防軍事應由中央立法並執行之（憲法第一○七條），因其與鞏固國權，至有關係，憲法關於國防方面基本國策之規定，得分為下列各點說明之：

第一、國防之目的

中華民國之國防，以保衛國家安全，維護世界和平為目的（憲法第一

三七條第一項）。分析言之，國防之目的，對內在保護國家之安全，抵抗強權侵略，以求國家之獨立平等；對外維持世界和平，以促進世界大同，此與民族主義之旨趣相脗合。

進一步言之，現代各國憲法有明文規定摒除武力，廢棄戰爭，以為解決國際之爭端者（參照日本憲法第九條、義大利憲法第一一條、韓國憲法第六條、德國憲法第二六條），我國憲法雖無明文廢棄國際戰爭之規定，然並不以戰爭為解決國際間爭端之手段，自仍明顯。

關於國防之組織，以法律定之（憲法第一三七條第二項），此則關係國防機構之組織、職權、責任及體制等問題，現已有狹義的國防部組織法，至廣義的國防組織與體制，民國八十九年一月二十九日已制定公布國防法，可資適用。

第二、軍隊國家化

軍隊屬於國家，既非可以私有，亦非可得擅自利用，因之，憲法規定：

一、全國陸海空軍，須超出個人、地域及黨派關係以外，效忠國家，愛護人民（憲法第一三八條）。

二、任何黨派及個人，不得以武裝力量為政爭之工具（憲法第一三九條）。

上述規定，所以杜絕我國過去軍閥時代之擁兵自重，割據稱雄，禍國殃民之現象，永不發生。至所謂陸海空軍須超出黨派關係以外，並非謂軍人不得參加政黨或須脫離黨籍，而係不得為政黨政爭之工具，國家至上，不得以黨派關係而影響國家之利益。因現代民主憲政國家之政黨，其政權之取得，係以主義、政策及政見，以爭取選民之支持及國人之擁護，以掌握政權，而不應容許任何黨派及個人，以武裝力量為政爭之工具。對此，國防法第五條規定了軍隊國家化之意旨，而在第六條更將軍隊中立化之意旨明白規定，以確保軍隊依法保持政治中立。

第三、軍人兼任文官之限制

現役軍人不得兼任文官（憲法第一四〇條），是為軍政分治之原則。因

現役軍人若得兼任文官，軍事政治將混而為一，不免軍人干涉，易啟以武裝力量為政爭工具之漸，殊難貫徹第一百三十九條規定之主旨。所謂現役軍人，指具有陸海空軍軍人身分，而現在服役中者而言。軍人以外之公務人員為文官，亦稱文職人員。至於軍人，已經退役或外職停役之軍人，充任文官，自不在限制之列。詳言之：現役軍人因故停役者，轉服預備役，列入後備管理，為後備軍人，如具有文官法定資格之現役軍人，因文職機關之需要，在未屆退役年齡前辦理外職停役，轉任與其專長相當之文官，既與現役軍人兼任文官之情形有異，尚難謂與憲法第一百四十條有所牴觸（參照司法院大法官釋字第二五〇號解釋）。

第三節　外　交

外交應由中央立法並執行之（憲法第一〇七條），憲法關於外交方面基本國策之規定，僅有一條，即：「中華民國之外交，應本獨立自主之精神，平等互惠之原則，敦睦邦交，尊重條約及聯合國憲章，以保護僑民權益，促進國際合作，提倡國際正義，確保世界和平。」（憲法第一四一條）分析言之，其要旨如下：

第一、外交之精神

外交之精神為獨立自主。外交乃為國家之涉外關係，應有不受任何國家支配或干涉之獨立自主精神，能獨立斯能自主，能自主斯為真正之獨立，國家能獨立自主，始為國際間自由平等之國家，保持主權之完整。

第二、外交之原則

外交之原則為平等互惠。民族主義之主要目的，即在求中國之國際地位平等。國際間之關係，其權利義務之得喪，為雙方均衡，而非片面所獨有，是為互惠，惟有平等斯能互惠，惟有互惠始為平等，故平等互惠，為

維持國家外交地位之原則。若強凌弱，眾暴寡，以片面之負擔加諸他國，以拘束或犧牲他國之權利，以滿足己國之慾求，或支配他國主權之行使，是則為國際間非平等非互惠之現象，而與民族主義之主旨不相容，自為我外交之基本國策所摒棄。

第三、外交之方針

外交之方針為敦睦邦交，尊重條約及聯合國憲章。國家為國際間之一分子，則敦睦邦交，增進友好關係，自為國家外交上應有之態度。而尊重條約及聯合國憲章，本為締約國當然之義務，我憲法特予規定，以表示我國重視國際信義，及尊重聯合國組織之精神，與維護此種國際組織之決心。惟若係不平等條約或聯合國憲章修改，而損及我國之權益或主權時，則我國自無遵守之義務。

學者有謂「尊重聯合國憲章」，殊無規定於我憲法之必要，其理由為：㈠聯合國憲章，其性質亦屬於條約之範圍，既規定「尊重條約」為已足；㈡聯合國憲章不免修改，聯合國之組織亦難免不發生變化，勢將影響我國根本大法之隨同修改問題；㈢憲法明定尊重聯合國憲章，將易導致聯合國組織干預我國內政之藉口，而不啻預先自受拘束。

此說固不為無見，惟聯合國為國際和平組織之最高機構，我國為其會員國，且為發起聯合國者四強之一，為表示重視其組織之精神及貫徹其組織之主旨起見，於憲法規定尊重其憲章，並無不可。且聯合國憲章第二條第六項聲明：「本憲章不得認為授權聯合國干涉在本質上屬於任何國家國內管轄之事件，且並不要求會員國將該項事件依本憲章提請解決」，是聯合國如對我國內政有所干涉，即係違反憲章，我國「應本獨立自主之精神」，自無受其拘束之理。

惟我國於民國六十年（一九七一年）十月二十五日已退出聯合國，現非會員國，憲法中有關尊重聯合國憲章字句，應否修改及如何修改，此則屬於憲法將來之修正問題。

第四、外交之目標

外交之目標，為：「保護僑民權益，促進國際合作，提倡國際正義，確保世界和平」，此與憲法規定我國之國防，以維護世界和平為目的，其主旨乃屬一貫，與民族主義以實現世界大同，為其終極目標，尤為脗合。其中以保護僑民權益，為構成外交基本國策內容之一，由於僑居國外之國民，對於國家之建設發展，貢獻良多，憲法增修條文第十條第十三項規定：「國家對於僑居國外國民之政治參與，應予保障」，一則足以加強僑民對國家之向心力，一則對於促進國際合作，亦有裨益。

綜上所述，憲法關於外交方面之基本國策，是獨立自主，是平等互惠，是正義和平，是國際合作，凡此均足以表現最進步最現代憲法之國際法化之色彩。

第四節　國民經濟

各國憲法列載國民經濟事項，乃為第一次世界大戰後普遍之趨勢，例如：一九一九年八月十一日公布之德國憲法，其中有「經濟生活」一章，一九三六年十二月五日通過之蘇聯新憲法，舉凡生產工具及資料、財產方式、土地使用、經濟經營、人民收入、儲蓄及家庭副業、家務用品等均明定於條文之中，因經濟問題幾與憲政運動有其因果關係，國家既課人民以租稅，則對於人民之經濟，亦自應特予重視，而人民之生活及生存，國家尤有予以維持及改善之責，各國憲法對於國民經濟事項，多有適當之規定者在此。

我憲法規定人民有依法律納稅之義務，並規定人民之生存權、工作權及財產權，應予保障（憲法第一五條、第一九條），凡此均與國民經濟關係甚切，復於基本國策一章中，就「國民經濟」規定頗詳，足見國家對於國民經濟之重視。茲析述之：

第一、國民經濟之基本原則

「國民經濟應以民生主義為基本原則，實施平均地權，節制資本，以謀國計民生之均足」（憲法第一四二條）。「民生就是人民的生活，社會的生存，國民的生計，群眾的生命」（見民生主義第一講）。民生問題與經濟問題為不可分，民生主義為解決民生問題之主義，亦自為國民經濟之基本原則。於此足見憲法關於國民經濟，係基於民生主義而為規定。

第二、國民經濟之實施方法

民生主義之實現，主要方法有二：即平均地權與節制資本，此兩者亦即為國民經濟之主要實施方法。

一、**平均地權**　依憲法第一百四十三條第一項前段及第二項之規定：「中華民國領土內之土地屬於國民全體。人民依法取得之土地所有權，應受法律之保障與限制」；「附著於土地之礦及經濟上可供公眾利用之天然力，屬於國家所有，不因人民取得土地所有權而受影響」。是憲法一方面保障人民依法取得之土地所有權，一方面則限制人民之土地所有權，及限制附著於土地之天然利益，以符合平均地權之意旨。

所謂：「中華民國領土內之土地屬於國民全體」，其意乃謂土地在人民未依法取得土地所有權以前，本屬於公有；在人民之土地所有權依法喪失以後，土地亦應屬於公有，是為土地公有之最高理想。　中山先生曾謂：「原夫土地公有，實為精確不磨之論，人類發生以前，土地即自然存在，人類消滅以後，土地必長此留存。可見土地實為社會所有，人於其間，又惡得而私之耶？或謂地主之有土地，亦以資本購來。今試叩第一占有土地之人，又何自購得乎？故卓治基亨利之學說，深合社會主義之主張，而欲求生產分配之平均，亦必先將土地收歸公有，而後始可謀社會永遠之幸福也。」（見　中山先生民國元年在上海中國社會黨演講）（按：卓治基亨利 Henry George 為美國人，一商輪水手，曾著一書名為《進步與貧困》，主張土地公有。）惟其如此，故應以平均地權，以達到土地公有之目的。至於人

民依法取得之土地所有權，仍應受法律之保障，以重視人民之權利，惟對於私人之土地所有權，應依法予以限制，亦以藉此以達到平均地權之目的。

憲法關於平均地權之方法，可分四端：㈠照價徵稅，㈡照價收買，㈢漲價歸公，㈣耕者有其田。析言之：

㈠照價徵稅　「私有土地應照價納稅，政府並得照價收買」（憲法第一四三條第一項末段）。人民照價納稅，足以防止地主對於地價以少報多之流弊。照價徵稅，是即現行有關法律上所稱之地價稅。

㈡照價收買　政府照土地所有人所申報之地價，予以收買，足以防止地主對於地價以多報少之流弊，與照價徵稅實有相輔為用之功效。

㈢漲價歸公　「土地價值非因施以勞力資本而增加者，應由國家徵收土地增值稅，歸人民共享之」（同條第三項）是即為漲價歸公，亦即現行有關法律上所稱之土地增值稅。

㈣耕者有其田　「國家對於土地之分配與整理，應以扶植自耕農及自行使用土地人為原則，並規定其適當經營之面積。」（同條第四項）是為耕者有其田。因為土地乃人類生存之基本資源，我國以農立國，農民占全國人口百分之八十以上，農村為社會組織之基礎，農業問題為經濟問題之中心，而土地問題又為農業問題之焦點所在。因之，　中山先生於革命伊始之時，即剴切指出我國土地問題之重要性及其癥結所在，確立平均地權及實施耕者有其田之原則，列為民生主義之主要內容，亦得謂耕者有其田，乃為土地改革主要目的之所在。

關於照價徵稅，照價收買，漲價歸公及耕者有其田，為關於平均地權之方法，已如上述，而現行之土地法，平均地權條例等法律，要為有關平均地權之實施法律。

二、**節制資本**　所謂節制資本，乃是調節管制之意，以求各種資本互相調和及配合運用。節制資本可分為節制私人資本及發展國家資本兩方面言之。就節制私人之資本而言：「國家對於私人財富及私營事業，認為有妨害國計民生之平衡發展者，應以法律限制之。」（憲法第一四五條第一項）惟「合作事業應受國家之獎勵與扶助」（同條第二項）；「國民生產事業及對

外貿易，應受國家之獎勵、指導及保護」(同條第三項)。

　　次就發展國家之資本而言：「公用事業及其他有獨占性之企業，以公營
為原則，其經法律許可者，得由國民經營之」(憲法第一四四條)。所謂公
用事業，如自來水、電力、電話、公路運輸等事業；所謂獨占事業，如鑄
幣廠、國家銀行、國有鐵路、國道、郵政、電信、專賣及大規模之動力廠
等事業。

　　至於有關節制私人資本及發展國家資本之法律，如現行各種稅法、國
營事業管理法、公營事業移轉民營條例、外國人投資條例、華僑回國投資
條例、及獎勵投資條例等法律均是。

第三、國民經濟之目標

　　國民經濟之目標，為謀國計民生之均足，其實施方法，除平均地權、
節制資本外，尚須運用其他方法，以達到其目的。即：

　　一、**促成農業之工業化**　國家應運用科學技術，以興修水利，增進地
力，改善農業環境，規劃土地利用，開發農業資源，促成農業之工業化(憲
法第一四六條)，是即以農業培養工業，以工業改善農業，實行經濟計畫，
加強生產建設，為充裕國計民生之必要方法。

　　二、**平衡地方之經濟發展**　中央為謀省與省間之經濟平衡發展，對於
貧瘠之省，應酌予補助(憲法第一四七條第一項)；省為謀縣與縣間之經濟
平衡發展，對於貧瘠之縣，應酌予補助(同條第二項)。

　　三、**貨暢其流**　中華民國領域內，一切貨物應許自由流通(憲法第一
四八條)。

　　四、**健全金融機構**　金融機構應依法受國家之管理(憲法第一四九條)；
國家應普設平民金融機構，以救濟失業(憲法第一五〇條)。

　　五、**發展僑民經濟事業**　國家對於僑居國外之國民，應扶助並保護其
經濟事業之發展(憲法第一五一條)。

　　有關基本國策之國民經濟部分，增修條文之規定如次：

　　一、**促進產業升級，加強國際經濟合作**　國家應獎勵科學技術發展及

投資，促進產業升級，推動農漁業現代化，重視水資源之開發利用，加強國際經濟合作（增修條文第一〇條第一項）。

二、**科技發展與環保、生態保護並重** 經濟及科學技術發展，應與環境及生態保護兼籌並顧（同條第二項）。

三、**扶助並保護中小企業** 國家對於人民興辦之中小型經濟事業，應扶助並保護其生存與發展（同條第三項）。

四、**企業化經營法律化規定** 國家對於公營金融機構之管理，應本企業化經營之原則，其管理、人事、預算、決算及審計，得以法律為特別之規定（同條第四項）。

第五節　社會安全

社會安全關係人民之福利甚切，近代各國多以之規定於憲法之中，舉凡關於社會保險、社會救濟、婦女福利、及衛生保健等事項，均納入於社會安全之範圍，以建立為制度，加強其推行，尤以實行社會主義之國家為然。民生主義以達到全國人民安居樂業，生計均足之共享社會為目的，對於社會安全制度，自為憲法中所應規定基本國策之一。析述如下：

第一、工作機會之給予

人民具有工作能力者，國家應予以適當之工作機會（憲法第一五二條），此與憲法第十五條規定：「人民之……工作權……應予保障」之意旨一貫。因人民之具有工作能力，而無工作者，國家即應給予其適當之工作機會；有工作者，則其工作權應予保障，庶幾人盡其才，才盡其用，國無閑人，事無廢事。而現行有關職業介紹，社會服務等法令，即為提供此種工作機會之規定。

第二、勞動者之保護

國家為改良勞工及農民之生活，增進其生產技能，制定保護勞工及農民之法律，實施保護勞工及農民之政策；婦女兒童從事勞動者，應按其年齡及身體狀態，予以特別之保護（憲法第一五三條，並參照司法院大法官釋字第四二二號解釋）。無論為勞工，為農民，為從事勞動之婦孺，皆為勞動者，而保護勞動者，乃為現代國家有關勞工立法及勞工政策一致之趨勢，此不僅為改良彼等之生活，及增進其生產技能所必需，即就人類道德及社會秩序著眼，亦應如此。我國現行有關保護勞動者之法律，如勞動基準法、工廠法、勞動檢查法、工廠管理輔導法、就業保險法、就業服務法、大量解僱勞工保護法、職業災害勞工保護法、勞工退休金條例、勞工保險條例、職工福利金條例等法律均是。

第三、勞資之協調

勞資雙方應本協調合作原則，發展生產事業，勞資糾紛之調解與仲裁，以法律定之（憲法第一五四條）。因生產之增加，不在勞動者與資本者雙方階級之對立與鬥爭，而在彼此之協調與合作。我國現行有關勞資協調及其糾紛調解與仲裁之法律，如團體協約法及勞資爭議處理法等均是。

第四、社會保險與社會救濟之實施

國家為謀社會福利，應實施社會保險制度，人民之老弱殘廢，無力生活，及受非常災害者，國家應予以適當之扶助與救濟（憲法第一五五條）。如此，則老有所終，幼有所長，鰥寡孤獨廢疾者皆有所養。我國現行之社會救濟法，對於因貧窮而無力生活者，得依本法予以救濟，而勞工、農民、漁民、鹽民及公務人員之保險，已分別制定法律，積極舉辦，一般之社會保險制度，亦陸續推行，蓋實施社會保險及社會救濟，即係社會安全之維護。

國家應重視社會救助、福利服務、國民就業、社會保險及醫療保健等社會福利工作，對於社會救助和國民就業等救濟性支出應優先編列（憲法

增修條文第一○條第八項)。

國家應尊重軍人對社會之貢獻，並對其退役後之就學、就業、就醫、就養予以保障（同條第九項）。就此，立法院也相對應的制定軍人及其家屬優待條例、軍人待遇條例等以保障軍人之權益。

第五、婦孺福利政策之實施

國家為奠定民族生存發展之基礎，應保護母性，並實施婦女兒童福利政策（憲法第一五六條）。因母性為民族生機繁衍之所由來，兒童為國家來日之主人翁，自應特予保護，並注重其福利。近代各國憲法多有保護母性之明文規定，如德國威瑪憲法，波蘭、西班牙等國憲法亦然；對於兒童亦多有單行法典之制定，如英、德、美、法、日等國皆然。我憲法於本條規定保護母性及實施婦女兒童福利政策，僅係原則性之標示，立法院依此制定了兒童及少年福利法、性別工作平等法、性別平等教育法、特殊境遇婦女家庭扶助條例等以保護婦孺之權利與福利。

第六、保健事業之推行

國家為增進民族健康，應普遍推行衛生保健事業公醫制度（憲法第一五七條）。此亦為近代各國憲法應有之規定，因民族健康之增進，即國家富強康樂之所繫，自須普遍推行保健事業公醫制度，始克達到此目的。

有關基本國策之社會安全部分，增修條文之規定如次：

一、**推行全民健保，促進醫藥發展**　國家應推行全民健康保險，並促進現代和傳統醫藥之研究發展（憲法增修條文第一○條第五項）。

二、**維護婦女權益，促進兩性平等**　國家應維護婦女之人格尊嚴，保障婦女之人身安全，消除性別歧視，促進兩性地位之實質平等（同條第六項）。

三、**維護殘障者權益，扶助其自立發展**　國家對於身心障礙者之保險與就醫、無障礙環境之建構、教育訓練與就業輔導及生活維護與救濟，應予保障，並扶助其自立與發展（同條第七項）。就此，立法院乃制定身心障礙者權益保障法，以資適用。

　　四、充實社會救助、福利服務、國民就業、社會保險及醫療保健等社會福利工作　憲法增修條文第十條第八項規定，國家應重視社會救助、福利服務、國民就業、社會保險及醫療保健等社會福利工作；對於社會救助和國民就業等救濟性支出應優先編列。

　　五、保障軍人退役後之就學、就業、就醫、就養　憲法增修條文第十條第九項規定，國家應尊重軍人對社會之貢獻，並對其退役後之就學、就業、就醫、就養予以保障。

第六節　教育文化

　　教育為國家百年之大計，文化為民族精神之表徵，教育文化之發達與否，關係國家之盛衰強弱，各國莫不異常重視，於憲法中或設專章，或列專條予以規定，其所規定之事項，大抵為關於講學及出版之自由，國家教育宗旨之揭櫫，國民受教育之權利與義務，以及教育文化事業之維護，獎勵與弘揚等事項。我國憲法於人民之權利義務一章中，規定人民有言論、講學、著作及出版之自由，並規定人民有受國民教育之權利與義務（憲法第一一條、第二一條）。復於基本國策一章之內，專列教育文化一節，足見對於教育文化之重視。

　　茲就憲法關於教育文化之規定，析述如下：

第一、教育文化之宗旨

　　教育文化，應發展國民之民族精神，自治精神，國民道德，健全體格，與科學及生活智能（憲法第一五八條）。此與民國十八年國民政府公布之「中華民國教育宗旨」所謂：「根據三民主義，以充實人民生活，扶植社會生存，發展國民生計，延續民族生命為目的；務期民族獨立，民權普遍，民生發展，以促進世界大同」，雖彼此規定有詳略之不同，但其宗旨要屬一貫，而教育文化之發展，自足以加強國民之自治精神與能力，以使民權普遍，而

實現全民政治之目的，憲政制度之弘揚，亦必須以教育文化之發展為其基礎，故憲法有關教育文化之規定，實以實現民權主義為其基本觀念。

第二、教育機會之平等

國民受教育之機會，一律平等（憲法第一五九條），此指無貧富、貴賤、智愚、性別、種族、階級等區別，一律有享受教育之同等機會而言，與往昔所謂：「貴族教育」或「階級教育」，僅限於某貴族或特殊階級始得受其教育者迥異。教育機會之平等，教育始得普及。為實現教育機會之平等起見，因之：

一、**基本教育之實施**　六歲至十二歲之學齡兒童，一律受基本教育，免納學費，其貧苦者，由政府供給書籍（憲法第一六〇條第一項）。所謂基本教育，即為國民教育，又稱義務教育，因人民不僅有受國民教育之權利，且為其義務，為憲法第二十一條所明定。惟其為權利，故國家應負實施基本教育之責任，而不應收取學費；惟其為義務，故規定兒童之學齡及年限，而強迫其入學，現行法律有強迫入學條例，以為依據。

至於學齡之起訖及長短，各國互不相同，例如：英國定為五歲至十四歲，土耳其為七歲至十六歲，德國、瑞士為六歲至十四歲，智利為七歲至十五歲，丹麥、瑞典、挪威為七歲至十四歲，法國為六歲至十三歲，葡萄牙、希臘為六歲至十二歲。我國憲法規定學齡兒童為六歲至十二歲，應受基本教育，惟如適應事實之需要，而為國家財力所能負擔時，則延長國民之義務教育期間，自更能貫徹義務教育之主旨，如國民教育法（六十八年五月二十三日公布）規定凡六歲至十五歲之國民，應受國民教育，國民教育分為二階段，前六年為國民小學教育，後三年為國民中學教育（國民教育法第二條、第三條），共為九年。

二、**補習教育之推行**　已逾學齡未受基本教育之國民，一律受補習教育，免納學費，其書籍亦由政府供給（憲法第一六〇條第二項）。所謂已逾學齡未受基本教育之國民，包括已逾十二歲之未成年人及已成年人在內。對於學齡兒童，既可強迫入學，對於已逾學齡之失學國民，則應一律受補

習教育，以貫徹教育機會均等之意旨，故補習教育亦含有強迫性質，而亦屬於國民教育之範圍，除免納學費外，並由政府供給其書籍。至於補習教育時間之長短及課程之種類，自可另為規定，例如補習教育法是。

　　三、**獎學金名額之設置**　各級政府應廣設獎學金名額，以扶助學行俱優無力升學之學生（憲法第一六一條）。僅有基本教育及補習教育，尚難充分以適應教育均等之需求，應廣設獎學金額，俾品學俱優無力升學之學生，得以繼續升學深造，以成全才，惟此種獎學金之設置，既係以學行俱優之學生為對象，與各公立學校之公費制度，不得混為一談。

　　另外，憲法增修條文第十條第十項規定，教育、科學、文化之經費，尤其國民教育之經費應優先編列，不受憲法第一百六十四條規定之限制。就此，立法院乃於民國八十九年制定了教育經費編列與管理法。又憲法增修條文第十條第十一項規定，國家肯定多元文化，並積極維護發展原住民族語言及文化。就此，立法院乃分別制定了原住民族教育法、原住民族傳統智慧創作保護條例等，以資適用。

第三、教育文化機關之監督

　　全國公私立之教育文化機關，依法律受國家之監督（憲法第一六二條）。教育文化機關為陶冶啟發，作育培植人民智能思想之場所，為求教育文化事業之正常發展，自須由國家予以監督，惟國家之監督權，亦不得濫為行使，而須依法律之規定，例如：依照大學法，專科學校法，中學法，師範學校法，職業學校法，國民學校法，社會教育法，補習及進修教育法等法律，對於各級學校及其他教育文化機關予以監督是。

　　就大學法言之：大學法第一條第二項規定：「大學應受學術自由之保障，並在法律規定範圍內，享有自治權。」國家對於大學自治之監督，應於法律規定範圍內為之，並須符合憲法第二十三條規定之法律規定保留原則（參照司法院大法官釋字第三八〇號解釋）。斯亦即憲法第一百六十二條規定教育機關依法律受國家監督之主旨所在。

第四、教育文化經費之充實

一、**教育文化經費之補助**　國家應注意各地區教育之均衡發展，並推行社會教育，以提高一般國民之文化水準；邊遠及貧瘠地區之教育文化經費，由國庫補助之。其重要之教育文化事業，得由中央辦理或補助之（憲法第一六三條）。蓋如此始能使各地區教育之均衡發展，而不致使彼此文化懸殊，發生畸形現象。

二、**教育文化經費之寬籌**　教育、科學、文化之經費，在中央不得少於其預算總額百分之十五，在省不得少於其預算總額百分之二十五，在市縣不得少於其預算總額百分之三十五。其依法設置之教育文化基金及產業，應予以保障（憲法第一六四條）。所謂預算總額，係指政府編製年度總預算時所列之歲出總額而言，並不包括因有緊急或重大情事而提出之特別預算在內，旨在確定各級政府編製平常施政年度總預算時，該項經費應占歲出總額之比例數。至於直轄市在憲法上之地位與省相當，其教育、科學、文化之經費所占預算總額之比例數，應比照關於省之規定（參照司法院大法官釋字第二三一號、第二五八號解釋）。

憲法第一百六十四條之規定，旨在確保教育經費來源之充沛，以圖教育文化事業之發展，惟此種經費所占預算總額之比例數，僅為最低額之規定，亦即不得少於其預算總額之若干數額，其比例數額如超過規定者，自與憲法所規定寬籌教育文化經費之意旨，更相符合。

惟憲法增修條文第十條第十項規定：「教育、科學、文化之經費，尤其國民教育之經費應優先編列，不受憲法第一百六十四條規定之限制」，是已將教科文預算下限之規定，予以取消，不受憲法之保障。其主旨認為教育、科學、文化，係國家文明根本，應予重視，惟其經費總數以預算總數之百分比硬性規定，有違現代化國家預算編列之方式。按教育文化經費之充實，關係其發展前途甚巨，增修條文廢棄憲法原有關於經費下限之規定，其得失如何，仍有待評估。

又依憲法增修條文第十條第十一項之規定，國家應肯定多元文化，並

積極維護原住民族語言及文化。為此，立法院乃陸續制定了「財團法人原住民族文化事業基金會」、「原住民族傳統智慧創作保護條例」，以落實原住民族文化權之保障。

第五、教育文化事業之獎勵

關於教育文化事業之獎勵，憲法於第一百六十一條規定應設置之獎學金名額外，並另有保障、保護、補助、獎勵等方法之規定，其主旨要在於獎勵：

一、**教育文化工作者之保障**　國家應保障教育、科學、藝術工作者之生活，並依國民經濟之進展，隨時提高其待遇（憲法第一六五條）。

二、**科學發明與創造者之獎勵**　國家應獎勵科學之發明與創造，並保護有關歷史文化藝術之古蹟古物（憲法第一六六條）。

三、**教育文化事業成績優良者之獎勵**　國家對於下列事業或個人，予以獎勵或補助（憲法第一六七條）：

㈠國內私人經營之教育事業成績優良者。

㈡僑居國外國民之教育事業成績優良者。

㈢於學術或技術有發明者。

㈣從事教育久於其職而成績優良者。

有關基本國策之教育文化部分，增修條文所規定者，並涉及國民經濟及社會安全事項，即是：「國家應依民族意願，保障原住民族之地位及政治參與，並對其教育文化、交通水利、衛生醫療、經濟土地及社會福利事業予以保障扶助並促其發展，其辦法另以法律定之。對於澎湖、金門及馬祖地區人民亦同。」（第一〇條第一二項）。

第七節　邊疆地區

邊疆地區乃指鄰近國界之邊遠區域而言，蒙古、西藏之處於邊疆地區

者，自亦包括在內。邊疆區域之政教、風俗、習慣、文化等事項，與內地難以強同，且恆地瘠民貧，文化落後，交通不便，國家必須為積極之扶助與開發，以促其進步，始能加強邊疆人民對於國家之向心力，以共躋於富強康樂之境地。

憲法規定中華民國各民族一律平等，並分別規定各民族在邊疆地區應選出國民大會代表及立法院立法委員（憲法第五條、第二六條、第六四條），復於基本國策一章中列有邊疆地區一專節，足見國家對於邊疆地區之重視。

憲法關於邊疆地區之規定，約如下述：

第一、邊區民族地位之保障及自治事業之扶植

國家對於邊疆地區各民族之地位，應予以合法之保障，並於其自治事業，特別予以扶植（憲法第一六八條）。我國之邊疆地區，恆為少數民族聚居之處，民族主義之要旨，對外求國家之地位平等，對內則求各民族之地位平等。建國大綱第四條規定：「其三為民族，故對國內之弱小民族，政府當扶助之，使之能自決自治。」憲法規定保障邊疆地區各民族之地位，並特別扶植其自治事業，自與民族主義之意旨，完全符合。

國家應依民族意願，保障原住民族之地位及政治參與，並對其教育文化、交通水利、衛生醫療、經濟土地及社會福利事業予以保障扶助並促其發展，其辦法另以法律定之。對於澎湖、金門及馬祖地區人民亦同（憲法增修條文第一○條第一二項）。

第二、邊疆事業之舉辦與發展

國家對於邊疆地區各民族之教育、文化、交通、水利、衛生及其他經濟、社會事業，應積極舉辦，並扶助其發展；對於土地使用，應依其氣候、土壤性質，及人民生活習慣之所宜，予以保障及發展（憲法第一六九條）。因教育、文化、交通、水利、衛生及其他經濟、社會事業之舉辦，非邊區各民族之人力、財力、物力所能勝任，故必須由國家積極舉辦，並扶植其發展；至於邊疆之土地制度，恆多特殊之點，國家不必強其從同，故應依

其氣候、土壤，及生活習慣等情事，予以保障及發展，較易奏其事功。

至於國家對於僑居國外國民之政治參與，應予保障（憲法增修條文第一〇條第一三項）。

第八節　大陸與港澳事務

憲法增修條文第十一條規定:「自由地區與大陸地區間人民權利義務關係及其他事務之處理，得以法律為特別之規定」，亦為現階段的基本國策。為貫徹落實此一基本國策，立法院乃制定臺灣地區與大陸地區人民關係條例，以資適用。另外，也制定了香港澳門關係條例，以為處理與大陸地區相關地緣人民事務之依據。

本章自習題目

一、說明基本國策之意義。

二、憲法關於國防之規定如何？試言其要。

三、說明外交之精神及其原則。

四、憲法規定尊重聯合國憲章，是否妥適？試抒所見以對。

五、憲法規定國民經濟之基本原則何在？試說明之。

六、析述憲法關於平均地權之方法。

七、析述憲法關於節制資本之規定。

八、憲法及增修條文關於社會安全之規定如何？試言其要。

九、憲法規定教育文化之宗旨何在？試申述之。

十、說明教育機會均等之意義。

十一、申言基本教育之意義及其實施方法。

十二、憲法對於邊疆地區之基本國策如何規定？試述其要。

第十四章　憲法之施行及修改

第一節　概　說

　　近代各國成文憲法之體例，除規定國家之基本組織，人民之基本權利義務及其他重要制度外，關於憲法之施行及修改等程序，亦多規定於憲法之中，以構成其內容者，因憲法為國家根本大法，具有特別重要性及尊嚴性，制憲機關於憲法中明定其施行及修改程序，以示與一般法律之施行與修改程序不同，而表現其重要性與尊嚴性；並所以鄭重其施行與修改，俾國人有所遵循。我國憲法特列專章，以規定憲法之施行與修改，其作用亦大抵如此。

　　關於憲法之施行與修改，為憲法已制定後之事，至於憲法之起源與制定，則為憲法施行與修改之先行程序，彼此關係極切，脈絡相承，先後一貫，特分節述之如次：

第二節　憲法之起源

　　各國憲政運動之興起，大抵基於專制政治之反抗，民權思想之發達，國家事務之增繁，及世界潮流之激盪等因素，遂致由君主欽定憲法者有之，與人民協定憲法者有之，由於人民意思以自定憲法者亦有之。國家政治之每經改革，憲法亦恆隨而變更，而憲法之所規範者，亦恆為一切政治之最高準繩，故政治之改革與憲法之演進，互為因果，幾有不可分離之關係。

茲將我國憲法之起源分述於後：

第一、我國憲政運動之興起

我國自一八四一年鴉片戰爭以後，列強環伺，國勢凌夷，始有取法歐西改革政治之思想，直至戊戌政變，國人愈為激動，憤清廷之顢頇，藉立憲以自強，而憲政思想，已成為當時救亡圖存之途徑。 中山先生則為民主立憲之領袖，揭櫫三民主義，五權憲法，組織革命團體，一九〇五年在日本組織同盟會，以「推翻滿清政府，建立共和民國」為目的，並於同盟會所起草之軍政府宣言中，將制定中華民國憲法，建立民主政體，列入黨綱之中。其時康有為、梁啟超等亦主張君主立憲，以模仿日本之政體，大勢所趨，清廷乃有預備立憲之表示，於一九〇五年（光緒三十一年）派遣載澤等五大臣出洋考察政治，次年下詔改革官制，預備立憲，是為我國立憲運動之正式開始，而追溯淵源，則實由於 中山先生三民主義、五權憲法之宣揚與倡導所致。

第二、清末之預備立憲

清末宣示預備立憲，原以十年為期，並於一九〇八年（光緒三十四年）起草憲法大綱，但當時人士以國事日非，要求縮短期間並速開會，是為我國人民要求有參政權之嚆矢。清廷乃於一九一〇年（宣統二年）宣布將原定九年籌備立憲期間縮短為三年，並於次年宣布憲法信條十九條，可謂為清代所頒布之惟一憲法。惟是時革命勢力磅礴，已非空言立憲所能挽回危局，一九一一年（宣統三年）十月十日革命軍終於推翻滿清，肇造民國，是為清末憲政運動之梗概。

第三、民國成立後之制憲經過

民國成立，中央政府之組織，係以中華民國臨時政府組織大綱為依據，元年三月十一日公布中華民國臨時約法，共七章，凡五十六條，在憲法未正式產生之前，其效力與憲法相等，惟其制定之機關為南京參議院，參議

員由各省都督派遣，並非由國民選舉，臨時約法之要點為：㈠規定人民之權利義務；㈡立法機關採一院制，參議院之參議員，由各地方自定方法選派；㈢行政機關採責任內閣制，大總統由參議院選舉，並置副總統。

民國二年雖有中華民國憲法草案之制定，惟未公布施行，民國三年因修訂臨時約法之爭議，國會致被解散，是年五月一日頒行中華民國約法，乃係就原有之臨時約法予以修訂，其要點為立法權仍採一院制，設立法院，並規定在立法院未成立前，以參政院代行其職權；行政權採總統制，不置國務總理，各部總長均稱國務員，直隸於大總統。此約法施行後，臨時約法即行廢止。

民國四年十二月大總統袁世凱帝制自為，改國號為洪憲，因雲南起義，各省響應，不數月而帝制告終，仍為民主共和，由副總統黎元洪繼任大總統，召集民國三年解散之舊國會，繼續制憲工作，嗣於民國六年因對德國宣戰問題，未得國會通過，引起政爭，黎氏於是年六月十二日下令解散國會，制憲工作中止，是為國會之第二次解散，該國會起草之憲法草案，稱為民國六年憲法草案。

黎氏自認解散國會為臨時約法所不許，推請馮國璋繼代大總統，民國七年另組新國會，舉徐世昌為大總統，是年十二月新國會兩院又成立憲法起草委員會，另行起草憲法，採責任內閣制，稱為民國八年憲法草案。

第四、護法運動

民國六年國會解散後，　中山先生倡言護法，國會議員紛紛南下，為恢復國會之運動，六年八月在廣州召開非常會議，制定軍政府組織大綱，推舉　中山先生為大元帥，七年五月另制中華民國聯合政府組織大綱，設政務總裁七人，採行政會議制度。同年九月舉行正式會議，繼續審議在解散國會前有關制憲事宜，終因各派主張不一，致乏結果，制憲工作又告終止，十年四月制定中華民國政府組織大綱，舉　中山先生為非常任大總統，於五月五日就職。

第五、「雙十憲法」

南北政府對峙，雙方制憲工作，無法展開，而「聯省自治」運動，於焉開始，各省自動制定省憲法，主張聯邦制度，然後聯合各省代表組織聯省會議，制定國憲，完成統一事業，此種運動，直至民國十一年六月直奉戰爭後告終，黎元洪復任大總統，恢復民國六年遭受第二次解散之舊國會，仍以繼續民國六年之制憲工作為其主要任務，嗣因黎氏退位，曹錕賄選大總統成功，國會將憲法草案三讀通過，曹氏即於十二年十月十日就職，公布憲法，故稱「雙十憲法」，一稱「曹錕憲法」或「賄選憲法」，是為民國成立以來元年臨時約法，及三年新約法後之第三部憲法。其中關於中央政府仍採責任內閣制，關於地方制度，則採聯邦制。

第六、臨時執政

民國十三年直奉戰爭結束，曹錕被拘，段祺瑞出任為臨時執政，頒布中華民國臨時政府條例，既不承認臨時約法，亦否認十二年頒布之憲法，一切大權均集中於臨時執政而執行，同年十二月公布善後會議條例，並組織憲法起草委員會，十四年三月十二日　中山先生在北平逝世，十二月修正中華民國臨時政府條例為中華民國臨時政府制，將獨裁之臨時執政，改為責任內閣之臨時執政，是時新之憲法草案，亦於十二月完成。

十五年四月段氏被迫去位，北京政府實行攝閣制，十六年六月張作霖施行所謂軍政府大元帥制，至十七年六月國民革命軍統一全國，張氏出關，軍政府亦即消滅。

第三節　憲法之制定

國民政府成立後，關於憲法之制定，亦得分為下列各點說明之：

第一、中華民國訓政時期約法

民國十四年七月一日國民政府成立，其組織以中華民國國民政府組織法為其依據，迨北伐成功，全國底定，於二十年六月一日公布中華民國訓政時期約法，以為國家在訓政時期之根本大法。

此約法凡八章，八十九條，對於人民之權利義務，國民生計，國民教育，中央與地方之權限，政府之組織等事項，均有切要之規定，其尤重要者，厥為訓政綱領一章，用以確定訓政時期之政治綱領，與夫訓政時期中國國民黨及國民政府之權責，庶由此而促成憲政，此為任何國家所無，而為中華民國約法所獨有者也。

第二、五五憲草

中華民國訓政時期約法施行後，一方面實施訓政，一方面仍為憲政之準備工作，適值民國二十年「九一八事變」，日本以軍事侵占我東北，二十一年十二月中國國民黨第四屆三中全會有「集中國力挽救危亡案」，其中關於憲政準備部分，依據建國大綱之規定，決定由立法院從速起草憲法草案，以備國人之研討，立法院一方面遵照　中山先生之遺教，及中央之指示，一方面參照訓政時期之經驗及全國人士所發表之意見，閱時三載，稿經七易，國民政府乃於民國二十五年五月五日明令宣布中華民國憲法草案，簡稱為「五五憲草」。

五五憲草共分八章，都一百四十八條，其主要內容，為：

一、標明三民主義共和國之國體。

二、權能分立，以國民大會為中央代行政權之機關，其職權為：選舉與罷免總統、副總統，立法、監察兩院院長、副院長，立法委員，監察委員，及罷免司法院、考試院院長、副院長；創制法律，複決法律，修改憲法及憲法賦與之其他職權。

三、治權機關為五院制度，即以行政、立法、司法、考試、監察五院分掌五種治權，而行政院則係對總統負責。

四、採總統實權制，總統為國家元首，負實際政治責任，對國民大會負責，行政院重要人員之進退，完全由總統任免，總統有緊急命令權。

五、中央與地方之關係，採均權制度。縣為地方自治之單位，省長由中央政府任免，執行中央法令及監督地方自治。

六、規定民生主義之經濟制度。

七、規定實施憲政之過渡條款，及關於憲法之修改程序及解釋機關。

八、對於人民之權利義務，採法律間接保障主義。

第三、政協憲草修改原則

五五憲草雖經公布，但並未施行，國家對日抗戰八年，直至民國三十四年八月十四日敵人無條件投降後，國民政府乃於三十五年一月間召集各黨各派政治協商會議，決定五五憲草之修改原則十二點：

一、國民大會：㈠全國選民行使四權，名之曰國民大會；㈡在未實行總統普選制以前，總統由縣級、省級及中央議會合組選舉機關選舉之；㈢總統之罷免，以選舉總統之同樣方法行使之；㈣創制複決兩權之行使，另以法律定之。(附註：第一次國民大會之召集方法，由政治協商會議協議之。)

二、立法院為國家最高立法機關，由選民直接選舉之，其職權相當於各民主國家之議會。

三、監察院為國家最高監察機關，由各級議會及民族自治區議會選舉之，其職權為行使同意彈劾及監察權。

四、司法院即為國家最高法院，不兼管司法行政，由大法官若干組織之，大法官由總統提名，經監察院同意任命之。各級法官須超出於黨派以外。

五、考試院用委員制，其委員由總統提名，經監察院同意任命之。其職權著重於公務員及專業人員之考試。考試院委員須超出黨派以外。

六、行政院：㈠行政院為國家最高行政機關，行政院長由總統提名，經立法院同意任命之。行政院對立法院負責；㈡如立法院對行政院全體不信任時，行政院長或辭職，或提請總統解散立法院，但同一行政院長，不

得再提請解散立法院。

　　七、總統：㈠總統經行政院決議，得依法頒布緊急命令，但須於一個月內報告立法院；㈡總統召集各院院長會商，不必明文規定。

　　八、地方制度：㈠確定省為地方自治之最高單位；㈡省與中央權限之劃分，依照均權主義規定；㈢省長民選；㈣省可制定省憲，但不得與國憲牴觸。

　　九、人民之權利義務：㈠凡民主國家人民應享之自由及權利，均應受憲法之保障，不受非法之侵犯；㈡關於人民自由，如用法律規定，須出之於保障自由之精神，非以限制為目的；㈢工役應規定於自治法內，不在憲法內規定；㈣聚居於一定地方之少數民族，應保障其自治權。

　　十、選舉應立專章，被選年齡定為二十三歲。

　　十一、憲草上規定基本國策章，應包括國防、外交、國民經濟、文化教育各項目：

　　㈠國防之目的，在保障國家安全，維護世界和平。全國陸海空軍，須忠於國家，愛護人民，超出於個人地方及黨派關係以外。

　　㈡外交原則本獨立自主精神，敦睦邦交，履行條約義務，遵守聯合國憲章，促進國際合作，確保世界和平。

　　㈢國民經濟應以民生主義為基本原則。國家應保障耕者有其田，勞動者有職業，企業者有發展之機會，以謀國計民生之均足。

　　㈣文化教育應以發展國民之民族精神，民主精神與科學智能為基本原則，普及並提高一般人民之文化水準。實行教育機會均等，保障學術自由，致力科學發展。

　　（附註：以上四項之規定不宜過於煩瑣。）

　　十二、憲法修改權，屬於立法、監察兩院聯席會議。修改後之條文，應交選舉總統之機關複決之。

　　政治協商會議議決組織憲草審議委員會，根據前述修改原則，並參酌國民參政會憲政期成會修正案及憲政實施協進會研討結果及各方面所提出之意見，彙綜整理，製成五五憲草修正案，提供國民大會採納。對於憲草

修正原則，又成立三項協議：

　　一、國民大會為有形組織，行使四權。

　　二、取消「政協憲草修改原則」之第六項。

　　三、取消「省憲」改為「省得制定省自治法」。

第四、中華民國憲法之制定

　　上述關於政治協商會議修改五五憲草之全部草案完成後，先經國防最高委員會通過，再由國民政府送交立法院審議，但立法院對於該項修正案，並未討論或修改，而將該案送呈國民政府，轉送國民大會，於民國三十五年十二月二十五日將該憲草修正案通過三讀程序，全文共一百七十五條，計分十四章，並經決定民國三十六年十二月二十五日為憲法施行日期，國民政府於民國三十六年元旦頒布憲法之公布命令，並於同年十二月二十五日施行，是即為現行之中華民國憲法。

第四節　憲法之施行

　　中華民國憲法制定後，「頒行全國，永矢咸遵。」已於憲法序言中明示，亦即憲法之施行，希望全國人民之永遠遵守，是為憲法施行之主旨所在。

　　惟憲法施行後，係由原有之政治制度，過渡至憲政時期之政治制度，必須有若干之準備工作，以確保憲法之實施。此種準備工作，各國憲法每有規定之者，通常稱為「過渡條款」，我國因憲法之公布施行，由訓政時期進入憲政時期，其準備程序，有予以規定之必要。

　　又憲法施行後，其效力如何？與法律之關係如何？因施行適用，而發生疑義時，應有所解釋；憲法所規定之事項，及構成憲法之內容，並非不可及時修改，因之，憲法第十四章對於憲法之施行及修改，為專章之規定。茲就本章規定之內容及次序，分為：憲法與法律之關係，憲法之解釋及憲法施行之準備程序各點說明之：

第一、憲法與法律之關係

關於憲法與法律之區別,已於本書第一章第一節第一項第二款內述明,至於憲法與法律之關係如下:

一、**憲法確定法律之意義**　本憲法所稱之法律謂經立法院通過,總統公布之法律(憲法第一七〇條),此可謂確定法律形式上之意義,亦得謂為法律所應具備之形式要件,即:㈠須經立法院通過,及㈡須經總統之公布。二者缺一,即不得稱為法律,故如立法院議事規則,雖係經立法院之通過,然並非總統所公布,不得謂之為法律;又如總統公布之各種命令,惟並非立法院所通過,亦不得謂之為法律。

依中央法規標準法之規定,法律得定名為法、律、條例、或通則,則憲法中規定之省自治法及縣自治法,雖有「法」之名稱,惟省、縣自治法,既非經立法院通過及總統所公布,亦自非本憲法所稱之法律。

上述關於憲法確定法律之意義,僅指法律形式上之意義而言,至於法律實質上之意義,乃指法律是以國家權力而強制實行之人類生活之規範。惟亦有神意法說,正義法說,命令法說,強者法說,歷史法說等學說,均不足採,茲不贅述。

二、**憲法是產生法律之淵源**　憲法乃一般法律之母法,憲法中每有「依法」、「依法律」,或「由中央立法」,或「關於某某事項,以法律定之」等規定,是即為一般法律產生之依據,即為法律之淵源。

三、**憲法排斥違憲法律之存在**　法律與憲法牴觸者無效(憲法第一七一條第一項),是法律違反憲法者,即無存在之餘地。法律與憲法有無牴觸時,由司法院解釋之(同條第二項),至於命令多係根據法律所產生,或在法律所容許之範圍內,始有其存在,命令與憲法或法律牴觸者無效(憲法第一七二條),更不待言。亦即憲法之效力最強,法律次之,命令又次之。惟總統依憲法增修條文所發布之緊急命令,行政院依國家總動員法所發布之命令,則得變更法律,但仍不得牴觸憲法。

第二、憲法之解釋

憲法於施行後，在適用時不免發生疑義，致有解釋之必要。關於憲法之解釋，得分為下列各點述之：

一、**解釋憲法之機關**　各國解釋憲法之機關，制度不一，有由普通法院解釋者，如美國是；有由特別法院解釋者，如奧地利之憲法法院，及西班牙之憲法保障法院是；亦有由國會以解釋之者，如泰國是。其在我國，憲法之解釋，由司法院為之（憲法第一七三條），亦僅司法院有解釋憲法之權，此與一般法律命令各主管機關均有解釋之權，僅於不相隸屬，系統不同之二個以上機關，對於適用同一法令之見解有異時，始由司法院統一解釋者不同。

憲法第七十八條已有「司法院解釋憲法」之規定，茲復於第一百七十三條規定：「憲法之解釋，由司法院為之。」似不無重複規定之嫌，惟於此亦足見關於憲法解釋之重要性。對此，學者有不同之看法。認為憲法第一百七十三條，係規定於憲法第十四章「憲法之施行修改」之編章中，從條文體系布置上來看，與憲法第七十八條之規定不同，故應解釋為制憲者，在憲法之施行及修改過程中如遇有違憲時，由司法院擔任憲法解釋職責。此一看法，大法官在釋字第四九九號之解釋理由書加以贊同，並補以國民大會制憲實錄，認為憲法第一百七十三條規定「顯非為一般性之憲法解釋及統一解釋而設」❶。

司法院設大法官會議，以大法官十五人組織之，審理解釋憲法及統一解釋法律命令案件（憲法第七九條第二項，憲法增修條文第五條第一項，並參照司法院組織法第三條）。

二、**解釋憲法之事項**　關於大法官會議解釋憲法之事項及聲請解釋憲法之程序，前已於本書第七章第三節第二項第一款「大法官會議」中詳述，茲不再贅。

---

❶　林騰鷂，《中華民國憲法》，三民書局，民國 94 年 8 月，修訂 4 版 1 刷，頁 464。

第三、憲法施行之準備程序

本憲法規定事項，有另定實施程序之必要者，以法律定之（憲法第一七五條第一項）。因憲法為國家根本大法，其所規定之事項，多屬重要，關於此等事項之實施程序，故須另以法律定之，以資依據，俾昭鄭重。凡憲法條文中有「以法律定之」，或「其詳以法律定之」，及「依法」或「依法律」或「由中央立法」等字句之規定者，均應另行制定法律，以為實施之依據。例如憲法第八條規定之依法定程序而始得逮捕、拘禁、審問、或處罰，第十九條所規定之人民依法律納稅，第二十條所規定之人民依法律服兵役等事項，均須另行制定法律以為規定是。

本憲法施行之準備程序，由制定憲法之國民大會議定之（憲法第一七五條第二項），此指憲法本身施行之準備程序而言，與同條前項所指憲法規定事項之實施程序有別。關於由制憲國民大會所議定之「憲法實施之準備程序」，係三十六年一月一日國民政府公布，其所規定之準備實施程序如下：

一、自憲法公布之日起，現行法令之與憲法相牴觸者，國民政府應迅速分別予以修改或廢止，並應於依照本憲法所產生之國民大會集會以前，完成此項工作。

二、憲法公布後，國民政府應依照憲法之規定，於三個月內制定並公布下列法律：

㈠關於國民大會之組織，國民大會代表之選舉、罷免。

㈡關於總統、副總統之選舉、罷免。

㈢關於立法委員之選舉、罷免。

㈣關於監察委員之選舉、罷免。

㈤關於五院之組織。

三、依照憲法應由各省市議會選出之首屆監察委員，在各省市議會未正式成立以前，得由各省市現有之參議會選舉之，其任期以各省市正式議會選出監察委員之日為止。

四、依照本憲法產生之國民大會代表，首屆立法委員與監察委員之選

舉，應於各有關選舉法公布後六個月內完成之。

五、依憲法產生之國民大會，由國民政府主席召集之。

六、依憲法產生之首屆立法院，於國民大會閉幕後之第七日自行集會。

七、依憲法產生之首屆監察院，於國民大會閉幕後由總統召集之。

八、依憲法產生之國民大會代表、立法委員及監察委員，在第四條規定期限屆滿，已選出各達總額三分之二時，得為合法之集會及召集。

九、制定憲法之國民大會代表，有促成憲法施行之責，其任期至依照憲法選出之國民大會代表集會之日為止。

十、憲法通過後，由制定憲法之國民大會代表組織憲政實施促進委員會，其辦法由國民政府定之。

第四、訓政時期之結束

建國大綱第五條規定：「建國之程序分為三期：一曰軍政時期，二曰訓政時期，三曰憲政時期」；第六條規定：「在軍政時期，一切制度悉隸於軍政之下，政府一面用兵力以掃除國內之障礙，一面宣傳主義以開化全國之人心，而促進國家之統一」；第七條規定：「凡一省完全底定之日，則為訓政開始之時，而軍政停止之日」；第二十五條規定：「憲法頒布之日，即為憲政告成之時，而全國國民則依憲法行全國大選舉，國民政府則於選舉完畢之後三個月解職，而授政於民選之政府，是為建國之大功告成。」

依照上述建國大綱各條之規定，國民政府於民國十七年北伐成功，統一全國，至二十年六月一日中華民國訓政時期約法公布之時，為軍政時期；自訓政時期約法公布施行之後，至三十六年十二月二十五日中華民國憲法施行之日為止，則為訓政時期；自中華民國憲法施行之日起，則為憲政時期。國家既由訓政時期而進入憲政時期，則對於訓政之結束程序，應有法律以為規定。此即為訓政結束程序法（三十六年十二月二十五日國民政府公布，同日施行）。

依訓政結束程序法之規定，其內容約如下述：

一、國民政府主席，國民政府委員會，及其五院外之直轄機關，行使

原有之法定職權，應於依憲法產生之總統就職之日，即行停止。

二、立法院行使原有之法定職權，應於依憲法產生之首屆立法院集會之日，即行停止。

三、監察院行使原有之法定職權，應於依憲法產生之首屆監察院集會之日，即行停止。

四、行政院、司法院、考試院，行使原有之法定職權，應於依憲法產生之各該院改組完成之日，即行停止。

五、省市縣現有民意機關，及行政機構行使原有之法定職權，應於依憲法選舉或改組完成之日，即行停止。

第五節　憲法之修改

憲法經制定施行後，並非永遠不變，如其規定與國家之實際需要不相適應時，自得予以修改，惟憲法為國家根本大法，修改憲法要為國家最嚴重之事件。關於憲法之修改，可分為憲法之修改機關及憲法之修改程序說明之。此在各國之制度，本不相同，尤以柔性憲法之國家與剛性憲法之國家，大有區別。採柔性憲法之國家，對於憲法之修改，與普通法律之修改相同，即由通常立法機關，依通常立法程序，以修改其憲法；採剛性憲法之國家，則修改憲法之機關與修改憲法之程序，與普通法律迥異其規定。我國係採剛性憲法之國家，關於憲法之修改，規定於憲法本身之內者如下：

第一、憲法之修改機關

憲法本文原規定，有修正憲法職權之機關為國民大會，國民大會有提議修正憲法，並決議修改之權。而立法院僅有擬定憲法修正案之權，並無決議修正之權，其擬定之憲法修正案，須提請國民大會複決之。不過，因為民國九十四年六月十日總統令修正憲法增修條文時已將國民大會之組織與職權修文規定，停止適用，並將憲法之修改機關規定為立法院提出憲法

修正案後再由中華民國自由地區選舉人投票複決。

第二、憲法之修改程序

憲法之修改程序，依民國九十四年六月十日公布修正之憲法增修條文第十二條之規定，經立法院立法委員四分之一提議，四分之三出席，及出席委員四分之三之決議，提出憲法修正案，並於公告半年後，經中華民國自由地區選舉人投票複決，有效同意票過選舉人總額之半數，即通過之。

依上所述，則修改憲法之機關及其修改程序，較之普通法律之修改機關為立法院，且僅依通常之立法程序以修改者，大異其趣，所以我國憲法具有剛性憲法之性質。

以上為憲法之修改程序，而非憲法之制定程序，亦即是修憲程序，而非制憲程序。就修憲之廣義言之，原為重新制定憲法中之某部分條文，亦得謂為制憲；惟就狹義言之則否，修憲與制憲之區別，為修憲乃就現行之憲法，予以部分條文之修改，制憲乃係由無憲而有憲，或將現有憲法全部揚棄而完全新訂憲法。因**修憲為體制內之改進，制憲則為體制外之變革**憲法為國體政體之基本規範，僅得在體制內為適時適度之修改，以求改進，鞏固國權；若另行制憲，將為體制外之變革，則奸宄逞亂，勢必動搖國本，危害國家。

總之，修憲易於凝聚全民共識，維護社會安寧，促進民主發展，對憲政成長，有承先啟後之承傳作用，此與制憲之足以引發異議，製造亂源迥異。

第三、憲法之修改界限

憲法制定後是否可以修改，以及可以在什麼時候修改，依照什麼形式修改，及在範圍上、內容上可做多大程度之修改？此即憲法學理上的修憲界限 (Grenzen der Verfassungssänderung) 理論課題。

從比較憲法學的觀點來看，修憲界限可分為下列三大類，即：

㈠時間界限：此即對憲法的修改加以時間方面的限制，又可分為修憲

時間的消極限制及修憲時間的積極限制。

　　1.修憲時間的消極限制——係指憲法在一定時間內不得修改之限制。例如美國一七八七年憲法第五條規定，於一八○八年之前所通過修正案，不得修改憲法第一條第九節第一、四款之規定。

　　2.修憲時間的積極限制——係指憲法在一定時間內應重行檢討加以修正之意。例如葡萄牙一九一九年憲法第八十二條規定，憲法每十年修改一次。波蘭一九二一年憲法第一百二十五條規定，憲法每隔二十五年至少應修正一次。而美國開國元勳傑佛遜 (Thomas Jefferson) 亦認為一個文明社會之每一世代有權利自行選擇能增進其幸福的政府形式，故主張憲法應規定每隔十九年或二十年有一次「莊重的機會」來全盤修改憲法。

　　㈡程序界限：此即憲法的修正須經特殊的程序與人數限制，例如我國之憲法修正案，須有立法委員四分之一提議，四分之三之出席及出席委員四分之三之決議，並於公告半年後，經中華民國自由地區選舉人投票複決之程序。

　　㈢內容界限：此即憲法的修正內容在實體上所不能逾越的界限。現時各國雖已不採法國大革命時代理論家西耶 (Abbe Sièyes, 1748–1836) 所主張的「制憲永恆論」，而認為憲法係可加以修改，不過，在內容上受有相當的限制，此即為憲法修改內容之界限。德國威瑪共和國時期之著名學者卡爾‧史密特 (Carl Schmitt) 即改良西耶的「制憲永恆論」，認為憲法非不得修正，但在觸及憲法的基本精神時，則不得輕易修正。史密特主張「憲律」(Verfassungsgesetz) 是可以修改的，至於「憲章」(Verfassung) 則是不可以修改的。史密特的此一主張受到各國憲法學者的重視，並有為各國將之採納為憲法修改之內容界限者。根據我國學者曾繁康教授之歸納❷，下列事項修憲者不得加以修改，即：

　　1.共和國體不得修改，縱使憲法無明文禁止修改。

　　2.國家機關之根本體制與重要原則不得修改。例如美國之聯邦制與三

---

❷　曾繁康，《比較憲法》，三民書局，民國 74 年 9 月 5 版，頁 678–679；謝瑞智，《憲法新論》，文笙書局，民國 88 年元月，頁 784。

權分立制；在我國即為權能區分、五院分治之制度與原則。

　　3.修憲機關不應修改憲法以擴張其自身權力，概因如此，則修憲機關之修憲權勢將成為無法可以控制之權力。故有若干國家之憲法規定，國會兩院倘若提議修改憲法，則須歸於解散。

　　我國憲法及憲法增修條文，對於憲法修改內容之界限，並無明文規定。故民國八十八年九月四日舉行第三屆國民大會第四次會議時，國民大會代表以秘密投票方式，自行三讀通過國民大會代表任期延長兩年一個月，並延長第四屆立法委員任期至民國九十一年六月三十日之做法，即產生違憲自肥爭議，引發輿論與民眾的激烈抗議，並導致民國八十八年九月八日執政之中國國民黨開除蘇南成先生之黨籍，使之失去其擔任該黨國民大會不分區代表及國民大會議長之資格。國民大會代表上述修改憲法，自行延任自己任期之作為，實為上述所指之藉修改憲法以擴充自身權力之違憲、毀憲行為。

　　大法官乃於民國八十九年三月二十四日作出釋字第四九九號解釋，宣告上述國大違憲、毀憲之延任自肥條文不符憲法本旨，即日起失其效力，才挽救了憲法被破毀的殘局。該號解釋確認了修憲界限理論，成為我國非常重要的憲法發展歷史文件，其解釋文值得在此摘要節錄。該號解釋謂：

　　一、憲法為國家根本大法，其修改關係憲法秩序之安定及全國國民福祉至鉅，應由修憲機關循正當修憲程序為之。又修改憲法乃最直接體現國民主權之行為，應公開透明為之，以滿足理性溝通之條件，方能賦予憲政國家之正當性基礎。修改憲法亦係憲法上行為之一種，如有重大明顯瑕疵，即不生其應有之效力。所謂明顯係指事實不待調查即可認定；所謂重大，就議事程序而言，指瑕疵之存在，已喪失其程序之正當性，而違反修憲條文成立或效力之基本規範。

　　二、國民大會為憲法所設置之機關，其具有之職權亦為憲法所賦予，基於修憲職權所制定之憲法增修條文與未經修改之憲法條文雖處於同等位階，惟憲法中具有本質之重要性而為規範秩序存立之基礎者，如聽任修改條文予以變更，則憲法整體規範秩序將形同破損，該修改之條文即失其應

有之正當性。憲法條文中，諸如：第一條所樹立之民主共和國原則、第二條國民主權原則、第二章保障人民權利、以及有關權力分立與制衡原則，具有本質之重要性，亦為憲法整體基本原則之所在。基於前述規定所形成之自由民主憲政秩序，乃現行憲法賴以存立之基礎，凡憲法設置之機關均有遵守之義務。

三、第三屆國民大會八十八年九月四日通過之憲法增修條文第一條，國民大會代表第四屆起依比例代表方式選出，並以立法委員選舉，各政黨所推薦及獨立參選之候選人得票之比例分配當選名額，係以性質不同，執掌互異之立法委員選舉計票結果，分配國民大會代表之議席，依此種方式產生之國民大會代表，本身既未經選舉程序，僅屬各黨派按其在立法院席次比例指派之代表，與憲法第二十五條國民大會代表全國國民行使政權之意旨，兩不相容，明顯構成規範衝突。若此等代表仍得行使憲法增修條文第一條以具有民選代表身分為前提之各項職權，將牴觸民主憲政基本原則，是增修條文有關修改國民大會代表產生方式之規定，與自由民主之憲政秩序自屬有違。

四、按國民主權原則，民意代表之權限，應直接源自國民之授權，是以代議民主之正當性在於民意代表行使選民賦予之職權，須遵守與選民約定，任期屆滿，除有不能改選之正當理由外，應即改選，乃約定之首要者，否則將失其代表性。本院釋字第二六一號解釋：「民意代表之定期改選，為反映民意，貫徹民主憲政之途徑」亦係基於此一意旨。所謂不能改選之正當理由，須與本院釋字第三一號解釋所指：「國家發生重大變故，事實上不能依法辦理次屆選舉」之情形相當。本件關於國民大會代表及立法委員任期之調整，並無憲政上不能依法改選之正當理由，逕以修改上開增修條文方式延長其任期，與首開原則不符。而國民大會代表之自行延長任期部分，於利益迴避原則亦屬有違，俱與自由民主憲政秩序不合。

本章自習題目

一、我國憲政運動之興起及清末預備立憲之經過，試述其梗概。

二、憲法未施行前我國有何根本大法？試就其先後次序，列舉以對。

三、說明憲法、法律與命令之相互關係。

四、試述憲法之解釋機關及其程序。

五、憲法施行時有何準備程序？試言其要。

六、訓政結束時有何法律規定？試述其要。

七、試述修改憲法之機關及其程序。

八、修改憲法與修改普通法律有何不同？試比較言之。

九、憲法之修改界限為何？試依司法院釋字第四九九號解釋分析之。

第十五章　憲法與憲法增修條文

第一節　概　說

動員戡亂時期既須終止，臨時條款亦須廢止，惟為因應國家統一前之需要，必須依照修憲程序，對憲法條文作必要之增修，以宏揚憲政，建設國家。

中華民國憲法增修條文（以下簡稱憲法增修條文或增修條文）在憲政歷程中，原具有承先啟後，繼往開來之作用，惟就其增修之頻率言之，在短暫的十五年期間內，已增修七次，其修改次數之頻繁，修改幅度之廣泛，以及每次修改，幾多將前次修改之內容，又予以變更，此種修改現象，對於憲法之最高性、固定性及國人尊重並遵守憲法之信心，不無負面影響。

關於憲法增修條文之內容，原已就每一事項分別歸屬於本書有關章節之中，詳見前述，茲綜合各次增修條文，析述其概念，並另於各節分別述其梗概。

第一、增修之原因

增修憲法條文，乃為「因應國家統一前之需要」，此為歷次增修憲法條文之前言中所揭櫫之主旨所在，而迄未變更。

第二、增修之依據

增修憲法條文之法源，係依憲法第二十七條第一項第三款及第一百七十四條第一款之規定，亦為歷次增修憲法條文之前言中所明示，換言之，

僅國民大會有依憲修憲之權。是修憲而非制憲，依本憲法所產生之國民大會，僅有權修憲，而無權制憲。

第三、增修之體例

憲法增修條文之體例，先後不一，在第一、二次增修條文時，不問其為排斥或不受憲法限制的規定，憲法原有條文概予保留不動，第一次增修條文附在憲法之後，自第一條起算，至第十條為止；第二次增修條文，則連接第一次增修條文第十條之後為第十一條至第十八條，其優點則可瞭解增修前後之整個憲旨。

第三次及第四次增修條文之體例則不然：

第三次增修條文之體例，並非連接於第二次增修條文之後，為第十九條，而重新自第一條之序數起算，共為十條，依憲法之章節次序，調整其先後之條次，而與第一、二次之增修條文，一似無任何關係。

第四次增修條文之體例亦然，並非連接於第三次增修條文之後，而係自第一條之序數起算，共為十一條。

第五次及第六次增修條文之體例，與第四次增修條文的體例相同，亦即第五次之增修條文，並非連接於第四次增修條文第十一條之後為第十二條以上序數的條文，乃仍為十一條，第六次增修條文之體例亦同，其條文數目，仍為十一條，至於條文內容，則多有修訂。

第七次增修條文之體例則除更改原條文內容外，新增訂第十二條，是與第二次增修條文之方式略同。

關於憲法增修條文的體例，原有各種方式可以考慮：

㈠修改憲法本文，並將增修條文全部納入憲法本文之中，不再附帶的增列其後。

㈡憲法本文及各次增修條文均不更動，以增修條文連接其後，依序計其條次。

㈢同時分別修改憲法本文及增修條文，使彼此規定一致。

㈣憲法本文不動，增修條文則重行修訂、通盤調整。

第一、二次增修條文，係採取上述㈡之體例；第三、四、五、六、七次增修條文，則採用㈣之體例。

第二次憲法增修條文之體例與第一次增修條文之順序連接，附於憲法本文之後，憲法原有之本文照舊未改，而同時並存，謂為「修正」或「增修」，未免名實不符。

若謂美國聯邦憲法之修正，亦採此種體例者，實則彼此情形不同。美國聯邦憲法自一七八九年三月四日公布生效以後，迄至一九九二年六月三十日為止，增修憲法共十五次，合計二十六條，其中增修條文第一條至第十條為人權法案，第十八條與第二十一條皆與禁酒有關，以及其他各條，均係補充憲法原有規定之不周，而非變更原有之規定。

我國憲法兩次增修之條文則不然，與憲法之原有規定多有牴觸或變更，第二次增修條文，又有變更第一次之增修條文者，如第二次增修條文第十五條第二項而變更第一次增修條文第三條及第四條、第五條第三項有關監察委員之產生等規定是。修廢並列，矛盾互存，此種修法體例，可謂創制之嚆矢。

憲法為國家根本大法，增修條文與原有條文或互相牴觸，或已失效，而仍贅存於同一法典之中，其優點雖得知其沿革歷程，易於比較得失，但不無支離破碎混淆不清之感，因而憲法增修條文之體例，不無研酌之餘地。

第四、增修條文與憲法本文之關係

此可析述如下：

一、**定名關係**　既稱為憲法增修條文，附於憲法本文之後，以示其為憲法之一部分，因其定名關係，不音表示增修條文與憲法本文構成為一整體。

惟憲法本文，並不變動隻字片語，均保持原文，未予修改，而增修條文則多與憲法本文相牴觸，排斥本文而優先適用，而仍為構成憲法之內容，稱為增修條文，可以其定名表示其與憲法本文之關係。

二、**依存關係**　增修條文與憲法本文所規定之有關事項，彼此依存，相輔為用，例如關於國民大會代表、及立法委員之選舉單位及選出名額，

依增修條文之規定，至其職權之行使，除增修條文別有規定外，則仍依憲法本文之規定。

三、牴觸關係　增修條文所規定之事項，與憲法本文所規定之同一事項，彼此不相同時，則牴觸憲法本文之規定，不適用憲法有關規定，或不受其規定之限制，或停止憲法有關規定之適用，例如國民大會代表之選出，不受憲法第二十六條及第一百三十五條之限制；立法委員之選出，不受憲法第六十四條之限制；監察委員之任命，而停止憲法第九十一條之適用；國民大會之組織與職權之消失，停止適用憲法第四條、第二十五條至第三十四條、第一百三十五條、及第一百七十四條之規定。凡此均得謂為牴觸關係。惟亦有謂既係修正，即不發生牴觸問題。

四、補充關係　憲法本文所未規定之事項，而由增修條文規定以適用之者，得謂為補充關係，例如增修條文中有全國不分區名額之國民大會代表及立法院立法委員，採政黨比例方式選出之；授權總統得設置國家安全會議及所屬國家安全局等規定均是。

關於憲法增修條文與憲法之關係，有尚須說明者，即增修條文之性質，本為憲法，原得概稱為憲法，惟在規定中及適用上，則恆將增修條文與憲法同時並舉，一似增修條文與憲法顯然有別，而自外於憲法，因此，就通常情形言之，憲法之涵義及觀念，固包括其增修條文在內；若就規定及適用言之，則二者彼此有別，且有區別之必要，但不得執此而否定增修條文之本質即為憲法。惟其如此，所以增修條文不僅具有憲法之同等效力，且有排斥憲法原有規定或不受原規定限制之優越效力。

茲將各次憲法增修條文之全部本文分節列入，並分述其增修之梗概，以便綜研。

第二節　第一次憲法增修條文（第一條至第十條）

中華民國憲法由第一屆國民大會第二次臨時會第六次大會於民國八十

年五月一日動員戡亂時期臨時條款廢止之時，依照修憲程序，通過憲法增修條文第一條至第十條，同日由總統公布，是為第一次修憲，亦即是第一次憲法增修條文。

憲法增修條文制定之公布，與臨時條款廢止之公布，同為中華民國八十年五月一日，因為若先廢止臨時條款，在憲法增修條文尚未完成法定程序之前，總統即失去緊急危難處分權，如發生國家安危的緊急情況，即無緊急處分之依據，因之，二者以同日公布、同時生效或失效為宜。

第一項　增修之條文

第一次憲法增修條文，其前言及全部條文如下：

為因應國家統一前之需要，依照憲法第二十七條第一項第三款及第一百七十四條第一款之規定，增修本憲法條文如左：

第一條

國民大會代表依左列規定選出之，不受憲法第二十六條及第一百三十五條之限制：

一、自由地區每直轄市、縣市各二人，但其人口逾十萬人者，每增加十萬人增一人。

二、自由地區平地山胞及山地山胞各三人。

三、僑居國外國民二十人。

四、全國不分區八十人。

前項第一款每直轄市、縣市選出之名額及第三款、第四款各政黨當選之名額，在五人以上十人以下者，應有婦女當選名額一人，超過十人者，每滿十人應增婦女當選名額一人。

第二條

立法院立法委員依左列規定選出之，不受憲法第六十四條之限制：

一、自由地區每省、直轄市各二人，但其人口逾二十萬人者，每增加十萬人增一人；逾一百萬人者，每增加二十萬人增一人。

二、自由地區平地山胞及山地山胞各三人。

三、僑居國外國民六人。

四、全國不分區三十人。

前項第一款每省、直轄市選出之名額及第三款、第四款各政黨當選之名額，在五人以上十人以下者，應有婦女當選名額一人，超過十人者，每滿十人應增婦女當選名額一人。

第三條

監察院監察委員由省、市議會依左列規定選出之，不受憲法第九十一條之限制：

一、自由地區臺灣省二十五人。

二、自由地區每直轄市各十人。

三、僑居國外國民二人。

四、全國不分區五人。

前項第一款臺灣省、第二款每直轄市選出之名額及第四款各政黨當選之名額，在五人以上十人以下者，應有婦女當選名額一人，超過十人者，每滿十人應增婦女當選名額一人。

省議員當選為監察委員者，以二人為限；市議員當選為監察委員者，各以一人為限。

第四條

國民大會代表、立法院立法委員、監察院監察委員之選舉罷免，依公職人員選舉罷免法之規定辦理之。

僑居國外國民及全國不分區名額，採政黨比例方式選出之。

第五條

國民大會第二屆國民大會代表應於中華民國八十年十二月三十一日前選出，其任期自中華民國八十一年一月一日起至中華民國八十五年國民大會第三屆於第八任總統任滿前依憲法第二十九條規定集會之日止，不受憲法第二十八條第一項之限制。

依動員戡亂時期臨時條款增加名額選出之國民大會代表，於中華民國八十二年一月三十一日前，與國民大會第二屆國民大會代表共同行使職權。

立法院第二屆立法委員及監察院第二屆監察委員應於中華民國八十二年一月三十一日前選出，均自中華民國八十二年二月一日開始行使職權。

第六條

國民大會為行使憲法第二十七條第一項第三款之職權，應於第二屆國民大會代表選出後三個月內由總統召集臨時會。

第七條

總統為避免國家或人民遭遇緊急危難或應付財政經濟上重大變故，得經行政院會議之決議發布緊急命令，為必要之處置，不受憲法第四十三條之限制。但須於發布命令後十日內提交立法院追認，如立法院不同意時，該緊急命令立即失效。

第八條

動員戡亂時期終止時，原僅適用於動員戡亂時期之法律，其修訂未完成程序者，得繼續適用至中華民國八十一年七月三十一日止。

第九條

總統為決定國家安全有關大政方針，得設國家安全會議及所屬國家安全局。

行政院得設人事行政局。

前二項機關之組織均以法律定之，在未完成立法程序前，其原有組織法規得繼續適用至中華民國八十二年十二月三十一日止。

第十條

自由地區與大陸地區間人民權利義務關係及其他事務之處理，得以法律為特別之規定。

第二項　增修之梗概

第一次憲法增修條文，共計十條，其內容之構成，亦即其所規定之事項，梗概如下：

第一、第二屆中央民意代表之產生事項

包括國民大會第二屆國民大會代表、立法院第二屆立法委員及監察院第二屆監察委員產生之法源、名額、選舉方式、選舉時間及任期（第一條至第六條），其中事項多有不受憲法有關規定之限制。

第二、授權總統發布緊急命令之權

此項緊急命令之發布，不受憲法第四十三條之限制（第七條）。前於第四章第五節「總統之職權」中有所詳述。

第三、範限動員戡亂時期法律之適用期間

動員戡亂時期終止時，原僅適用於動員戡亂時期之法律，其修訂未完成程序者，得繼續適用至中華民國八十一年七月三十一日止（第八條），使此類法律不至於長期使用，並促其及時修訂，以應實際需要。

第四、得設置國家安全會議等機關

「總統為決定國家安全有關大政方針，得設國家安全會議及所屬國家安全局。

行政院得設人事行政局。

前二項機關之組織均以法律定之，在未完成立法程序前，其原有組織法規得繼續適用至中華民國八十二年十二月三十一日止。」（第九條）

一、國家安全會議及所屬國家安全局、行政院人事行政局，係依據動員戡亂時期臨時條款第四項及第五項設立之機構。臨時條款廢止後，將失其設立之法源依據，因上述機構仍應繼續存在。本條第一項及第二項乃規定其設立之法源。

二、本條第三項規定上述機關之組織均以法律定之，以符法制。但在未完成立法程序前，原有組織法規得繼續適用，以應實際需要。

第五、海峽兩岸人民權義等事項之特別立法

「自由地區與大陸地區間人民權利義務關係及其他事務之處理，得以法律為特別之規定。」（第十條）

動員戡亂時期臨時條款廢止後，自由地區與大陸地區間人民權利義務關係及其他事務之處理，必須針對海峽兩岸關係之發展，妥予規定。其中可能有與自由地區適用之一般規定有別，不免發生與憲法第七條規定「中華民國人民在⋯⋯法律上一律平等」牴觸之問題，本條授權得為特別立法，以符法治。中華民國八十一年七月三十一日公布之「臺灣地區與大陸地區人民關係條例」，即係依據八十年五月一日公布之憲法增修條文第十條（現行增修條文改列為第十一條）所制定，為國家統一前規範臺灣地區與大陸地區間人民權利義務之特別立法（參照司法院釋字第四九七號解釋前段）。

以上為第一次憲法增修條文內容之梗概。

第一次憲法增修條文，乃為程序上之修憲，因其增修條文共十條中，除第七條賦與總統發布緊急命令之權，不受憲法第四十三條之限制，可謂為實質上之修憲外，其中前六條皆係賦與第二屆中央民意代表產生及行使職權之法源，第八條規定臨時條款廢止後有關法律之修廢期限，第九條規定得設國家安全會議等機關之法源，第十條規定海峽兩岸人民權利義務關係得為特別規定之法源，要均為過渡性之程序事項，故為第一階段之程序上修憲。

第三節　第二次憲法增修條文（第十一條至第十八條）

第一項　增修之條文

　　第二屆國民大會臨時會依照修憲程序，通過憲法增修條文第十一條至第十八條，經總統於八十一年五月二十八日公布，其條文序數，與原有第一次增修之十條條文，先後連接，共為十八條，定名概稱為「中華民國憲法增修條文」，實則其中第一條至第十條為第一次增修條文，第十一條至第十八條，則為第二次增修條文。

　　第二次憲法增修條文第十一條至第十八條之條文如下：

第十一條

　　國民大會之職權，除依憲法第二十七條之規定外，並依增修條文第十三條第一項、第十四條第二項及第十五條第二項之規定，對總統提名之人員行使同意權。

　　前項同意權之行使，由總統召集國民大會臨時會為之，不受憲法第三十條之限制。

　　國民大會集會時，得聽取總統國情報告，並檢討國是，提供建言；如一年內未集會，由總統召集臨時會為之，不受憲法第三十條之限制。

　　國民大會代表自第三屆國民大會代表起，每四年改選一次，不適用憲法第二十八條第一項之規定。

第十二條

　　總統、副總統由中華民國自由地區全體人民選舉之，自中華民國八十五年第九任總統、副總統選舉實施。

　　前項選舉之方式，由總統於中華民國八十四年五月二十日前召集國民大會臨時會，以憲法增修條文定之。

　　總統、副總統之任期，自第九任總統、副總統起為四年，連選得連任一次，不適用憲法第四十七條之規定。

　　總統、副總統之罷免，依左列規定：

　　一、由國民大會代表提出之罷免案，經代表總額四分之一之提議，代表總額三分之二之同意，即為通過。

　　二、由監察院提出之彈劾案，國民大會為罷免之決議時，經代表總額三分之二之同

意，即為通過。

副總統缺位時，由總統於三個月內提名候選人，召集國民大會臨時會補選，繼任至原任期屆滿為止。

總統、副總統均缺位時，由立法院院長於三個月內通告國民大會臨時會集會補選總統、副總統，繼任至原任期屆滿為止。

第十三條

司法院設院長、副院長各一人，大法官若干人，由總統提名，經國民大會同意任命之，不適用憲法第七十九條之有關規定。

司法院大法官，除依憲法第七十八條之規定外，並組成憲法法庭審理政黨違憲之解散事項。

政黨之目的或其行為，危害中華民國之存在或自由民主之憲政秩序者為違憲。

第十四條

考試院為國家最高考試機關，掌理左列事項，不適用憲法第八十三條之規定：

一、考試。

二、公務人員之銓敘、保障、撫卹、退休。

三、公務人員任免、考績、級俸、陞遷、褒獎之法制事項。

考試院設院長、副院長各一人，考試委員若干人，由總統提名，經國民大會同意任命之，不適用憲法第八十四條之規定。

憲法第八十五條有關按省區分別規定名額，分區舉行考試之規定，停止適用。

第十五條

監察院為國家最高監察機關，行使彈劾、糾舉及審計權，不適用憲法第九十條及第九十四條有關同意權之規定。

監察院設監察委員二十九人，並以其中一人為院長、一人為副院長，任期六年，由總統提名，經國民大會同意任命之。憲法第九十一條至第九十三條、增修條文第三條，及第四條、第五條第三項有關監察委員之規定，停止適用。

監察院對於中央、地方公務人員及司法院、考試院人員之彈劾案，須經監察委員二人以上之提議，九人以上之審查及決議，始得提出，不受憲法第九十八條之限制。

監察院對於監察院人員失職或違法之彈劾，適用憲法第九十五條、第九十七條第二項及前項之規定。

監察院對於總統、副總統之彈劾案，須經全體監察委員過半數之提議，全體監察委員三分之二以上之決議，向國民大會提出，不受憲法第一百條之限制。

監察委員須超出黨派以外，依據法律獨立行使職權。

憲法第一百零一條及第一百零二條之規定，停止適用。

第十六條

增修條文第十五條第二項之規定，自提名第二屆監察委員時施行。

第二屆監察委員於中華民國八十二年二月一日就職，增修條文第十五條第一項及第三項至第七項之規定，亦自同日施行。

增修條文第十三條第一項及第十四條第二項有關司法院、考試院人員任命之規定，自中華民國八十二年二月一日施行。中華民國八十二年一月三十一日前之提名，仍由監察院同意任命，但現任人員任期未滿前，無須重新提名任命。

第十七條

省、縣地方制度，應包含左列各款，以法律定之，不受憲法第一百零八條第一項第一款、第一百十二條至第一百十五條及第一百二十二條之限制：

一、省設省議會，縣設縣議會，省議會議員、縣議會議員分別由省民、縣民選舉之。

二、屬於省、縣之立法權，由省議會、縣議會分別行之。

三、省設省政府，置省長一人，縣設縣政府，置縣長一人，省長、縣長分別由省民、縣民選舉之。

四、省與縣之關係。

五、省自治之監督機關為行政院，縣自治之監督機關為省政府。

第十八條

國家應獎勵科學技術發展及投資，促進產業升級，推動農漁業現代化，重視水資源之開發利用，加強國際經濟合作。

經濟及科學技術發展，應與環境及生態保護兼籌並顧。

國家應推行全民健康保險，並促進現代和傳統醫藥之研究發展。

國家應維護婦女之人格尊嚴，保障婦女之人身安全，消除性別歧視，促進兩性地位之實質平等。

國家對於殘障者之保險與就醫、教育訓練與就業輔導、生活維護與救濟，應予保障，並扶助其自立與發展。

國家對於自由地區山胞之地位及政治參與，應予保障；對其教育文化、社會福利及經濟事業，應予扶助並促其發展。對於金門、馬祖地區人民亦同。

國家對於僑居國外國民之政治參與，應予保障。

第二項　增修之梗概

第二次憲法增修條文第十一條至第十八條各條規定之內容，茲略述其梗概，其中多數條文，已照原條文移列為第三次增修條文之中。

一、第十一條：包括國民大會對總統提名司法、考試、監察三院正副院長、大法官、考試委員及監察委員任命同意權之行使，每年集會與國民

大會代表任期，自第三屆起，改為每四年改選一次。

二、第十二條：包括自第九任總統、副總統起，由中華民國自由地區全國人民選舉之，任期四年，連選得連任一次，其選舉方式，於民國八十四年五月二十日前，召集國民大會臨時會以憲法增修條文定之。

三、第十三條：包括司法院正副院長之任命程序，大法官組成憲法法庭，審理政黨違憲之解散事項。

四、第十四條：包括考試院正副院長、考試委員之任命程序、考試院職權之調整等事項。

五、第十五條：包括監察院正副院長之任命程序及監察院職權之調整等事項。

六、第十六條：包括司法院、考試院及監察院人員新任命之日期及有關事項。

七、第十七條：包括地方自治法制化，設定省、縣自治組織之法源及有關事項。

八、第十八條：包括獎勵科技發展、環境及生態保護並重，保障婦女、殘障者、原住民、金馬地區人民及僑民之權益等事項。

第二次憲法增修條文，乃為實質上之修憲，因其增修條文共計八條（第一一條至第一八條），其中雖亦僅有過渡性之程序規定，如第十二條第二項關於總統、副總統選舉之方式，定期召集國民大會臨時會，以憲法增修條文定之是，其他各規定事項，無論是否變更、排斥或補充憲法原有之規定，要均為具體事項，而為實質上之修憲，對於第一次修憲而言，則得謂為第二階段之修憲。

第四節　第三次憲法增修條文（第一條至第十條）

第一項　增修之條文

　　中華民國八十三年七月二十八日第三屆國民大會第四次臨時會第三十二次大會依照修憲程序，通過修正憲法增修條文第一條至第十八條為第一條至第十條，總統於民國八十三年八月一日公布，是為第三次或第三階段之修憲。由於此次修憲，將第一次及第二次增修條文擇要歸納在內，屬於實體事項較多，屬於程序事項則少，取精用宏，亦得謂為綜合性之修憲。

　　第三次憲法增修條文共十條之條文如下：

　　為因應國家統一前之需要，依照憲法第二十七條第一項第三款及第一百七十四條第一款之規定，增修本憲法條文如左：

第一條

　　國民大會代表依左列規定選出之，不受憲法第二十六條及第一百三十五條之限制：

　　一、自由地區每直轄市、縣市各二人，但其人口逾十萬人者，每增加十萬人增一人。

　　二、自由地區平地原住民及山地原住民各三人。

　　三、僑居國外國民二十人。

　　四、全國不分區八十人。

前項第三款及第四款之名額，採政黨比例方式選出之。第一款每直轄市、縣市選出之名額及第三款、第四款各政黨當選之名額，在五人以上十人以下者，應有婦女當選名額一人，超過十人者，每滿十人應增婦女當選名額一人。

國民大會之職權如左，不適用憲法第二十七條第一項第一款、第二款之規定：

　　一、依增修條文第二條第七項之規定，補選副總統。

　　二、依增修條文第二條第九項之規定，提出總統、副總統罷免案。

　　三、依增修條文第二條第十項之規定，議決監察院提出之總統、副總統彈劾案。

　　四、依憲法第二十七條第一項第三款及第一百七十四條第一款之規定，修改憲法。

　　五、依憲法第二十七條第一項第四款及第一百七十四條第二款之規定，複決立法院所提之憲法修正案。

六、依增修條文第四條第一項、第五條第二項、第六條第二項之規定，對總統提名任命之人員，行使同意權。

國民大會依前項第一款及第四款至第六款規定集會，或有國民大會代表五分之二以上請求召集會議時，由總統召集之；依前項第二款及第三款之規定集會時，由國民大會議長通告集會，國民大會設議長前，由立法院院長通告集會，不適用憲法第二十九條及第三十條之規定。

國民大會集會時，得聽取總統國情報告，並檢討國是，提供建言；如一年內未集會，由總統召集會議為之，不受憲法第三十條之限制。

國民大會代表自第三屆國民大會代表起，每四年改選一次，不適用憲法第二十八條第一項之規定。

國民大會第二屆國民大會代表任期至中華民國八十五年五月十九日止，第三屆國民大會代表任期自中華民國八十五年五月二十日開始，不適用憲法第二十八條第二項之規定。

國民大會自第三屆國民大會起設議長、副議長各一人，由國民大會代表互選之。議長對外代表國民大會，並於開會時主持會議。

國民大會行使職權之程序，由國民大會定之，不適用憲法第三十四條之規定。

第二條

總統、副總統由中華民國自由地區全體人民直接選舉之，自中華民國八十五年第九任總統、副總統選舉實施。總統、副總統候選人應聯名登記，在選票上同列一組圈選，以得票最多之一組為當選。在國外之中華民國自由地區人民返國行使選舉權，以法律定之。

總統發布依憲法經國民大會或立法院同意任命人員之任免命令，無須行政院院長之副署，不適用憲法第三十七條之規定。

行政院院長之免職命令，須新提名之行政院院長經立法院同意後生效。

總統為避免國家或人民遭遇緊急危難或應付財政經濟上重大變故，得經行政院會議之決議發布緊急命令，為必要之處置，不受憲法第四十三條之限制。但須於發布命令後十日內提交立法院追認，如立法院不同意時，該緊急命令立即失效。

總統為決定國家安全有關大政方針，得設國家安全會議及所屬國家安全局，其組織以法律定之。

總統、副總統之任期，自第九任總統、副總統起為四年，連選得連任一次，不適用憲法第四十七條之規定。

副總統缺位時，由總統於三個月內提名候選人，召集國民大會補選，繼任至原任期屆滿為止。

總統、副總統均缺位時，由行政院院長代行其職權，並依本條第一項規定補選總統、副總統，繼任至原任期屆滿為止，不適用憲法第四十九條之有關規定。

總統、副總統之罷免案，須經國民大會代表總額四分之一之提議，三分之二之同意後提

出，並經中華民國自由地區選舉人總額過半數之投票，有效票過半數同意罷免時，即為通過。

監察院向國民大會提出之總統、副總統彈劾案，經國民大會代表總額三分之二同意時，被彈劾人應即解職。

第三條

立法院立法委員依左列規定選出之，不受憲法第六十四條之限制：

一、自由地區每省、直轄市各二人，但其人口逾二十萬人者，每增加十萬人增一人；逾一百萬人者，每增加二十萬人增一人。

二、自由地區平地原住民及山地原住民各三人。

三、僑居國外國民六人。

四、全國不分區三十人。

前項第三款、第四款名額，採政黨比例方式選出之。第一款每省、直轄市選出之名額及第三款、第四款各政黨當選之名額，在五人以上十人以下者，應有婦女當選名額一人，超過十人者，每滿十人應增婦女當選名額一人。

第四條

司法院設院長、副院長各一人，大法官若干人，由總統提名，經國民大會同意任命之，不適用憲法第七十九條之有關規定。

司法院大法官，除依憲法第七十八條之規定外，並組成憲法法庭審理政黨違憲之解散事項。

政黨之目的或其行為，危害中華民國之存在或自由民主之憲政秩序者為違憲。

第五條

考試院為國家最高考試機關，掌理左列事項，不適用憲法第八十三條之規定：

一、考試。

二、公務人員之銓敘、保障、撫卹、退休。

三、公務人員任免、考績、級俸、陞遷、褒獎之法制事項。

考試院設院長、副院長各一人，考試委員若干人，由總統提名，經國民大會同意任命之，不適用憲法第八十四條之規定。

憲法第八十五條有關按省區分別規定名額，分區舉行考試之規定，停止適用。

第六條

監察院為國家最高監察機關，行使彈劾、糾舉及審計權，不適用憲法第九十條及第九十四條有關同意權之規定。

監察院設監察委員二十九人，並以其中一人為院長、一人為副院長，任期六年，由總統提名，經國民大會同意任命之。憲法第九十一條至第九十三條之規定停止適用。

監察院對於中央、地方公務人員及司法院、考試院人員之彈劾案，須經監察委員二人以上之提議，九人以上之審查及決定，始得提出，不受憲法第九十八條之限制。

監察院對於監察院人員失職或違法之彈劾，適用憲法第九十五條、第九十七條第二項及前項之規定。

監察院對於總統、副總統之彈劾案，須經全體監察委員過半數之提議，全體監察委員三分之二以上之決議，向國民大會提出，不受憲法第一百條之限制。

監察委員須超出黨派以外，依據法律獨立行使職權。

憲法第一百零一條及第一百零二條之規定，停止適用。

第七條

國民大會代表及立法委員之報酬或待遇，應以法律定之。除年度通案調整者外，單獨增加報酬或待遇之規定，應自次屆起實施。

第八條

省、縣地方制度，應包含左列各款，以法律定之，不受憲法第一百零八條第一項第一款、第一百十二條至第一百十五條及第一百二十二條之限制：

一、省設省議會，縣設縣議會，省議會議員、縣議會議員分別由省民、縣民選舉之。

二、屬於省、縣之立法權，由省議會、縣議會分別行之。

三、省設省政府，置省長一人，縣設縣政府，置縣長一人，省長、縣長分別由省民、縣民選舉之。

四、省與縣之關係。

五、省自治之監督機關為行政院，縣自治之監督機關為省政府。

第九條

國家應獎勵科學技術發展及投資，促進產業升級，推動農漁業現代化，重視水資源之開發利用，加強國際經濟合作。

經濟及科學技術發展，應與環境及生態保護兼籌並顧。

國家對於公營金融機構之管理，應本企業化經營之原則；其管理、人事、預算、決算及審計，得以法律為特別之規定。

國家應推行全民健康保險，並促進現代和傳統醫藥之研究發展。

國家應維護婦女之人格尊嚴，保障婦女之人身安全，消除性別歧視，促進兩性地位之實質平等。

國家對於殘障者之保險與就醫、教育訓練與就業輔導、生活維護與救濟，應予保障，並扶助其自立與發展。

國家對於自由地區原住民之地位及政治參與，應予保障；對其教育文化、社會福利及經濟事業，應予扶助並促其發展。對於金門、馬祖地區人民亦同。

國家對於僑居國外國民之政治參與，應予保障。

第十條

自由地區與大陸地區間人民權利義務關係及其他事務之處理，得以法律為特別之規定。

第二項　增修之梗概

第三次憲法增修條文共為十條，所規定之事項亦即其內容，大抵就第二次增修條文所規定之事項，斟酌損益，調整順序、或移植原有條文，約如下述：

第一、關於國民大會部分

此為第一條所規定，關於國民大會代表選舉、職權等事項，係就第二次增修條文（以下簡稱原條文）第一、十一、十二等條所調整規定。

第二、關於總統、副總統部分

此為第二條所規定，係就原條文第七、十二等條予以調整，而增列總統、副總統選舉之方式及行政院院長副署權之限制。

第三、關於立法院部分

此為第三條所規定，係就原條文第二條所調整規定。

第四、關於司法院部分

此為第四條所規定，係就原條文第十三條所移列。

第五、關於考試院部分

此為第五條所規定，係就原條文第十四條所移列。

第六、關於監察院部分

此為第六條所規定，係就原條文第十五條所移列。

第七、關於國民大會代表及立法委員之報酬或待遇部分

此為第七條新增之規定，而為原第二次增修條文之所無。

第八、關於省、縣地方制度部分

此為第八條所規定,係就原條文第十七條所移列。

第九、關於基本國策部分

此為第九條所規定,係就原條文第十八條所移列,僅其中第六項內「山胞」一詞,改為「原住民」而已。

第十、關於兩岸人民權利義務部分

此為第十條所規定,係就原條文第十條所移列。

以上為第三次憲法增修條文之梗概,而此次共十條條文,又分別移植於第四次增修條文共十一條之中,以構成其規定之內容,容見後述。

第三次憲法增修條文,共為十條,其中最關重要者,則為下列事項:

第一、總統、副總統選舉之方式

由於第二次增修條文第十二條第一項、第二項規定:

「總統、副總統由中華民國自由地區全體人民選舉之,自中華民國八十五年第九任總統、副總統選舉實施。

前項選舉之方式,由總統於中華民國八十四年五月二十日前召集國民大會臨時會,以憲法增修條文定之。」

因而第三次增修條文第二條第一項規定:

「總統、副總統由中華民國自由地區全體人民直接選舉之,自中華民國八十五年第九任總統、副總統選舉實施。總統、副總統候選人應聯名登記,在選票上同列一組圈選,以得票最多之一組為當選。在國外之中華民國自由地區人民返國行使選舉權,以法律定之。」

是總統、副總統原由國民大會選舉,而改由人民直接選舉之,實為憲法第三次增修條文最主要之事項。

第二、總統提經同意任命之人員，無須行政院院長副署

憲法第三次增修條文第二條第二項規定：「總統發布依憲法經國民大會或立法院同意任命人員之任免命令，無須行政院院長之副署，不適用憲法第三十七條之規定。」此等人員之任免命令，無須行政院院長之副署，姑無論其利弊得失如何，要係總統職權之擴張，亦即行政院院長職權之縮小。

第三、監察院對總統、副總統之彈劾，限制嚴格

「監察院對於總統、副總統之彈劾案，須經全體監察委員過半數之提議，全體監察委員三分之二以上之決議，向國民大會提出，不受憲法第一百條之限制。」（第三次增修條文第六條第五項）

憲法第一百條：「監察院對於總統、副總統之彈劾案，須有全體監察委員四分之一以上之提議，全體監察委員過半數之審查及決議，向國民大會提出之」；既不受本條之限制，是監察院對於總統、副總統彈劾案之提出，增修條文較憲法第一百條之規定限制嚴格，監察委員二十九人至少須有十五人之提議，二十人以上之決議，方得向國民大會提出彈劾案，惟此種彈劾權，依第四次憲法增修條文之規定，已改由立法院行使。

第五節　第四次憲法增修條文（第一條至第十一條）

第一項　增修之條文

第三屆國民大會第二次會議第三十二次大會，依照修憲程序，通過修正憲法原增修條文第一條至第十條為第一條至第十一條，總統於民國八十六年七月二十一日公布，是為第四次憲法增修條文。

第四次憲法增修條文共十一條之條文如下：

為因應國家統一前之需要，依照憲法第二十七條第一項第三款及第一百七十四條第一款之規定，增修本憲法條文如左：

第一條

國民大會代表依左列規定選出之，不受憲法第二十六條及第一百三十五條之限制：

一、自由地區每直轄市、縣市各二人，但其人口逾十萬人者，每增加十萬人增一人。

二、自由地區平地原住民及山地原住民各三人。

三、僑居國外國民二十人。

四、全國不分區八十人。

前項第一款每直轄市、縣市選出之名額，在五人以上十人以下者，應有婦女當選名額一人，超過十人者，每滿十人，應增婦女當選名額一人。第三款及第四款之名額，採政黨比例方式選出之，各政黨當選之名額，每滿四人，應有婦女當選名額一人。

國民大會之職權如左，不適用憲法第二十七條第一項第一款、第二款之規定：

一、依增修條文第二條第七項之規定，補選副總統。

二、依增修條文第二條第九項之規定，提出總統、副總統罷免案。

三、依增修條文第二條第十項之規定，議決立法院提出之總統、副總統彈劾案。

四、依憲法第二十七條第一項第三款及第一百七十四條第一款之規定，修改憲法。

五、依憲法第二十七條第一項第四款及第一百七十四條第二款之規定，複決立法院所提之憲法修正案。

六、依增修條文第五條第一項、第六條第二項、第七條第二項之規定，對總統提名任命之人員，行使同意權。

國民大會依前項第一款及第四款至第六款規定集會，或有國民大會代表五分之二以上請求召集會議時，由總統召集之；依前項第二款及第三款之規定集會時，由國民大會議長通告集會，不適用憲法第二十九條及第三十條之規定。

國民大會集會時，得聽取總統國情報告，並檢討國是，提供建言；如一年內未集會，由總統召集會議為之，不受憲法第三十條之限制。

國民大會代表每四年改選一次，不適用憲法第二十八條第一項之規定。

國民大會設議長、副議長各一人，由國民大會代表互選之。議長對外代表國民大會，並於開會時主持會議。

國民大會行使職權之程序，由國民大會定之，不適用憲法第三十四條之規定。

第二條

總統、副總統由中華民國自由地區全體人民直接選舉之，自中華民國八十五年第九任總統、副總統選舉實施。總統、副總統候選人應聯名登記，在選票上同列一組圈選，以得票最多之一組為當選。在國外之中華民國自由地區人民返國行使選舉權，以法律定之。

總統發布行政院院長與依憲法經國民大會或立法院同意任命人員之任免命令及解散立

法院之命令，無須行政院院長之副署，不適用憲法第三十七條之規定。

總統為避免國家或人民遭遇緊急危難或應付財政經濟上重大變故，得經行政院會議之決議發布緊急命令，為必要之處置，不受憲法第四十三條之限制。但須於發布命令後十日內提交立法院追認，如立法院不同意時，該緊急命令立即失效。

總統為決定國家安全有關大政方針，得設國家安全會議及所屬國家安全局，其組織以法律定之。

總統於立法院通過對行政院院長之不信任案後十日內，經諮詢立法院院長後，得宣告解散立法院。但總統於戒嚴或緊急命令生效期間，不得解散立法院。立法院解散後，應於六十日內舉行立法委員選舉，並於選舉結果確認後十日內自行集會，其任期重新起算。

總統、副總統之任期為四年，連選得連任一次，不適用憲法第四十七條之規定。

副總統缺位時，由總統於三個月內提名候選人，召集國民大會補選，繼任至原任期屆滿為止。

總統、副總統均缺位時，由行政院院長代行其職權，並依本條第一項規定補選總統、副總統，繼任至原任期屆滿為止，不適用憲法第四十九條之有關規定。

總統、副總統之罷免案，須經國民大會代表總額四分之一之提議，三分之二之同意後提出，並經中華民國自由地區選舉人總額過半數之投票，有效票過半數同意罷免時，即為通過。

立法院向國民大會提出之總統、副總統彈劾案，經國民大會代表總額三分之二同意時，被彈劾人應即解職。

第三條

行政院院長由總統任命之。行政院院長辭職或出缺時，在總統未任命行政院院長前，由行政院副院長暫行代理。憲法第五十五條之規定，停止適用。

行政院依左列規定，對立法院負責，憲法第五十七條之規定，停止適用：

一、行政院有向立法院提出施政方針及施政報告之責。立法委員在開會時，有向行政院院長及行政院各部會首長質詢之權。

二、行政院對於立法院決議之法律案、預算案、條約案，如認為有窒礙難行時，得經總統之核可，於該決議案送達行政院十日內，移請立法院覆議。立法院對於行政院移請覆議案，應於送達十五日內作成決議。如為休會期間，立法院應於七日內自行集會，並於開議十五日內作成決議。覆議案逾期未議決者，原決議失效。覆議時，如經全體立法委員二分之一以上決議維持原案，行政院院長應即接受該決議。

三、立法院得經全體立法委員三分之一以上連署，對行政院院長提出不信任案。不信任案提出七十二小時後，應於四十八小時內以記名投票表決之。如經全體立法委員二分之一以上贊成，行政院院長應於十日內提出辭職，並得同時呈請總統解散立法院；不信任案如未獲通過，一年內不得對同一行政院院長再提不信任案。

國家機關之職權、設立程序及總員額，得以法律為準則性之規定。

各機關之組織、編制及員額，應依前項法律，基於政策或業務需要決定之。

第四條

立法院立法委員自第四屆起二百二十五人，依左列規定選出之，不受憲法第六十四條之限制：

一、自由地區直轄市、縣市一百六十八人。每縣市至少一人。

二、自由地區平地原住民及山地原住民各四人。

三、僑居國外國民八人。

四、全國不分區四十一人。

前項第三款、第四款名額，採政黨比例方式選出之。第一款每直轄市、縣市選出之名額及第三款、第四款各政黨當選之名額，在五人以上十人以下者，應有婦女當選名額一人，超過十人者，每滿十人應增婦女當選名額一人。

立法院經總統解散後，在新選出之立法委員就職前，視同休會。

總統於立法院解散後發布緊急命令，立法院應於三日內自行集會，並於開議七日內追認之。但於新任立法委員選舉投票日後發布者，應由新任立法委員於就職後追認之。如立法院不同意時，該緊急命令立即失效。

立法院對於總統、副總統犯內亂或外患罪之彈劾案，須經全體立法委員二分之一以上之提議，全體立法委員三分之二以上之決議，向國民大會提出，不適用憲法第九十條、第一百條及增修條文第七條第一項有關規定。

立法委員除現行犯外，在會期中，非經立法院許可，不得逮捕或拘禁。憲法第七十四條之規定，停止適用。

第五條

司法院設大法官十五人，並以其中一人為院長、一人為副院長，由總統提名，經國民大會同意任命之，自中華民國九十二年起實施，不適用憲法第七十九條之有關規定。

司法院大法官任期八年，不分屆次，個別計算，並不得連任。但並為院長、副院長之大法官，不受任期之保障。

中華民國九十二年總統提名之大法官，其中八位大法官，含院長、副院長，任期四年，其餘大法官任期為八年，不適用前項任期之規定。

司法院大法官，除依憲法第七十八條之規定外，並組成憲法法庭審理政黨違憲之解散事項。

政黨之目的或其行為，危害中華民國之存在或自由民主之憲政秩序者為違憲。

司法院所提出之年度司法概算，行政院不得刪減，但得加註意見，編入中央政府總預算案，送立法院審議。

第六條

考試院為國家最高考試機關，掌理左列事項，不適用憲法第八十三條之規定：

一、考試。

二、公務人員之銓敘、保障、撫卹、退休。

三、公務人員任免、考績、級俸、陞遷、褒獎之法制事項。

考試院設院長、副院長各一人，考試委員若干人，由總統提名，經國民大會同意任命之，不適用憲法第八十四條之規定。

憲法第八十五條有關按省區分別規定名額，分區舉行考試之規定，停止適用。

第七條

監察院為國家最高監察機關，行使彈劾、糾舉及審計權，不適用憲法第九十條及第九十四條有關同意權之規定。

監察院設監察委員二十九人，並以其中一人為院長、一人為副院長，任期六年，由總統提名，經國民大會同意任命之。憲法第九十一條至第九十三條之規定停止適用。

監察院對於中央、地方公務人員及司法院、考試院人員之彈劾案，須經監察委員二人以上之提議，九人以上之審查及決定，始得提出，不受憲法第九十八條之限制。

監察院對於監察院人員失職或違法之彈劾，適用憲法第九十五條、第九十七條第二項及前項之規定。

監察委員須超出黨派以外，依據法律獨立行使職權。

憲法第一百零一條及第一百零二條之規定，停止適用。

第八條

國民大會代表及立法委員之報酬或待遇，應以法律定之。除年度通案調整者外，單獨增加報酬或待遇之規定，應自次屆起實施。

第九條

省、縣地方制度，應包括左列各款，以法律定之，不受憲法第一百零八條第一項第一款、第一百零九條、第一百十二條至第一百十五條及第一百二十二條之限制：

一、省設省政府，置委員九人，其中一人為主席，均由行政院院長提請總統任命之。

二、省設省諮議會，置省諮議會議員若干人，由行政院院長提請總統任命之。

三、縣設縣議會，縣議會議員由縣民選舉之。

四、屬於縣之立法權，由縣議會行之。

五、縣設縣政府，置縣長一人，由縣民選舉之。

六、中央與省、縣之關係。

七、省承行政院之命，監督縣自治事項。

第十屆臺灣省議會議員及第一屆臺灣省省長之任期至中華民國八十七年十二月二十日止，臺灣省議會議員及臺灣省省長之選舉自第十屆臺灣省議會議員及第一屆臺灣省省長任期之屆滿日起停止辦理。

臺灣省議會議員及臺灣省省長之選舉停止辦理後，臺灣省政府之功能、業務與組織之調整，得以法律為特別之規定。

第十條

國家應獎勵科學技術發展及投資，促進產業升級，推動農漁業現代化，重視水資源之開發利用，加強國際經濟合作。

經濟及科學技術發展，應與環境及生態保護兼籌並顧。

國家對於人民興辦之中小型經濟事業，應扶助並保護其生存與發展。

國家對於公營金融機構之管理，應本企業化經營之原則；其管理、人事、預算、決算及審計，得以法律為特別之規定。

國家應推行全民健康保險，並促進現代和傳統醫藥之研究發展。

國家應維護婦女之人格尊嚴，保障婦女之人身安全，消除性別歧視，促進兩性地位之實質平等。

國家對於身心障礙者之保險與就醫、無障礙環境之建構、教育訓練與就業輔導及生活維護與救助，應予保障，並扶助其自立與發展。

教育、科學、文化之經費，尤其國民教育之經費應優先編列，不受憲法第一百六十四條規定之限制。

國家肯定多元文化，並積極維護發展原住民族語言及文化。

國家應依民族意願，保障原住民族之地位及政治參與，並對其教育文化、交通水利、衛生醫療、經濟土地及社會福利事業予以保障扶助並促其發展，其辦法另以法律定之。對於金門、馬祖地區人民亦同。

國家對於僑居國外國民之政治參與，應予保障。

第十一條

自由地區與大陸地區間人民權利義務關係及其他事務之處理，得以法律為特別之規定。

第四次憲法增修條文共十一條之中，多為第三次增修條文所移列而來，條次及項、款順序，亦多異動，每一條文之中，包括項、款甚多，牽涉憲法本文之原條次甚廣，龐雜繁複，援引適用，殊覺不便，其增修之體例及立法技術，不無研酌之餘地。

第二項　增修之梗概

就增修憲法之沿革言之，第四次增修後之十一條，乃承襲以前三次修憲之演進情形，而抉擇取捨於其間。

惟其中關涉憲政體制改革之規定，如：㈠行政院院長由總統逕行任命之，毋須立法院之事先同意，㈡立法院對行政院院長無任命同意權，而有

提出不信任案，迫使其辭職之權，㈢總統基於行政院院長之呈請，得宣告解散立法院之權，㈣對總統、副總統之彈劾權，原由監察院所有，而移轉屬於立法院之職權，㈤調整省自治之建制規範，屆期停止臺灣省省長及臺灣省議會議員之選舉等事項，均為構成第四次修憲規定之重要內容。其利弊得失，雖有待將來事實之檢驗，惟既已規定於憲法增修條文之中，即有遵行勿替之效力。

　　國人對於憲法原有規定之中央政體，認為近於內閣制，在動員戡亂時期臨時條款施行之時，認為近似總統制，在憲法四度增修之後，加強元首職權，鞏固領導中心，有認為單純化之總統制，或雙首長制或混合式的中央政制及中央集權制者，實則均無比擬的必要，而在政權與治權之確切劃分，五院之分工合作，發揚光大，是即為具有中國特色的五權憲政體制。

第六節　第五次憲法增修條文（修正原增修條文第一條、第四條、第九條及第十條條文）

第一項　增修之條文

　　第三屆國民大會第四次會議第十八次大會修正憲法增修條文第一條、第四條、第九條及第十條條文，民國八十八年九月十五日總統公布，是為第五次憲法增修條文。

　　實則第五次之增修條文，係就第四次原有增修條文中第一條第一項至第四項予以修正；第四條第三項予以增列，第九條第二項係修正改列；第十條第八項乃係增列，第十條第九項亦係增列；第十條第十二項則為修正改列，至於其他各條，則均與第四次增修條文相同，仍共為十一條條文。

　　第五次憲法增修之條文如下：

第一條第一項

　　國民大會代表第四屆為三百人，依左列規定以比例代表方式選出之。並以立法委員選舉，各政黨所推薦及獨立參選之候選人得票數之比例分配當選名額，不受憲法第二十六

條及第一百三十五條之限制。比例代表之選舉方法以法律定之。

一、自由地區直轄市、縣市一百九十四人，每縣市至少當選一人。

二、自由地區原住民六人。

三、僑居國外國民十八人。

四、全國不分區八十二人。

第一條第二項

國民大會代表第五屆起為一百五十人，依左列規定以比例代表方式選出之。並以立法委員選舉，各政黨所推薦及獨立參選之候選人得票數之比例分配當選名額，不受憲法第二十六條及第一百三十五條之限制。比例代表之選舉方法以法律定之。

一、自由地區直轄市、縣市一百人，每縣市至少當選一人。

二、自由地區原住民四人。

三、僑居國外國民六人。

四、全國不分區四十人。

第一條第三項

國民大會代表之任期為四年，但於任期中遇立法委員改選時同時改選，連選得連任。第三屆國民大會代表任期至第四屆立法委員任期屆滿之日止，不適用憲法第二十八條第一項之規定。

第一條第四項

第一項及第二項之第一款各政黨當選之名額，在五人以上十人以下者，應有婦女當選名額一人。第三款及第四款各政黨當選之名額，每滿四人，應有婦女當選名額一人。

第四條第三項

第四屆立法委員任期至中華民國九十一年六月三十日止。第五屆立法委員任期自中華民國九十一年七月一日起為四年，連選得連任，其選舉應於每屆任滿前或解散後六十日內完成之，不適用憲法第六十五條之規定。

第九條第二項

臺灣省政府之功能、業務與組織之調整，得以法律為特別之規定。

第十條第八項

國家應重視社會救助、福利服務、國民就業、社會保險及醫療保健等社會福利工作；對於社會救助和國民就業等救濟性支出應優先編列。

第十條第九項

國家應尊重軍人對社會之貢獻，並對其退役後之就學、就業、就醫、就養予以保障。

第十條第十二項

國家應依民族意願，保障原住民族之地位及政治參與，並對其教育文化、交通水利、衛生醫療、經濟土地及社會福利事業予以保障扶助並促其發展，其辦法另以法律定之。對於澎湖、金門、馬祖地區人民亦同。

第二項　增修之梗概

　　第五次憲法增修條文共四條之中，其第一條及第四條有關國民大會代表與立法院立法委員的任期，及國代名額與產生方法，變動甚大，關係重要。其主要內容，為第三屆國代及第四屆立委的任期，均延長到民國九十一年六月三十日止，第四屆國代改採比例代表產生，調整為三百席，並依附立委選舉而產生，第五屆國代名額，則調整為一百五十席，國代不復由選民直接選出，中央憲政體制必將有重大改變。

　　因國大代表自第三屆國民大會代表起，每四年改選一次，不適用憲法第二十八條第一項「國民大會代表每六年改選一次」之規定，第三屆國代名額為三三四席，其任期自民國八十五年五月二十日開始（參照第三次憲法增修條文第一條第七項），應於民國八十九年五月十九日任期屆滿。

　　立法院立法委員之任期為三年（憲法第六五條），第四屆立委名額為二二五席，其任期自民國八十八年二月一日開始（參照第一次憲法增修條文第五條第三項），應於民國九十一年一月三十一日屆滿。

　　惟第五次修正憲法增修條文第一條第三項規定:「第三屆國民大會代表任期至第四屆立法委員任期屆滿之日止」，而於第四條第三項規定:「第四屆立法委員任期至中華民國九十一年六月三十日止」，從而第三屆國代之任期延長兩年又四十一日之久，第四屆立委之任期，則延長五個月，是第三屆國大因一次被選就任、因延任而竟任職可達六年有餘，不僅有悖任期四年之原有規定，且違反競選時選舉人與被選舉人間無形中四年任期的公法契約意旨，其為自肥規定甚明。

　　第五次憲法增修條文規定國代名額第四屆為三百人，自第五屆起為一百五十人，以比例代表方式選出之，並以立法委員選舉，各政黨所推薦及獨立參選之候選人得票數之比例，分配當選名額，亦即國代名額較第三屆名額，遞減甚多，並非由選舉直選產生，已毫無民意基礎，而非民意機關，以立委選舉結果，分配代表名額，是國民大會的定位，已失其獨立性，而

形成為立法院的附屬機關。

　　司法院大法官會議認為第三屆國民大會第四次會議通過憲法增修條文第一條、第四條、第九條暨第十條之修正，其程序違背公開透明原則，其瑕疵已達明顯重大之程度，違反修憲條文發生效力之基本規範，其中第一條第一項至第三項、第四條第三項內容，並與憲法中具有本質重要性而為規範秩序賴以存立之基礎，產生規範衝突，為自由民主憲政秩序所不許。至於第九條、第十條之修正內容本身雖無可議，然因其過程有違前述修憲正當程序，自應一併失其效力，上開修正之第一條、第四條、第九條暨第十條應自本解釋公布之日起失其效力，八十六年七月二十一日修正公布之原增修條文繼續適用（參照司法院釋字第四九九號解釋末段——民國八十九年三月二十四日司法院公布）。惟國大並未依照原有規定，改選代表，竟請由總統召集會議，而有第六次憲法增修條文。

第七節　第六次憲法增修條文（第一條至第十一條）

第一項　增修之條文

　　第三屆國民大會第五次會議第五次大會於民國八十九年四月二十四日通過修正憲法增修條文第一條至第十一條，同月二十五日總統公布，是為第六次修憲，亦即現行有效之憲法增修條文。

　　自法理言之：第六次修憲係就八十六年七月二十一日公布之憲法增修條文（第四次修憲）而為修正，並非以為時在後即民國八十八年九月十五日所公布的憲法增修條文（第五次修憲）予以修正。

　　因第五次修憲係修正第四次憲法增修條文第一條、第四條、第九條及第十條條文，嗣經八十九年三月二十四日釋字第四九九號解釋，認為國代修憲程序上違反公開透明原則，實體上構成規範衝突。八十八年九月十五日憲法增修條文第一、四、九、十條，自解釋公布日起失其效力，八十六

年七月二十一日修正公布之原增修條文，繼續適用，已見前節第二項所述，從而第六次修憲，自應以繼續適用的第四次憲法增修條文為其修正的對象。

　　第六次憲法增修條文的數目，與第四次及第五次增修條文的數目相同，仍各為十一條。第六次所增修之十一條條文全文如下：

　　為因應國家統一前之需要，依照憲法第二十七條第一項第三款及第一百七十四條第一款之規定，增修本憲法條文如左：

第一條

國民大會代表三百人，於立法院提出憲法修正案、領土變更案，經公告半年，或提出總統、副總統彈劾案時，應於三個月內採比例代表制選出之，不受憲法第二十六條、第二十八條及第一百三十五條之限制。比例代表制之選舉方式以法律定之。

國民大會之職權如左，不適用憲法第四條、第二十七條第一項第一款至第三款及第二項、第一百七十四條第一款之規定：

一、依憲法第二十七條第一項第四款及第一百七十四條第二款之規定，複決立法院所提之憲法修正案。

二、依增修條文第四條第五項之規定，複決立法院所提之領土變更案。

三、依增修條文第二條第十項之規定，議決立法院提出之總統、副總統彈劾案。

國民大會代表於選舉結果確認後十日內自行集會，國民大會集會以一個月為限，不適用憲法第二十九條及第三十條之規定。

國民大會代表任期與集會期間相同，憲法第二十八條之規定停止適用。第三屆國民大會代表任期至中華民國八十九年五月十九日止。國民大會職權調整後，國民大會組織法應於二年內配合修正。

第二條

總統、副總統由中華民國自由地區全體人民直接選舉之，自中華民國八十五年第九任總統、副總統選舉實施。總統、副總統候選人應聯名登記，在選票上同列一組圈選，以得票最多之一組為當選。在國外之中華民國自由地區人民返國行使選舉權，以法律定之。

總統發布行政院院長與依憲法經立法院同意任命人員之任免命令及解散立法院之命令，無須行政院院長之副署，不適用憲法第三十七條之規定。

總統為避免國家或人民遭遇緊急危難或應付財政經濟上重大變故，得經行政院會議之決議發布緊急命令，為必要之處置，不受憲法第四十三條之限制。但須於發布命令後十日內提交立法院追認，如立法院不同意時，該緊急命令立即失效。

總統為決定國家安全有關大政方針，得設國家安全會議及所屬國家安全局，其組織以法律定之。

總統於立法院通過對行政院院長之不信任案後十日內,經諮詢立法院院長後,得宣告解散立法院。但總統於戒嚴或緊急命令生效期間,不得解散立法院。立法院解散後,應於六十日內舉行立法委員選舉,並於選舉結果確認後十日內自行集會,其任期重新起算。

總統、副總統之任期為四年,連選得連任一次,不適用憲法第四十七條之規定。

副總統缺位時,總統應於三個月內提名候選人,由立法院補選,繼任至原任期屆滿為止。

總統、副總統均缺位時,由行政院院長代行其職權,並依本條第一項規定補選總統、副總統,繼任至原任期屆滿為止,不適用憲法第四十九條之有關規定。

總統、副總統之罷免案,須經全體立法委員四分之一之提議,全體立法委員三分之二之同意後提出,並經中華民國自由地區選舉人總額過半數之投票,有效票過半數同意罷免時,即為通過。

立法院向國民大會提出之總統、副總統彈劾案,經國民大會代表總額三分之二同意時,被彈劾人應即解職。

第三條

行政院院長由總統任命之。行政院院長辭職或出缺時,在總統未任命行政院院長前,由行政院副院長暫行代理。憲法第五十五條之規定,停止適用。

行政院依左列規定,對立法院負責,憲法第五十七條之規定,停止適用:

一、行政院有向立法院提出施政方針及施政報告之責。立法委員在開會時,有向行政院院長及行政院各部會首長質詢之權。

二、行政院對於立法院決議之法律案、預算案、條約案,如認為有窒礙難行時,得經總統之核可,於該決議案送達行政院十日內,移請立法院覆議。立法院對於行政院移請覆議案,應於送達十五日內作成決議。如為休會期間,立法院應於七日內自行集會,並於開議十五日內作成決議。覆議案逾期未議決者,原決議失效。覆議時,如經全體立法委員二分之一以上決議維持原案,行政院院長應即接受該決議。

三、立法院得經全體立法委員三分之一以上連署,對行政院院長提出不信任案。不信任案提出七十二小時後,應於四十八小時內以記名投票表決之。如經全體立法委員二分之一以上贊成,行政院院長應於十日內提出辭職,並得同時呈請總統解散立法院;不信任案如未獲通過,一年內不得對同一行政院院長再提不信任案。

國家機關之職權、設立程序及總員額,得以法律為準則性之規定。

各機關之組織、編制及員額,應依前項法律,基於政策或業務需要決定之。

第四條

立法院立法委員自第四屆起二百二十五人,依左列規定選出之,不受憲法第六十四條之限制:

一、自由地區直轄市、縣市一百六十八人。每縣市至少一人。

二、自由地區平地原住民及山地原住民各四人。

　　三、僑居國外國民八人。

　　四、全國不分區四十一人。

前項第三款、第四款名額，採政黨比例方式選出之。第一款每直轄市、縣市選出之名額及第三款、第四款各政黨當選之名額，在五人以上十人以下者，應有婦女當選名額一人，超過十人者，每滿十人應增婦女當選名額一人。

立法院於每年集會時，得聽取總統國情報告。

立法院經總統解散後，在新選出之立法委員就職前，視同休會。

中華民國領土，依其固有之疆域，非經全體立法委員四分之一之提議，全體立法委員四分之三之出席，及出席委員四分之三之決議，並提經國民大會代表總額三分之二之出席，出席代表四分之三之複決同意，不得變更之。

總統於立法院解散後發布緊急命令，立法院應於三日內自行集會，並於開議七日內追認之。但於新任立法委員選舉投票日後發布者，應由新任立法委員於就職後追認之。如立法院不同意時，該緊急命令立即失效。

立法院對於總統、副總統之彈劾案，須經全體立法委員二分之一以上之提議，全體立法委員三分之二以上之決議，向國民大會提出，不適用憲法第九十條、第一百條及增修條文第七條第一項有關規定。

立法委員除現行犯外，在會期中，非經立法院許可，不得逮捕或拘禁。憲法第七十四條之規定，停止適用。

第五條

司法院設大法官十五人，並以其中一人為院長、一人為副院長，由總統提名，經立法院同意任命之，自中華民國九十二年起實施，不適用憲法第七十九條之規定。司法院大法官除法官轉任者外，不適用憲法第八十一條及有關法官終身職待遇之規定。

司法院大法官任期八年，不分屆次，個別計算，並不得連任。但並為院長、副院長之大法官，不受任期之保障。

中華民國九十二年總統提名之大法官，其中八位大法官，含院長、副院長，任期四年，其餘大法官任期為八年，不適用前項任期之規定。

司法院大法官，除依憲法第七十八條之規定外，並組成憲法法庭審理政黨違憲之解散事項。

政黨之目的或其行為，危害中華民國之存在或自由民主之憲政秩序者為違憲。

司法院所提出之年度司法概算，行政院不得刪減，但得加註意見，編入中央政府總預算案，送立法院審議。

第六條

考試院為國家最高考試機關，掌理左列事項，不適用憲法第八十三條之規定：

　　一、考試。

　　二、公務人員之銓敘、保障、撫卹、退休。

三、公務人員任免、考績、級俸、陞遷、褒獎之法制事項。

考試院設院長、副院長各一人，考試委員若干人，由總統提名，經立法院同意任命之，不適用憲法第八十四條之規定。

憲法第八十五條有關按省區分別規定名額，分區舉行考試之規定，停止適用。

第七條

監察院為國家最高監察機關，行使彈劾、糾舉及審計權，不適用憲法第九十條及第九十四條有關同意權之規定。

監察院設監察委員二十九人，並以其中一人為院長、一人為副院長，任期六年，由總統提名，經立法院同意任命之。憲法第九十一條至第九十三條之規定停止適用。

監察院對於中央、地方公務人員及司法院、考試院人員之彈劾案，須經監察委員二人以上之提議，九人以上之審查及決定，始得提出，不受憲法第九十八條之限制。

監察院對於監察院人員失職或違法之彈劾，適用憲法第九十五條、第九十七條第二項及前項之規定。

監察委員須超出黨派以外，依據法律獨立行使職權。

憲法第一百零一條及第一百零二條之規定，停止適用。

第八條

立法委員之報酬或待遇，應以法律定之。除年度通案調整者外，單獨增加報酬或待遇之規定，應自次屆起實施。國民大會代表集會期間之費用，以法律定之。

第九條

省、縣地方制度，應包括左列各款，以法律定之，不受憲法第一百零八條第一項第一款、第一百零九條、第一百十二條至第一百十五條及第一百二十二條之限制：

一、省設省政府，置委員九人，其中一人為主席，均由行政院院長提請總統任命之。

二、省設省諮議會，置省諮議會議員若干人，由行政院院長提請總統任命之。

三、縣設縣議會，縣議會議員由縣民選舉之。

四、屬於縣之立法權，由縣議會行之。

五、縣設縣政府，置縣長一人，由縣民選舉之。

六、中央與省、縣之關係。

七、省承行政院之命，監督縣自治事項。

臺灣省政府之功能、業務與組織之調整，得以法律為特別之規定。

第十條

國家應獎勵科學技術發展及投資，促進產業升級，推動農漁業現代化，重視水資源之開發利用，加強國際經濟合作。

經濟及科學技術發展，應與環境及生態保護兼籌並顧。

國家對於人民興辦之中小型經濟事業，應扶助並保護其生存與發展。

國家對於公營金融機構之管理，應本企業化經營之原則；其管理、人事、預算、決算及

審計，得以法律為特別之規定。

國家應推行全民健康保險，並促進現代和傳統醫藥之研究發展。

國家應維護婦女之人格尊嚴，保障婦女之人身安全，消除性別歧視，促進兩性地位之實質平等。

國家對於身心障礙者之保險與就醫、無障礙環境之建構、教育訓練與就業輔導及生活維護與救助，應予保障，並扶助其自立與發展。

國家應重視社會救助、福利服務、國民就業、社會保險及醫療保健等社會福利工作，對於社會救助和國民就業等救濟性支出應優先編列。

國家應尊重軍人對社會之貢獻，並對其退役後之就學、就業、就醫、就養予以保障。

教育、科學、文化之經費，尤其國民教育之經費應優先編列，不受憲法第一百六十四條規定之限制。

國家肯定多元文化，並積極維護發展原住民族語言及文化。

國家應依民族意願，保障原住民族之地位及政治參與，並對其教育文化、交通水利、衛生醫療、經濟土地及社會福利事業予以保障扶助並促其發展，其辦法另以法律定之。對於澎湖、金門及馬祖地區人民亦同。

國家對於僑居國外國民之政治參與，應予保障。

第十一條

自由地區與大陸地區間人民權利義務關係及其他事務之處理，得以法律為特別之規定。

第二項 增修之梗概

第六次憲法增修條文所規定之事項與第四次增修條文相較，除其中第三條關於行政院部分及第十一條關於兩地區人民權利義務關係部分，未有變動修正外，其他各條文，幾均有修正，僅有多少輕重之分而已。

綜括言之，第六次修憲亦即現行之憲法增修條文，對於憲政體制影響甚巨，如國大虛級化，立法院擴權獨大，總統有權無責，及國家最高行政機關的名實不符等是。

代表全國人民行使政權的國民大會職權，已因迭次修憲而削減殆盡，現已虛級化，將來國代採比例制選出之。其選舉方式，以法律定之，若採「全額政黨比例代表制」，以行使殘餘的職權，又不免為政黨的分贓及淪為立法院的附庸或傀儡。

憲法增修條文賦予國家元首堅強實體的龐大的職權，而未明定對誰負

其責任，人民雖有罷免之權，立法院亦得提出彈劾，惟程序繁重，等於具文而已！

行政院為國家最高行政機關，惟行政院院長之任命及實權，均操於總統之手，究為總統制、內閣制，抑為雙首長制，爭論不休。

立法院之職權，原已繁重，迄未能善盡職責，國大虛級化後，其職權幾均已移轉於立法院。擴權甚多，又無任何制衡或監督機關，勢將難免濫權瀆職，危害憲政！

憲法為立國建國之根本大法，允宜恪遵憲政主旨，厲行民主法治，促進國家統一，光大中華民族。

第八節　第七次憲法增修條文（修正原增修條文第一條、第二條、第四條、第五條、第八條、第十二條）

第一項　增修之條文

依民國八十九年憲法增修條文第一條第一項規定產生之任務型國民大會代表三百人，於民國九十四年六月七日之國民大會第二次會議時複決通過民國九十三年八月二十五日立法院第五屆第五會期第一次臨時會第三次會議決議通過所提之憲法修正案，並經總統於於民國九十四年六月十日令修正公布第一、二、四、五、八條及增訂第十二條條文，是為第七次修憲，亦即現行有效之憲法增修條文,列為本書附錄二「中華民國憲法增修條文」，可以參閱，茲不贅列。

第二項　增修之梗概

第七次憲法增修係修正第一、二、四、五、八條及增訂第十二條條文，其主要重點為：

㈠公投入憲

憲法增修條文第一條第一項規定:「中華民國自由地區選舉人於立法院

提出憲法修正案、領土變更案，經公告半年，應於三個月內投票複決，不適用憲法第四條、第一百七十四條之規定。」

㈡停止適用國民大會相關條文

憲法增修條文第一條第二項、第八條分別規定：「憲法第二十五條至第三十四條及第一百三十五條之規定，停止適用。」

㈢彈劾總統組織之改變

憲法增修條文第二條第十項、第四條第七項、第五條第四項分別規定：「立法院提出總統、副總統彈劾案，聲請大法官審理，經憲法法庭判決成立時，被彈劾人應即解職。」「立法院對於總統、副總統之彈劾案，須經全體立法委員二分之一以上之提議，全體立法委員三分之二以上之決議，聲請司法院大法官審理，不適用憲法第九十條、第一百條及增修條文第七條第一項有關規定。」「司法院大法官，除依憲法第七十八條之規定外，並組成憲法法庭審理總統、副總統之彈劾及政黨違憲之解散事項。」

㈣立委席次減半及任期延為四年

憲法增修條文第四條第一項規定：「立法院立法委員自第七屆起一百一十三人，任期四年，連選得連任，於每屆任滿前三個月內，依左列規定選出之，不受憲法第六十四條及第六十五條之限制：一、自由地區直轄市、縣市七十三人。每縣市至少一人。二、自由地區平地原住民及山地原住民各三人。三、全國不分區及僑居國外國民共三十四人。」

㈤立委選舉採行單一選區兩票制及婦女保障名額

憲法增修條文第四條第二項規定：「前項第一款依各直轄市、縣市人口比例分配，並按應選名額劃分同額選舉區選出之。第三款依政黨名單投票選舉之，由獲得百分之五以上政黨選舉票之政黨依得票比率選出之，各政黨當選名單中，婦女不得低於二分之一。」

㈥領土變更程序之修正

憲法增修條文第四條第五項規定：「中華民國領土，依其固有疆域，非經全體立法委員四分之一之提議，全體立法委員四分之三之出席，及出席委員四分之三之決議，提出領土變更案，並於公告半年後，經中華民國自

由地區選舉人投票複決，有效同意票過選舉人總額之半數，不得變更之。」

㈦修憲程序之修正

憲法增修條文第十二條規定：「憲法之修改，須經立法院立法委員四分之一之提議，四分之三之出席，及出席委員四分之三之決議，提出憲法修正案，並於公告半年後，經中華民國自由地區選舉人投票複決，有效同意票過選舉人總額之半數，即通過之，不適用憲法第一百七十四條之規定。」

本章自習題目

一、試述中華民國憲法增修條文之主要內容。

二、試述中華民國憲法增修條文與動員戡亂時期臨時條款之異同。

三、中華民國憲法增修條文之性質如何？試申論之。

四、中華民國憲法增修條文是否優先憲法本文而適用？試申述之。

五、試述中華民國憲法增修條文之效力。

六、中華民國憲法增修條文授權總統發布緊急命令之原因及程序如何？試說明之。

七、第二次增修憲法之依據如何及何謂實質上之修憲？

八、修憲而非制憲，其理由何在？

九、憲法增修條文與憲法原條文，在適用上有何關係？

十、憲法增修條文對國民大會之職權有無變動？代表之任期與改選日期如何規定？

十一、關於總統之選舉方式，有所謂公民直選及委任直選，其概念各如何？得失何在？

十二、總統之職權與任期，在第二次修憲條文中有何規定？其實施日期，有無不同？

十三、行政院與立法院之職權，在第二次憲法增修條文中有何規定？

十四、考試院之人事任命程序及其職權，在第二次修憲條文中有何變動？

十五、監察院人事之產生程序、職權範圍及免責事項，第二次憲法增修條文如何規定？

十六、第二次憲法增修條文，對省、縣地方制度，有何規定？

十七、第三次憲法增修條文之體例如何？與第一、二次有何不同？

十八、第三次憲法增修條文對於總統及行政院院長之副署權，有何規定？

十九、第四次憲法增修條文對於中央政府體制，有何變更規定？

二十、第五次憲法增修條文為什麼會被宣告違憲，試依司法院大法官釋字第四九九號解釋說明之。

二十一、第六次憲法增修條文對於國民大會之組織與職權有何規定？

二十二、第七次憲法增修條文對於立法院之組織與修憲程序有何規定？

附　　錄

一、中華民國憲法

民國三十五年十二月二十五日國民大會制定
三十六年一月一日國民政府公布同年十二月二十五日施行

　　中華民國國民大會受全體國民之付託，依據　孫中山先生創立中華民國之遺教，為鞏固國權，保障民權，奠定社會安寧，增進人民福利，制定本憲法，頒行全國，永矢咸遵。

第一章　總　綱

第一條

　　中華民國基於三民主義，為民有、民治、民享之民主共和國。

第二條

　　中華民國之主權屬於國民全體。

第三條

　　具有中華民國國籍者為中華民國國民。

第四條

　　中華民國領土，依其固有之疆域，非經國民大會之決議，不得變更之。

第五條

　　中華民國各民族一律平等。

第六條

　　中華民國國旗定為紅地，左上角青天白日。

第二章　人民之權利義務

第七條

　　中華民國人民，無分男女、宗教、種族、階級、黨派，在法律上一律平等。

第八條

　　人民身體之自由應予保障，除現行犯之逮捕由法律另定外，非經司法或警察機關依法定程序，不得逮捕拘禁。非由法院依法定程序，不得審問處罰。非依法定程序之逮捕、拘禁、審問、處罰，得拒絕之。

　　人民因犯罪嫌疑被逮捕拘禁時，其逮捕拘禁機關應將逮捕拘禁原因，以書面告知本人及其本人指定之親友，並至遲於二十四小時內移送該管法院審問。本人或他人亦得聲請該管法院，於二十四小時內向逮捕之機關提審。

　　法院對於前項聲請，不得拒絕，並不得先令逮捕拘禁之機關查覆。逮捕拘禁之機關，對於法院之提審，不得拒絕或遲延。

人民遭受任何機關非法逮捕拘禁時，其本人或他人得向法院聲請追究，法院不得拒絕，並應於二十四小時內向逮捕拘禁之機關追究，依法處理。

第九條

人民除現役軍人外，不受軍事審判。

第十條

人民有居住及遷徙之自由。

第十一條

人民有言論、講學、著作及出版之自由。

第十二條

人民有秘密通訊之自由。

第十三條

人民有信仰宗教之自由。

第十四條

人民有集會及結社之自由。

第十五條

人民之生存權、工作權及財產權，應予保障。

第十六條

人民有請願、訴願及訴訟之權。

第十七條

人民有選舉、罷免、創制及複決之權。

第十八條

人民有應考試、服公職之權。

第十九條

人民有依法律納稅之義務。

第二十條

人民有依法律服兵役之義務。

第二十一條

人民有受國民教育之權利與義務。

第二十二條

凡人民之其他自由及權利，不妨害社會秩序公共利益者，均受憲法之保障。

第二十三條

以上各條列舉之自由權利，除為防止妨礙他人自由、避免緊急危難、維持社會秩序或增進公共利益所必要者外，不得以法律限制之。

第二十四條

凡公務員違法侵害人民之自由或權利者，除依法律受懲戒外，應負刑事及民事責任。被

害人民就其所受損害，並得依法律向國家請求賠償。

第三章　國民大會

第二十五條

國民大會依本憲法之規定，代表全國國民行使政權。

第二十六條

國民大會以左列代表組織之：

一、每縣市及其同等區域各選出代表一人，但其人口逾五十萬人者，每增加五十萬人，增選代表一人。縣市同等區域以法律定之。

二、蒙古選出代表，每盟四人，每特別旗一人。

三、西藏選出代表，其名額以法律定之。

四、各民族在邊疆地區選出代表，其名額以法律定之。

五、僑居國外之國民選出代表，其名額以法律定之。

六、職業團體選出代表，其名額以法律定之。

七、婦女團體選出代表，其名額以法律定之。

第二十七條

國民大會之職權如左：

一、選舉總統、副總統。

二、罷免總統、副總統。

三、修改憲法。

四、複決立法院所提之憲法修正案。

關於創制、複決兩權，除前項第三、第四兩款規定外，俟全國有半數之縣、市曾經行使創制、複決兩項政權時，由國民大會制定辦法並行使之。

第二十八條

國民大會代表每六年改選一次。

每屆國民大會代表之任期，至次屆國民大會開會之日為止。

現任官吏不得於其任所所在地之選舉區當選為國民大會代表。

第二十九條

國民大會於每屆總統任滿前九十日集會，由總統召集之。

第三十條

國民大會遇有左列情形之一時，召集臨時會：

一、依本憲法第四十九條之規定，應補選總統、副總統時。

二、依監察院之決議，對於總統、副總統提出彈劾案時。

三、依立法院之決議，提出憲法修正案時。

四、國民大會代表五分之二以上請求召集時。

國民大會臨時會，如依前項第一款或第二款應召集時，由立法院院長通告集會。依第三款或第四款應召集時，由總統召集之。

第三十一條

國民大會之開會地點，在中央政府所在地。

第三十二條

國民大會代表在會議時所為之言論及表決，對會外不負責任。

第三十三條

國民大會代表，除現行犯外，在會期中，非經國民大會許可，不得逮捕或拘禁。

第三十四條

國民大會之組織、國民大會代表之選舉罷免及國民大會行使職權之程序，以法律定之。

第四章　總　統

第三十五條

總統為國家元首，對外代表中華民國。

第三十六條

總統統率全國陸海空軍。

第三十七條

總統依法公布法律，發布命令，須經行政院院長之副署，或行政院院長及有關部會首長之副署。

第三十八條

總統依本憲法之規定，行使締結條約及宣戰、媾和之權。

第三十九條

總統依法宣布戒嚴，但須經立法院之通過或追認。立法院認為必要時，得決議移請總統解嚴。

第四十條

總統依法行使大赦、特赦、減刑及復權之權。

第四十一條

總統依法任免文武官員。

第四十二條

總統依法授與榮典。

第四十三條

國家遇有天然災害、癘疫或國家財政經濟上有重大變故，須為急速處分時，總統於立法院休會期間，得經行政院會議之決議，依緊急命令法，發布緊急命令，為必要之處置，但須於發布命令後一個月內，提交立法院追認。如立法院不同意時，該緊急命令立即失效。

第四十四條

總統對於院與院間之爭執，除本憲法有規定者外，得召集有關各院院長會商解決之。

第四十五條

中華民國國民年滿四十歲者，得被選為總統、副總統。

第四十六條

總統、副總統之選舉，以法律定之。

第四十七條

總統、副總統之任期為六年，連選得連任一次。

第四十八條

總統應於就職時宣誓，誓詞如左：

「余謹以至誠，向全國人民宣誓，余必遵守憲法，盡忠職務，增進人民福利，保衛國家，無負國民付託。如違誓言，願受國家嚴厲之制裁。謹誓。」

第四十九條

總統缺位時，由副總統繼任，至總統任期屆滿為止。總統、副總統均缺位時，由行政院院長代行其職權，並依本憲法第三十條之規定，召集國民大會臨時會，補選總統、副總統，其任期以補足原任總統未滿之任期為止。總統因故不能視事時，由副總統代行其職權。總統、副總統均不能視事時，由行政院院長代行其職權。

第五十條

總統於任滿之日解職，如屆期次任總統尚未選出，或選出後總統、副總統均未就職時，由行政院院長代行總統職權。

第五十一條

行政院院長代行總統職權時，其期限不得逾三個月。

第五十二條

總統除犯內亂或外患罪外，非經罷免或解職，不受刑事上之訴究。

第五章　行　政

第五十三條

行政院為國家最高行政機關。

第五十四條

行政院設院長、副院長各一人，各部會首長若干人，及不管部會之政務委員若干人。

第五十五條

行政院院長，由總統提名，經立法院同意任命之。

立法院休會期間，行政院院長辭職或出缺時，由行政院副院長代理其職務，但總統須於四十日內咨請立法院召集會議，提出行政院院長人選，徵求同意。行政院院長職務，在總統所提行政院院長人選未經立法院同意前，由行政院副院長暫行代理。

第五十六條

行政院副院長、各部會首長及不管部會之政務委員，由行政院院長提請總統任命之。

第五十七條

行政院依左列規定，對立法院負責：

一、行政院有向立法院提出施政方針及施政報告之責。立法委員在開會時，有向行政院院長及行政院各部會首長質詢之權。

二、立法院對於行政院之重要政策不贊同時，得以決議移請行政院變更之。行政院對於立法院之決議，得經總統之核可，移請立法院覆議。覆議時，如經出席立法委員三分之二維持原決議，行政院院長應即接受該決議或辭職。

三、行政院對於立法院決議之法律案、預算案、條約案，如認為有窒礙難行時，得經總統之核可，於該決議案送達行政院十日內，移請立法院覆議。覆議時，如經出席立法委員三分之二維持原案，行政院院長應即接受該決議或辭職。

第五十八條

行政院設行政院會議，由行政院院長、副院長、各部會首長及不管部會之政務委員組織之，以院長為主席。

行政院院長、各部會首長，須將應行提出於立法院之法律案、預算案、戒嚴案、大赦案、宣戰案、媾和案、條約案及其他重要事項，或涉及各部會共同關係之事項，提出於行政院會議議決之。

第五十九條

行政院於會計年度開始三個月前，應將下年度預算案提出於立法院。

第六十條

行政院於會計年度結束後四個月內，應提出決算於監察院。

第六十一條

行政院之組織，以法律定之。

第六章 立 法

第六十二條

立法院為國家最高立法機關，由人民選舉之立法委員組織之，代表人民行使立法權。

第六十三條

立法院有議決法律案、預算案、戒嚴案、大赦案、宣戰案、媾和案、條約案及國家其他重要事項之權。

第六十四條

立法院立法委員依左列規定選出之：

一、各省、各直轄市選出者，其人口在三百萬以下者五人，其人口超過三百萬者，每滿一百萬人增選一人。

　　二、蒙古各盟旗選出者。

　　三、西藏選出者。

　　四、各民族在邊疆地區選出者。

　　五、僑居國外之國民選出者。

　　六、職業團體選出者。

立法委員之選舉及前項第二款至第六款立法委員名額之分配,以法律定之。婦女在第一項各款之名額,以法律定之。

第六十五條

立法委員之任期為三年,連選得連任,其選舉於每屆任滿前三個月內完成之。

第六十六條

立法院設院長、副院長各一人,由立法委員互選之。

第六十七條

立法院得設各種委員會。

各種委員會得邀請政府人員及社會上有關係人員到會備詢。

第六十八條

立法院會期,每年兩次,自行集會,第一次自二月至五月底,第二次自九月至十二月底,必要時得延長之。

第六十九條

立法院遇有左列情事之一時,得開臨時會:

　　一、總統之咨請。

　　二、立法委員四分之一以上之請求。

第七十條

立法院對於行政院所提預算案,不得為增加支出之提議。

第七十一條

立法院開會時,關係院院長及各部會首長得列席陳述意見。

第七十二條

立法院法律案通過後,移送總統及行政院,總統應於收到後十日內公布之,但總統得依照本憲法第五十七條之規定辦理。

第七十三條

立法委員在院內所為之言論及表決,對院外不負責任。

第七十四條

立法委員,除現行犯外,非經立法院許可,不得逮捕或拘禁。

第七十五條

立法委員不得兼任官吏。

第七十六條

立法院之組織，以法律定之。

第七章　司　法

第七十七條

司法院為國家最高司法機關，掌理民事、刑事、行政訴訟之審判及公務員之懲戒。

第七十八條

司法院解釋憲法，並有統一解釋法律及命令之權。

第七十九條

司法院設院長、副院長各一人，由總統提名，經監察院同意任命之。

司法院設大法官若干人，掌理本憲法第七十八條規定事項，由總統提名，經監察院同意任命之。

第八十條

法官須超出黨派以外，依據法律獨立審判，不受任何干涉。

第八十一條

法官為終身職，非受刑事或懲戒處分或禁治產之宣告，不得免職，非依法律，不得停職、轉任或減俸。

第八十二條

司法院及各級法院之組織，以法律定之。

第八章　考　試

第八十三條

考試院為國家最高考試機關，掌理考試、任用、銓敘、考績、級俸、陞遷、保障、褒獎、撫卹、退休、養老等事項。

第八十四條

考試院設院長、副院長各一人，考試委員若干人，由總統提名，經監察院同意任命之。

第八十五條

公務人員之選拔，應實行公開競爭之考試制度，並應按省區分別規定名額，分區舉行考試。非經考試及格者，不得任用。

第八十六條

左列資格，應經考試院依法考選銓定之：

　　一、公務人員任用資格。

　　二、專門職業及技術人員執業資格。

第八十七條

考試院關於所掌事項，得向立法院提出法律案。

第八十八條

考試委員須超出黨派以外，依據法律獨立行使職權。

第八十九條

考試院之組織，以法律定之。

第九章　監　察

第九十條

監察院為國家最高監察機關，行使同意、彈劾、糾舉及審計權。

第九十一條

監察院設監察委員，由各省市議會、蒙古西藏地方議會及華僑團體選舉之。其名額分配，依左列之規定：

一、每省五人。

二、每直轄市二人。

三、蒙古各盟旗共八人。

四、西藏八人。

五、僑居國外之國民八人。

第九十二條

監察院設院長、副院長各一人，由監察委員互選之。

第九十三條

監察委員之任期為六年，連選得連任。

第九十四條

監察院依本憲法行使同意權時，由出席委員過半數之議決行之。

第九十五條

監察院為行使監察權，得向行政院及其各部會調閱其所發布之命令及各種有關文件。

第九十六條

監察院得按行政院及其各部會之工作，分設若干委員會，調查一切設施，注意其是否違法或失職。

第九十七條

監察院經各該委員會之審查及決議，得提出糾正案，移送行政院及其有關部會，促其注意改善。

監察院對於中央及地方公務人員，認為有失職或違法情事，得提出糾舉案或彈劾案，如涉及刑事，應移送法院辦理。

第九十八條

監察院對於中央及地方公務人員之彈劾案，須經監察委員一人以上之提議，九人以上之審查及決定，始得提出。

第九十九條

監察院對於司法院或考試院人員失職或違法之彈劾，適用本憲法第九十五條、第九十七條及第九十八條之規定。

第一〇〇條

監察院對於總統、副總統之彈劾案，須有全體監察委員四分之一以上之提議，全體監察委員過半數之審查及決議，向國民大會提出之。

第一〇一條

監察委員在院內所為之言論及表決，對院外不負責任。

第一〇二條

監察委員，除現行犯外，非經監察院許可，不得逮捕或拘禁。

第一〇三條

監察委員不得兼任其他公職或執行業務。

第一〇四條

監察院設審計長，由總統提名，經立法院同意任命之。

第一〇五條

審計長應於行政院提出決算後三個月內，依法完成其審核，並提出審核報告於立法院。

第一〇六條

監察院之組織，以法律定之。

第十章　中央與地方之權限

第一〇七條

左列事項，由中央立法並執行之：

一、外交。

二、國防與國防軍事。

三、國籍法及刑事、民事、商事之法律。

四、司法制度。

五、航空、國道、國有鐵路、航政、郵政及電政。

六、中央財政與國稅。

七、國稅與省稅、縣稅之劃分。

八、國營經濟事業。

九、幣制及國家銀行。

十、度量衡。

十一、國際貿易政策。

十二、涉外之財政經濟事項。

十三、其他依本憲法所定關於中央之事項。

第一〇八條

左列事項，由中央立法並執行之，或交由省縣執行之：

一、省縣自治通則。

二、行政區劃。

三、森林、工礦及商業。

四、教育制度。

五、銀行及交易所制度。

六、航業及海洋漁業。

七、公用事業。

八、合作事業。

九、二省以上之水陸交通運輸。

十、二省以上之水利、河道及農牧事業。

十一、中央及地方官吏之銓敘、任用、糾察及保障。

十二、土地法。

十三、勞動法及其他社會立法。

十四、公用徵收。

十五、全國戶口調查及統計。

十六、移民及墾殖。

十七、警察制度。

十八、公共衛生。

十九、振濟、撫卹及失業救濟。

二十、有關文化之古籍、古物及古蹟之保存。

前項各款，省於不牴觸國家法律內，得制定單行法規。

第一〇九條

左列事項，由省立法並執行之，或交由縣執行之：

一、省教育、衛生、實業及交通。

二、省財產之經營及處分。

三、省市政。

四、省公營事業。

五、省合作事業。

六、省農林、水利、漁牧及工程。

七、省財政及省稅。

八、省債。

九、省銀行。

十、省警政之實施。

十一、省慈善及公益事項。

十二、其他依國家法律賦予之事項。

前項各款,有涉及二省以上者,除法律別有規定外,得由有關各省共同辦理。

各省辦理第一項各款事務,其經費不足時,經立法院議決,由國庫補助之。

第一一〇條

左列事項,由縣立法並執行之:

一、縣教育、衛生、實業及交通。

二、縣財產之經營及處分。

三、縣公營事業。

四、縣合作事業。

五、縣農林、水利、漁牧及工程。

六、縣財政及縣稅。

七、縣債。

八、縣銀行。

九、縣警衛之實施。

十、縣慈善及公益事業。

十一、其他依國家法律及省自治法賦予之事項。

前項各款,有涉及二縣以上者,除法律別有規定外,得由有關各縣共同辦理。

第一一一條

除第一百零七條、第一百零八條、第一百零九條及第一百十條列舉事項外,如有未列舉事項發生時,其事務有全國一致之性質者屬於中央,有全省一致之性質者屬於省,有一縣之性質者屬於縣。遇有爭議時,由立法院解決之。

第十一章　地方制度

第一節　省

第一一二條

省得召集省民代表大會,依據省縣自治通則,制定省自治法,但不得與憲法牴觸。

省民代表大會之組織及選舉,以法律定之。

第一一三條

省自治法應包含左列各款:

一、省設省議會,省議會議員由省民選舉之。

二、省設省政府,置省長一人,省長由省民選舉之。

三、省與縣之關係。

屬於省之立法權,由省議會行之。

第一一四條

省自治法制定後，須即送司法院。司法院如認為有違憲之處，應將違憲條文宣布無效。

第一一五條

省自治法施行中，如因其中某條發生重大障礙，經司法院召集有關方面陳述意見後，由行政院院長、立法院院長、司法院院長、考試院院長與監察院院長組織委員會，以司法院院長為主席，提出方案解決之。

第一一六條

省法規與國家法律牴觸者無效。

第一一七條

省法規與國家法律有無牴觸發生疑義時，由司法院解釋之。

第一一八條

直轄市之自治，以法律定之。

第一一九條

蒙古各盟旗地方自治制度，以法律定之。

第一二〇條

西藏自治制度，應予以保障。

第二節　縣

第一二一條

縣實行縣自治。

第一二二條

縣得召集縣民代表大會，依據省縣自治通則，制定縣自治法，但不得與憲法及省自治法牴觸。

第一二三條

縣民關於縣自治事項，依法律行使創制、複決之權，對於縣長及其他縣自治人員，依法律行使選舉、罷免之權。

第一二四條

縣設縣議會，縣議會議員由縣民選舉之。

屬於縣之立法權，由縣議會行之。

第一二五條

縣單行規章，與國家法律或省法規牴觸者無效。

第一二六條

縣設縣政府，置縣長一人。縣長由縣民選舉之。

第一二七條

縣長辦理縣自治，並執行中央及省委辦事項。

第一二八條

市準用縣之規定。

第十二章　選舉、罷免、創制、複決

第一二九條

本憲法所規定之各種選舉,除本憲法別有規定外,以普通、平等、直接及無記名投票之方法行之。

第一三〇條

中華民國國民年滿二十歲者,有依法選舉之權。除本憲法及法律別有規定者外,年滿二十三歲者,有依法被選舉之權。

第一三一條

本憲法所規定各種選舉之候選人,一律公開競選。

第一三二條

選舉應嚴禁威脅利誘。選舉訴訟,由法院審判之。

第一三三條

被選舉人得由原選舉區依法罷免之。

第一三四條

各種選舉,應規定婦女當選名額,其辦法以法律定之。

第一三五條

內地生活習慣特殊之國民代表名額及選舉,其辦法以法律定之。

第一三六條

創制、複決兩權之行使,以法律定之。

第十三章　基本國策

第一節　國　防

第一三七條

中華民國之國防,以保衛國家安全,維護世界和平為目的。

國防之組織,以法律定之。

第一三八條

全國陸海空軍,須超出個人、地域及黨派關係以外,效忠國家,愛護人民。

第一三九條

任何黨派及個人不得以武裝力量為政爭之工具。

第一四〇條

現役軍人不得兼任文官。

第二節　外　交

第一四一條

中華民國之外交，應本獨立自主之精神，平等互惠之原則，敦睦邦交，尊重條約及聯合國憲章，以保護僑民權益，促進國際合作，提倡國際正義，確保世界和平。

第三節　國民經濟

第一四二條

國民經濟應以民生主義為基本原則，實施平均地權，節制資本，以謀國計民生之均足。

第一四三條

中華民國領土內之土地屬於國民全體。人民依法取得之土地所有權，應受法律之保障與限制。私有土地應照價納稅，政府並得照價收買。

附著於土地之礦及經濟上可供公眾利用之天然力，屬於國家所有，不因人民取得土地所有權而受影響。

土地價值非因施以勞力資本而增加者，應由國家徵收土地增值稅，歸人民共享之。

國家對於土地之分配與整理，應以扶植自耕農及自行使用土地人為原則，並規定其適當經營之面積。

第一四四條

公用事業及其他有獨占性之企業，以公營為原則，其經法律許可者，得由國民經營之。

第一四五條

國家對於私人財富及私營事業，認為有妨害國計民生之平衡發展者，應以法律限制之。

合作事業應受國家之獎勵與扶助。

國民生產事業及對外貿易，應受國家之獎勵、指導及保護。

第一四六條

國家應運用科學技術，以興修水利，增進地力，改善農業環境，規劃土地利用，開發農業資源，促成農業之工業化。

第一四七條

中央為謀省與省間之經濟平衡發展，對於貧瘠之省，應酌予補助。

省為謀縣與縣間之經濟平衡發展，對於貧瘠之縣，應酌予補助。

第一四八條

中華民國領域內，一切貨物應許自由流通。

第一四九條

金融機構，應依法受國家之管理。

第一五○條

國家應普設平民金融機構，以救濟失業。

第一五一條

國家對於僑居國外之國民，應扶助並保護其經濟事業之發展。

第四節　社會安全

第一五二條

人民具有工作能力者，國家應予以適當之工作機會。

第一五三條

國家為改良勞工及農民之生活，增進其生產技能，應制定保護勞工及農民之法律，實施保護勞工及農民之政策。

婦女兒童從事勞動者，應按其年齡及身體狀態，予以特別之保護。

第一五四條

勞資雙方應本協調合作原則，發展生產事業。勞資糾紛之調解與仲裁，以法律定之。

第一五五條

國家為謀社會福利，應實施社會保險制度。人民之老弱殘廢，無力生活，及受非常災害者，國家應予以適當之扶助與救濟。

第一五六條

國家為奠定民族生存發展之基礎，應保護母性，並實施婦女、兒童福利政策。

第一五七條

國家為增進民族健康，應普遍推行衛生保健事業及公醫制度。

第五節　教育文化

第一五八條

教育文化，應發展國民之民族精神，自治精神，國民道德，健全體格與科學及生活智能。

第一五九條

國民受教育之機會，一律平等。

第一六〇條

六歲至十二歲之學齡兒童，一律受基本教育，免納學費。其貧苦者，由政府供給書籍。

已逾學齡未受基本教育之國民，一律受補習教育，免納學費，其書籍亦由政府供給。

第一六一條

各級政府應廣設獎學金名額，以扶助學行俱優無力升學之學生。

第一六二條

全國公私立之教育文化機關，依法律受國家之監督。

第一六三條

國家應注重各地區教育之均衡發展，並推行社會教育，以提高一般國民之文化水準，邊遠及貧瘠地區之教育文化經費，由國庫補助之。其重要之教育文化事業，得由中央辦理

或補助之。

第一六四條

教育、科學、文化之經費，在中央不得少於其預算總額百分之十五，在省不得少於其預算總額百分之二十五，在市、縣不得少於其預算總額百分之三十五，其依法設置之教育文化基金及產業，應予以保障。

第一六五條

國家應保障教育、科學、藝術工作者之生活，並依國民經濟之進展，隨時提高其待遇。

第一六六條

國家應獎勵科學之發明與創造，並保護有關歷史、文化、藝術之古蹟、古物。

第一六七條

國家對於左列事業或個人，予以獎勵或補助：

一、國內私人經營之教育事業成績優良者。

二、僑居國外國民之教育事業成績優良者。

三、於學術或技術有發明者。

四、從事教育久於其職而成績優良者。

第六節　邊疆地區

第一六八條

國家對於邊疆地區各民族之地位，應予以合法之保障，並於其地方自治事業，特別予以扶植。

第一六九條

國家對於邊疆地區各民族之教育、文化、交通、水利、衛生及其他經濟、社會事業，應積極舉辦，並扶助其發展，對於土地使用，應依其氣候、土壤性質，及人民生活習慣之所宜，予以保障及發展。

第十四章　憲法之施行及修改

第一七〇條

本憲法所稱之法律，謂經立法院通過，總統公布之法律。

第一七一條

法律與憲法牴觸者無效。

法律與憲法有無牴觸發生疑義時，由司法院解釋之。

第一七二條

命令與憲法或法律牴觸者無效。

第一七三條

憲法之解釋，由司法院為之。

第一七四條

憲法之修改，應依左列程序之一為之：

一、由國民大會代表總額五分之一之提議，三分之二之出席，及出席代表四分之三之決議，得修改之。

二、由立法院立法委員四分之一之提議，四分之三之出席，及出席委員四分之三之決議，擬定憲法修正案，提請國民大會複決。此項憲法修正案，應於國民大會開會前半年公告之。

第一七五條

本憲法規定事項，有另定實施程序之必要者，以法律定之。

本憲法施行之準備程序，由制定憲法之國民大會議定之。

二、中華民國憲法增修條文

民國八十年五月一日總統令公布

八十一年五月二十八日總統令修正公布

八十三年八月一日總統令修正公布

八十六年七月二十一日總統令修正公布

八十八年九月十五日總統令修正公布

八十九年四月二十五日總統令修正公布

九十四年六月十日總統令修正公布

為因應國家統一前之需要，依照憲法第二十七條第一項第三款及第一百七十四條第一款之規定，增修本憲法條文如左：

第一條

中華民國自由地區選舉人於立法院提出憲法修正案、領土變更案，經公告半年，應於三個月內投票複決，不適用憲法第四條、第一百七十四條之規定。

憲法第二十五條至第三十四條及第一百三十五條之規定，停止適用。

第二條

總統、副總統由中華民國自由地區全體人民直接選舉之，自中華民國八十五年第九任總統、副總統選舉實施。總統、副總統候選人應聯名登記，在選票上同列一組圈選，以得票最多之一組為當選。在國外之中華民國自由地區人民返國行使選舉權，以法律定之。

總統發布行政院院長與依憲法經立法院同意任命人員之任免命令及解散立法院之命令，無須行政院院長之副署，不適用憲法第三十七條之規定。

總統為避免國家或人民遭遇緊急危難或應付財政經濟上重大變故，得經行政院會議之決議發布緊急命令，為必要之處置，不受憲法第四十三條之限制。但須於發布命令後十日內提交立法院追認，如立法院不同意時，該緊急命令立即失效。

總統為決定國家安全有關大政方針，得設國家安全會議及所屬國家安全局，其組織以法律定之。

總統於立法院通過對行政院院長之不信任案後十日內，經諮詢立法院院長後，得宣告解散立法院。但總統於戒嚴或緊急命令生效期間，不得解散立法院。立法院解散後，應於六十日內舉行立法委員選舉，並於選舉結果確認後十日內自行集會，其任期重新起算。

總統、副總統之任期為四年，連選得連任一次，不適用憲法第四十七條之規定。

副總統缺位時，總統應於三個月內提名候選人，由立法院補選，繼任至原任期屆滿為止。

總統、副總統均缺位時，由行政院院長代行其職權，並依本條第一項規定補選總統、副總統，繼任至原任期屆滿為止，不適用憲法第四十九條之有關規定。

總統、副總統之罷免案，須經全體立法委員四分之一之提議，全體立法委員三分之二之同意後提出，並經中華民國自由地區選舉人總額過半數之投票，有效票過半數同意罷免時，即為通過。

立法院提出總統、副總統彈劾案，聲請司法院大法官審理，經憲法法庭判決成立時，被彈劾人應即解職。

第三條

行政院院長由總統任命之。行政院院長辭職或出缺時，在總統未任命行政院院長前，由行政院副院長暫行代理。憲法第五十五條之規定，停止適用。

行政院依左列規定，對立法院負責，憲法第五十七條之規定，停止適用：

一、行政院有向立法院提出施政方針及施政報告之責。立法委員在開會時，有向行政院院長及行政院各部會首長質詢之權。

二、行政院對於立法院決議之法律案、預算案、條約案，如認為有窒礙難行時，得經總統之核可，於該決議案送達行政院十日內，移請立法院覆議。立法院對於行政院移請覆議案，應於送達十五日內作成決議。如為休會期間，立法院應於七日內自行集會，並於開議十五日內作成決議。覆議案逾期未議決者，原決議失效。覆議時，如經全體立法委員二分之一以上決議維持原案，行政院院長應即接受該決議。

三、立法院得經全體立法委員三分之一以上連署，對行政院院長提出不信任案。不信任案提出七十二小時後，應於四十八小時內以記名投票表決之。如經全體立法委員二分之一以上贊成，行政院院長應於十日內提出辭職，並得同時呈請總統解散立法院；不信任案如未獲通過，一年內不得對同一行政院院長再提不信任案。

國家機關之職權、設立程序及總員額，得以法律為準則性之規定。

各機關之組織、編制及員額，應依前項法律，基於政策或業務需要決定之。

第四條

立法院立法委員自第七屆起一百一十三人，任期四年，連選得連任，於每屆任滿前三個月內，依左列規定選出之，不受憲法第六十四條及第六十五條之限制：

一、自由地區直轄市、縣市七十三人。每縣市至少一人。

二、自由地區平地原住民及山地原住民各三人。

三、全國不分區及僑居國外國民共三十四人。

前項第一款依各直轄市、縣市人口比例分配，並按應選名額劃分同額選舉區選出之。第三款依政黨名單投票選舉之，由獲得百分之五以上政黨選舉票之政黨依得票比率選出之，各政黨當選名單中，婦女不得低於二分之一。

立法院於每年集會時，得聽取總統國情報告。

立法院經總統解散後，在新選出之立法委員就職前，視同休會。

中華民國領土，依其固有疆域，非經全體立法委員四分之一之提議，全體立法委員四分

之三之出席，及出席委員四分之三之決議，提出領土變更案，並於公告半年後，經中華民國自由地區選舉人投票複決，有效同意票過選舉人總額之半數，不得變更之。

總統於立法院解散後發布緊急命令，立法院應於三日內自行集會，並於開議七日內追認之。但於新任立法委員選舉投票日後發布者，應由新任立法委員於就職後追認之。如立法院不同意時，該緊急命令立即失效。

立法院對於總統、副總統之彈劾案，須經全體立法委員二分之一以上之提議，全體立法委員三分之二以上之決議，聲請司法院大法官審理，不適用憲法第九十條、第一百條及增修條文第七條第一項有關規定。

立法委員除現行犯外，在會期中，非經立法院許可，不得逮捕或拘禁。憲法第七十四條之規定，停止適用。

第五條

司法院設大法官十五人，並以其中一人為院長、一人為副院長，由總統提名，經立法院同意任命之，自中華民國九十二年起實施，不適用憲法第七十九條之規定。司法院大法官除法官轉任者外，不適用憲法第八十一條及有關法官終身職待遇之規定。

司法院大法官任期八年，不分屆次，個別計算，並不得連任。但並為院長、副院長之大法官，不受任期之保障。

中華民國九十二年總統提名之大法官，其中八位大法官，含院長、副院長，任期四年，其餘大法官任期為八年，不適用前項任期之規定。

司法院大法官，除依憲法第七十八條之規定外，並組成憲法法庭審理總統、副總統之彈劾及政黨違憲之解散事項。

政黨之目的或其行為，危害中華民國之存在或自由民主之憲政秩序者為違憲。

司法院所提出之年度司法概算，行政院不得刪減，但得加註意見，編入中央政府總預算案，送立法院審議。

第六條

考試院為國家最高考試機關，掌理左列事項，不適用憲法第八十三條之規定：

　　一、考試。

　　二、公務人員之銓敘、保障、撫卹、退休。

　　三、公務人員任免、考績、級俸、陞遷、褒獎之法制事項。

考試院設院長、副院長各一人，考試委員若干人，由總統提名，經立法院同意任命之，不適用憲法第八十四條之規定。

憲法第八十五條有關按省區分別規定名額，分區舉行考試之規定，停止適用。

第七條

監察院為國家最高監察機關，行使彈劾、糾舉及審計權，不適用憲法第九十條及第九十四條有關同意權之規定。

監察院設監察委員二十九人，並以其中一人為院長、一人為副院長，任期六年，由總統

提名，經立法院同意任命之。憲法第九十一條至第九十三條之規定停止適用。

監察院對於中央、地方公務人員及司法院、考試院人員之彈劾案，須經監察委員二人以上之提議，九人以上之審查及決定，始得提出，不受憲法第九十八條之限制。

監察院對於監察院人員失職或違法之彈劾，適用憲法第九十五條、第九十七條第二項及前項之規定。

監察委員須超出黨派以外，依據法律獨立行使職權。

憲法第一百零一條及第一百零二條之規定，停止適用。

第八條

立法委員之報酬或待遇，應以法律定之。除年度通案調整者外，單獨增加報酬或待遇之規定，應自次屆起實施。

第九條

省、縣地方制度，應包括左列各款，以法律定之，不受憲法第一百零八條第一項第一款、第一百零九條、第一百十二條至第一百十五條及第一百二十二條之限制：

一、省設省政府，置委員九人，其中一人為主席，均由行政院院長提請總統任命之。

二、省設省諮議會，置省諮議會議員若干人，由行政院院長提請總統任命之。

三、縣設縣議會，縣議會議員由縣民選舉之。

四、屬於縣之立法權，由縣議會行之。

五、縣設縣政府，置縣長一人，由縣民選舉之。

六、中央與省、縣之關係。

七、省承行政院之命，監督縣自治事項。

臺灣省政府之功能、業務與組織之調整，得以法律為特別之規定。

第十條

國家應獎勵科學技術發展及投資，促進產業升級，推動農漁業現代化，重視水資源之開發利用，加強國際經濟合作。

經濟及科學技術發展，應與環境及生態保護兼籌並顧。

國家對於人民興辦之中小型經濟事業，應扶助並保護其生存與發展。

國家對於公營金融機構之管理，應本企業化經營之原則；其管理、人事、預算、決算及審計，得以法律為特別之規定。

國家應推行全民健康保險，並促進現代和傳統醫藥之研究發展。

國家應維護婦女之人格尊嚴，保障婦女之人身安全，消除性別歧視，促進兩性地位之實質平等。

國家對於身心障礙者之保險與就醫、無障礙環境之建構、教育訓練與就業輔導及生活維護與救助，應予保障，並扶助其自立與發展。

國家應重視社會救助、福利服務、國民就業、社會保險及醫療保健等社會福利工作，對於社會救助和國民就業等救濟性支出應優先編列。

　國家應尊重軍人對社會之貢獻，並對其退役後之就學、就業、就醫、就養予以保障。

　教育、科學、文化之經費，尤其國民教育之經費應優先編列，不受憲法第一百六十四條規定之限制。

　國家肯定多元文化，並積極維護發展原住民族語言及文化。

　國家應依民族意願，保障原住民族之地位及政治參與，並對其教育文化、交通水利、衛生醫療、經濟土地及社會福利事業予以保障扶助並促其發展，其辦法另以法律定之。對於澎湖、金門及馬祖地區人民亦同。

　國家對於僑居國外國民之政治參與，應予保障。

第十一條

　自由地區與大陸地區間人民權利義務關係及其他事務之處理，得以法律為特別之規定。

第十二條

　憲法之修改，須經立法院立法委員四分之一之提議，四分之三之出席，及出席委員四分之三之決議，提出憲法修正案，並於公告半年後，經中華民國自由地區選舉人投票複決，有效同意票過選舉人總額之半數，即通過之，不適用憲法第一百七十四條之規定。

三、公民與政治權利國際公約
International Covenant on Civil and Political Rights

通過日期：一九六六年十二月十六日聯合國大會決議 2200A（XXI）

生效日期：一九七六年三月二十三日（按照第四十九條規定）

前　文

　　本公約締約國，鑒於依據聯合國憲章揭示之原則，人類一家，對於人人天賦尊嚴及其平等而且不可割讓權利之確認，實係世界自由、正義與和平之基礎，確認此種權利源於天賦人格尊嚴，確認依據世界人權宣言之昭示，唯有創造環境，使人人除享有經濟社會文化權利而外，並得享受公民及政治權利，始克實現自由人類享受公民及政治自由無所恐懼不虞匱乏之理想。鑒於聯合國憲章之規定，各國負有義務，必須促進人權及自由之普遍尊重及遵守，明認個人對他人及對其隸屬之社會，負有義務，故職責所在，必須力求本公約所確認各種權利之促進及遵守，爰議定條款如下：

第壹編

第一條

一、所有民族均享有自決權，根據此種權利，自由決定其政治地位並自由從事其經濟、社會與文化之發展。

二、所有民族得為本身之目的，自由處置其天然財富及資源，但不得妨害因基於互惠原則之國際經濟合作及因國際法而生之任何義務。無論在何種情形下，民族之生計，不容剝奪。

三、本公約締約國，包括負責管理非自治及託管領土之國家在內，均應遵照聯合國憲章規定，促進自決權之實現，並尊重此種權利。

第貳編

第二條

一、本公約締約國承允尊重並確保所有境內受其管轄之人，無分種族、膚色、性別、語言、宗教、政見或其他主張民族本源或社會階級、財產、出生或其他身分等等，一律享受本公約所確認之權利。

二、本公約締約國承允遇現行立法或其他措施尚無規定時，各依本國憲法程序，並遵照本公約規定，採取必要步驟，制定必要之立法或其他措施，以實現本公約所確認之權利。

三、本公約締約國承允：

㈠確保任何人所享本公約確認之權利或自由如遭受侵害，均獲有效之救濟，公務員執
　行職務所犯之侵權行為，亦不例外；

㈡確保上項救濟聲請人之救濟權利，由主管司法、行政或立法當局裁定，或由該國法
　律制度規定之其他主管當局裁定，並推廣司法救濟之機會；

㈢確保上項救濟一經核准，主管當局概予執行。

第三條

　　本公約締約國承允確保本公約所載一切公民及政治權利之享受，男女權利，一律平等。

第四條

一、如經當局正式宣布緊急狀態，危及國本，本公約締約國得在此種危急情勢絕對必要
　　之限度內，採取措施，減免履行其依本公約所負之義務，但此種措施不得牴觸其依
　　國際法所負之其他義務，亦不得引起純粹以種族、膚色、性別、語言、宗教或社會
　　階級為根據之歧視。

二、第六條、第七條、第八條（第一項及第二項）、第十一條、第十五條、第十六條及
　　第十八條之規定，不得依本條規定減免履行。

三、本公約締約國行使其減免履行義務之權利者，應立即將其減免履行之條款，及減免
　　履行之理由，經由聯合國秘書長轉知本公約其他締約國。其終止減免履行之日期，
　　亦應另行移文秘書長轉知。

第五條

一、本公約條文不得解釋為國家、團體或個人有權從事活動或實行行為，破壞本公約確
　　認之任何一種權利與自由，或限制此種權利與自由逾越本公約規定之程度。

二、本公約締約國內依法律、公約、條例或習俗而承認或存在之任何基本人權，不得藉
　　口本公約未予確認或確認之範圍較狹，而加以限制或減免義務。

第參編

第六條

一、人人皆有天賦之生存權。此種權利應受法律保障。任何人之生命不得無理剝奪。

二、凡未廢除死刑之國家，非犯情節最重大之罪，且依照犯罪時有效並與本公約規定及
　　防止及懲治殘害人群罪公約不牴觸之法律，不得科處死刑。死刑非依管轄法院終局
　　判決，不得執行。

三、生命之剝奪構成殘害人群罪時，本公約締約國公認本條不得認為授權任何締約國
　　以任何方式減免其依防止及懲治殘害人群罪公約規定所負之任何義務。

四、受死刑宣告者，有請求特赦或減刑之權。一切判處死刑之案件均得邀大赦、特赦或
　　減刑。

五、未滿十八歲之人犯罪，不得判處死刑；懷胎婦女被判死刑，不得執行其刑。

六、本公約締約國不得援引本條，而延緩或阻止死刑之廢除。

第七條

任何人不得施以酷刑，或予以殘忍、不人道或侮辱之處遇或懲罰。非經本人自願同意，尤不得對任何人作醫學或科學試驗。

第八條

一、任何人不得使充奴隸；奴隸制度及奴隸販賣，不論出於何種方式，悉應禁止。

二、任何人不得使充奴工。

三、㈠任何人不得使服強迫或強制之勞役；

㈡凡犯罪刑罰得科苦役徒刑之國家，如經管轄法院判處此刑，不得根據第三項㈠款規定，而不服苦役；

㈢本項所稱「強迫或強制勞役」不包括下列各項：

(1)經法院依法命令拘禁之人，或在此種拘禁假釋期間之人，通常必須擔任而不屬於㈡款範圍之工作或服役；

(2)任何軍事性質之服役，及在承認人民可以本其信念反對服兵役之國家，依法對此種人徵服之國民服役；

(3)遇有緊急危難或災害禍患危及社會生命安寧時徵召之服役；

(4)為正常公民義務一部分之工作或服役。

第九條

一、人人有權享有身體自由及人身安全。任何人不得無理予以逮捕或拘禁。非依法定理由及程序，不得剝奪任何人之自由。

二、執行逮捕時，應當場向被捕人宣告逮捕原因，並應隨即告知被控案由。

三、因刑事罪名而被逮捕或拘禁之人，應迅即解送法官或依法執行司法權力之其他官員，並應於合理期間內審訊或釋放。候訊人通常不得加以羈押，但釋放得令具報，於審訊時，於司法程序之任何其他階段、並於一旦執行判決時，候傳到場。

四、任何人因逮捕或拘禁而被奪自由時，有權聲請法院提審，以迅速決定其拘禁是否合法，如屬非法，應即令釋放。

五、任何人受非法逮捕或拘禁者，有權要求執行損害賠償。

第十條

一、自由被剝奪之人，應受合於人道及尊重其天賦人格尊嚴之處遇。

二、㈠除特殊情形外，被告應與判決有罪之人分別羈押，且應另予與其未經判決有罪之身分相稱之處遇；

㈡少年被告應與成年被告分別羈押，並應儘速即予判決。

三、監獄制度所定監犯之處遇，應以使其悛悔自新，重適社會生活為基本目的。少年犯人應與成年犯人分別拘禁，且其處遇應與其年齡及法律身分相稱。

第十一條

任何人不得僅因無力履行契約義務，即予監禁。

第十二條

一、在一國領土內合法居留之人，在該國領土內有遷徙往來之自由及擇居之自由。

二、人人應有自由離去任何國家，連其本國在內。

三、上列權利不得限制，但法律所規定、保護國家安全、公共秩序、公共衛生或風化、或他人權利與自由所必要，且與本公約所確認之其他權利不牴觸之限制，不在此限。

四、人人進入其本國之權，不得無理褫奪。

第十三條

本公約締約國境內合法居留之外國人，非經依法判定，不得驅逐出境，且除事關國家安全必須急速處分者外，應准其提出不服驅逐出境之理由，及聲請主管當局或主管當局特別指定之人員予以覆判，並為此目的委託代理人到場申訴。

第十四條

一、人人在法院或法庭之前，悉屬平等。任何人受刑事控告或因其權利義務涉訟須予判定時，應有權受獨立無私之法定管轄法庭公正公開審問。法院得因民主社會之風化、公共秩序或國家安全關係，或於保護當事人私生活有此必要時，或因情形特殊公開審判勢必影響司法而在其認為絕對必要之限度內，禁止新聞界及公眾旁聽審判程序之全部或一部；但除保護少年有此必要，或事關婚姻爭執或子女監護問題外，刑事民事之判決應一律公開宣示。

二、受刑事控告之人，未經依法確定有罪以前，應假定其無罪。

三、審判被控刑事罪時，被告一律有權平等享受下列最低限度之保障：

　　㈠迅即以其通曉之語言，詳細告知被控罪名及案由；

　　㈡給予充分之時間及便利，準備答辯並與其選任之辯護人聯絡；

　　㈢立即受審，不得無故稽延；

　　㈣到庭受審，及親自答辯或由其選任辯護人答辯；未經選任辯護人者，應告以有此權利；法院認為審判有此必要時，應為其指定公設辯護人，如被告無資力酬償，得免付之；

　　㈤得親自或間接詰問他造證人，並得聲請法院傳喚其證人在與他造證人同等條件下出庭作證；

　　㈥如不通曉或不能使用法院所用之語言，應免費為備通譯協助之；

　　㈦不得強迫被告自供或認罪。

四、少年之審判，應顧念被告年齡及宜使其重適社會生活，而酌定程序。

五、經判定犯罪者，有權聲請上級法院依法覆判其有罪判決及所科刑罰。

六、經終局判決判定犯罪，如後因提出新證據或因發見新證據，確實證明原判錯誤而經撤銷原判或免刑者，除經證明有關證據之未能及時披露，應由其本人全部或局部負

責者外，因此判決而服刑之人應依法受損害賠償。

七、任何人依一國法律及刑事程序經終局判決判定有罪或無罪開釋者，不得就同一罪名再予審判或科刑。

第十五條

一、任何人之行為或不行為，於發生當時依內國法及國際法均不成罪者，不為罪。刑罰不得重於犯罪時法律所規定。犯罪後之法律規定減科刑罰者，從有利於行為人之法律。

二、任何人之行為或不行為，於發生當時依各國公認之一般法律原則為有罪者，其審判與刑罰不受本條規定之影響。

第十六條

人人在任何所在有被承認為法律人格之權利。

第十七條

一、任何人之私生活、家庭、住宅或通信，不得無理或非法侵擾，其名譽及信用，亦不得非法破壞。

二、對於此種侵擾或破壞，人人有受法律保護之權利。

第十八條

一、人人有思想、信念及宗教之自由。此種權利包括保有或採奉自擇之宗教或信仰之自由，及單獨或集體、公開或私自以禮拜、戒律、躬行及講授表示其宗教或信仰之自由。

二、任何人所享保有或採奉自擇之宗教或信仰之自由，不得以脅迫侵害之。

三、人人表示其宗教或信仰之自由，非依法律，不受限制，此項限制以保障公共安全、秩序、衛生或風化或他人之基本權利自由所必要者為限。

四、本公約締約國承允尊重父母或法定監護人確保子女接受符合其本人信仰之宗教及道德教育之自由。

第十九條

一、人人有保持意見不受干預之權利。

二、人人有發表自由之權利；此種權利包括以語言、文字或出版物、藝術或自己選擇之其他方式，不分國界，尋求、接受及傳播各種消息及思想之自由。

三、本條第二項所載權利之行使，附有特別責任及義務，故得予以某種限制，但此種限制以經法律規定，且為下列各項所必要者為限：

㈠尊重他人權利或名譽；

㈡保障國家安全或公共秩序，或公共衛生或風化。

第二十條

一、任何鼓吹戰爭之宣傳，應以法律禁止之。

二、任何鼓吹民族、種族或宗教仇恨之主張，構成煽動歧視、敵視或強暴者，應以法律

　　禁止之。

第二十一條

　　和平集會之權利，應予確認。除依法律之規定，且為民主社會維護國家安全或公共安寧、公共秩序、維持公共衛生或風化、或保障他人權利自由所必要者外，不得限制此種權利之行使。

第二十二條

一、人人有自由結社之權利，包括為保障其本身利益而組織及加入工會之權利。

二、除依法律之規定，且為民主社會維護國家安全或公共安寧、公共秩序、維持公共衛生或風化、或保障他人權利自由所必要者外，不得限制此種權利之行使。本條並不禁止對軍警人員行使此種權利，加以合法限制。

三、關於結社自由及保障組織權利之國際勞工組織一九四八年公約締約國，不得根據本條採取立法措施或應用法律，妨礙該公約所規定之保證。

第二十三條

一、家庭為社會之自然基本團體單位，應受社會及國家之保護。

二、男女已達結婚年齡者，其結婚及成立家庭之權利應予確認。

三、婚姻非經婚嫁雙方自由完全同意，不得締結。

四、本公約締約國應採取適當步驟，確保夫妻在婚姻方面，在婚姻關係存續期間，以及在婚姻關係消滅時，雙方權利責任平等。婚姻關係消滅時，應訂定辦法，對子女予以必要之保護。

第二十四條

一、所有兒童有權享受家庭、社會及國家為其未成年身分給予之必需保護措施，不因種族、膚色、性別、語言、宗教、民族本源或社會階級、財產、或出生而受歧視。

二、所有兒童出生後應立予登記，並取得名字。

三、所有兒童有取得國籍之權。

第二十五條

一、凡屬公民，無分第二條所列之任何區別，不受無理限制，均應有權利及機會：

　　㈠直接或經由自由選擇之代表參與政事；

　　㈡在真正、定期之選舉中投票及被選。選舉權必須普及而平等，選舉應以無記名投票法行之，以保證選民意志之自由表現；

　　㈢以一般平等之條件，服本國公職。

第二十六條

　　人人在法律上一律平等，且應受法律平等保護，無所歧視。在此方面，法律應禁止任何歧視，並保證人人享受平等而有效之保護，以防因種族、膚色、性別、語言、宗教、政見或其他主張、民族本源或社會階級、財產、出生或其他身分而生之歧視。

第二十七條

凡有種族、宗教或語言少數團體之國家，屬於此類少數團體之人，與團體中其他分子共同享受其固有文化、信奉躬行其固有宗教或使用其固有語言之權利，不得剝奪之。

第肆編

第二十八條

一、茲設置人權事宜委員會（本公約下文簡稱委員會）委員十八人，執行以下規定之職務。

二、委員會委員應為本公約締約國國民，品格高尚且在人權問題方面聲譽素著之人士；同時並應計及宜選若干具有法律經驗之人士擔任委員。

三、委員會委員以個人資格當選任職。

第二十九條

一、委員會之委員應自具備第二十八條所規定資格並經本公約締約國為此提名之人士名單中以無記名投票選舉之。

二、本公約各締約國提出人選不得多於二人，所提人選應為提名國國民。

三、候選人選，得續予提名。

第三十條

一、初次選舉至遲應於本公約開始生效後六個月內舉行。

二、除依據第三十四條規定宣告出缺而舉行之補缺選舉外，聯合國秘書長至遲應於委員會各次選舉日期四個月前以書面邀請本公約締約國於三個月內提出委員會委員候選人。

三、聯合國秘書長應就所提出之候選人，按照字母次序編製名單，標明推薦其候選之締約國，至遲於每次選舉日期一個月前，送達本公約締約國。

四、委員會委員之選舉應由聯合國秘書長在聯合國會所召集之締約國會議舉行之，該會議以締約國之三分之二出席為法定人數，候選人獲票最多且得出席及投票締約國代表絕對過半數票者當選為委員會委員。

第三十一條

一、委員會不得有委員一人以上為同一國家之國民。

二、選舉委員會委員時應計及地域公匀分配及確能代表世界不同文化及各主要法系之原則。

第三十二條

一、委員會委員任期四年。續經提名者連選得連任。但第一次選出之委員中九人任期應為二年；任期二年之委員九人，應於第一次選舉完畢後，立由第三十條第四項所稱會議之主席，以抽籤方法決定之。

二、委員會委員任滿時之改選，應依照本公約本編以上各條舉行之。

第三十三條

一、委員會某一委員倘經其他委員一致認為由於暫時缺席以外之其他原因，業已停止執行職務時，委員會主席應通知聯合國秘書長，由其宣告該委員出缺。

二、委員會委員死亡或辭職時，委員會主席應即通知聯合國秘書長，由其宣告該委員自死亡或辭職生效之日起出缺。

第三十四條

一、遇有第三十三條所稱情形宣告出缺，且須行補選之委員任期不在宣告出缺後六個月內屆滿者，聯合國秘書長應通知本公約各締約國，各締約國得於兩個月內依照第二十九條提出候選人，以備補缺。

二、聯合國秘書長應就所提出之候選人，按照字母次序編製名單，送達本公約締約國。補缺選舉應於編送名單後依照本公約本編有關規定舉行之。

三、委員會委員之當選遞補依第三十三條規定宣告之懸缺者，應任職至依該條規定出缺之委員會委員任期屆滿時為止。

第三十五條

委員會委員經聯合國大會核准，自聯合國資金項下支取報酬，其待遇及條件由大會參酌委員會所負重大責任定之。

第三十六條

聯合國秘書長應供給委員會必要之辦事人員及便利，俾得有效執行本公約所規定之職務。

第三十七條

一、委員會首次會議由聯合國秘書長在聯合國會所召集之。

二、委員會舉行首次會議後，遇委員會議事規則規定之情形召開會議。

三、委員會會議通常應在聯合國會所或日內瓦聯合國辦事處舉行之。

第三十八條

委員會每一委員就職時，應在委員會公開集會中鄭重宣言，必當秉公竭誠，執行職務。

第三十九條

一、委員會應自行選舉其職員，任期二年，連選得連任。

二、委員會應自行制定議事規則，其中應有下列規定：

　　㈠委員十二人構成法定人數；

　　㈡委員會之決議以出席委員過半數之同意為之。

第四十條

一、本公約締約國承允依照下列規定，各就其實施本公約所確認權利而採取之措施，及在享受各種權利方面所獲之進展，提具報告書：

　　㈠本公約對關係締約國生效後一年內；

　　㈡其後遇委員會提出請求時。

二、所有報告書應交由聯合國秘書長轉送委員會審議。如有任何因素及困難影響本公

約之實施，報告書應予說明。

三、聯合國秘書長與委員會商洽後得將報告書中屬於關係專門機關職權範圍之部分副本轉送各該專門機關。

四、委員會應研究本公約締約國提出之報告書。委員會應向締約國提送其報告書及其認為適當之一般評議。委員會亦得將此等評議連同其自本公約締約國收到之報告書副本轉送經濟暨社會理事會。

五、本公約締約國得就可能依據本條第四項規定提出之任何評議向委員會提出意見。

第四十一條

一、本公約締約國得依據本條規定，隨時聲明承認委員會有權接受並審議一締約國指稱另一締約國不履行本公約義務之來文。依本條規定而遞送之來文，必須為曾聲明其本身承認委員會有權之締約國所提出方得予以接受並審查。如來文關涉未作此種聲明之締約國，委員會不得接受之。依照本條規定接受之來文應照下開程序處理：

　㈠如本公約某一締約國認為另一締約國未實施本公約條款，得書面提請該締約國注意。受請國應於收到此項來文三個月內，向遞送來文之國家書面提出解釋或任何其他聲明，以闡明此事，其中應在可能及適當範圍內，載明有關此事之本國處理辦法，及業經採取或正在決定或可資援用之救濟辦法。

　㈡如在受請國收到第一件來文後六個月內，問題仍未獲關係締約國雙方滿意之調整，當事國任何一方均有權通知委員會及其他一方，將事件提交委員會。

　㈢委員會對於提請處理之事件，應於查明對此事件可以運用之國內救濟辦法悉已援用無遺後，依照公認之國際法原則處理之。但如救濟辦法之實施有不合理之拖延，則不在此限。

　㈣委員會審查本條所稱之來文時應舉行不公開會議。

　㈤以不牴觸㈢款之規定為限，委員會應幹旋關係締約國俾以尊重本公約所確認之人權及基本自由為基礎，友善解決事件。

　㈥委員會對於提請處理之任何事件，得請㈡款所稱之關係締約國提供任何有關情報。

　㈦㈡款所稱關係締約國有權於委員會審議此事件時出席並提出口頭及／或書面陳述。

　㈧委員會應於接獲依㈡款所規定通知之日起十二個月內提出報告書：

　　(1)如已達成㈤款規定之解決辦法，委員會報告書應以扼要敘述事實及所達成之解決辦法為限。

　　(2)如未達成㈤款規定之解決辦法，委員會報告書應以扼要敘述事實為限；關係締約國提出之書面陳述及口頭陳述紀錄應附載於報告書內。

關於每一事件，委員會應將報告書送達各關係締約國。

二、本條之規定應於本公約十締約國發表本條第一項所稱之聲明後生效。此種聲明應

由締約國交存聯合國秘書長，由秘書長將聲明副本轉送其他締約國。締約國得隨時通知秘書長撤回聲明。此種撤回不得影響對業經依照本條規定遞送之來文中所提事件之審議；秘書長接得撤回通知後，除非關係締約國另作新聲明，該國再有來文時不予接受。

第四十二條

一、㈠如依第四十一條之規定提請委員會處理之事件未能獲得關係締約國滿意之解決，委員會得經關係締約國事先同意，指派一專設和解委員會（下文簡稱和委會）。和委會應為關係締約國幹旋，俾以尊重本公約為基礎，和睦解決問題；

㈡和委會由關係締約國接受之委員五人組成之。如關係締約國於三個月內對和委會組成之全部或一部未能達成協議，未得協議之和委會委員應由委員會用無記名投票法以三分之二之多數自其本身委員中選出之。

二、和委會委員以個人資格任職。委員不得為關係締約國之國民，或為非本公約締約國之國民，或未依第四十一條規定發表聲明之締約國國民。

三、和委會應自行選舉主席及制定議事規則。

四、和委會會議通常應在聯合國會所或日內瓦聯合國辦事處舉行，但亦得於和委會諸商聯合國秘書長及關係締約國決定之其他方便地點舉行。

五、依第三十六條設置之秘書處應亦為依本條指派之和委會服務。

六、委員會所蒐集整理之情報，應提送和委會，和委會亦得請關係締約國提供任何其他有關情報。

七、和委會於詳盡審議案件後，無論如何應於受理該案件十二個月內，向委員會主席提出報告書，轉送關係締約國：

㈠和委會如未能於十二個月內完成案件之審議，其報告書應以扼要說明審議案件之情形為限；

㈡和委會如能達成以尊重本公約所確認之人權為基礎之和睦解決問題辦法，其報告書應以扼要說明事實及所達成之解決辦法為限；

㈢如未能達成㈡款規定之解決辦法，和委會報告書應載有其對於關係締約國爭執事件之一切有關事實問題之結論，以及對於事件和睦解決各種可能性之意見。此項報告書應亦載有關係締約國提出之書面陳述及所作口頭陳述之紀錄；

㈣和委會報告書如係依㈢款之規定提出，關係締約國應於收到報告書後三個月內通知委員會主席願否接受和委會報告書內容。

八、本條規定不影響委員會依第四十一條所負之責任。

九、關係締約國應依照聯合國秘書長所提概算，平均負擔和委會委員之一切費用。

十、聯合國秘書長有權於必要時在關係締約國依本條第九項償還用款之前，支付和委會委員之費用。

第四十三條

委員會委員,以及依第四十二條可能指派之專設和解委員會委員,應有權享受聯合國特權豁免公約內有關各款為因聯合國公務出差之專家所規定之便利、特權與豁免。

第四十四條

本公約實施條款之適用不得妨礙聯合國及各專門機關之組織約章及公約在人權方面所訂之程序,或根據此等約章及公約所訂之程序,亦不得阻止本公約各締約國依照彼此間現行之一般或特別國際協定,採用其他程序解決爭端。

第四十五條

委員會應經由經濟暨社會理事會向聯合國大會提送常年工作報告書。

第伍編

第四十六條

本公約之解釋,不得影響聯合國憲章及各專門機關組織法內規定聯合國各機關及各專門機關分別對本公約所處理各種事項所負責任之規定。

第四十七條

本公約之解釋,不得損害所有民族充分與自由享受及利用其天然財富與資源之天賦權利。

第陸編

第四十八條

一、本公約聽由聯合國會員國或其專門機關會員國、國際法院規約當事國及經聯合國大會邀請為本公約締約國之任何其他國家簽署。

二、本公約須經批准。批准書應送交聯合國秘書長存放。

三、本公約聽由本條第一項所稱之任何國家加入。

四、加入應以加入書交存聯合國秘書長為之。

五、聯合國秘書長應將每一批准書或加入書之交存,通知已經簽署或加入本公約之所有國家。

第四十九條

一、本公約應自第三十五件批准書或加入書送交聯合國秘書長存放之日起三個月後發生效力。

二、對於在第三十五件批准書或加入書交存後批准或加入本公約之國家,本公約應自該國交存批准書或加入書之日起三個月後發生效力。

第五十條

本公約各項規定應一律適用於聯邦國家之全部領土,並無限制或例外。

第五十一條

一、本公約締約國得提議修改本公約,將修正案提交聯合國秘書長。秘書長應將提議之

修正案分送本公約各締約國，並請其通知是否贊成召開締約國會議，以審議並表決所提議案。如締約國三分之一以上贊成召開會議，秘書長應以聯合國名義召集之。經出席會議並投票之締約國過半數通過之修正案，應提請聯合國大會核可。

二、修正案經聯合國大會核可，並經本公約締約國三分之二各依本國憲法程序接受後，即發生效力。

三、修正案生效後，對接受此種修正之締約國具有拘束力；其他締約國仍受本公約原訂條款及其前此所接受修正案之拘束。

第五十二條

除第四十八條第五項規定之通知外，聯合國秘書長應將下列事項通知同條第一項所稱之所有國家：

㈠依第四十八條所為之簽署、批准及加入；

㈡依第四十九條本公約發生效力之日期，及依第五十一條任何修正案發生效力之日期。

第五十三條

一、本公約應交存聯合國檔庫，其中、英、法、俄及西文各本同一作準。

二、聯合國秘書長應將本公約正式副本分送第四十八條所稱之所有國家。

四、經濟社會文化權利國際公約
International Covenant on Economic, Social and Cultural Rights

通過日期：一九六六年十二月十六日聯合國大會決議 2200A（XXI）
生效日期：一九七六年一月三日（按照第二十七條規定）

前 文

　　本公約締約國，鑒於依據聯合國憲章揭示之原則，人類一家，對於人人天賦尊嚴，及其平等而且不可割讓權利之確認，實係世界自由、正義與和平之基礎，確認此種權利源於天賦人格尊嚴，確認依據世界人權宣言之昭示，唯有創造環境，使人除享有公民及政治權利而外，並得享受經濟社會文化權利，始克實現自由人類享受無所恐懼不虞匱乏之理想。鑒於聯合國憲章之規定，各國負有義務，必須促進人權及自由之普遍尊重及遵守，明認個人對他人及對其隸屬之社會，負有義務，故職責所在，必須力求本公約所確認各種權利之促進及遵守，爰議定條款如下：

第壹編

第一條

　　一、所有民族均享有自決權，根據此種權利，自由決定其政治地位及自由從事其經濟、社會與文化之發展。

　　二、所有民族得為本身之目的，自由處置其天然財富及資源，但不得妨害因基於互惠原則之國際經濟合作及因國際法而生之任何義務。無論在何種情形下，民族之生計，不容剝奪。

　　三、本公約締約國包括負責管理非自治及託管領土之國家在內，均應遵照聯合國憲章規定，促進自決權之實現並尊重此種權利。

第貳編

第二條

　　一、本公約締約國承允盡其資源能力所及，各自並藉國際協助與合作，特別在經濟與技術方面之協助與合作採取種種步驟，務期以所有適當方法，尤其包括通過立法措施，逐漸使本公約所確認之各種權利完全實現。

　　二、本公約締約國承允保證人人行使本公約所載之各種權利，不因種族、膚色、性別、語言、宗教、政見或其他主張、民族本源或社會階級、財產、出生或其他身分等等

而受歧視。

三、發展中國家在適當顧及人權及國民經濟之情形下，得決定保證非本國國民享受本公約所確認經濟權利之程度。

第三條

本公約締約國承允確保本公約所載一切經濟社會文化權利之享受，男女權利一律平等。

第四條

本公約締約國確認人民享受國家遵照本公約規定所賦予之權利時，國家對此類權利僅得加以法律明定之限制，又其所定限制以與此類權利之性質不相牴觸為準，且加以限制之唯一目的應在增進民主社會之公共福利。

第五條

一、本公約條文不得解釋為國家、團體或個人有權從事活動或實行行為，破壞本公約確認之任何權利或自由，或限制此種權利或自由逾越本公約規定之程度。

二、任何國家內依法律、公約、條例或習俗而承認或存在之任何基本人權，不得藉口本公約未予確認或確認之範圍較狹，而加以限制或減免義務。

第參編

第六條

一、本公約締約國確認人人有工作之權利，包括人人應有機會憑本人自由選擇或接受之工作謀生之權利，並將採取適當步驟保障之。

二、本公約締約國為求完全實現此種權利而須採取之步驟，應包括技術與職業指導及訓練方案、政策與方法，以便在保障個人基本政治與經濟自由之條件下，造成經濟、社會及文化之穩步發展以及充分之生產性就業。

第七條

本公約締約國確認人人有權享受公平與良好之工作條件，尤須確保：

㈠所有工作者之報酬使其最低限度均能：

⑴獲得公允之工資，工作價值相等者享受同等報酬，不得有任何區別，尤須保證婦女之工作條件不得次於男子，且應同工同酬；

⑵維持本人及家屬符合本公約規定之合理生活水平；

㈡安全衛生之工作環境；

㈢人人有平等機會於所就職業升至適當之較高等級，不受年資才能以外其他考慮之限制；

㈣休息、閒暇、工作時間之合理限制與照給薪資之定期休假，公共假日亦須給酬。

第八條

一、本公約締約國承允確保：

㈠人人有權為促進及保障其經濟及社會利益而組織工會及加入其自身選擇之工

會，僅受關係組織規章之限制。除依法律之規定，且為民主社會維護國家安全或公共秩序、或保障他人權利自由所必要者外，不得限制此項權利之行使；

㈡工會有權成立全國聯合會或同盟，後者有權組織或參加國際工會組織；

㈢工會有權自由行使職權，除依法律之規定，且為民主社會維護國家安全或公共秩序、或保障他人權利自由所必要者外，不得限制此種權利之行使；

㈣罷工權利，但以其行使符合國家法律為限。

二、本條並不禁止對軍警或國家行政機關人員行使此種權利，加以合法限制。

三、關於結社自由及保障組織權利之國際勞工組織一九四八年公約締約國，不得依據本條採取立法措施或應用法律，妨礙該公約所規定之保證。

第九條

本公約締約國確認人人有權享受社會保障，包括社會保險。

第十條

本公約締約國確認：

一、家庭為社會之自然基本團體單位，應儘力廣予保護與協助，其成立及當其負責養護教育受扶養之兒童時，尤應予以保護與協助。婚姻必須婚嫁雙方自由同意方得締結。

二、母親於分娩前後相當期間內應受特別保護。工作之母親在此期間應享受照給薪資或有適當社會保障福利之休假。

三、所有兒童及少年應有特種措施予以保護與協助，不得因出生或其他關係而受任何歧視。兒童及青年應有保障、免受經濟及社會剝削。凡僱用兒童及少年從事對其道德或健康有害、或有生命危險、或可能妨礙正常發育之工作者均應依法懲罰。國家亦應訂定年齡限制，凡出資僱用未及齡之童工，均應禁止並應依法懲罰。

第十一條

一、本公約締約國確認人人有權享受其本人及家屬所需之適當生活程度，包括適當之衣食住及不斷改善之生活環境。締約國將採取適當步驟確保此種權利之實現，同時確認在此方面基於自由同意之國際合作極為重要。

二、本公約締約國既確認人人有免受饑餓之基本權利，應個別及經由國際合作，採取為下列目的所需之措施，包括特定方案在內：

㈠充分利用技術與科學知識、傳佈營養原則之知識、及發展或改革土地制度而使天然資源獲得最有效之開發與利用，以改進糧食生產、保貯及分配之方法；

㈡計及糧食輸入及輸出國家雙方問題，確保世界糧食供應按照需要，公平分配。

第十二條

一、本公約締約國確認人人有權享受可能達到之最高標準之身體與精神健康。

二、本公約締約國為求充分實現此種權利所採取之步驟，應包括為達成下列目的所必要之措施：

㈠設法減低死產率及嬰兒死亡率，並促進兒童之健康發育；

㈡改良環境及工業衛生之所有方面；

㈢預防、療治及撲滅各種傳染病、風土病、職業病及其他疾病；

㈣創造環境，確保人人患病時均能享受醫藥服務與醫藥護理。

第十三條

一、本公約締約國確認人人有受教育之權。締約國公認教育應謀人格及人格尊嚴意識之充分發展，增強對人權與基本自由之尊重。締約國又公認教育應使人人均能參加自由社會積極貢獻，應促進各民族間及各種族、人種或宗教團體間之了解、容恕及友好關係，並應推進聯合國維持和平之工作。

二、本公約締約國為求充分實現此種權利起見，確認：

㈠初等教育應屬強迫性質，免費普及全民；

㈡各種中等教育，包括技術及職業中等教育在內，應以一切適當方法，特別應逐漸採行免費教育制度，廣行舉辦，庶使人人均有接受機會；

㈢高等教育應根據能力，以一切適當方法，特別應逐漸採行免費教育制度，使人人有平等接受機會；

㈣基本教育應儘量予以鼓勵或加緊辦理，以利未受初等教育或未能完成初等教育之人；

㈤各級學校完備之制度應予積極發展，適當之獎學金制度應予設置，教育人員之物質條件亦應不斷改善。

三、本公約締約國承允尊重父母或法定監護人為子女選擇符合國家所規定或認可最低教育標準之非公立學校，及確保子女接受符合其本人信仰之宗教及道德教育之自由。

四、本條任何部分不得解釋為干涉個人或團體設立及管理教育機構之自由，但以遵守本條第一項所載原則及此等機構所施教育符合國家所定最低標準為限。

第十四條

本公約締約國倘成為締約國時尚未能在其本土或其所管轄之其他領土內推行免費強迫初等教育，承允在兩年內訂定周詳行動計劃，庶期在計劃所訂之合理年限內，逐漸實施普遍免費強迫教育之原則。

第十五條

一、本公約締約國確認人人有權：

㈠參加文化生活；

㈡享受科學進步及其應用之惠；

㈢對其本人之任何科學、文學或藝術作品所獲得之精神與物質利益，享受保護之惠。

二、本公約締約國為求充分實現此種權利而採取之步驟，應包括保存、發揚及傳播科學與文化所必要之辦法。

三、本公約締約國承允尊重科學研究及創作活動所不可缺少之自由。

四、本公約締約國確認鼓勵及發展科學文化方面國際接觸與合作之利。

第肆編

第十六條

一、本公約締約國承允依照本公約本編規定，各就其促進遵守本公約所確認各種權利而採取之措施及所獲之進展，提具報告書。

二、㈠所有報告書應提交聯合國秘書長，秘書長應將副本送由經濟暨社會理事會依據本公約規定審議；

㈡如本公約締約國亦為專門機關會員國，其所遞報告書或其中任何部分涉及之事項，依據各該專門機關之組織法係屬其責任範圍者，聯合國秘書長亦應將報告書副本或其中任何有關部份，轉送各該專門機關。

第十七條

一、本公約締約國應按經濟暨社會理事會於本公約生效後一年內與締約國及各有關專門機關商洽訂定之辦法，分期提出報告書。

二、報告書中得說明由於何種因素或困難以致影響本公約所規定各種義務履行之程度。

三、倘有關之情報前經本公約締約國提送聯合國或任何專門機關在案，該國得僅明確註明該項情報已見何處，不必重行提送。

第十八條

經濟暨社會理事會得依其根據聯合國憲章所負人權及基本自由方面之責任與各專門機關商訂辦法，由各該機關就促進遵守本公約規定屬其工作範圍者所獲之進展，向理事會具報。此項報告書並得詳載各該機關之主管機構為實施本公約規定所通過決議及建議之內容。

第十九條

經濟暨社會理事會得將各國依第十六條及第十七條之規定，以及各專門機關依第十八條之規定，就人權問題提出之報告書，交由人權委員會研討並提具一般建議，或斟酌情形供其參考。

第二十條

本公約各關係締約國及各關係專門機關得就第十九條所稱之任何一般建議、或就人權委員會任何報告書或此項報告書所述及任何文件中關於此等一般建議之引證，向經濟暨社會理事會提出評議。

第二十一條

經濟暨社會理事會得隨時向大會提出報告書，連同一般性質之建議，以及從本公約締約國與各專門機關收到關於促進普遍遵守本公約確認之各種權利所採措施及所獲進展之

情報撮要。

第二十二條

經濟暨社會理事會得將本公約本編各項報告書中之任何事項，對於提供技術協助之聯合國其他機關，各該機關之輔助機關及各專門機關，可以助其各就職權範圍，決定可能促進切實逐步實施本公約之各項國際措施是否得當者，提請各該機關注意。

第二十三條

本公約締約國一致認為實現本公約所確認權利之國際行動，可有訂立公約、通過建議、提供技術協助及舉行與關係國政府會同辦理之區域會議及技術會議從事諮商研究等方法。

第二十四條

本公約之解釋，不得影響聯合國憲章及各專門機關組織法內規定聯合國各機關及各專門機關分別對本公約所處理各種事項所負責任之規定。

第二十五條

本公約之解釋，不得損害所有民族充分與自由享受及利用其天然財富與資源之天賦權利。

第伍編

第二十六條

一、本公約聽由聯合國會員國或其專門機關會員國、國際法院規約當事國及經聯合國大會邀請為本公約締約國之任何其他國家簽署。

二、本公約須經批准。批准書應送交聯合國秘書長存放。

三、本公約聽由本條第一項所稱之任何國家加入。

四、加入應以加入書交存聯合國秘書長為之。

五、聯合國秘書長應將每一批准書或加入書之交存，通知已經簽署或加入本公約之所有國家。

第二十七條

一、本公約應自第三十五件批准書或加入書送交聯合國秘書長存放之日起三個月後發生效力。

二、對於在第三十五件批准書或加入書交存後批准或加入本公約之國家，本公約應自該國交存批准書或加入書之日起三個月後發生效力。

第二十八條

本公約各項規定應一律適用於聯邦國家之全部領土，並無限制或例外。

第二十九條

一、本公約締約國得提議修改本公約，將修正案提交聯合國秘書長。秘書長應將提議之修正案分送本公約各締約國，並請其通知是否贊成召開締約國會議，以審議並表決

　　　　　所提議案。如締約國三分之一以上贊成召開會議，秘書長應以聯合國名義召集之。
　　　　　經出席會議並投票之締約國過半數通過之修正案，應提請聯合國大會核可。

二、修正案經聯合國大會核可，並經本公約締約國三分之二各依本國憲法程序接受後，
　　　即發生效力。

三、修正案生效後，對接受此種修正之締約國具有拘束力；其他締約國仍受本公約原訂
　　　條款及其前此所接受修正案之拘束。

第三十條

　　除第二十六條第五項規定之通知外，聯合國秘書長應將下列事項通知同條第一項所稱
之所有國家：

　　㈠依第二十六條所為之簽署、批准及加入；

　　㈡依第二十七條本公約發生效力之日期，及依第二十九條任何修正案發生效力之日
　　　期。

第三十一條

一、本公約應交存聯合國檔庫，其中、英、法、俄及西文各本同一作準。

二、聯合國秘書長應將本公約正式副本分送第二十六條所稱之所有國家。

五、九十六年公務人員特種考試第二次司法人員考試試題
（三等考試司法官）

一、為防止過量的汽、機車於市區行駛造成重大空氣污染，環保署遂於空氣污染防制法中增訂一條規定「人口超過五十萬之直轄市、市及鄉鎮（市）得於市區內劃定空氣污染防制專區。汽、機車非經繳交特許費，不得駛入該專區。前項空氣污染防制專區之劃定由環保主管機關公告之。特許費之費率應依汽、機車之排放量、排放污染物之種類及濃度由環保署公告之。」此規定並經立法院一讀通過。某甲為貨車司機，進出市區頻繁，認為該規定造成其生計困難，侵害其權利，試問：

　㈠您如為甲之律師，應於何時依據何種要件與程序向司法院大法官聲請釋憲？又有權聲請釋憲之主體為何？並述明理由。（15分）

　㈡您如為司法院大法官就該法案規定之實質內容為審查時，其是否具合憲性？並述明理由。（10分）

二、有關我國行政院院長的任命，憲法第55條原規定：「行政院院長，由總統提名，經立法院同意任命之。」而中華民國憲法增修條文第3條：「行政院院長由總統任命之。……」刪除了經立法院同意之規定。請比較兩者在制度上的特色（10分）及其對行政院、立法院間憲政關係運作之影響？（15分）

三、憲法第22條規定：「凡人民之其他自由及權利，不妨害社會秩序公共利益者，均受憲法之保障。」此一條文可稱為「概括基本權」規定。請問依司法院大法官解釋，不屬於憲法第7條至第18條及第21條，但可列入第22條所保障者，有那些基本權利？（12分）大法官的論述共通理由為何？（3分）依您所見，除大法官所列者外，其他可能列為基本權利者，尚有那些？其法理依據為何？（5分）

六、九十六年專門職業及技術人員高等考試試題

（律師）

一、假設甲男於本年度報名參加警察人員特種考試，筆試成績高居榜首。甲依規定赴指定醫療機構辦理體格檢查，卻因胸口刺有裸體人形及「愛妳愛在心坎裡」的紋身及刺青，被認為違反考試院依公務人員考試法第 3 條之授權所訂定之公務人員特種考試警察人員考試規則第 9 條第 10 款：「本考試體格檢查有下列情形之一者，為體格檢查不合格：（前 9 款略）十、有幫派、色情等不雅之紋身或刺青者，但原住民基於傳統禮俗及現役、退除役軍人基於忠貞象徵而有紋身或刺青之圖騰者，不在此限。（第 11 至 13 款略）」之規定，因此被判定體格檢查不合格。試務機關依上述規則第 8 條第 1 項規定，拒絕將甲分配訓練，致甲無從取得警察任用資格。甲依法提起訴願及行政訴訟，主張其胸口刺青是為紀念年輕時的一段戀情，並非色情、不雅之紋身或刺青，但均敗訴確定，甲因此聲請司法院大法官解釋。請以甲之代理律師的觀點，並參考相關大法官解釋，針對本案之實體爭點，扼要提出甲得主張的違憲理由。（25 分）

> 附現行相關規定：
>
> 公務人員考試法第 3 條第 3 項：「高等、普通、初等考試及特種考試規則，由考試院定之。」
>
> 公務人員特種考試警察人員考試規則第 1 條第 1 項：「本規則依公務人員考試法第 3 條規定訂定之。」第 7 條第 1 項：「本考試錄取人員須經訓練，訓練期滿成績及格者，始完成考試程序，由公務人員保障暨培訓委員會（以下簡稱保訓會）報請考試院發給考試及格證書，並由內政部或行政院海岸巡防署依序分發任用。」第 8 條第 1 項：「本考試應考人於筆試錄取通知送達之日起 14 日內，應向試務機關指定之醫療機構辦理體格檢查並繳送體格檢查表，體格檢查不合格或未於規定時間內繳送體格檢查表者，不予分配訓練。」

二、某甲因觸犯「性侵害犯罪防治法」入監服刑後，獲假釋出獄並交付保護管束。觀護人因某甲有夜間犯罪之習性，依法報請檢察官許可，施以宵禁並輔以定位科技設備為遠距之監控。某甲認為以科技設備所為監控措施之決定與執行，不法侵害其憲法所保障之權利。假設某甲已用盡救濟途徑仍無效果，並認為確定終局判決所適用之「性侵害犯罪防治法」相關規定牴觸憲法，欲聲請釋憲。您若是甲所委任之律師，會提出何種釋憲主張？請附具理由闡明之。（25 分）

> 參考法條：
>
> 「性侵害犯罪防治法」第 20 條第 2 項第 5 款規定，觀護人對於「受保護管束之加害人有於夜間犯罪之習性，或有事實足認其有再犯罪之虞時，觀護人得報請檢察

官、軍事檢察官許可，施以宵禁。」依同條第 3 項規定，觀護人對於受保護管束加

害人，「得報請檢察官、軍事檢察官許可後，輔以科技設備監控。」

三、若謂依我國現行憲法及憲法增修條文所規範的憲政體制，總統、而非行政院院長，擁有
　　決定國防、外交及兩岸事務的權限。這種見解似乎頗為盛行。請問：

　　㈠請由「肯定」此見解的立場，分析其憲法及法理之依據。（10 分）

　　㈡請由「反對」此見解的立場，分析其憲法及法理之依據。（10 分）

　　㈢在外國的憲法例中，有無類似「肯定論」的憲法例？（5 分）

四、關於司法院大法官，請回答以下問題：

　　㈠立法院是否可以重新制定曾被司法院大法官宣告違憲之內容相同的法律？實務上見
　　　解如何？（12 分）

　　㈡司法院大法官能否對立法機關為限期修法之諭知？該諭知是否侵越司法權與立法權
　　　之界限？試從學理與實務見解說明之。（13 分）

七、九十七年公務人員特種考試基層警察人員考試試題

1. 下列何者在憲法總綱中均有規定?
   (A)國體、政體　　　　(B)國都、國旗　　　　(C)領土、國語　　　　(D)主權、國徽

2. 依司法院大法官釋字第 328 號之見解,我國領土固有疆域範圍係屬何種問題,不應由行使司法權之釋憲機關予以解釋?
   (A)統獨問題　　　　(B)歷史爭議問題　　　　(C)重大政治問題　　　　(D)國際法問題

3. 依據司法院大法官釋字第 499 號解釋,何者不具有本質之重要性,且非憲法整體基本原則之所在?
   (A)權力分立與制衡　　(B)民主共和國原則　　(C)國民主權原則　　　(D)總統任期

4. 土地價值非因施以勞力資本而增加者,依憲法本文規定,應由國家徵收何種稅,以歸人民共享?
   (A)田賦　　　　(B)土地增值稅　　　　(C)所得稅　　　　(D)地價稅

5. 憲法增修條文中,關於原住民族之保障規定,下列何者為非?
   (A)國家應積極維護發展其語言及文化　　　　(B)應保障其地位及政治參與
   (C)促進其交通水利之發展　　　　(D)原住民保障限以行政命令為之

6. 依憲法本文規定,軍隊效忠之對象為何?
   (A)個人　　　　(B)政黨　　　　(C)國家　　　　(D)企業

7. 依憲法本文之規定,對於公用事業及其他有獨占性之企業,其經營原則為何?
   (A)以公營為原則　　　　(B)以民營為原則
   (C)公民營合辦為原則　　　　(D)中央以公營為原則,地方以民營為原則

8. 依據憲法增修條文之規定,有關修憲之敘述,下列何者正確?
   (A)憲法修正案應先公告半年　　　　(B)憲法修正案先公告 3 個月
   (C)憲法修正案應先公告 1 年　　　　(D)憲法修正案無須先公告

9. 人民因犯罪嫌疑被逮捕拘禁時,本人或他人得聲請該管法院於 24 小時內向逮捕機關:
   (A)起訴　　　　(B)抗告　　　　(C)提審　　　　(D)訴願

10. 下列何者非我國憲法所保障之社會權?
    (A)財產權　　　　(B)生存權　　　　(C)工作權　　　　(D)受教育之權利

11. 限制役男出境,依司法院大法官之解釋,係對下列何種自由之限制?
    (A)集會自由　　　　(B)遷徙自由　　　　(C)表現自由　　　　(D)信仰宗教自由

12. 關於立法院提出之我國領土變更案,下列程序何者不正確?
    (A)經全體立法委員四分之一之提議　　　　(B)經全體立法委員二分之一之附議
    (C)全體立法委員四分之三之出席　　　　(D)出席委員四分之三之決議

13. 憲法第 10 條所保障之遷徙自由不包括下列何種自由?

(A)出境自由　　　　　(B)海外投資自由　　　(C)移民自由　　　　(D)設定住居所自由

14. 依司法院大法官釋字第 364 號解釋，承認人民得依一定條件，要求傳播媒體提供版面或時間，許其表達意見，以促進媒體報導或評論之確實、公正之權利，稱為：
    (A)學術自由　　　　　　　　　　　(B)人民結社之自由
    (C)接近使用傳播媒體之權利　　　　(D)媒體編輯權利

15. 依司法院大法官釋字第 414 號解釋，藥物廣告刊播前必須經過主管機關許可，涉及對下列那些基本權利之干預？
    (A)財產權與言論自由　　　　　　　(B)財產權與學術自由
    (C)財產權與思想自由　　　　　　　(D)財產權與新聞自由

16. 司法院大法官對於國家與公務員之關係的理論，歷年來陸續修正，目前係採下列何種理論？
    (A)特別權力關係　　(B)特別契約關係　　(C)公法上職務關係　　(D)公法上指揮關係

17. 居住遷徙的自由、職業選擇的自由、財產的自由合稱為：
    (A)經濟的自由　　　(B)表現的自由　　　(C)精神的自由　　　(D)人身的自由

18. 依據司法院大法官釋字第 471 號解釋，保安處分應本諸法治國家保障人權之原理及刑法之保護作用，其法律規定內容，應受何種原則之規範？
    (A)罪刑法定主義　　(B)罪疑唯輕原則　　(C)比例原則　　　　(D)正當法律程序

19. 下列有關國家賠償請求權的敘述，何者正確？
    (A)不法的公權力行使所造成的個人損害，國家須負賠償責任
    (B)國家只須要求公務員個人承擔起不法行為的賠償責任
    (C)權利請求者只限定是自然人
    (D)採用國家無責任原則

20. 土地徵收係剝奪人民之何種權利，故應予以補償？
    (A)人格權　　　　　(B)財產權　　　　　(C)人身自由　　　　(D)居住遷徙自由

21. 下列規定中，何者對工作權的限制屬最輕微者？
    (A)在 A 地區一律不准開餐廳
    (B)在 A 地區餐廳的營業時間只能到晚上 12 點
    (C)在 A 地區只能開設一家餐廳
    (D)在 A 地區開設餐廳者須有餐廳經營師證照

22. 關於憲法第 8 條第 2 項所定「至遲於 24 小時內移送」之時限，下列敘述何者正確？
    (A)不得扣除因交通障礙所生的時間　　　(B)不適用扣除法定在途期間之規定
    (C)不得扣除在途解送時間　　　　　　　(D)不得扣除因不可抗力之事由所生的時間

23. 行政院對於立法院之法律案、預算案、條約案，如認為有窒礙難行時，得循何種途徑解決？
    (A)函請司法院大法官解釋　　　　　(B)經總統核可，移請立法院覆議

(C)由總統動用「院際爭議調解權」　　　　(D)送請國民大會複決

24. 依憲法本文及增修條文規定，關於我國總統選舉制度，下列敘述何者正確？

(A)候選人須年滿 35 歲

(B)祇有「政黨推薦」之候選人，不接受由「選民連署」而參選者

(C)現役軍人亦可參選

(D)須與副總統候選人聯名登記

25. 如果法律規定，具有某些特殊身分的個人，例如受高等教育者，可投二張票以上時，則係違反那一項選舉原則？

(A)普通選舉原則　　　(B)平等選舉原則　　　(C)直接選舉原則　　　(D)單一選舉原則

26. 憲法第 8 條第 1 項所規定之「司法機關」和憲法第 77 條規定之「司法機關」所指之範圍：

(A)前者較寬　　　　(B)後者較寬　　　　(C)完全相同　　　　(D)完全不同

27. 依憲法第 23 條規定，限制人民之自由權利，應以法律為之，此一原理在學說上如何稱呼？

(A)法律保留原則　　　(B)比例原則　　　　(C)誠實信用原則　　　(D)信賴保護原則

28. 依憲法本文及增修條文之規定，有關中華民國總統之任期，下列敘述何者正確？

(A)在民國 36 年憲法公布實施時，任期為 6 年，無連選連任之限制

(B)在動員戡亂時期，無年限與任期之限制

(C)自第九任總統起，改為一任任期 6 年，祇得連選連任一次

(D)現今總統之任期為 4 年一任，連選得連任一次

29. 依憲法增修條文之規定，總統向下列何者諮詢後得宣告解散立法院？

(A)副總統　　　(B)行政院院長　　　(C)立法院院長　　　(D)司法院院長

30. 副署制度是下列何種制度之特徵？

(A)總統制　　　(B)內閣制　　　　(C)委員制　　　　(D)君主立憲制

31. 下列有關緊急命令生效期間之憲法增修條文規定，何者正確？

(A)立法院不得通過對行政院院長之不信任案

(B)立法院通過對行政院院長之不信任案後，緊急命令立即失效

(C)總統不得重新任命行政院院長

(D)總統不得解散立法院

32. 憲法增修條文第 3 條所稱之「不信任案」為何？

(A)乃人民不信任立法委員時，所提之公民投票案

(B)乃行政院院長欲撤換部會首長時，提出於行政院會議的議案

(C)乃行政院各部會首長不滿行政院院長的領導，所提出的倒閣議案

(D)乃立法院對行政院院長提出之倒閣議案

33. 立法委員依憲法增修條文之規定而連署提出之不信任案，應何時、如何表決？

(A)不信任案提出 72 小時後，於 48 小時內以無記名投票表決之

(B)不信任案提出 72 小時後，於 48 小時內以記名投票表決之

(C)不信任案提出 48 小時後，於 72 小時內以無記名投票表決之

(D)不信任案提出 48 小時後，於 72 小時內以記名投票表決之

34. 依憲法增修條文規定，立法院解散後，至遲應於多少日內舉行立法委員選舉？

(A) 30 日　　　　　(B) 45 日　　　　　(C) 60 日　　　　　(D) 90 日

35. 立法院立法委員自第七屆起，選出全國不分區及僑居國外國民共幾人？

(A) 34 人　　　　　(B) 35 人　　　　　(C) 42 人　　　　　(D) 43 人

36. 以下何者非屬大法官職權？

(A)審理政黨違憲解散案件　　　　　(B)統一解釋法律命令

(C)修改法律　　　　　(D)解釋憲法

37. 依我國憲法規定，外國人原則上不享有下列何種基本權利？

(A)生存權　　　　　(B)選舉權　　　　　(C)訴願權　　　　　(D)財產權

38. 下列何者非屬司法院之所屬機關？

(A)普通法院　　　　(B)行政法院　　　　(C)鄉鎮市調解委員會　　　(D)公務員懲戒委員會

39. 我國憲法上關於法官的保障，下列何者不在其內？

(A)終身職

(B)非受刑事或懲戒處分或禁治產之宣告，不得免職

(C)非依法律，不得停職、轉任或減俸

(D)在法院內所為之言論，對外不負責任

40. 依憲法增修條文之規定，司法院設大法官多少人？

(A) 9 人　　　　　　　　　　　(B) 11 人

(C) 15 人　　　　　　　　　　　(D)未明文規定，由立法院決議定之

41. 依據憲法增修條文之規定，考試院院長、副院長、考試委員由總統提名，須由何機關同意任命之？

(A)立法院　　　　　(B)司法院　　　　　(C)國民大會　　　　　(D)監察院

42. 依司法院大法官釋字第 603 號解釋，下列有關隱私權之敘述，何者為錯誤？

(A)基於個人主體性之維護，隱私權乃為不可或缺之基本權利

(B)個人自主控制個人資料之情形屬所謂資訊隱私權

(C)隱私權屬憲法上明文列舉權利

(D)憲法對資訊隱私權之保障，並非絕對

43. 下列何者不屬於應隨政黨之更迭或政策變更而進退之人員？

(A)監察院審計長　　　(B)行政院主計長　　　(C)外交部部長　　　(D)行政院政務委員

44. 在現行憲法體制下，下列何者是屬於民意機關？

(A)行政院　　　　　(B)立法院　　　　　(C)監察院　　　　　(D)考試院

45. 依據司法院大法官釋字第 445 號解釋，人民之集會自由與出版自由，同屬何種自由之範疇?

(A)言論自由　　　　(B)講學自由　　　　(C)表現自由　　　　(D)宗教自由

46. 憲法中規定，屬於縣之立法權，由下列那一個機關行之?

(A)縣政府　　　　(B)縣議會　　　　(C)地方法院　　　　(D)縣民大會

47. 下列何者並非憲法規定公務員違法侵害人民自由權利時應負之責任?

(A)政治責任　　　　(B)民事責任　　　　(C)刑事責任　　　　(D)懲戒責任

48. 下列何者為權力分立原則的垂直面向?

(A)五權分立　　　　　　　　　　(B)民主原則

(C)中央與地方之權限劃分　　　　(D)法治原則

49. 目前臺灣省各縣市地方制度是依據下列何者施行?

(A)地方制度法　　　　　　　　　(B)省縣自治通則

(C)臺灣省自治法　　　　　　　　(D)內政部省縣自治要點

50. 下列何者是我國憲法不同於內閣制之重要特徵?

(A)行政院院長必須接受立法委員質詢　　(B)行政院院長得呈請總統解散立法院

(C)副署制　　　　　　　　　　　　　(D)立法委員不得兼任官吏

【解答】

題序	01–10	11–20	21–30	31–40
答案	ACDBDCAACA	BBBCACACAB	BBBDBAADCB	DDBCACBCDC
題序	41–50			
答案	ACABCBACAD			
備註	無更正紀錄			

八、九十七年公務人員特種考試警察人員考試試題

（二等考試）

一、憲法增修條文第 2 條第 3 項規定：「總統為避免國家或人民遭遇緊急危難或應付財政經濟上重大變故，得經行政院會議之決議發布緊急命令，為必要之處置，不受憲法第 43 條之限制。但須於發布命令後 10 日內提交立法院追認，如立法院不同意時，該緊急命令立即失效。」請從國家緊急權規範設計之性質、決定權歸屬與監督功能等面向評釋之。（25 分）

二、立法委員甲向交通部提出質詢，質疑廠商 A 以不合法之手段（極可能是賄賂）取得交通部某公共工程之承包權，為突顯質詢之效果，甲同時將質詢稿交給某媒體，並於當天晚報中刊出質詢內容。A 知悉後十分憤怒，要求甲道歉，甲認為其提出者為事實，並無辯論及道歉之必要。甲並於公開記者會中強調，願意放棄言論免責權，希望 A 到法院提出訴訟，讓法院來釐清事實真相。

試問立法委員之言論免責權，甲自己宣布拋棄之效力為何？（25 分）

九、九十七年公務人員特種考試警察人員考試試題

（三等考試）

1. 司法院大法官釋字第 603 號解釋，有關人民換發身分證是否須捺指紋涉及對「隱私權」之限制。該隱私權屬憲法第幾條之保障範疇？
   (A)憲法第 22 條其他自由及權利　　　(B)憲法第 7 條平等權
   (C)憲法第 11 條表現自由　　　　　　(D)憲法第 12 條秘密通訊自由

2. 根據司法院大法官釋字第 509 號解釋，下列何種基本權利，具有追求真理、監督各種政治或社會活動的功能，國家應給予最大限度之維護？
   (A)職業自由　　　(B)宗教自由　　　(C)言論自由　　　(D)思想自由

3. 行政程序法第 6 條：「行政行為，非有正當理由，不得為差別待遇。」其實可說是那一種憲法上基本權利的表現？
   (A)生存權　　　(B)訴訟權　　　(C)參政權　　　(D)平等權

4. 國家以法律規定強制全體國民參加全民健康保險，是否違憲？
   (A)該規定係基於社會互助、危險分擔及公共利益之考量而來，符合憲法推行全民健保之意旨，故不違憲
   (B)因可能違反人民意願，增加支出，有侵害人民權利，故屬違憲
   (C)因為是國家既定政策，所以不會有違憲問題
   (D)已超越憲法所明文規定之納稅、服兵役及受國民教育三種義務，故屬違憲

5. 下列何者是憲法第 80 條所稱的法官？
   (A)書記官　　　　　　　　　　　　(B)檢察官
   (C)公務員懲戒委員會委員　　　　　(D)司法院秘書長

6. 下列那一種人民的權利，因為憲法第 13 章「基本國策」之規定，而最受到最多之限制？
   (A)人身自由　　　(B)財產權　　　(C)結社自由　　　(D)服公職之權利

7. 依憲法增修條文之規定，總統為避免人民遭遇緊急危難，得經行政院會議之決議發布緊急命令，但須於發布後 10 日內提交立法院追認，如立法院不同意時，該緊急命令之效力如何？
   (A)立即失效　　　　　　　　　　　(B)經總統確認後失效
   (C)經行政院確認後失效　　　　　　(D)經司法院大法官解釋後失效

8. 下列何者非公職人員選舉罷免法所規定不得登記為候選人？
   (A)軍校學生　　　(B)司法人員　　　(C)替代役男　　　(D)各級選舉委員會之委員

9. 依憲法規定，選舉須以普通、平等、直接及無記名投票方式行之。下列敘述何者正確？

(A)普通選舉是禁止立法者設定一般性的、適用於全體國民的限制性條件，例如禁止取得選舉權的年齡限制

(B)政黨比例代表制並不屬於直接選舉，因政黨為被選舉的對象，而非候選人

(C)於平等選舉的要求下，僅考慮投票權行使之平等性，並不考慮影響投票之種種活動之平等性

(D)依無記名投票原則，投票人不必也不許揭示其票選的對象，而刺探選舉秘密者，依刑法規定，亦須負刑責

10. 憲法規定，選舉訴訟由下列那一機關管轄？

    (A)中央選舉委員會　　(B)法院　　　　　　(C)憲法法庭　　　　(D)行政院

11. 依司法院大法官解釋，國家機關依法行使公權力致人民之財產遭受損失，若逾其社會責任所應忍受之範圍，而形成個人之何種狀況時，國家應予合理補償？

    (A)普通犧牲者　　　(B)一般犧牲者　　　(C)特別犧牲者　　　(D)常態犧牲者

12. 關於婦女參政權之保障，憲法規定有：

    (A)婦女當選名額之保障

    (B)婦女參選名額之保障

    (C)女性當選人免於罷免之保障

    (D)女性候選人票數依男女比例加倍計算之保障

13. 人民權利之限制，憲法明文規定應以法律規定者，稱為：

    (A)國會支配　　　(B)國會保留　　　(C)國會優位　　　(D)國會決定

14. 依司法院大法官釋字第 509 號解釋，傳述誹謗事項之大眾傳播媒體的免責條件為何？

    (A)行為人須自行證明其言論內容確屬真實且有實據，始得免責

    (B)依行為人所提證據資料，認為其有相當理由確信其為真實者，即得免責

    (C)行為人提出所傳述事實之資料來源，即得免責

    (D)必須有其他證人出面作證，方得免責

15. 依地方制度法第 69 條第 2 項規定，各級地方政府有依法得徵收之財源而不徵收者，上級政府得採下列何種處置？

    (A)課處罰鍰　　　(B)限期命其徵收　　(C)代行徵收　　　(D)酌減補助款

16. 有關性別工作平等法家庭照顧假的敘述，下列何者正確？

    (A)僅限女性受僱者，男性受僱者不得請家庭照顧假

    (B)家庭照顧假之請假日數，不計入事假之日數計算

    (C)受僱於僱用五十人以上僱主之受僱者，才能請家庭照顧假

    (D)受僱者之配偶未就業時，須有正當理由才能請家庭照顧假

17. 2003 年修正公布之刑事訴訟法，對審判實務最大的衝擊在於引進何種與當事人主義有關之制度？

    (A)和解成立即撤回告訴之制度　　　　　(B)交互詰問制度

(C)緩起訴制度　　　(D)當事人合意決定法官人選制度

18. 以下法律，何者業經廢除並另訂新法？

(A)老人福利法　　　(B)兒童福利法　　　(C)勞工退休金條例　　　(D)社會救助法

19. 管制藥品管理條例係由下列何者所公布？

(A)總統　　　(B)行政院　　　(C)行政院衛生署　　　(D)立法院

20. 對於某種事實之存在或不存在，依據法的政策而為暫時的假設，稱為：

(A)擬制　　　(B)推定　　　(C)類推適用　　　(D)適用

21. 以下何者屬行政機關適用法律之原則？

(A)原則上不告不理，例外依職權處理

(B)違規情節重大者，一事得二罰

(C)法無明文禁止裁量者，行政機關即得任意自由裁量

(D)上級機關得發布統一解釋法令之行政規則

22. 下列何種敘述與法律保留原則有關？

(A)租稅法定原則　　　(B)量能課稅原則　　　(C)稅收效率原則　　　(D)租稅公平原則

23. 下列何者並未設置消費者保護官？

(A)行政院消費者保護委員會　　　　　(B)直轄市政府

(C)縣（市）政府　　　　　　　　　(D)消費者保護團體

24. 下列有關授與代理權之敘述，何者錯誤？

(A)代理權之授與應以書面為之，故應為要式行為

(B)代理權之授與得以書面或口頭為之

(C)代理權之授與得為明示或默示之意思表示

(D)代理權之授與以意思表示為之即可，不必為一定之方式

25. 依據司法院大法官解釋的認定，全民健康保險特約醫事服務機構合約的性質為何？

(A)醫療契約　　　(B)行政契約　　　(C)行政命令　　　(D)私法契約

26. 設甲有一棟房子先賣給乙，又賣給丙，最後又賣給丁，皆未完成登記。下列敘述何者正確？

(A)丙、丁購買在後，但與乙同樣有權請求甲交屋並移轉所有權

(B)甲先將房子賣給乙，故只有乙可請求甲交屋並將所有權登記給乙

(C)丁為最後之買主，故只有丁可請求甲交屋並將所有權登記給丁

(D)甲若將所有權移轉登記給丙，乙可主張撤銷，因乙是最先之買受人

27. 甲從美國寄一盒有毒的巧克力給住在臺北的乙，乙出國，回國後，將已發霉的巧克力丟掉。甲的行為是：

(A)障礙未遂　　　(B)中止未遂　　　(C)不能未遂　　　(D)未了未遂

28. 下列何者不屬於勞動基準法所規定之勞工？

(A)電器工廠中的作業員　　　　　(B)貿易公司的秘書人員

(C)職業棒球運動員 　　　　　　　　　(D)學校的技工、工友

29. 下列關於刑法與陸海空軍刑法之敘述，何者為正確？

(A)兩者均為特別法

(B)陸海空軍刑法為刑法之特別法

(C)陸海空軍刑法為以事為標準之特別法

(D)刑法應優先於陸海空軍刑法適用

30. 關於抵押權之敘述，下列何者錯誤？

(A)為擔保物權

(B)得以不動產為標的

(C)同一標的設定有數抵押權時，抵押登記在先者優先受清償

(D)抵押權人須占有抵押物

【解答】

題序	01–10	11–20	21–30
答案	ACDACBABDB	CABBDDBBAB	DADABAACBD
備註	無更正紀錄		

十、九十七年特種考試地方政府公務人員考試試題

（三等考試）

1. 依據司法院大法官釋字第 499 號解釋，下列何者非憲法修改之界限？
   (A)憲法第 1 條之民主共和國原則　　　　　(B)憲法第 2 章保障人民權利之原則
   (C)憲法第 2 條之國民主權原則　　　　　　(D)憲法之基本國策

2. 立法院質詢行政院院長及各部會首長，為下列何者之體現？
   (A)法律優位原則　　(B)機關忠誠原則　　(C)民主原則　　(D)國會自律原則

3. 憲法第 140 條規定，現役軍人不得兼任文官。下列有關本條之敘述，何者錯誤？
   (A)正在服役之現役軍人不得同時兼任文官職務
   (B)未屆退役年齡前辦理外職停役而轉任文官，即與憲法牴觸
   (C)後備軍人，已無現役軍人身分，即可任文官
   (D)本法規定係為防止軍人干政

4. 依地方制度法之規定，下列何者為地方立法機關？
   (A)省政府委員會議　　(B)省諮議會　　　(C)鄉民代表會　　　(D)里民大會

5. 下列有關言論自由之敘述，何者為正確？
   (A)政治、學術、宗教及商業言論等，不分性質有相同之保護範疇及限制之準則
   (B)言論自由乃在保障意見之自由流通，使人民有取得充分資訊及自我實現之機會
   (C)以廣告物刊登足以暗示促使人為性交易之訊息，屬於商業言論，不應受限制
   (D)法律規定人民團體之組織與活動不得主張分裂國土，符合憲法保障言論自由之意旨

6. 憲法第 19 條規定，人民有依法律納稅之義務。所謂「依法律納稅」，下列敘述何者錯誤？
   (A)係指租稅主體、租稅客體應依法律明定之
   (B)係指稅基、稅率應依法律明定之
   (C)係指規定租稅構成要件之法律內容均應符合累進課稅原則
   (D)係指規定租稅構成要件之法律內容應符合公平原則

7. 下列何者產生之損害涉及國家賠償法之賠償責任？
   (A)在公園被甫獲減刑出獄之更生人打傷
   (B)偷渡客被人蛇集團推入海中溺斃
   (C)遊客於國家公園內之餐廳用餐後發生食物中毒
   (D)海軍進行深水區「懲罰式加強訓練」致新兵溺水

8. 依司法院大法官解釋，下列何項規定違反憲法第 7 條所保障之平等原則？
   (A)中央警察大學碩士班拒色盲者入學
   (B)農業用地在依法作農業使用時，移轉與自行耕作之農民繼續耕作者，免徵土地增值稅

(C)因軍事審判所造成之冤獄不予賠償

(D)大陸地區人民經許可進入臺灣地區者，非在臺灣地區設有戶籍滿十年，不得擔任公務
人員

9. 有關總統赦免權之敘述，下列何者正確？

(A)已受罪刑之宣告經大赦者，其宣告為無效

(B)特赦案須經立法院議決

(C)減刑皆為全國性

(D)復權者，溯及既往恢復被褫奪之公權

10. 下列有關憲法上隱私權之敘述，何者錯誤？

(A)隱私權包括「獨處的權利」

(B)隱私權包含個人的資訊自主決定權

(C)我國憲法並無明文規定隱私權，因此隱私權不受我國憲法保障

(D)個人生物特徵亦屬隱私權保障之範圍

11. 依據憲法增修條文規定，立法院得對行政院院長提出不信任案，下列敘述何者正確？

(A)不信任案提出四十八小時後，立法院應於二十四小時內以記名投票表決之

(B)如經全體立法委員三分之二以上贊成，行政院院長應於十日內提出辭職

(C)不信任案經立法院通過，行政院院長應於十五日內提出辭職，並得同時呈請總統解散
立法院

(D)不信任案如未獲通過，一年內不得對同一行政院院長再提不信任案

12. 依憲法增修條文之規定，副總統缺位時，應如何處理？

(A)由立法院補選之 　　　　　　　　(B)由人民直接選舉補選之

(C)副總統一職從缺，不再補選之 　　(D)由行政院院長代行其職權

13. 國家對於公務員於離職後三年內，不得擔任與其離職前五年內之職務直接相關之營利
事業董事、監察人、經理、執行業務之股東或顧問等之限制規定，依司法院大法官解釋，
下列敘述何者錯誤？

(A)此種對離職公務員選擇職業自由之限制，目的尚屬正當

(B)所採取之限制手段與目的達成間具實質關聯性

(C)已違背憲法保障人民工作權之意旨，牴觸憲法第 23 條之規定

(D)乃維護公務員公正廉明之重要公益

14. 司法院大法官釋字第 392 號解釋中謂實質意義之司法，乃指國家基於法律對爭訟之具
體事實所為宣示以及輔助裁判權之作用，據此，下列何者非屬此處所謂實質意義之司
法？

(A)公證 　　　　　　　　　　　　　(B)訴訟上之和解

(C)刑事訴訟之管轄錯誤裁判 　　　　(D)少年事件處理法中之少年保護事件

15. 司法院大法官釋字第 435 號針對憲法第 73 條有關立法委員在院內所為之言論與表決

作出解釋，下列何者並非此解釋所認為應保障之事項？

(A)院內黨團協商　　(B)公聽會之發言　　(C)蓄意的肢體動作　　(D)院會之提案與質詢

16. 我國法律體制主要屬於何一法系？

(A)大陸法系　　　　(B)英美法系　　　　(C)東亞法系　　　　(D)社會主義法系

17. 依中央法規標準法之規定，下列何者是法律廢止的原因？

(A)法律施行甚久時

(B)地方已制定相關之自治條例時

(C)制定該法律之立法委員的任期已屆滿時

(D)法律規定之事項已執行完畢並無繼續施行之必要時

18. 關於法律之適用，下列敘述何者正確？

(A)任意法優於強制法　　　　　　　　(B)普通法優於特別法

(C)原則上採不溯及既往原則　　　　　(D)刑法之適用採從新從重原則

19. 有關受僱從事漁業生產之勞動者加入社會保險之說明，何者正確？

(A)自由加入勞工保險　　　　　　　　(B)強制加入勞工保險

(C)自由加入農民健康保險　　　　　　(D)強制加入農民健康保險

20. 行政程序法規定，公法上請求權，除法律有特別規定外，因幾年期間不行使而消滅？

(A)一年　　　　　(B)二年　　　　　(C)三年　　　　　(D)五年

21. 下列有關法律優位原則之敘述，何者正確？

(A)中央之法規命令皆不得牴觸中央法律　　(B)中央之法規命令皆不得牴觸自治條例

(C)地方之自治條例皆不得牴觸自治規則　　(D)地方之自治規則皆優於中央法規命令

22. 有關婚約之規定，下列敘述何者錯誤？

(A)婚約應由男女當事人自行訂定

(B)男未滿十七歲，女未滿十五歲，不得訂定婚約

(C)婚約不得請求強迫履行

(D)解除婚約者，不得請求返還因訂婚而贈與之贈與物

23. 關於民法上的「抵押權」，下列敘述何者錯誤？

(A)供擔保的標的限於不動產　　　　　(B)所擔保的範圍不及於原債權之利息

(C)第三人的財產亦得為供擔保的標的　　(D)抵押權之設定須經登記始生效力

24. 我國刑法對於法律變更採取何種原則？

(A)從新　　　　　(B)從舊　　　　　(C)從新從輕　　　　(D)從舊從輕

25. 下列有關消費者保護法中「定型化契約」之敘述，何者錯誤？

(A)定型化契約條款如有疑義時，應為有利消費者之解釋

(B)訂立定型化契約前，應有合理期間供消費者審閱

(C)定型化契約條款牴觸個別磋商條款之約定者，其牴觸部分仍然有效

(D)定型化契約違反誠信原則，對消費者顯失公平者，無效

26. 依「中央法規標準法」規定，下列何者非屬法律的一種？
(A)道路交通管理處罰條例　　　　　　(B)行政罰法
(C)地方稅法通則　　　　　　　　　　(D)營利事業資產重估價辦法

27. 下列何事項得於股份有限公司股東會中以臨時動議提出？
(A)修改章程　　　　(B)公司轉投資　　　　(C)選任董事　　　　(D)公司合併

28. 下列何者非我國刑法中所規定的刑罰？
(A)罰金　　　　(B)有期徒刑　　　　(C)拘役　　　　(D)強制工作

29. 性別工作平等法對於性騷擾之防治與處罰有詳細之規定，以下對於性騷擾的敘述何者正確？
(A)性騷擾僅發生於異性之間　　　　　(B)性騷擾亦可能發生於同性之間
(C)性騷擾僅發生於男性騷擾女性　　　(D)性騷擾僅存在於上下部屬的關係間

30. 下列何者無民事訴訟法上之當事人能力？
(A)精神病患　　　　(B)植物人　　　　(C)公司　　　　(D)獨資商號

【解答】

題序	01-10	11-20	21-30
答案	DCBCBCDCAC	DACACADCBD	ADBDCDBDBD
備註	無更正紀錄		

十一、九十七年公務人員高等考試三級考試試題

1. 依憲法第 107 條規定，下列何者為中央立法並執行之事項？
   (A)全國戶口調查　　(B)公共衛生　　(C)國際貿易政策　　(D)公用徵收

2. 下列對於憲法基本國策中土地政策之敘述，何者錯誤？
   (A)承認土地私有制度
   (B)承認土地所有權之絕對性
   (C)主張土地非施以勞力資本之漲價，應歸人民共享
   (D)承認國家得照價收買

3. 下列有關正當法律程序之敘述，何者正確？
   (A)審判不應公開　　　　　　　(B)被告無緘默權
   (C)傳喚被告須有傳票　　　　　(D)被告無選任辯護人之權利

4. 依司法院大法官之解釋，選擇職業的自由，屬於下列那一權利之保障內容？
   (A)生存權　　(B)財產權　　(C)工作權　　(D)結社自由

5. 依司法院大法官釋字第 535 號解釋，警察人員執行臨檢勤務，應遵守下列何種憲法原則？
   (A)民主原則　　(B)法安定性原則　　(C)比例原則　　(D)權力分立原則

6. 我國請求國家賠償之程序係採：
   (A)協議先行原則　　(B)直接訴訟原則　　(C)訴願前置原則　　(D)強制保險原則

7. 依憲法增修條文規定，緊急命令發布之程序為何？
   (A)經行政院會議決議後，由總統發布，並提交立法院追認
   (B)經立法院決議後，由總統發布
   (C)經立法院決議後，由總統發布，並提交公民複決
   (D)經國家安全會議決議後，由總統發布

8. 副署制度源自下列何者？
   (A)美國總統制　　(B)英國內閣制　　(C)法國雙首長制　　(D)瑞士委員制

9. 依憲法規定，總統有大赦、特赦、減刑及復權之權，其中何者兼具消滅「罪」與「刑」之作用？
   (A)大赦　　(B)特赦　　(C)減刑　　(D)復權

10. 依憲法增修條文規定，立法院得對行政院院長提出不信任案，其實施程序為：
    (A)僅對行政院院長提出，其他部會首長不受不信任案之影響
    (B)不信任案須有二分之一以上立法委員連署提出
    (C)對行政院院長的不信任，不但是對人，也是對政策的不同意，故以秘密投票表決
    (D)須經全體立法委員二分之一以上贊成，始得通過不信任案

11. 下列對於行政院會議之說明何者正確?
　　(A)出席人員為行政院院長、副院長、各部會首長及不管部會政務委員
　　(B)總統為主席
　　(C)提出於監察院之各種法案均須經行政院會議議決
　　(D)不得議決各部會共同關係之事項

12. 行政院院長具有下列何種職權?
　　(A)閣員任命權　　　　　　　　　　(B)行政院會議擔任主席
　　(C)立法院解散權　　　　　　　　　(D)院際爭執調和權

13. 下列何者無法表現立法院對於行政的監督機制?
　　(A)質詢權　　　　　　　　　　　　(B)預算審查與議決權
　　(C)總統彈劾提案權　　　　　　　　(D)憲法修正案提案權

14. 依司法院大法官解釋,法官審理案件不受行政機關有關法規所為釋示之拘束,係屬何種憲法原則?
　　(A)人權保障原則　　(B)審判獨立原則　　(C)民主原則　　(D)依法行政原則

15. 司法院大法官釋字第 262 號解釋,監察院對軍人提出彈劾案時,應移送何機關審議?
　　(A)國防部　　　　(B)行政院　　　　(C)各軍種司令部　　(D)公務員懲戒委員會

16. 下列何者,主要是指規定權利、義務、責任、效果及其範圍的法律?
　　(A)程序法　　　　(B)實體法　　　　(C)特別法　　　　(D)普通法

17. 臺灣地區現行地方自治的法律依據為何?
　　(A)根據行憲前尚有效之地方制度之各種法律
　　(B)省縣自治法及直轄市自治法
　　(C)省縣自治通則
　　(D)地方制度法

18. 我國現行社會福利相關法制中,下列那一項的發展歷史最久?
　　(A)失業保險　　　(B)國民年金保險　　(C)社會救助　　(D)全民健康保險

19. 下列何者不屬於歐美法律制度共通的基礎?
　　(A)集體主義　　　(B)財產私有　　　(C)契約自由　　(D)個人主義

20. 強調法律乃是國民之間本於歷史、經驗而產生,其效力基於民族之「法的確信」的學派為何?
　　(A)自由法學派　　(B)利益法學派　　(C)目的法學派　　(D)歷史法學派

21. 行政機關對於人民依法規之申請,未有法規規定訂定處理期間者,原則上其處理期間為多久?
　　(A)一個月　　　　(B)二個月　　　　(C)三個月　　　(D)六個月

22. 下列何種情形有信賴保護之問題?
　　(A)甲之違建遭檢舉,主張許多人之違建並未被拆除,而要求要拆大家一起拆

(B)乙經申請許可之室外集會至下午 5 時結束, 直到下午 8 時該集會仍未解散, 警察命令
解散

(C)丙申請建照執照獲准, 其後行政機關因其基地坐落於禁建區而撤銷該建照執照

(D)丁依促進產業升級條例享有租稅減免, 該條例相關條文施行至民國 88 年底, 修正後
施行至 98 年底

23. 道路交通管理處罰條例規定, 曾犯故意殺人等罪, 經判決罪刑確定者, 不准辦理營業小
客車駕駛人執業登記。係對人民何種權利之限制?

(A)職業自由　　　　(B)人身自由　　　　(C)遷徙自由　　　　(D)表現自由

24. 設甲向乙購買一輛機車已經簽約, 約定第二天交車並交付價金, 未料當天晚上機車被無
名火波及致全毀。下列敘述何者正確?

(A)甲仍應支付價金給乙

(B)乙仍應交付機車給甲

(C)若甲已支付價金給乙時, 不得請求返還

(D)甲乙皆可免交車及交付價金之義務

25. 甲乙之地相鄰, 甲在其土地上建築房屋, 因疏忽逾越乙的土地, 乙知悉後並無反對意見。
針對本題, 下列敘述何者正確?

(A)乙可請求甲拆屋還地　　　　　　　(B)乙依相鄰關係有容忍之義務

(C)乙得請求甲購買房屋越界之土地　　(D)乙縱有損害, 對甲亦無損害賠償請求權

26. 甲殺乙後, 以為乙死了, 將乙丟到大海, 經法醫檢驗, 乙是生前落水, 依照我國實務見
解, 甲成立何罪?

(A)殺人未遂與過失致死數罪併罰

(B)故意殺人既遂罪

(C)故意殺人未遂、遺棄屍體未遂及過失致死數罪

(D)殺人既遂罪與遺棄屍體未遂罪

27. 下列有關著作權之授權, 何者符合著作權法之規定?

(A)非專屬授權之被授權人得任意再授權予第三人

(B)專屬授權之被授權人不得以自己名義為訴訟上行為, 著作財產權人方得為訴訟上行為

(C)授權契約約定不明之部分, 推定為未授權

(D)著作權之授權須以書面並經公證始生效力

28. 下列何者不屬於全民健康保險法所規定安全準備的來源?

(A)政府每年編列預算　　　　　　　(B)保險費滯納金

(C)菸酒健康福利捐收入之一定比例　　(D)社會福利彩券收益之一定比例

29. 家庭暴力保護令的有效期間為何?

(A)最長六個月　　(B)一年以下　　(C)一年到三年　　(D)三年以下

30. 以下何者符合性別工作平等法消除性別歧視、促進性別地位實質平等之精神?

(A)對於給假應性別平等，所以女性不得因生理期不舒服請假

(B)男性員工之配偶分娩時，雇主亦應給予陪產假

(C)休息時間應性別平等，雇主不應特別允許婦女哺乳時間

(D)雇主對女性不得以育兒為解僱之理由，所以亦不應准許其因育兒留職停薪之請求

【解答】

題序	01–10	11–20	21–30
答案	CBCCCAABAD	ABDBDBDCAD	BCADCBCABB
備註	無更正紀錄		

十二、九十七年公務人員特種考試第二次司法人員考試試題

（三等考試司法官）

一、公職人員選舉罷免法第 67 條第 2 項規定，全國不分區、僑居國外國民選舉當選名額之分配，依下列規定，其中第 5 款明定，各該政黨之得票比率未達百分之五以上者，不予分配當選名額；其得票數不列入第 1 款（即政黨得票數及政黨得票比率）計算。請問此一規定的法理根據為何？是否違反平等原則？試舉司法院大法官相關解釋論述之。（25 分）

二、何謂獨立機關？試就相關法規申明其義（5 分）。國家通訊傳播委員會以及全國性公投審議委員會兩者在「政府組織」上（5 分）以及「委員產生之方式」有何異同（15 分）？試就司法院大法官釋字第 613 號解釋以及第 645 號解釋說明之，並闡述立法權與行政權對於委員人事決定權行使之界限。

三、司法院大法官釋字第 405 號解釋理由書明示：「立法院行使立法權時，雖有相當廣泛自由形成空間，但不得逾越憲法規定及司法院所為之憲法解釋。」此項明示對違憲審查有何影響？婚姻與家庭應受憲法保障，憲法本無明文，司法院憲法解釋由何推論至婚姻家庭應受憲法制度性保障，並適用於何具體公法案件？（20 分）

十三、九十七年專門職業及技術人員高等考試試題（律師）

一、甲男於網路聊天室中以「等待有緣人」為名張貼訊息：「我很寂寞，想認識妳，與妳做朋友，共度快樂時光，大家可以互相幫忙……」等語，為警察所看到，移送檢察官。檢察官認為某甲雖然文字上未明白表示想要性交易或援交，但「等待有『緣』人」就是想「『援』交」；同時自全文觀察，既稱「寂寞」、「共度快樂時光」以及「互相幫忙」等等，顯然均係「暗示」為性交易之訊息；而將此一訊息刊登於開放式的網路聊天室中，一般人均得知悉，亦易聯想係以性服務作為交易之標的，而不是想要單純交朋友，故認為違反兒童及少年性交易防制條例第 29 條，將某甲提起公訴。某甲認為其根本沒有性交易的想法，純粹是想認識朋友；就算是想找人從事性行為，只要你情我願、不違反相關法令又何妨，同時所謂「大家互相幫忙」也不代表什麼。某甲認為該法條文字含義不明，幾乎所有網路上的類似對話都可能可以被涵蓋進去，事實認定過於誇張，這個法條更是違憲的。雖然先前司法院大法官釋字第 623 號解釋中認為該法條並不違憲，但某甲仍然想要請大法官解釋這個案件。

現假設你（妳）是某甲的委任律師，除了一方面替某甲辯護無罪外，請問：

㈠在法院審理中，你（妳）會提出如何的憲法觀點，以說服法官去聲請釋憲？（13分）

㈡你（妳）如何告訴某甲，在本案中法官聲請釋憲應具備何種要件；亦請分析假設法官真的聲請釋憲，大法官是否會（或：如何能）受理這個案件？（12 分）

參考法條：

1. 兒童及少年性交易防制條例第 5 條：

以廣告物、出版品、廣播、電視、電子訊號、電腦網路或其他媒體，散布、播送或刊登足以引誘、媒介、暗示或其他促使人為性交易之訊息者，處五年以下有期徒刑，得併科新臺幣一百萬元以下罰金。

2. 司法院大法官審理案件法第 5 條第 1 項第 2 款：

有左列情形之一者，得聲請解釋憲法：

二　人民、法人或政黨於其憲法上所保障之權利，遭受不法侵害，經依法定程序提起訴訟，對於確定終局裁判所適用之法律或命令發生有牴觸憲法之疑義者。

3. 司法院大法官釋字第 623 號解釋（解釋文節錄）

「……中華民國八十八年六月二日修正公布之兒童及少年性交易防制條例第二十九條規定：『以廣告物、出版品、廣播、電視、電子訊號、電腦網路或其他媒體，散布、播送或刊登足以引誘、媒介、暗示或其他促使人為性交易之訊息者，處五年以下有期徒刑，得併科新臺幣一百萬元以下罰金』，乃以科處刑罰之方式，

限制人民傳布任何以兒童少年性交易或促使其為性交易為內容之訊息，或向兒童少年或不特定年齡之多數人，傳布足以促使一般人為性交易之訊息。是行為人所傳布之訊息如非以兒童少年性交易或促使其為性交易為內容，且已採取必要之隔絕措施，使其訊息之接收人僅限於十八歲以上之人者，即不屬該條規定規範之範圍。上開規定乃為達成防制、消弭以兒童少年為性交易對象事件之國家重大公益目的，所採取之合理與必要手段，與憲法第二十三條規定之比例原則，尚無牴觸。……」

二、2008 年 5 月 20 日新總統與新內閣就任後，發生「總統該站在第幾線?」的爭議，亦即總統是否應積極出面作出指示、指導、指摘、決定等，而不是任由行政院團隊站在第一線。試從憲法本文與增修條文之有關規定、司法院大法官之解釋，論證我國現行政府體制之下，總統在施政上與行政院院長應有如何之分權?本題目之討論不包括國家安全大政方針有關事項。(25 分)

三、憲法第 78 條規定：司法院解釋憲法，並有統一解釋法律及命令之權。至於司法院釋憲權限之行使則由司法院大法官審理案件法加以規定。該法第 5 條第 1 項第 2 款：「人民、法人或政黨於其憲法上所保障之權利，遭受不法侵害，經依法定程序提起訴訟，對於確定終局裁判所適用之法律或命令發生有牴觸憲法之疑義者」，得聲請解釋憲法。上開條文中所稱「確定終局裁判」究何所指?又「所適用之法律或命令」一詞，其範圍為何?均試從大法官歷來解釋先例中，歸納其答案。(25 分)

四、臺灣漁船在釣魚臺附近海域遭日本巡防艦撞沈，相關單位未採取任何措施，引發民怨，部分民間團體發起向政府抗議的示威遊行。任教於 A 私立大學的教師甲，利用課餘時間參加某次未經許可之抗議活動，在行經總統府附近時，甲以麥克風痛斥主政者為「縮頭烏龜」，並多次強力呼籲主管機關應負起保護漁民的責任。未幾，A 私立大學以甲該日之言行舉止嚴重失當，有損師道為由，依據教師法第 14 條第 1 項第 6 款規定，報經教育部核准後，將甲解聘。甲不服，認為 A 私立大學此舉已侵害其憲法上權利，解聘行為係違法違憲而無效，遂向民事法院提起確認聘任關係存在之訴。試問：承審法院於審究本案相關主張時，應否、以及如何納入那些憲法基本人權保障之思考?請從憲法觀點詳加說明之。(25 分)

參考法條：

教師法第 14 條第 1 項第 6 款：「教師聘任後除有下列各款之一者外，不得解聘、停聘或不續聘：……六、行為不檢有損師道，經有關機關查證屬實者。……」

十四、九十八年公務人員特種考試警察人員考試試題

（二等考試）

一、何謂「人權」?（5分）何謂「人身自由」?（5分）請簡要說明我國憲法第8條規定人身
自由保障之內容。（15分）

二、何謂「權力分立原則」(the doctrine of separation of powers; 或 the doctrine of separated
powers)?（5分）何謂「雙首長制」(hybird system)?（5分）1997年我國第四次修憲後，
中央政府體制已進行調整，但在朝與在野仍有爭議，請問您認為我國目前中央政府體制
採取那一種政府體制? 其主要理由為何?（15分）

十五、九十八年公務人員特種考試警察人員考試試題

（三等考試）

1.　依憲法增修條文第 10 條第 10 項之規定，何種經費應優先編列？
　　(A)國防經費　　　　(B)經濟發展經費　　　(C)國民教育經費　　　(D)政黨補助經費

2.　依憲法規定，各種選舉，應規定婦女當選名額，其辦法：
　　(A)以憲法定之　　　(B)以法律定之　　　(C)以法規命令定之　　　(D)以行政規則定之

3.　我國憲法對於人民自由權利之保障，係以下列那一種方式為之？
　　(A)人民於法律所定範圍內方享有憲法所列之各項自由權利
　　(B)憲法所定之人民各項自由權利受憲法直接保障，國家僅能於不違憲的範圍內，以法律限制
　　(C)人民自由權利既受憲法保障，故不得以法律限制之
　　(D)憲法所定之人民各項自由權利，經大法官確認者方受憲法直接保障

4.　憲法修改應使國民預知其修改之目的並有表達意見之機會，故憲法增修條文規定，立法院提出憲法修正案時應公告多久？
　　(A)一個月　　　　(B)三個月　　　　(C)半年　　　　(D)一年

5.　審計長完成中央政府決算審核後，應提出審核報告於：
　　(A)監察院　　　　(B)立法院　　　　(C)行政院　　　　(D)司法院

6.　中華民國國民至少年滿幾歲者，有依法選舉之權？
　　(A)年滿 18 歲　　　(B)年滿 20 歲　　　(C)年滿 16 歲　　　(D)年滿 23 歲

7.　下列有關秘密通訊自由之敘述，何者錯誤？
　　(A)郵政法規定郵務人員不得開拆他人信件
　　(B)電信法規定電信事業及專用電信處理之通信，他人不得盜接、盜錄
　　(C)刑法規定無故開拆他人之封緘信函者，予以處罰
　　(D)通訊保障及監察法規定檢察官為偵查犯罪得核發通訊監察書

8.　提審制度是下列那一階段之程序保障？
　　(A)逮捕程序　　　(B)再審程序　　　(C)審判程序　　　(D)上訴程序

9.　關於我國國家賠償之方法，依國家賠償法規定，下列敘述何者正確？
　　(A)以回復原狀為原則，金錢賠償為例外　　　(B)以金錢賠償為原則，回復原狀為例外
　　(C)由賠償義務機關決定　　　　　　　　　(D)國家賠償與民事賠償之方法相同

10.　各政黨之得票比率未達 5% 以上者，其得票數不列入政黨比例代表制名額之計算，此一規定與選舉的何種原則有關？
　　(A)普通原則　　　(B)平等原則　　　(C)直接原則　　　(D)秘密原則

11. 下列有關國家賠償之賠償請求權人之敘述，何者正確？
    (A)外國人不得請求
    (B)法人不得請求
    (C)反射利益受侵害者不得請求
    (D)僅被害人得請求

12. 政府為了關建公共設施徵收人民土地，但不給予任何補償，主要係違反憲法何項權利之保障？
    (A)生存權　　　　　(B)財產權　　　　　(C)工作權　　　　　(D)程序基本權

13. 依憲法增修條文規定，總統、副總統之罷免案係由何者所提出？
    (A)人民連署　　　　(B)國民大會　　　　(C)立法院　　　　　(D)監察院

14. 行政院副院長的任命程序是：
    (A)總統提名，經立法院同意任命
    (B)總統提名，行政院院長同意任命
    (C)行政院院長直接任命
    (D)行政院院長提請總統任命

15. 關於人民之納稅義務，下列敘述何者正確？
    (A)所有關於稅務之事，皆須由法律明確定之，不得授權行政命令定之
    (B)特別公課之徵收，不受租稅法定原則之拘束
    (C)課稅原因事實之有無的認定，不屬於租稅法定原則範圍內
    (D)人民得以國家機關未妥善運用稅款為由，拒絕繳納稅款

16. 雇主對求職者或受僱者之招募、甄試、進用、分發、配置、考績或陞遷等，因為性別而有差別待遇，其法律上的效果不包括下列何者？
    (A)民事上的損害賠償責任
    (B)行政上的罰鍰
    (C)行政上的申訴、訴願、行政程序
    (D)行政上的停業處分

17. 遺囑人以第二遺囑撤回第一遺囑後，再以第三遺囑明示撤回第二遺囑時，則第一遺囑之效力如何？
    (A)效力未定　　　　(B)視為撤回　　　　(C)有效　　　　　　(D)無效

18. 保證契約的當事人為誰？
    (A)債權人與主債務人
    (B)債權人與保證人
    (C)主債務人與保證人
    (D)第三人與保證人

19. 下列何者非屬著作財產權？
    (A)著作公開展示權　(B)著作公開上映權　(C)著作出租權　　　(D)著作公開發表權

20. 數人依法律規定，有同一債權，而各得向債務人為全部給付之請求者，通稱為：
    (A)連帶債權
    (B)不可分債權
    (C)債權之準公同共有
    (D)債權之準分別共有

21. 有關權力分立原則的敘述，下列何者正確？
    (A)權力分立制度係法國政治思想家洛克所集成建構
    (B)國家權力之分立，目的是為了權力間的互相制衡，以免權力濫用
    (C)現代權力分立原則禁止立法機關授權行政機關制定抽象的規範

(D)法律既是民意代表所制定，一定會符合公平正義

22. 下列敘述何者正確？

(A)行為之處罰，若行為時之法律無明文規定者，得類推適用相類似的規定

(B)「行為後法律有變更者，適用行為時之法律。」此一規定屬於從新原則

(C)主刑的種類包括：死刑、無期徒刑、有期徒刑、拘役和罰鍰

(D)甲開車不慎擦撞他車，無人傷亡。因刑法不處罰過失毀損，所以甲的行為在刑法上不受處罰

23. 行政執行法第3條規定，行政執行應「以適當之方法為之，不得逾達成執行目的之必要限度」，此乃下列那一項原則的實現？

(A)法律保留原則　　(B)比例原則　　(C)執行法定原則　　(D)合目的性原則

24. 依司法院釋字第645號解釋，行政院公民投票審議委員會委員由各政黨依立法院各黨團席次比例推荐，送交主管機關提請總統任命之，顯已逾越下列何種原則？

(A)法律保留原則　　(B)權力分立原則　　(C)依法行政原則　　(D)平等原則

25. 非醫師的甲唆使醫師乙洩漏其病患丙之病歷資料，乙在未經丙之同意且無任何正當理由的情形下，將丙的病例予以洩漏。甲與乙有何刑責？

(A)甲與乙成立洩漏業務秘密罪的共同正犯

(B)甲成立洩漏業務秘密罪的間接正犯，乙成立洩漏業務秘密罪的幫助犯

(C)甲成立洩漏業務秘密罪的教唆犯，乙成立洩漏業務秘密罪的正犯

(D)甲不成立犯罪，乙成立洩漏業務秘密罪的正犯

26. 區分原則法與例外法的實益何在？

(A)原則法如有修改，效力以不溯及既往為原則

(B)例外法如有修改，效力以不溯及既往為原則

(C)原則法必須從嚴解釋，不得類推適用

(D)例外法必須從嚴解釋，不得擴張或類推適用

27. 依據憲法增修條文之規定，自第七屆起，僑居國外國民所選出之立法委員，係如何選舉之？

(A)依政黨名單投票選舉之

(B)依據各政黨區域立委選舉結果得票數比例分配

(C)由僑居國外國民返國投票選舉

(D)由在臺灣地區設有戶籍之僑居海外國民進行不在籍投票

28. 我國憲法中未明文規定，但依司法院大法官解釋，仍屬人民之基本權利者為：

(A)參政權　　(B)工作權　　(C)人身自由　　(D)資訊隱私權

29. 依據地方制度法，下列敘述何者錯誤？

(A)直轄市、縣（市）、鄉（鎮、市）得就其自治事項或依法律及上級法規之授權，制定自治法規

(B)自治法規經地方立法機關通過，並由各該行政機關公布者，稱自治條例

(C)自治法規由地方行政機關訂定，並發布或下達者，稱自治規章

(D)自治條例應分別冠以各該地方自治團體之名稱

30. 依憲法增修條文規定，彈劾總統應由下列何機關審理之？
(A)司法院大法官　　　(B)監察院　　　　(C)國民大會　　　　(D)立法院

【解答】

題序	01–10	11–20	21–30
答案	CBBCBBDABB	CBCDCDCBDA	BDBBCDADCA
備註	無更正紀錄		

十六、九十八年特種考試地方政府公務人員考試試題

（三等考試）

1. 自治法規須經上級政府核定，核定機關若未於法定期限內核定，且未依法函告延長核定期限者，其法定效果如何？
   (A)視為核定
   (B)原案視為撤回
   (C)函報機關得依法訴請核定
   (D)全案無限期擱置

2. 公職人員選舉罷免法規定候選人懸掛標語、旗幟、布條等廣告物之限制，下列敘述何項正確？
   (A)不得妨礙市容
   (B)不得妨礙交通秩序
   (C)不得批評基本國策
   (D)不得主張共產主義

3. 關於立法委員選舉，下列何者正確？
   (A)立法委員全國不分區候選人須年滿 30 歲
   (B)投票日得從事助選活動
   (C)有婦女保障名額之規定
   (D)雙重國籍者仍可出任立法委員，不受影響

4. 對於總統、副總統之選舉，下列敘述何者錯誤？
   (A)回復中華民國國籍者，不得為總統、副總統候選人
   (B)投票日前 10 日內，不得發布有關候選人之民意調查資料
   (C)無競選經費上限之規定
   (D)不得接受大陸地區人民之競選經費補助

5. 依憲法增修條文第 10 條之規定，下列之敘述何者錯誤？
   (A)國家應保障僑民之政治參與
   (B)經濟發展與環境保護相衝突時以環境保護為優先
   (C)國民就業之救濟性支出應優先編列
   (D)教育、科學、文化之經費應優先編列

6. 依憲法第 163 條之規定，邊遠地區之教育文化經費如何籌措？
   (A)由縣補助之　　　(B)由省補助之　　　(C)由國庫補助之　　　(D)由地方自籌經費

7. 下列何國沒有成文憲法？
   (A)日本　　　(B)美國　　　(C)英國　　　(D)智利

8. 有關人身自由之規定，下列敘述何者錯誤？
   (A)法院對於提審之聲請，應先令逮捕拘禁之機關查覆
   (B)人民經合法逮捕拘禁時，得聲請該管法院於 24 小時內提審

(C)人民非經司法或警察機關依法定程序，不得逮捕拘禁

(D)逮捕拘禁之機關對於法院之提審，不得拒絕或遲延

9. 下列何者得作為限制遷徙自由之事由？

    (A)未成年人　　　　　(B)精神疾病患者　　　(C)假釋之人犯　　　　(D)愛滋病患

10. 道路交通管理處罰條例規定曾犯故意殺人、搶劫、妨害性自主之罪，經判決罪刑確定者，不准辦理營業小客車職業駕駛人登記。依據司法院大法官釋字第 584 號解釋，此一規定對人民之何種基本權構成限制？

    (A)財產權　　　　　　　　　　　　　(B)職業選擇自由

    (C)請求給予適當工作機會之自由　　　(D)生存權

11. 衛生主管機關對藥商刊播廣告之審查核准行為，依司法院大法官釋字第 414 號解釋，認為是：

    (A)侵害憲法第 11 條之言論、出版自由權　(B)侵害人民之經濟活動自由

    (C)合乎憲法第 23 條規定意旨　　　　　　(D)違反憲法第 15 條人民之財產權應予保障

    規定

12. 下列何者隸屬於總統府？

    (A)國史館　　　　　(B)故宮博物院　　　(C)國父紀念館　　　(D)文建會

13. 下列何者是憲法增修條文就立法院對行政院院長提出不信任案的要求？

    (A)行政院院長就任未滿 1 年前，不得提出不信任案

    (B)總統就任未滿 1 年前，不得提出不信任案

    (C)不信任案須由立法委員以記名投票表決

    (D)不信任案提出前應先徵詢總統意見

14. 有關立法院在政府組織中作用之敘述，下列何者錯誤？

    (A)立法院是國民的代表機關，行使立法權

    (B)立法院擁有條約締結權

    (C)立法院行使監察院院長人事同意權

    (D)立法院有補選副總統的權限

15. 依憲法增修條文之規定，立法院通過對行政院院長之不信任案後 10 日內，總統應經諮詢下列何者後，得宣告解散立法院？

    (A)行政院院長　　　(B)司法院院長　　　(C)立法院院長　　　(D)監察院院長

16. 下列有關「習慣」之敘述，何者錯誤？

    (A)習慣得適用於民事法與刑事法

    (B)習慣必須不違背公序良俗

    (C)民事上的習慣必須是法律所未規定之事項

    (D)民事上的習慣必須一般人對其有「法的確信」

17. 依性別工作平等法的規定，僱用受僱者多少人以上者，應訂定性騷擾防治措施、申訴及

懲戒辦法，並在工作場所公開揭示？

(A) 30 人以上　　　(B) 20 人以上　　　(C) 15 人以上　　　(D) 10 人以上

18. 以受聘人為著作人時，如未約定著作財產權之歸屬，其著作財產權及利用權之歸屬情形為何？

(A)著作財產權歸出資人所有，受聘人有利用權

(B)著作財產權歸出資人所有，受聘人無利用權

(C)著作財產權歸受聘人所有，出資人有利用權

(D)著作財產權歸受聘人所有，出資人無利用權

19. 下列關於刑法上中止犯之敘述，何者為錯誤？

(A)已著手於犯罪行為之實行，而因己意中止或防止其結果之發生者，減輕或免除其刑

(B)結果之不發生，非防止行為所致，而行為人已盡力為防止行為者，不得減輕或免除其刑

(C)正犯或共犯中之一人或數人，因己意防止犯罪結果之發生，亦適用減輕或免除其刑之規定

(D)中止犯之規定係個人解除刑罰事由

20. 下列何者非刑法上的阻卻違法事由？

(A)逮捕現行犯　　　　　　　　(B)自助行為

(C)業務上的正當行為　　　　　(D)他人間接強制

21. 甲欠乙新臺幣 5 百萬元，為了逃避乙之查封拍賣，乃與丙通謀虛偽意思表示，將甲自己之房子登記於丙名下，實際上丙並未任任何價金。結果，丙趁機將登記於其名下之該房子賣給不知情之丁。請問甲有何權利可以主張？

(A)甲可向丁要回房子　　　　　(B)甲可向丁索取房價

(C)甲可向丙請求損害賠償　　　(D)甲可要求乙直接查封丁之房子

22. 甲委由乙律師替其打離婚訴訟，下列何者為錯誤？

(A)甲乙間之委任契約及代理權之授與均應以文字為之

(B)因乙律師太忙遂擅自請丙律師代為處理，可毋庸徵求甲的同意

(C)乙的報酬請求權，當事人間未約定時，原則上應於契約終止及為明確報告顛末後，方得請求

(D)當事人任何一方，均得任意終止契約

23. 以下對於除斥期間與消滅時效之敘述，何者為錯誤？

(A)消滅時效適用於請求權，除斥期間適用於形成權

(B)消滅時效有中斷或不完成，除斥期間也有中斷或不完成

(C)消滅時效完成後請求權不消滅，僅發生抗辯問題；除斥期間完成後，形成權則消滅

(D)消滅時效自請求權可行使時起算；除斥期間則自權利成立時起算

24. 唐律規定：「諸斷罪而無正條，其應出罪者，則舉重以明輕，其應入罪者，則舉輕以明重。」此相當於現今法學方法論上的何種解釋方法？

(A)體系解釋　　　　　　(B)反對解釋　　　　　(C)當然解釋　　　　　(D)限縮解釋

25. 關於公法與私法之敘述，下列何者是錯誤的？

(A)國家為一方當事人之法律關係，可能為公法，亦可能為私法

(B)公私法所涉及之法律救濟途徑不同

(C)公私法法律關係所本之基本原則不同

(D)國家機關與私人間不可能成立私法上法律關係

26. 下列關於「定有施行期限之法規，其效力之延長」的敘述，何者正確？

(A)法律定有施行期限，主管機關認為需要延長者，應於期限屆滿前 3 個月送立法院審議

(B)法律定有施行期限，主管機關認為需要延長者，應於期限屆滿前 2 個月送立法院審議

(C)命令定有施行期限，主管機關認為需要延長者，應於期限屆滿前 1 個月送立法院審議

(D)命令定有施行期限，主管機關認為需要延長者，可不須送立法院審議，但應於期限屆滿 1 個月前，由原發布機關發布之

27. 甲將乙寄託的樹苗種植於丙之土地上，附合成為土地之一部分，依民法規定該樹苗所有權歸屬於：

(A)甲所有　　　　　　(B)乙所有　　　　　(C)丙所有　　　　　(D)乙丙共有

28. 法規明定自公布或發布日施行者，何時發生效力？

(A)公布日或發布之日即生效力

(B)自公布日或發布日之次日發生效力

(C)自公布或發布之當日起算至第 3 起發生效力

(D)自公布日或發布日起算至第 30 日始發生效力

29. 以下有關性別工作平等法中，得為撫育未滿 3 歲的子女而向雇主請求減少工作時間的規定，何者正確？

(A)受僱於僱用 30 人以上之雇主的受僱者，每天得請求減少工作兩小時

(B)每天得請求減少工作 1 小時，就其減少的工作時間得請求一半的報酬

(C)受僱於僱用 15 人以上之雇主的受僱者，得請求每天減少工作時間 1 小時

(D)受僱於僱用 30 人以上之雇主的受僱者，就其減少的工作時間不得請求報酬

30. 下列何者非屬訴訟外紛爭解決（ADR）的方式之一？

(A)勞資爭議處理法的調解　　　　　(B)政府採購法的仲裁

(C)公害糾紛處理法的裁決　　　　　(D)稅捐稽徵法的復查

【解答】

題序	01–10	11–20	21–30
答案	ABCCBCCACB	CACBCAACBD	CBBCDDCCDD
備註	無更正紀錄		

十七、九十八年公務人員高等考試三級考試試題

1. 下列何事項僅能由中央立法並執行，而不可交由省縣執行之？
   (A)司法制度 　　　　　　　　　　　　(B)教育制度
   (C)警察制度 　　　　　　　　　　　　(D)全國戶口調查及統計

2. 依憲法增修條文規定及司法院大法官解釋，關於「省」之設計，下列何者錯誤？
   (A)省已喪失地方自治團體地位
   (B)省承行政院之命，監督縣自治事項
   (C)省設省主席及省政府委員
   (D)省仍然保留省議會，由省民直接選出省議員

3. 依憲法增修條文規定，下列何項提案之決定，毋須經由公民投票或複決之程序？
   (A)總統、副總統之罷免案 　　　　　(B)總統、副總統之彈劾案
   (C)領土變更案 　　　　　　　　　　(D)憲法修正案

4. 下列何者雖未見諸憲法明文規定，但仍屬實質之憲法原理？
   (A)宗教自由之保障 　　　　　　　　(B)憲法施行之準備程序之制定
   (C)憲法修正的實質界限 　　　　　　(D)提審制度

5. 依司法院大法官解釋，子女獲知其血統來源，確定其真實父子關係，為憲法所保障之何種基本權利？
   (A)財產權 　　　　　(B)人身自由 　　　(C)工作權 　　　(D)人格權

6. 有關財產權之敘述，下列何者正確？
   (A)國家可立法限制人民財產權之行使
   (B)財產權僅見權利性，完全不具社會責任
   (C)個人行使財產權之利益絕對優先於公共團體之利益
   (D)著作權不屬財產權保障之範圍

7. 下列關於「宗教信仰自由」的敘述，何者正確？
   (A)因宗教理由拒絕接受國民教育，國家應尊重之
   (B)因宗教理由拒絕服兵役，國家立法處罰，並未違憲
   (C)因宗教能安定人心，國家應設立國教
   (D)因宗教理由而使用詐術者，國家應諒解之

8. 依國家賠償法規定，國家於公務員有下列何種情形下對之有求償權？
   (A)無過失 　　　　(B)抽象輕過失 　　　(C)具體輕過失 　　　(D)重大過失

9. 有關姓名權之保障，下列陳述何者錯誤？
   (A)姓名為人格之表現 　　　　　　　(B)姓名權係親權之一部分
   (C)姓名文字字義粗俗不雅，得申請改名 　(D)姓名讀音會意不雅，得申請改名

10. 關於我國國家賠償之內容，下列敘述何者錯誤？
    (A)公有公共設施設置或管理之缺失的國家賠償責任，係採無過失責任賠償之原則
    (B)國家賠償以回復原狀為原則，如回復顯有困難時則以金錢賠償
    (C)國家賠償所需之經費，由各級政府編列預算支應
    (D)賠償義務機關之確定，遇有爭議時，由上級機關定之

11. 在憲法增修條文中，下列何者在立法委員的選舉中，有當選名額保障的規定？
    (A)農人　　　　　　　(B)勞工　　　　　　　(C)婦女　　　　　　　(D)商人

12. 下列何種情形，尚非行政院院長代行總統職權之時機？
    (A)總統、副總統之罷免案經立法院提議時
    (B)總統、副總統選出後均未就職時
    (C)總統、副總統皆因故不能視事時
    (D)總統、副總統均缺位時

13. 依憲法增修條文規定，總統於下列何種情況下，不得解散立法院？
    (A)國家慶典期間　　　　　　　　　(B)立法委員任期未滿一年
    (C)於戒嚴或緊急命令生效期間　　　(D)立法院院長不同意時

14. 下列何者之任命，不須立法院同意？
    (A)司法院院長、副院長　　　　　　(B)司法院大法官
    (C)監察院院長、副院長、監察委員　(D)行政院主計長

15. 依憲法規定，下列何者不屬於監察院之職權？
    (A)對行政機關之糾正　　　　　　　(B)對公務人員違法、失職之糾舉、彈劾
    (C)對公務人員為懲戒　　　　　　　(D)對行政院所提決算進行審核

16. 下列何者為著作權法主管機關？
    (A)財政部　　　　　　(B)教育部　　　　　　(C)內政部　　　　　　(D)經濟部

17. 下列敘述何者錯誤？
    (A)地役權不得由需役地分離而為讓與　　(B)普通抵押權不得由債權分離而為拋棄
    (C)普通抵押權不得由債權分離而為讓與　(D)質權不得由債權分離而為讓與

18. 對於勞動契約當事人之私法自治與契約自由而言，勞動基準法規定之功能在於作為：
    (A)單向強行禁止　　(B)雙向強行禁止　　(C)單向任意規定　　(D)雙向任意規定

19. 依據性別平等工作法的規定，以下何項雇主的措施，必須得到主管機關的同意？
    (A)雇主欲於勞動契約中約定，受僱者有結婚、懷孕或分娩、育兒時，應留職停薪
    (B)育嬰留職停薪期滿之受僱者申請復職，雇主有法定得拒絕其復職之事由、而欲拒絕其復職
    (C)受僱者依法申請育嬰留職停薪、並繼續參加原有之社會保險，雇主欲免除繳納原由雇主負擔之保險費
    (D)僱用二百五十人以上之雇主，因有未滿七歲子女之受僱者未滿十人，欲免除設置托兒

設施之義務

20. 甲到乙所經營之雜貨店購買 A 廠商製造之麵包，甲將購買的麵包拿給其妻丙吃，結果丙吃了上吐下瀉，經檢查發現係該麵包製造過程不潔所致，下列敘述何者為錯誤？
    (A)甲對乙可主張物之瑕疵擔保責任
    (B)丙對 A 廠商可依消費者保護法第 7 條之規定，請求負商品製造者之責任
    (C)丙對 A 廠商可依民法第 191 條之 1 侵權行為之規定，請求負商品製造者之責任
    (D)丙對乙可主張物之瑕疵擔保責任

21. 依公司法規定，下列何項議案得於開股東會時以臨時動議提出？
    (A)變更公司章程　　　　　　　　　(B)解除董事競業禁止
    (C)改選監察人　　　　　　　　　　(D)公司合併案

22. 甲教唆乙殺害丙，乙雖然答應，但是尚未進行即因他案被捕，請問下列敘述何者為正確？
    (A)甲教唆乙殺人，乙雖然尚未進行，甲仍然成立殺人未遂罪之教唆犯
    (B)乙答應甲之殺人要求，乙依現行刑法規定應受處罰
    (C)如果甲不僅教唆乙殺人，並提供匕首給乙，儘管乙尚未進行殺人，則甲依現行刑法規定應受處罰
    (D)依現行刑法規定，針對殺人部分，甲、乙皆無罪可罰

23. 甲向乙借錢，丙擔任甲之保證人，下列關於其「保證契約」的敘述，何者錯誤？
    (A)保證契約存在於甲、丙兩人之間
    (B)甲向乙還清債務時，丙的保證債務也隨之消滅
    (C)清償期限屆滿時，乙必須先向甲請求還款，若是乙直接向丙請求還款，丙原則上得予拒絕
    (D)若是丙、丁同為甲之保證人，則丙、丁兩人負連帶之保證責任

24. 依司法院大法官解釋，下列何者違反比例原則？
    (A)以判決命加害人公開道歉，而未涉及加害人自我羞辱等損及人性尊嚴之情事者
    (B)律師接見受羈押被告時，看守所得不問理由全程予以監聽、錄音
    (C)對未辦理營利事業登記而經營電子遊戲場業者，科處刑罰之規定
    (D)以廣告物、電腦網路等媒介散布、播送或刊登足以引誘、媒介性交易之訊息者，處以刑罰之規定

25. 下列各組物權同歸一人所有時，何者可發生物權之混同？
    (A)同一土地上之所有權與地上權
    (B)同一土地上之地役權與典權
    (C)同一土地上之地上權與以該土地為標的物之抵押權
    (D)同一土地上之典權與以該土地為標的物之抵押權

26. 下列何者，原則上不直接對外發生法規範上的效力？
    (A)法規命令　　　(B)行政規則　　　(C)法律　　　(D)自治條例

27. 依據中央法規標準法，法規內容的劃分順序為何？

(A)章、編、節、目、款 　　　　　　(B)節、編、款、目、章

(C)編、章、節、款、目 　　　　　　(D)目、款、編、章、節

28. 下列規定，何者屬任意法？

(A)民法第 16 條規定「權利能力與行為能力，不得拋棄。」

(B)民法第 229 條規定「給付有確定期限者，債務人自期限屆滿時起，負遲延責任。」

(C)民法第 760 條規定「不動產物權之移轉或設定，應以書面為之。」

(D)民法第 980 條規定「男未滿十八歲，女未滿十六歲者，不得結婚。」

29. 日本殖民統治臺灣的前期（1895–1922），有關民事紛爭的解決，主要的「法源」依據是：

(A)臺灣民事舊慣 　　　　　　(B)日本民法規範

(C)在臺灣訂定特別法 　　　　　　(D)法理

30. 英國著名法學家梅因（Maine）認為法律發展的基本趨勢為：

(A)個人到國家 　　　(B)身分到契約 　　　(C)行政到立法 　　　(D)權利到義務

【解答】

題序	01–10	11–20	21–30
答案	ADBCDABDBB	CACDCDBABD	BDABABCBAB
備註	無更正紀錄		

十八、九十八年公務人員特種考試司法人員考試試題

(三等考試司法官)

一、何謂憲政主義（constitutionalism），主要精神為何？中華民國憲法的運作如何體現憲政主義的精神？為何有些國家，雖有成文憲法卻沒有被列入憲政民主（constitutional democracy）的國家？請討論之。（20 分）

二、㈠憲法第 8 條第 1 項規定：「人民身體之自由應予保障。除現行犯之逮捕由法律另定外，非經司法或警察機關依法定程序，不得逮捕拘禁。非由法院依法定程序，不得審問處罰。非依法定程序之逮捕、拘禁、審問、處罰，得拒絕之。」上述規定的保障對象通常是指刑事被告，試問行政法上人身自由之剝奪是否也應遵循此項規定？（10 分）

㈡再者，入出國及移民法第 38 條有「行政收容」之規定，是否符合憲法第 8 條所稱「法定程序」，試抒己見。（15 分）

《參考法條》

入出國及移民法第 38 條規定：「外國人有下列情形之一者，入出國及移民署得暫予收容，並得令其從事勞務：

一、受驅逐出國處分尚未辦妥出國手續。

二、非法入國或逾期停留、居留。

三、受外國政府通緝。

四、其他在事實上認有暫予收容之必要。

前項收容以六十日為限；必要時，入出國及移民署得延長至遣送出國為止。

受收容人或其配偶、直系親屬、法定代理人、兄弟姊妹，得於七日內向入出國及移民署提出收容異議。

受收容之外國人無法遣送時，入出國及移民署得限定其住居所或附加其他條件後，廢止收容處分。

外國人涉嫌犯罪，經法院判決有罪確定者，其收容於第三十九條收容處所之日數，以一日折抵有期徒刑或拘役一日或刑法第四十二條第三項、第六項裁判所定之罰金額數。

前項規定，於本法修正施行前尚未執行完畢之外國人，亦適用之。」

三、行政權、立法權的分立與制衡，原屬憲政的重要原理，特別在總統體制的國家，強調政府權力之間的相互牽制與平衡，以防止權力的過於集中，避免行政獨裁的危險，而保障人民的自由權利。惟立法與行政，本為政府職能一事之兩端，如車之兩輪、鳥之雙翼，唯互相合作才能表現政府職能。請問在我國憲法本文與增修條文中，最有可能造成行政與立法之間的僵局而妨礙政府職能者為何？最有可能用來解除行政與立法之間僵局而發揮政府職能者為何？請分別指明具體依據條文，並論述其理由。（25 分）

十九、九十八年專門職業及技術人員高等考試試題（律師）

一、行政院設院長、副院長各一人，各部會首長若干人及不管部會之政務委員若干人；行政院院長由總統任命之；行政院副院長、各部會首長及不管部會之政務委員，由行政院院長提請總統任命之。依司法院大法官釋字第 387 號解釋，行政院院長之變動影響行政院各部會首長之去留。請依現行憲法規定說明，行政院院長去職之原因為何？（25 分）

二、甲因欠稅達新臺幣 80 萬元，經財政部於 97 年 7 月 30 日函請內政部入出國及移民署限制其出境。當年 8 月 13 日，稅捐稽徵法第 24 條修正公布，甲對限制出境不服，經訴願駁回後，向高等行政法院起訴。甲主張：該條第 3 項已修正為欠稅達新臺幣 100 萬元始限制出境，且新增第 4 項明定稽徵機關未為物之保全前，不得限制出境。被告機關抗辯：限制出境處分作成在修法之前，新法尚無適用餘地。如就憲法觀點，甲得為何種主張，試分析之。（25 分）

三、「政府資訊公開請求權」，亦即人民獲悉政府機關所持有之資訊之一般性權利（a general right of access to information held by public authorities），應否為憲法第 22 條所稱之「其他自由及權利」？（25 分）

四、我國司法院大法官作成解釋，對於法「無明文規定」的事項宣示應如何處理，則該解釋本身，可否作為人民請求權的依據？例如釋字第 400 號解釋稱：「既成道路符合一定要件而成立公用地役關係者，其所有權人對土地既已無從自由使用收益，形成因公益而特別犧牲其財產上之利益，國家自應依法律之規定辦理徵收給予補償，各級政府如因經費困難，不能對上述道路全面徵收補償，有關機關亦應訂定期限籌措財源逐年辦理或以他法補償。」請問：該號解釋意旨，可否作為既成道路所有人請求徵收或補償的依據？（25 分）

二十、九十九年公務人員特種考試警察人員考試試題

（二等考試）

一、我國憲法保障人民權利，係採相對保障而非絕對保障，試從下列三子題詳予說明之：

　　㈠革命民權（7 分）

　　㈡憲法保障之概括規定（8 分）

　　㈢事前保障與事後保障之憲法依據（10 分）

二、試以「財政監督權」為焦點，引述憲法相關規定，比較說明立法院、行政院與監察院之關係。（25 分）

二十一、九十九年公務人員特種考試警察人員考試試題

(三等考試)

1. 下列名稱何者非屬憲法第170條規定立法院通過，總統公布之法律？
   (A)法 　　　　　　(B)通則 　　　　　　(C)條例 　　　　　　(D)自治條例

2. 我國司法院大法官解釋憲法時，應有多少大法官的同意方得通過解釋文？
   (A)現有總額過半數之出席，出席人數過半數同意，方得通過
   (B)現有總額三分之二之出席，出席人數過半數同意，方得通過
   (C)現有總額過半數之出席，出席人數三分之二同意，方得通過
   (D)現有總額三分之二之出席，出席人數三分之二同意，方得通過

3. 依憲法本文之規定，司法院大法官解釋憲法，並有統一解釋下列何者之權限？
   (A)法律與命令 　　(B)法律與判例 　　(C)法律與條約 　　(D)法律與習慣

4. 土地價值非因施以勞力資本而增加者，應由國家徵收何種稅？
   (A)地價稅 　　　　(B)土地使用稅 　　(C)契稅 　　　　　(D)土地增值稅

5. 依憲法本文規定，總統行使下列何種赦免權，須經行政院會議議決，並經立法院審議通過？
   (A)大赦 　　　　　(B)特赦 　　　　　(C)減刑 　　　　　(D)復權

6. 依憲法增修條文規定，領土變更之程序為何？
   (A)行政院提案並決議 　　　　　　(B)由行政院提案，經立法院決議
   (C)立法院提案並決議 　　　　　　(D)由立法院提案，經公民複決通過

7. 依據憲法第107條規定，下列何者是專屬於中央立法並執行之事項？
   (A)公共衛生 　　　(B)警察制度 　　　(C)教育制度 　　　(D)司法制度

8. 我國設立之「國家通訊傳播委員會」，即係為保障下列何種基本權利？
   (A)人身自由 　　　(B)居住遷徙自由 　(C)集會結社自由 　(D)言論自由

9. 現行國家賠償訴訟，依國家賠償法第12條規定，由下列何機關審判？
   (A)普通法院 　　　(B)行政法院 　　　(C)司法院大法官 　(D)公務員懲戒委員會

10. 憲法第23條規定：「除為防止妨礙他人自由、避免緊急危難、維持社會秩序、或增進公共利益所必要者……」，可以以法律限制人民的基本權利。此所謂「必要」，現今在學理及實務上，是依下列那項原則予以檢驗？
    (A)法律保留原則 　(B)依法行政原則 　(C)比例原則 　　　(D)平等原則

11. 行政院不得刪減下列何機關提出之年度概算？
    (A)考試院 　　　　(B)監察院 　　　　(C)總統 　　　　　(D)司法院

12. 依總統副總統選舉罷免法之規定，有關總統、副總統候選人之安全維護事項，係由何機

　　關協同有關機關掌理?

(A)內政部警政署　　　　　　　　　(B)法務部調查局

(C)國防部軍事情報局　　　　　　　(D)國家安全局

13. 每屆立法委員任期屆滿時,其尚未議決之議案,下屆立法委員對於下列何者不予繼續審
議?

(A)法律案　　　　(B)預算案　　　　(C)決算案　　　　(D)人民請願案

14. 某甲從臺北市搬到嘉義縣居住,請問甲須於嘉義縣設籍至少滿幾個月,才可以行使對該
縣立法委員之選舉權?

(A) 1 個月　　　　(B) 3 個月　　　　(C) 4 個月　　　　(D) 6 個月

15. 甲當選總統後,才被發現其在登記為總統候選人時具有外國國籍,則此時應如何處理?

(A)選民一定人數的連署得提起選舉無效之訴

(B)由中央選舉委員會撤銷其當選資格

(C)得由中央選舉委員會對其提起當選無效之訴

(D)法律對此應如何處理並無具體之規定

16. 有關自然法的概念及理論之敘述,下列何者正確?

(A)只有成文法才是法律

(B)只有成文法及判例才是法律

(C)自然法就是指習慣法

(D)自然法論者認為有超越成文法的法律存在

17. 請問下列何者,與原住民族基本法的規定不合?

(A)原住民族基本法的立法目的:「為保障原住民族基本權利,促進原住民族生存發展,
建立共存共榮之族群關係」

(B)政府應依原住民族意願,保障原住民族之平等地位及自主發展,實行原住民族自治

(C)政府應依原住民族意願,本多元、平等、尊重之精神,保障原住民族教育之權利

(D)基於憲法平等原則,政府對原住民族傳統之生物多樣性知識及智慧創作,不應保護

18. 中央法律廢止的程序為何?

(A)應經司法院通過,行政院院長公布　　(B)應經行政院通過,司法院院長公布

(C)應經立法院通過,總統公布　　　　　(D)應經主管機關通過,行政院院長公布

19. 限制地方自治團體居民權利之事項須規定在:

(A)自律規則　　　(B)自治條例　　　(C)自治規則　　　(D)委辦規則

20. 人民團體法規定申請設立人民團體有主張共產主義或分裂國土之情形者,不予許可設
立。司法院大法官釋字第 644 號解釋認為,此規定顯已逾越必要程度,請問該解釋意旨
與下列何種原則有關?

(A)信賴保護原則　　　　　　　　　(B)不當聯結禁止原則

(C)比例原則　　　　　　　　　　　(D)誠實信用原則

21. 下列那一項原則並非我國憲法所採之基本原則?

(A)權力分立　　　　(B)共和國　　　　(C)聯邦國　　　　(D)法治國

22. 由立法制定過程之資料去探求立法者的立法旨意,來解釋法律。這種解釋的方法,稱為何種解釋?

(A)文義解釋　　　　(B)歷史解釋　　　　(C)社會學解釋　　　　(D)論理解釋

23. 下列何種契約,原則上債務人不負物之瑕疵擔保責任?

(A)買賣　　　　(B)互易　　　　(C)租賃　　　　(D)使用借貸

24. 下列有關無權代理之敘述,何者錯誤?

(A)無權代理之效力非經本人承認,對本人不生效力

(B)無權代理之效力為效力未定,經本人承認為有效

(C)無權代理之效力為效力未定,經本人拒絕承認為無效

(D)無權代理雖本人未為授權仍應負授權人責任

25. 不能未遂在刑法上的法律效果為:

(A)得減輕其刑　　　　　　　　　(B)必減輕其刑

(C)加重其刑至二分之一　　　　　(D)不罰

26. 關於消費者保護法第 19 條無條件解約權之規定,下列敘述何者錯誤?

(A)此項規定為強制規定

(B)消費者行使此權利時,無須說明理由並無庸負擔任何費用

(C)消費者得以口頭方式為解除契約之表示

(D)消費者得以退回商品之方式行使解約權

27. 股份有限公司股東會得依普通決議通過下列何種行為?

(A)增資發行新股　　　　　　　　(B)決定對董事提起訴訟

(C)解任董事　　　　　　　　　　(D)與他公司合併

28. 下列關於溯及既往之敘述,何者錯誤?

(A)禁止溯及既往為法律適用上之原則

(B)禁止溯及既往亦為立法上之原則

(C)禁止溯及既往為刑法罪刑法定主義內涵之一

(D)禁止溯及既往之目的在於維持法律之安定性

29. 甲開槍射殺乙並離開現場後,因心生悔悟,返回原地欲將乙送醫急救,然而善心路人已早先一步送乙至醫院急救,乙幸運未死。根據上述情形,下列敘述何者錯誤?

(A)甲成立殺人未遂罪

(B)本案中,若甲的事後反悔未有積極動作,只是單純冀望乙不會死亡,那麼甲就不能獲得減輕或免除其刑的待遇

(C)甲雖然有採取防止結果發生的行為,但是乙之未死亡並非甲的防止行為所導致,因此甲無法獲得減輕其刑的待遇

(D)甲已盡力為防止行為，應屬中止未遂

30. 勞動基準法第 53 條規定自請退休的事項有三，下列何者不屬之?
　　(A)年滿 60 歲，於同一事業單位工作年滿 10 年
　　(B)年滿 55 歲，於同一事業單位工作年滿 15 年
　　(C)年滿 50 歲，於同一事業單位工作年滿 20 年
　　(D)於同一事業單位工作年滿 25 年

【解答】

題序	01–10	11–20	21–30
答案	DDADADDDAC	DDACCDDCBC	CBDDDCBBCC
備註	無更正紀錄		

二十二、九十九年公務人員高等考試三級考試試題

1. 有關公民投票法中公民投票訴訟之敘述，下列何者正確？
   (A)以二審終結，且不得提起再審之訴　　(B)以二審終結，但得提起再審之訴
   (C)以一審終結，且不得提起再審之訴　　(D)以一審終結，但得提起再審之訴

2. 相較於憲法本文之規定，憲法增修條文針對我國地方制度所為之重大變革為：
   (A)廢除省之組織　　　　　　　　　　(B)廢除省自治
   (C)增列鄉（鎮、市）之組織　　　　　(D)增列鄉（鎮、市）之自治

3. 依司法院大法官釋字第 487 號解釋意旨，冤獄賠償法與國家賠償之關係為何？
   (A)冤獄賠償法為國家賠償責任之特別立法
   (B)冤獄賠償與國家賠償可同時請求
   (C)冤獄賠償法為普通法，國家賠償法為特別法
   (D)冤獄賠償法為國家賠償法之基本法

4. 有關現行監察院及監察委員之敘述，下列何者正確？
   (A)監察委員在院內所為之言論及表決，對院外不負責任
   (B)監察院為國家最高監察機關，行使彈劾、糾舉及審計權
   (C)監察委員，除現行犯外，非經監察院許可，不得逮捕或拘禁
   (D)監察院設監察委員，由各省市議會、蒙古西藏地方議會及華僑團體選舉之

5. 若有政黨主張將中華民國改變為「專制極權國家」，並積極從事相關活動，請問在憲法上有何方式予以處理？
   (A)由內政部逕以行政處分撤銷該政黨之設立登記
   (B)內政部應轉知監察院，由監察院對該政黨提出糾舉案
   (C)不能為任何處理，只能依靠人民選舉時之抉擇
   (D)由內政部之「政黨審議委員會」檢具該政黨相關違憲之事證，聲請司法院憲法法庭解散之

6. 司法院之年度預算應如何編列？
   (A)司法院所提出之年度司法概算，行政院刪減後，編入中央政府總預算案，送立法院審議
   (B)行政院所提出之年度司法概算，編入中央政府總預算案，送立法院審議
   (C)司法院所提出之年度司法概算，行政院得加註意見，編入中央政府總預算案，送立法院審議
   (D)司法院所提出之年度司法概算，行政院得刪減或加註意見，編入中央政府總預算案，送立法院審議

7. 依司法院釋字第 401 號解釋，有關立法委員言論免責權範圍之敘述，下列何者正確？

(A)所免除之「法律責任」，不僅不受刑事追訴，也免除民事責任

(B)所免除之「法律責任」，僅排除刑事責任之訴追

(C)免除一切法律責任，因此也不受任何形式之懲戒處分

(D)免除一切法律責任，故不得以免責之言論作為罷免之事由

8. 依公職人員選舉罷免法之規定，有下列何種情事者，不得登記為公職人員選舉之候選人？

(A)動員戡亂時期終止前，曾犯內亂、外患罪，經依刑法判刑確定

(B)曾犯貪污罪，經判刑確定

(C)判處有期徒刑以上之刑確定，受緩刑宣告

(D)曾受禁治產宣告但已撤銷

9. 下列機關之隸屬何者正確？

(A)中央研究院隸屬於總統府

(B)審計部隸屬於行政院

(C)公務人員保障暨培訓委員會隸屬於考選部

(D)公務員懲戒委員會隸屬於法務部

10. 凡屬限制人民權利之事項，立法者非不得授權行政機關發布命令以為法律之補充，惟其授權之目的、內容及範圍應具體明確，始屬合憲。此等要求稱之為：

(A)信賴保護原則　　(B)法安定性原則　　(C)授權明確性原則　　(D)比例原則

11. 憲法第 22 條規定凡人民之其他自由及權利，不妨害社會秩序、公共利益者，均受憲法之保障。依大法官解釋，下列何者可列入憲法第 22 條所保障之基本權利？

(A)隱私權　　　　　(B)請願權　　　　　(C)訴訟權　　　　　(D)工作權

12. 依司法院大法官有關平等權之解釋，下列敘述何者錯誤？

(A)憲法之平等原則係指相對平等而非絕對平等

(B)基於憲法之價值體系得為差別對待

(C)基於事物之本質得為差別對待

(D)憲法之平等原則只在保障人民在法律形式上的平等

13. 根據司法院大法官釋字第 392 號解釋，憲法第 8 條之羈押權應由何人行使之？

(A)法官　　　　　　(B)檢察官　　　　　(C)警察　　　　　　(D)調查局

14. 憲法規定中華民國之主權，屬於國民全體，而此國民主權則以各種方式呈現，下列何項方式是錯誤的？

(A)公民投票　　　　(B)選舉　　　　　　(C)宣布戒嚴　　　　(D)制定憲法

15. 憲法前言表徵的是制憲的意志，而依據前言所述，下列何者並非制定中華民國憲法的目的？

(A)擴張國土　　　　(B)鞏固國權　　　　(C)保障民權　　　　(D)奠定社會安寧

16. 某美食餐廳於報紙上刊登徵才廣告，徵求外場服務生，並說明是因為女性特質較為細膩

且有耐心，因此限定女性才能應徵，下列何者為性別工作平等法有關該種徵才廣告的相關規定?

(A)雇主對於求職者之招募，得敘明理由，限定僅特定性別才能應徵

(B)雇主不得基於性別或性傾向而對於受僱者給予差別待遇，但對於求職者之招募，不受此限

(C)雇主對於求職者之招募，不得因性別或性傾向而有差別待遇，除非該工作性質僅適於特定性別

(D)雇主對於求職者的招募，得限定特定性別，但應給付與其他工作價值相同的員工相同的薪資

17. 在我國現行法秩序中，劃分公、私法的實益，並不包含下列何者?

(A)影響實體法律規定的適用

(B)影響程序法律規定的適用

(C)影響訴訟管道的劃分

(D)人民之公法上的法律地位必然優於其在私法上的法律地位

18. 下列法律行為中，那一項為無效?

(A) 19 歲之小陳未得父母同意與 50 歲之麗麗結婚

(B) 17 歲之阿西自書遺囑

(C) 30 歲受監護宣告之王先生，意識突然清醒，隨即自行購買一本英漢字典

(D) 16 歲之東東不讓父母知道，單獨至機車行購買機車

19. 關於法律時的效力，下列敘述何者正確?

(A)立法機關制定溯及既往之法律時，應兼顧既得權的保障

(B)法律不溯既往原則僅適用於刑事法律

(C)新法優於舊法的原則並無例外

(D)法律定有施行期限者，期滿仍應經立法院通過廢止案，始喪失效力

20. 下列民事裁判的法源，何者相當於自由法運動提倡的「法律的自由創造」?

(A)法律　　　　　(B)憲法　　　　　(C)法理　　　　　(D)命令

21. 關於權力分立原則之敘述，下列何者正確?

(A)中央與地方之權限劃分係屬垂直分權

(B)立法院應享有行政院各委員會委員之提名權及決定權

(C)立法院對於刑事案件享有完全之調查權及強制處分權

(D)行政、立法、司法、考試、監察之五權分立係屬垂直分權

22. 歐洲大陸地區繼受羅馬法運動始自下列何者?

(A)德國　　　　　(B)法國　　　　　(C)義大利　　　　　(D)瑞士

23. 法律適用上，對於適用法律之際，為避免落入拒用或無法律可用之尷尬，進而由法院創造規範之行為，法學方法論稱之為下列何者?

(A)擴充解釋　　　　　(B)整體類推　　　　　(C)體系解釋　　　　　(D)法律續造

24. 當行政機關欲修改或廢止某一授予人民利益之法規時，首應留意那一項原則之遵守？
    (A)比例原則　　　　　(B)平等原則　　　　　(C)信賴保護原則　　　　　(D)合義務裁量原則

25. 2006 年 7 月 1 日起施行之修正刑法廢除刑法第 56 條連續犯規定，下列何者是刑法修正理由內所提出之說明？
    (A)連續犯之處罰不符合訴訟經濟原則
    (B)連續犯之處罰過於嚴苛
    (C)連續犯之處罰能達到尊重人權，迅速審判之目的
    (D)實務上對連續犯範圍認定過寬，不無鼓勵犯罪之嫌

26. 「甲在飲水中下毒，結果乙丙因此中毒而亡」，甲構成那一種競合類型？
    (A)想像競合　　　　　(B)實質競合　　　　　(C)不真正競合　　　　　(D)法條競合

27. 中國舊律所稱之「比附援引」，即現代法學方法所謂之何種補充法律之方式？
    (A)目的限縮　　　　　(B)法律續造　　　　　(C)類推適用　　　　　(D)當然解釋

28. 關於著作財產權之敘述，下列何者正確？
    (A)共同著作人未約定應有部分者，依各著作人參與創作之程度定之
    (B)著作財產權讓與之範圍，如當事人約定不明，視為未讓與
    (C)共有之著作財產權，非經著作財產權人全體二分之一以上同意，不得行使之
    (D)非專屬授權之被授權人，得任意將該權利再授權予第三人利用

29. 為提供全民健康保險政策、法規之研究及諮詢事宜，依法應設置何組織？
    (A)全民健康保險爭議審議委員會　　　　　(B)全民健康保險監理委員會
    (C)全民健康保險醫事服務機構　　　　　(D)全民健康保險政策委員會

30. 甲到 A 渡假中心住宿渡假，結果甲的鑽錶不翼而飛，則下列敘述何者正確？
    (A) A 渡假中心與甲無任何契約存在，所以甲不得向 A 渡假中心請求負場所主人責任
    (B)場所主人之責任為法定責任，即使甲未交付該鑽錶給 A 渡假中心，A 渡假中心仍要負責
    (C)鑽錶為貴重物品，非經報明價值及數量並交付保管者，A 渡假中心不負場所主人責任
    (D) A 渡假中心本身不屬民法所規定之場所主人責任之對象

【解答】

題序	01–10	11–20	21–30
答案	ABABDCABAC	ADACACDCAC	ACDCDACABC
備註	無更正紀錄		

二十三、九十九年第二次公務人員特種考試司法人員
考試試題（三等考試司法官）

一、司法院大法官在釋字第 649 號解釋中，認為 2001 年 11 月 21 日修正公布之身心障礙者保護法第 37 條第 1 項前段：「非本法所稱視覺障礙者，不得從事按摩業。」之規定違憲。請依據這號解釋意旨（注意：不要依據學說），分析公益彩券發行條例第 8 條規定：「公益彩券經銷商之遴選，應以具工作能力之身心障礙者、原住民及低收入單親家庭為優先；經銷商僱用五人以上者，應至少進用具有工作能力之身心障礙者、原住民及低收入單親家庭一人。」是否違憲？理由為何？（25 分）

二、某甲涉嫌竊盜，於檢察官偵訊後在筆錄上簽名。嗣經提起公訴，辯護人主張偵查筆錄記載某甲之答問有誤，所記載者為被告未為之陳述，被告否認偵訊筆錄之記載，乃請求勘驗錄音帶藉之更正筆錄錯誤。一審法院則以某甲業已署名其上而認無勘驗筆錄正確性之必要，不予勘驗錄音帶。嗣並不問辯護人爭執筆錄記載是否錯誤，逕依筆錄之記載而為某甲有罪的判決。某甲乃提起上訴，其上訴主張包括以下之理由：

　1. 刑事訴訟法第 41 條第 4 項規定：「筆錄應命受訊問人緊接其記載之末行簽名、蓋章或按指印。」加課受訊問之被告驗證筆錄正確性之義務，業已違反憲法保障刑事訴訟被告享有緘默權之意旨。依司法院大法官釋字第 9 號解釋：「裁判如有違憲情形，在訴訟程序進行中，當事人自得於理由內指摘之。」按刑事訴訟法第 41 條第 4 項既﹒違憲，據之而為之裁判亦屬違憲。故以之為上訴理由，請求上訴法院依據司法院大法官釋字第 371 號解釋（附一）意旨，停止訴訟程序，聲請解釋刑事訴訟法第 41 條第 4 項之規定為違憲。

　2. 依最高法院 93 年台非字 70 號判決（附二），刑事訴訟法第 41 條第 4 項規定並非課受訊人簽署筆錄之義務。法院乃應就該條為合憲性解釋：檢方並未於被告簽署筆錄之前告知被告簽署筆錄是其權利，被告並無簽名之義務；亦因已違反正當程序，法院乃不得以被告已於筆錄上簽名為由而以勘驗偵訊錄音帶為不必要，而應命勘驗錄音帶。

　檢方則基於以下理由置辯：

　1. 憲法第 80 條規定：「法官須超出黨派之外，依據法律獨立審判，不受任何干涉」，並未規定法官應適用憲法審判。由於憲法之規定過於抽象，故法官不得拒絕適用法律，直接適用憲法裁判。釋字第 9 號解釋只謂當事人得以裁判違憲為由提起上訴，非指上訴法院即得逕行適用憲法裁判。刑事訴訟法第 41 條第 4 項之規定意思明確，並無聲請釋憲之價值。

　2. 法院既不得逕行適用憲法裁判，自亦無依憲法為合憲性解釋之理由。又本案中被告既已於偵訊筆錄上簽名，上訴人所引之最高法院判決即與本案無關，依法檢方並無告知

受訊人是項裁判之義務。本案無另行勘驗錄音帶之必要。

如果您是本案高等法院合議庭法官，請說明針對下列爭點將持何種見解據之而為裁判：

㈠依據憲法及憲法解釋，法院於審判中應否適用憲法裁判？（10分）

㈡何謂合憲性解釋？本案中刑事訴訟法第41條第4項之規定，法院有無為合憲性解釋之餘地？（10分）

附一、釋字第371號解釋：

【解釋文】憲法為國家最高規範，法律牴觸憲法者無效，法律與憲法有無牴觸發生疑義而須予以解釋時，由司法院大法官掌理，此觀憲法第一百七十一條、第一百七十三條、第七十八條及第七十九條第二項規定甚明。又法官依據法律獨立審判，憲法第八十條定有明文，故依法公布施行之法律，法官應以其為審判之依據，不得認定法律為違憲而逕行拒絕適用。惟憲法之效力既高於法律，法官有優先遵守之義務，法官於審理案件時，對於應適用之法律，依其合理之確信，認為有牴觸憲法之疑義者，自應許其先行聲請解釋憲法，以求解決。是遇有前述情形，各級法院得以之為先決問題裁定停止訴訟程序，並提出客觀上形成確信法律為違憲之具體理由，聲請本院大法官解釋。司法院大法官審理案件法第五條第二項、第三項之規定，與上開意旨不符部分，應停止適用。

【解釋理由書】採用成文憲法之現代法治國家，基於權力分立之憲政原理，莫不建立法令違憲審查制度。其未專設違憲審查之司法機關者，此一權限或依裁判先例或經憲法明定由普通法院行使，前者如美國，後者如日本（一九四六年憲法第八十一條）。其設置違憲審查之司法機關者，法律有無牴觸憲法則由此一司法機關予以判斷，如德國（一九四九年基本法第九十三條及第一百條）、奧國（一九二九年憲法第一百四十條及第一百四十條之一）、義大利（一九四七年憲法第一百三十四條及第一百三十六條）及西班牙（一九七八年憲法第一百六十一條至第一百六十三條）等國之憲法法院。各國情況不同，其制度之設計及運作，雖難期一致，惟目的皆在保障憲法在規範層級中之最高性，並維護法官獨立行使職權，俾其於審判之際僅服從憲法及法律，不受任何干涉。我國法制以承襲歐陸國家為主，行憲以來，違憲審查制度之發展，亦與上述歐陸國家相近。

憲法第一百七十一條規定：「法律與憲法牴觸者無效。法律與憲法有無牴觸發生疑義時，由司法院解釋之」，第一百七十三條規定：「憲法之解釋，由司法院為之」，第七十八條又規定：「司法院解釋憲法，並有統一解釋法律及命令之權」，第七十九條第二項及憲法增修條文第四條第二項則明定司法院大法官掌理第七十八條規定事項。是解釋

法律牴觸憲法而宣告其為無效，乃專屬司法院大法官之職掌。各級法院法官依憲法第八十條之規定，應依據法律獨立審判，故依法公布施行之法律，法官應以其為審判之依據，不得認定法律為違憲而逕行拒絕適用。惟憲法乃國家最高規範，法官均有優先遵守之義務，各級法院法官於審理案件時，對於應適用之法律，依其合理之確信，認為有牴觸憲法之疑義者，自應許其先行聲請解釋憲法以求解決，無須受訴訟審級之限制。既可消除法官對遵守憲法與依據法律之間可能發生之取捨困難，亦可避免司法資源之浪費。是遇有前述情形，各級法院得以之為先決問題裁定停止訴訟程序，並提出客觀上形成確信法律為違憲之具體理由，聲請本院大法官解釋。司法院大法官審理案件法第五條第二項、第三項之規定，與上開意旨不符部分，應停止適用。關於各級法院法官聲請本院解釋法律違憲事項以本解釋為準，其聲請程式準用同法第八條第一項之規定。

附二、最高法院 93 年台非字第 70 號判決要旨：「訊問被告、自訴人、證人、鑑定人及通譯所當場製作之筆錄，應命受訊問人緊接其記載之末行簽名、蓋章或按指印，刑事訴訟法第四十一條第四項定有明文，該規定之目的，在於保證其記載之正確性，至於訊問筆錄向受訊問人朗讀或令其閱覽，詢以記載有無錯誤後，受訊問人因種種因素而拒絕簽名，不得強迫其簽名。」

三、根據報導顯示，國民中小學學生中，新近移民子女占全體學生將近 1 成的比例，但不少新近移民家長卻因擔心社會上對其仍有偏見、甚至擔心小孩在同儕間被歧視，因而不讓小孩承認其來自新移民家庭，甚至有些新近移民家長完全不到學校，以免小孩身分曝光。但是，依憲法增修條文第 10 條第 11 項規定：「國家肯定多元文化……」台灣應屬一多元文化國家。請問：憲法增修條文有關多元文化國規定的憲法規範性質為何？在我國的規範效力範圍為何？（25 分）